小学语文幼小衔接的
25个观察现场

周雅芳　著

上海三联书店

序

从思到行:幼小衔接的语文教育实践之路

作为深耕小学语文教育三十载,专注教学研究二十年的教研员,我始终坚信,教育是一场静待花开的守望,而幼小衔接则是这场守望中至关重要的第一程。它不仅是儿童从幼儿园步入小学的过渡阶段,更是其学习兴趣、思维习惯和语言能力发展的奠基期。然而,长期以来,幼小衔接在实践中常被简化为"提前学拼音""多认几个字"或"适应纪律",却忽略了儿童在这一阶段真实的认知特点和情感需求。如何让幼小衔接从口号落地为课堂实践?如何让语文教学真正成为儿童思维跃迁的桥梁?这些问题驱动着我以研究者的视角走进课堂,以实践者的姿态去思考语文教学,去记录儿童成长。

一、幼小衔接:为何需要"学科化"的思考?

幼小衔接并非新鲜话题,但许多教师和家长仍困惑于"衔接什么"和"如何衔接"。在调研中,我发现两类典型现象:一类是"抢跑式"教学,将小学内容机械前置,导致儿童丧失学习兴趣;另一类是"放任式"适应,仅关注纪律规范,却未触及学科核心能力的培养。这两种倾向的背后,是对幼小衔接本质的误解——它应是儿童认知发展规律与学科教学规律的深度融合。

本书的第一部分"启于思",从国内外研究背景和区域现状调研入手,试图回答这一问题。例如,在PCK(学科教学知识)理论框架下,幼小衔接的语文教学需要重新审视"教什么""教谁"和"怎么教"。识字并非单纯记忆符号,而是儿童对汉字文化的感知;阅读不仅是解码文字,更是通过绘本、朗读等方式建立与世界的联结……只有将学科逻辑与儿童心理逻辑结合,才能设计出"缓坡式"的教学路径,帮助儿童实现从"玩中学"到"系统学"的自然过渡。

二、立于据:以目标为锚点,构建语文学习的缓坡桥梁

本书的第二部分聚焦幼小衔接阶段小学语文教学的核心内容与目标,强调教学实践必须扎根于对学科目标的深入分析与解读。这一部分从识字与写字、阅读与鉴赏、表达与交流、梳理与探究四大领域展开,通过清晰的目标梳理和差异分析,为教师提供科学的教学依据。

目标导向,明确方向:"立于据"的核心在于以目标为行动指南。例如,在"识字与写字"领域,幼儿园阶段注重汉字的形象感知和生活化识记,而小学阶段则逐步过渡到系统化的识字与书写规范。教师只有清晰把握这两个学段的目标差异,才能设计出从"形象联想"到"规范书写"的缓坡路径,避免机械训练或目标模糊。

内容衔接,循序渐进:通过对幼儿园和小学语文学习内容的比较,我们发现幼小衔接的关键在于找到"增长点"。以"表达与交流"为例,幼儿园强调"敢说",鼓励儿童自由表达;小学则逐步引导儿童从口语表达到书面表达,通过"看图写话""讲故事"等活动搭建阶梯。这种衔接不是跳跃,而是基于儿童语言发展规律的渐进式提升。

差异分析,精准施策:幼儿园与小学在语文学习上存在显著差异,如学习方式、评价标准等。通过差异分析,教师可以调整教学策略。例如,针对"非连续性文本阅读",幼儿园以读图为主,小学则引入表格、海报等实用文本,教师需设计过渡活动,帮助儿童逐步适应抽象符号的解读。

策略提炼,实践落地:"立于据"不仅停留在理论层面,更注重策略的可操作性。书中提炼策略与方法,都是为了让教师能够将目标转化为具体的课堂实践,真正实现"教有依据,学有缓坡"。这里的"缓坡"不是降低难度,而是找到儿童认知的"最近发展区",提供适切的支架。

三、行于实:25 个课堂现场的生命力

本书的第三部分是我最珍视的内容。25 个观察案例均来自真实课堂,它们不是完美的教学范本,不是精心雕琢的教学模板,而是充满"问题"与"突破"的成长记录。这些案例生动展现了幼小衔接语文教育中的关键问题与解决策略,为一线教师提供了宝贵的实践参考。

《拼音舞台上的别样"演出"记》案例里,在《zh ch sh r》一课中,教师通过角色扮演和游戏化活动,将拼音练习转化为趣味学习。欣怡虽因未被点名展示而一度分心,但在合作学习与游戏环节中重新投入,展现了拼音教学差异化设计是如何满足不同学生的需求的。这一案例揭示了幼小衔接中"兴趣优先"的重要性,以及教师灵活调整教学策略的必要性。《语文课上的"隐形人"》这一案例中,学生小 A 因长期未被关注而成为课堂的"隐形人"。这一案例提醒教师:幼小衔接不仅是知识的过渡,更是情感与习惯的衔接,需关注每一名学生的课堂参与感。

这些案例共同传递了一个核心理念:幼小衔接的成功,不在于学生是否"完美达标",而在于教师是否看见并回应了他们的真实需求。每个案例背后,是儿童从"幼儿园玩伴"到"小学学习者"身份转换的细微挣扎,也是教师从"高控教学"到"支架引导"角色的自觉转变。

书中记录的 25 个课堂片段,既有拼音教学的创新尝试,也有识字、阅读、表达等领域的实践探索。这些案例揭示了幼小衔接的成功,不在于儿童是否"达标",而在于教师是否看见他们的"可能性"。它们像一面面镜子,映照出幼小衔接语文教育的复杂性与可能性。希望这些真实的故事能成为教师的"镜子",在您遇到类似情境时,提供一丝灵感或一份勇气——因为教育的美好,往往藏在这些"不完美却真实"的瞬间里。

三十余年的教育生涯让我深知,教师的力量不在于"教了多少",而在于"点燃了多少"。幼小衔接的语文教学,尤其需要这种"点燃"的智慧。本书的 25 个案例,或许无法提供"放之四海皆准"的方法,但它们传递了一种信念:教育是"具体的人"与"具体的学科"相遇的过程。愿这本书能成为一线教师的"对话伙伴",让我们共同在幼小衔接的田野上,以思考指导实践,用实践滋养思考,真正实现从"思"到"行"的跨越。

周雅芳

2025 年春于上海嘉定

目　　录

序 ··· 1

第一部分：启于思 ··· 1

　第一章　研究背景、意义与价值 ·· 2
　　一、研究背景 ·· 2
　　二、研究意义 ·· 3
　　三、研究价值 ·· 4
　第二章　国内外研究文献综述 ·· 5
　　一、幼小衔接语文课程与教学的理论基础 ··················· 5
　　二、国内研究综述 ·· 7
　　三、国外研究综述 ·· 10
　　四、研究现状分析 ·· 12
　第三章　区域小学语文幼小衔接现状调研 ······················· 13
　　一、学生卷调研报告 ··· 13
　　二、家长卷调研报告 ··· 19
　第四章　区域小学语文幼小衔接研究的行动思考 ············· 22
　　一、基于PCK领域对小学语文幼小衔接教学知识的再思考 ····· 22
　　二、幼小衔接视域下的小学语文课堂观察方式的审视与选择 ··· 28

第二部分：立于据 ··· 34

　第五章　识字与写字：从"识字"到"写字"的缓坡过渡 ········· 36
　　一、识字 ··· 36
　　二、拼音 ··· 44
　　三、写字 ··· 50
　第六章　阅读与鉴赏：从"亲子阅读"到"独立阅读"的缓坡过渡 ··· 55
　　一、和大人一起读 ·· 55
　　二、绘本阅读 ·· 64

三、朗读 ······ 74

第七章 表达与交流:从"敢说"到"会写"的缓坡过渡 ······ 84

一、倾听 ······ 84

二、讲故事 ······ 90

三、口语交际 ······ 96

四、看图写话 ······ 107

第八章 梳理与探究:从"观察"到"思考"的过渡 ······ 111

一、读图 ······ 111

二、非连续性文本阅读 ······ 116

第三部分:行于实 ······ 129

第九章 儿童如何进入"汉字王国" ······ 130

案例一 爱"动嘴"的小彭 ······ 130

案例二 拼音舞台上的别样"演出"记 ······ 137

案例三 士别三日当刮目相看 ······ 143

案例四 课堂中的"化学反应":一个男孩在"发光" ······ 150

第十章 儿童如何获得读书的"魔法钥匙" ······ 155

案例五 一只"小猴子"的雪地之旅 ······ 155

案例六 藏在《对韵歌》课堂中的密码 ······ 161

案例七 葡萄沟之旅的一波三折 ······ 168

案例八 一个"不完美"男孩的成长 ······ 176

案例九 一个"小透明"是怎么从主动朗读走向被动朗读的 ······ 183

第十一章 儿童如何从"小喇叭"成为"小作家" ······ 194

案例十 从边缘到中心 ······ 194

案例十一 坚持到底,谁会"胜利"? ······ 200

案例十二 从"糟糕透了"到"精彩极了" ······ 208

第十二章 儿童如何在语言学习中获得思考密码 ······ 217

案例十三 "不一样"里探真知 ······ 217

案例十四 揭开沉默冰山之谜 ······ 224

案例十五 打开学生思维的"黑匣子" ······ 231

第十三章 儿童行为习惯如何在语文课中的"破"与"立" ······ 238

案例十六 听,小 M 在课堂"破土"的声音 ······ 238

案例十七 别让好习惯在虚假学习中溜走了 ······ 245

案例十八 小树苗长高高的秘诀 ······ 252

案例十九　一个"小哪吒"是怎样上语文课的 ……………………… 257

案例二十　聚焦课堂"小溜号" ………………………………… 264

案例二十一　从"游离"到"蜕变" ……………………………… 270

案例二十二　语文课上遇"悟空" ……………………………… 274

案例二十三　语文课中的"手脑并用" ………………………… 281

案例二十四　语文课上的"隐形人" …………………………… 287

案例二十五　我能成为更优秀的孩子 ………………………… 293

后记 ……………………………………………………………… 300

第一部分：启于思

前言："启于思"强调行动之前的深入思考，是成功实践的关键起点。思考不仅是对问题的初步探索，更是对目标、路径和方法的系统性规划。只有经过充分的思考，我们才能明确方向，避免盲目行动，从而提升效率和质量。

在行动之前，思考能够帮助我们厘清问题的本质，识别潜在的风险与机遇。通过分析问题的根源，我们可以制定更具针对性的策略，避免无效努力。同时，思考还能激发创新，让我们在复杂情境中找到独特的解决方案。

研究与实践同样离不开思考。研究需要思考如何设计实验、收集数据、分析结果；实践则需要思考如何将理论转化为行动，并在过程中不断调整优化。思考是连接理论与实践的桥梁，只有想清楚，才能做得好。

总之，"启于思"提醒我们，思考是行动的前提，是成功的基石。只有通过深入思考，我们才能在行动中更加自信、高效，最终实现更好的结果。

教育的本质是"看见儿童"，而幼小衔接作为儿童成长历程中的关键过渡期，既是教育连续性的重要体现，也是儿童身心发展的特殊节点。当前，我国基础教育改革持续推进，如何实现幼儿园与小学的科学衔接，尤其是语文学科的平稳过渡，已成为教育工作者亟需破解的难题。本书以"缓坡过渡"为核心理念，试图通过理论与实践的双向探索，为小学语文幼小衔接提供一条可操作的路径。作为全书的第一部分，主要聚焦于行动前的系统性思考，强调理论与实践之间的桥梁作用，旨在通过研究背景分析、文献综述、现状调研与行动思考，为后续实践与研究奠定坚实基础。

任何教育实践的革新，若缺乏对历史脉络的梳理、对现实问题的剖析以及对理论依据的深度思考，都可能陷入盲目性与碎片化。在幼小衔接领域，尽管政策文件频出，但学科层面的衔接仍存在诸多空白。小学语文作为课时占比最高的学科，其衔接质量直接影响儿童的学习适应与终身发展。因此，第一部分的结构设计遵循"背景—理论—现状—策略"的逻辑链。

研究背景、意义与价值，从政策导向与现实困境出发，揭示幼小衔接的紧迫性与语文学科的特殊性。通过回溯国内外政策演进，剖析"小学化"倾向、课程断层等问题的根源,明确研究的社会价值与实践意义;国内外研究文献综述,梳理幼小衔接的理论基础与研究成果,既汲取皮亚杰认知发展理论、教育生态学等经典学说的养分,又对比国内外实践模式的差异,为后续研究提供理论支撑与创新空间;区域现状调研,通过大规模问卷调查,呈现学生汉字认知、阅读习惯、家长支持力度等真实数据,揭示衔接过程中"识字量两极分化""写字疲劳""家校合作不足"等具体问题,使研究扎根于实证;行动思考,基于 PCK(领域教学知识)框架,重新审视教学内容、对象与方法,提出"生活化教学""游戏化策略"等实践方向,为后续的"目标解读"与"课堂观察"提供方法论指引。这一结构设计体现了从宏观到微观、从抽象到具体的递进关系,确保后续的"目标解读"有据可依,"课堂观察"有法可循,不仅为第二部分的"目标解读"提供内容锚点,也为第三部分的"课堂观察"预设评价维度,确保理论与实践紧密咬合。

通过背景分析、文献批判、调研验证与策略构想,本部分试图回答一个根本问题:小学语文幼小衔接"何以必要"与"何以可能"。唯有厘清这些前提,后续的"目标解读"方能有的放矢,"课堂观察"方能精准施策。教育是一场静待花开的旅程,而"缓坡过渡"的智慧,正始于对儿童世界的深刻理解与对教育规律的敬畏之心。

第一章　研究背景、意义与价值

一、研究背景

"幼小衔接"并不是新的话题,相对于成人而言,幼儿是一个不成熟的个体,学习场所的转换(自幼儿园进入小学)对幼儿来说并非一件易事,需要成人组织有效的衔接活动,帮助他们顺利度过。幼小衔接,是幼儿成长过程中一个自然而重要的阶段,顺利实现幼儿园到小学的平稳过渡,对儿童成长具有重要意义。

一个 6 岁的孩子,跨越幼儿园与小学两个阶段,可以说是怀着激动与欣喜告别幼稚,进入一个全新的环境——小学,这是他们人生道路上新的起点。可是许多一年级的语文老师都有这样的体会:由于小学与幼儿园的教学习惯、教学内容、教学方法等一定程度上的脱节,造成了孩子们在入学初期的诸多不适应、无所适从。

近年来,随着教育理念的演进,儿童视角在幼小衔接过程中的重要性日益凸显,相较于传统成人视角的偏重,现今学术界在全球范围内普遍倡导要倾听儿童的心声、深刻理解其内在需求,并切实尊重儿童的表达权利,倡导为儿童创造更多发声的机会。

在此背景下,我国的教育研究界亦积极响应,逐步加强对儿童声音的关注与重视。因此,在幼小衔接的探讨与实践中,凸显儿童视角的独特价值显得尤为迫切。具体而言,在幼小衔接的深入研究中,首要任务是通过细致入微地探究儿童的真实想法与感受,作为全面把握这一过渡阶段特性的关键途径。审视当前幼小衔接的现状,不难发现儿童的需求往往被边缘化甚至忽视,这构成了推进幼儿园与小学之间科学、顺畅衔接的一大障碍。为有效应对此问题,促进教育体系的和谐过渡,我们应当从儿童视角这一核心出发,积极倾听并细致解读儿童的声音,精准把握并合理满足他们的实际需求,从而确保幼小衔接工作能够真正体现以儿童为中心的教育理念。

针对这一问题,行政部门、教育部门、基层工作者的脚步从来没有停止过。上海市教委于 2007 年 8 月发布了《上海市小学一、二年级课程调整方案》,在小学一年级新生入学初的 2—4 周期间,设置"学习准备期",加强了小学与幼儿园课程的衔接。《方案》的出台加强了小学对幼儿园课程的衔接,迈出了小学向幼儿园靠近的一大步,但这一调整方案所涉及的时间仅为 2—4 周,对于小学语文的幼小衔接工作显然是不够的。小学语文幼小衔接工作包括与语文学习相关的知识传递、行为养成、习惯培养、兴趣激发等,我们需要在以往"学习准备期"基础上对小学语文的幼小衔接进行更为深入细致的研究、实践,为小学语文的幼小衔接工作提供必要的理论指导和实践依据,促进儿童身心和谐地发展。

2008 年 4 月,为了加强学前教育与小学教育的衔接,上海市教委教研室编制了《上海市幼儿园幼小衔接活动指导意见(征求意见稿)》。近几年,国家教育部也陆续出台相关政策文件,2018 年 7 月教育部发布《关于开展幼儿园"小学化"专项治理的通知》。与此同时,上海市教委教研室成立项目研究组,并于 2019 年完成《上海市幼儿园幼小衔接活动指导意见(修订稿)》的编制。教育部又于 2021 年发布《关于大力推进幼儿园与小学科学衔接的指导意见》。随后 2022 年,《上海市教育委员会关于深入推进本市幼小科学衔接工作的实施意见(试行)》随之发布,由此可见,政府以及教研部门对幼小衔接工作的重视。

二、研究意义

幼小衔接阶段对儿童终身发展举足轻重,每一位小学语文教师有责任、有义务投身到深化幼儿园与小学教育双向衔接的工作中。儿童的语文学习发展既是阶段性的,又是连续性的。学前儿童和小学生具有不同阶段的特点,但是一个孩子绝不可能在跨入小学一年级的那一天,突然失去幼儿的特点。他是在升入小学一年级后幼儿阶段的特点逐渐减弱,小学阶段的特点逐渐增强的。为适应儿童在此时的身心发展特点和规律,促进其健康成长,小学低段语文教师有必要了解熟悉幼儿园大班的语言学习特点,在进行小学语文教学时创设适合儿童发展的教学活动,让我们的小学语文教学适应儿童的发展,体现一个循序渐进的过渡、衔接过程。

《义务教育语文课程标准(2022 年版)》在其前言中提到了这一版课程标准的五个主要变化,其中"加强了学段衔接"就是变化之一。其强调要"注重幼小衔接,基于对学生在健康、语言、社会、科学、艺术领域发展水平的评估,合理设计小学一至二年级课程,注重活动化、游戏化、生活化的学习设计。"

但就现有的政策、文件、资源来看,我们发现这项工作目前主推阵地在幼儿园,《指导意见》主要也是为各级各类幼儿园给予专业支持的。小学目前在此项工作的推进上缺少相对具体可操作的指导建议,一线学校更多是在某一特殊阶段展开一些突击性实践,理论研究不够,也未形成可供推广的成熟经验。

同时,我们也发现目前形成的成熟案例大多是站在管理角度展开的,站在学科角度展开的实践较少,对学科教师的借鉴价值不大。如《指导意见》围绕幼儿入学适应性问题,梳理、提炼了本市在幼小衔接工作中的实例。但这些案例中与语文学科相关的仅有一篇"如何培养幼儿的阅读兴趣和阅读习惯",其他的大多与学生的心理准备、自理能力、家校沟通等相关。

众所周知,在小学现有课时数中语文学科的课时数是最多的,语文学科幼小衔接理论与经验的缺失将影响该学科幼小衔接工作的科学高效,这也将在一定程度上影响幼小衔接工作的实效,不利于儿童健康顺利度过整个入学适应期,这一现状亟待改变。

三、研究价值

1. 构建基于儿童视角的幼小衔接体系

探讨幼小衔接的深远意义,旨在进一步充实并深化从儿童视角出发的相关研究体系。既往的幼小衔接研究多聚焦于成人维度,而近年来,尽管基于儿童视角的研究比例有所提升,但其整体数量仍显不足。

从实践层面而言,儿童教育工作者致力于构建一个让儿童自由表达的环境,通过不懈努力与多样尝试,已初步取得了一系列令人鼓舞的成果。然而,当前幼小衔接工作的进展仍处于探索与完善的阶段,其中一个显著问题是,多数研究未能构建与儿童之间的平等对话平台,以倾听他们的真实感受与见解。

现有的幼小衔接实践往往以成人为主导进行规划与实施,忽略了儿童作为主体的声音。鉴于此,本研究旨在将话语权归还给儿童,鼓励他们积极分享对小学阶段的期待、担忧及个人见解,将这些宝贵的儿童观点与情感体验视为幼小衔接工作不可或缺的资源与实证依据。通过这一过程,本研究期望能够促使幼儿园重新审视现有的幼小衔接活动,确保其设计与实施能够紧密贴合儿童的实际需求与心理发展特点。最终,旨在制定并实施一系列更加贴近儿童真实需求的幼小衔接方案,为儿童的顺利过渡与全面发展奠定坚实基础。

2. 回应社会对幼小衔接的关注

尽管幼小衔接已引起社会各界及教育机构的深切关注,然而受应试教育体制特别是高考压力的间接影响,加之校外培训机构的过度介入与推动,幼小衔接过程中涌现出一系列问题,对基础教育体系的改革与发展构成了阻碍。

首要问题在于幼儿园教育的小学化倾向加剧，部分小学课程内容过早渗透至幼儿园，幼儿被迫提前接触并学习本不属于其年龄阶段的知识，伴随着机械记忆与强化训练的盛行，严重违背了幼儿身心发展的自然规律。这不仅剥夺了幼儿自由游戏的时间，还取代了原本应有的开放性、探究性及创造性活动，导致幼儿学习兴趣减退，好奇心与求知欲受挫，甚至对学习产生抵触情绪，对入学后的心理准备造成不利影响。

其次，小学教育在衔接方面的意识薄弱，提前教学与加速学习现象屡见不鲜。部分学校错误地以已具备相关基础的学生为参照设定教学起点与进度，这一做法不仅加剧了幼儿园小学化趋势，也促进了校外培训机构的繁荣。此外，部分地区与学校曾直接或间接实施小学入学测试，进一步扭曲了教育衔接的初衷。

同时，课程与教学改革尚待深化，教学方法上偏重知识传授与作业练习，而忽视了实践操作与亲身体验的重要性。再者，校外培训机构的泛滥成灾，使得幼儿及小学生的学业负担异常沉重。参与层出不穷、压力倍增的校外培训，既是家长缓解教育焦虑的手段，也成为了新焦虑的源泉，并对家庭经济造成了沉重负担。在某些地区，校外培训已严重干扰了幼儿园教育的正常运行秩序，进一步加剧了幼儿园教育的小学化倾向，形成了恶性循环。

3. 助力教师改进学科教学

幼儿园与小学作为独立的教育阶段，在课程架构与教学模式上存在显著鸿沟，导致两者间缺乏有效的衔接机制，通过学科衔接的研究与实践，将有助于教研、教师团队强化顶层设计，确保学科衔接工作的系统性与科学性。研究表明幼儿对小学生活的态度、看法、情绪状态等，与其入学后的适应能力关系很大。研究的最终目的，是为了在幼小衔接中积极倾听儿童的心声，关注儿童的生理与心理需要，合理安排内容梯度，减缓教学进度。特别是加强小学语文课堂教学改进，追求的是帮助儿童更好适应小学语文学习，帮助儿童获得对小学生活的积极情感体验，为儿童搭建从幼儿园到小学过渡的阶梯，帮助儿童顺利实现幼小过渡。将"双向衔接""平稳度过学科适应期"等理念落实于小学语文幼小衔接的实践。

第二章　国内外研究文献综述

通过查阅与"幼小衔接""语文课程与教学"相关文献，本研究将从以下几个视角来诠释幼小衔接领域的现状、可能存在的薄弱点和可突破之处。

一、幼小衔接语文课程与教学的理论基础

1. 儿童发展理论

儿童发展理论是幼小衔接的核心理论基础。儿童发展理论关注儿童在不同年

龄段的发展特点,包括生理、心理、认知、情感和社会性等方面的发展。强调教学应顺应儿童自然发展,关注个体差异,培养儿童自主学习能力,并强化社会适应能力。幼小衔接课程建设与教学应充分考虑儿童的年龄特点和个体差异,确保教育内容的连贯性和适宜性,为儿童提供平稳过渡的环境和条件。

在儿童发展理论研究中,最具代表性的人物是皮亚杰和维果茨基。皮亚杰提出了著名的认知发展理论,强调儿童的认知是在已有图式的基础上,通过同化、顺应和平衡等机制,不断从低级向高级发展的一个建构过程。这一理论揭示了个体自出生后在适应环境的活动中,对事物的认知及面对问题情境时的思维方式与能力表现,随年龄增长而改变的历程。维果茨基特别指出最近发展区理论,强调要使教育对学生的发展起主导和促进作用,就必须确立学生发展的两种水平——其已经达到的发展水平,表现为学生能够独立解决问题的智力水平;以及他可能达到的发展水平,但要借成人的帮助,在集体活动中,通过模仿,才能达到解决问题的水平。

儿童发展理论强调了教学应与儿童的认知发展水平相适应,既要考虑到儿童现有的能力,也要考虑到在成人的帮助和指导下,儿童能够达到的更高水平。这对于幼小衔接课程的设计尤为重要,因为这一阶段是儿童从以游戏为主的幼儿教育向以学习为主的正规教育过渡的关键时期。课程设计应考虑到儿童的认知发展阶段,通过适当的教学策略和方法,促进儿童的认知和社会技能的发展,帮助他们顺利过渡到小学学习。

2. 教育生态学理论

布鲁芬布伦纳(Bronfenbrenner)在 1979 年提出的生态学理论,该理论认为儿童的发展是由宏系统、外部系统、中间系统、微系统构成的同心圆模式,儿童的发展受到多种环境因素影响的,包括家庭、学校、社会等。个体在生态环境中的位置改变时,会经历生态学上的过渡。这一理论被越来越多的人引入幼小衔接问题的研究中。对于儿童来说,从幼儿园到小学的过渡就是一个重要的生态学过渡。在这一过程中,儿童需要适应新的学习环境、学习方式、人际关系等,这对儿童的身心发展具有重要影响。

3. 课程与教学论

课程与教学论是教育学的重要分支,主要研究课程与教学的理论和实践。泰勒,美国著名的教育学家和课程理论专家,被誉为"现代课程理论之父"和"当代教育评价之父"。他的著作《课程与教学的基本原理》中提出课程编制的四个基本问题:学校应当追求哪些目标、怎样选择和形成学习经验、怎样有效地组织学习经验、以及如何确定这些目标正在得以实现。这四个问题可进一步概括为:目标、内容、方法、评价,即确定课程目标、根据目标选择课程内容、根据目标组织课程内容、根据目标评价课程。

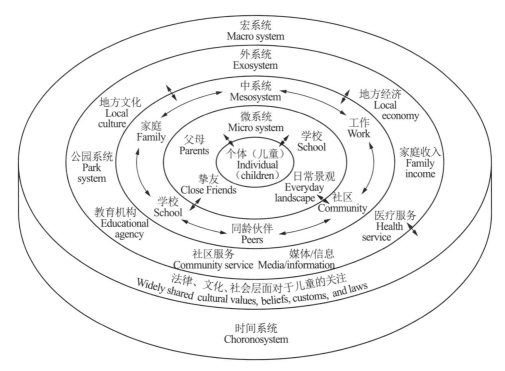

图 1-1　布鲁芬布伦纳教育生态学理论模型

课程与教学论关注课程的设计、实施和评价等方面。在幼小衔接中，课程与教学论强调课程内容的连贯性和系统性，确保幼儿园和小学之间的课程能够相互衔接，为儿童提供连贯的学习体验。同时，课程与教学论也强调教学方法的多样性和灵活性，以适应不同儿童的学习需求。在幼小衔接的特定情境中，这一理论有助于教育工作者理解并构建一个连贯的、以目标为导向的学习路径，确保学生在过渡期间能够顺利适应新的学习环境和挑战，从而实现从幼儿园到小学的平稳过渡。通过泰勒原理的应用，可以更好地协调幼小衔接中课程与教学的关系，促进学生的全面发展。

二、国内研究综述

1. 课程研究

幼小衔接的研究主体有幼儿园和小学两个方面，在诸多的研究中，学者们在探索幼儿园的园本课程以及小学一年级的幼小衔接课程开发，其中就涉及语文、数学、道法、科学、美育等诸多学科。

幼小衔接课程的研究中，从幼儿园课程建设的角度出发，有不少成功的研究案例。

如钱丹红从一名幼儿园教师的角度阐述了"双减"背景下幼小衔接教育的重要

意义,并探究了"双减"背景下幼小衔接课程的新思路,即不能一味地追求课程知识,而是要结合幼儿年龄段的实际情况,通过课程培养幼儿的学习品质、学习能力、生活习惯等。她提出教师在课程设置中可以加入受幼儿欢迎的游戏,引导幼儿在游戏中培养能力和习惯。

刘江红、郭伟也从幼儿园出发提出探究式幼小衔接课程,要遵循幼儿身心发展规律,关注幼儿探究能力培养,支持幼儿运用探究式学习的方法,引导幼儿主动学习,以此使幼儿获得多方面幼小衔接关键素质。

李燕青从阅读能力培养视角,研究了幼儿园探究课程建设方向,总结链接幼儿生活经验、链接幼儿游戏经验、阅读理解与表达能力培养以及规范阅读行为习惯与阅读拓展等四项幼儿园幼小衔接课程建设对策。

从小学课程建设的角度出发,对幼小衔接也有不少多元化的研究成果。

顾利国、邹春凤作为小学的一线教师,开发与实施了一年级新生适应性课程,完整地提出了课程目标、课程内容。研究中指出小学需要与幼儿园联合教研,提供儿童更加全面化的入学准备课程,帮助儿童顺利完成"幼升小"过渡,研究具有积极的现实意义。

不少学者将幼儿园和小学作为整体对幼小衔接进行了全面性的分析,并提出了课程改进的建议。

杨晓萍、伍叶琴在《教育的张力:基于幼小课程衔接的视角》的研究中指出,幼小课程衔接在课程目标、课程内容、课程组织、课程实施及课程评价等方面均存在问题,建议当前我国幼小课程衔接中课程目标要小步子化、课程内容要生活化、课程组织要统整化、课程实施要活动化、课程评价要多元化。

秦振飙在《幼小衔接课程的调查研究》调查中指出了教师对衔接教育的课程观念陈旧;课程目标过于集中;课程内容有待进一步改善;资源的有效利用不充分;课程管理较为单一等幼小衔接课程面临的问题。他提出幼小衔接课程是幼儿主动建构知识以及意义的过程,要打破分科课程的概念,以幼儿适应小学能力的培养为课程目标来设计幼小衔接课程。

综合以上观点可见幼小衔接课程研究涵盖幼儿园与小学,涉及多学科领域,研究成果较为丰富。幼儿园课程建设更多强调从幼儿实际出发,遵循身心发展规律,避免过度追求知识灌输。一方面,通过游戏化教学培养幼儿学习品质、能力和生活习惯,提升其主动学习能力;另一方面,重视阅读能力培养,通过链接生活与游戏经验,培养阅读表达,规范阅读习惯,助力幼小衔接。而小学课程建设主要从开发一年级新生适应性课程出发,明确课程目标和内容,重视小学与幼儿园联合教研,为儿童提供全面入学准备课程,帮助儿童顺利过渡到小学阶段。但目前幼小课程衔接在目标、内容、组织、实施及评价方面均存在一定问题,如课程观念陈旧、目标集中、内容待完善、资源利用不足和管理单一等。建议课程目标应循序渐进，内容贴近生活，组织注重整合，实施以活动为主，评价采用多元方式；打破传统分科概念，以培养幼儿适应小学能力为核心设计课程，促进幼小衔接课程的科学发展。

2. 教学策略研究

在幼小衔接现有的研究成果中对教学策略有学科性的偏向，就本研究出发，笔者针对语文或语言教学策略进行文献研究分析。在已有的研究成果中，针对阅读教学有很大的研究比例，研究者们提出了不同的教学策略，颇具借鉴意义。

方明生以绘本《花之路》的教材分析为抓手，阐述了教师绘本教材研究的可行方法，讨论了绘本阅读课程目标设定的方法。他提出以教材研究为基础的绘本阅读教学要素的细化；以教学目标细化为基础的课程目标的确立，以此来培养感性发展和欣赏绘画的能力、捕捉信息的能力以及想象力、理解力、表达感想的能力等广泛的能力。

林泽敏在《小学第一学段语文阅读教学幼小衔接现状及策略研究》中分析了小学一年级语文阅读教学幼小衔接存在的问题并分析了成因，并从社会、学校、教师三个层面提出了对策建议。其中在阅读教学的策略方面她提出了要调动学生已有的生活经验，创设生活情景，提升阅读教学的活动性和游戏性，以此来促进学生阅读能力的提升。

刘丽琼提出了"四环联动"教学策略，建议教师在教学过程中遵循"自主学习—合作探究—成果交流—巩固提升"这一循序渐进的教学模式，形成固定的方式与方法，帮助低年级学生适应小学教学模式，促进小学生综合能力的全面发展，达到减负增效的效果。

靳娟娟分析了幼小衔接时期学生学习的困境，提出需要改变传统的教学设计，将教学侧重点转变为关注学生心理辅导，激发学生自主学习的意识，寓教于乐，并充分利用课余时间，引导学生合理减压，来适应小学的学习。

洪仙女在《基于支架式教学的幼小衔接语文教学策略》一文中提出通过搭建支架使学生建立新旧知识的联系，采用多种方法增强课堂的趣味性，引导学生自主探索，提高解决问题的能力，以此来培养学生语文核心素养。

在已有的研究中，学者们对语文教学的口语、识字、写字等教学策略的研究虽然不多，但也具有一定的参考价值。

李佳馨在《小幼衔接视域下小学一年级学生口语表达能力培养研究》中发现小学一年级教师在口语表达能力培养方面存在理念不清晰，语言衔接不重视；教学目标不规范，缺乏主体性；教学实施语言不规范，教学方法单一；教学效果不明显，评价方式单一等问题，并分析了背后的原因。同时，她提出了以有效衔接为目标，提升学校语言发展意识；提升教师素养，做好榜样示范作用；完善教学评价体系，做好结果反馈与利用;发挥家庭教育力量,形成家校共育合力等教学提升的策略。

在识字教学方面,塔娜提出学生在幼小学段间识字量参差不齐,且尚未形成识字能力。需要教师优化教学内容,用游戏识字法、故事情境识字法等多样性的教学方式,同时合理利用生活资源,营造识字氛围和识字环境来帮助学生做好幼小衔接。康春霞也提出教师应遵循学生的识字规律和心理特征,实施家校合育的策略,用生活化的识字活动来为达到识字效果,学生后续的学习奠定基础。

在写字教学方面,卢思梳理了写字教学的特点,提出"妙"用控笔激发兴趣,"巧"用规则掌握要领,"精"用练习提高质量的教学策略,符合学生的年龄特点,有一定的实践参考意义。

从以上幼小衔接教学策略研究成果中,我们发现在语文教学中语言教学策略是重要研究方向,且成果颇丰。一是阅读教学策略:通过对绘本教材深入分析,细化教学要素并确立课程目标,以培养学生多种能力;调动学生生活经验,创设生活情境,增加阅读教学的活动性与游戏性,提升阅读能力;遵循"自主学习—合作探究—成果交流—巩固提升"的"四环联动"教学模式,助力学生适应小学教学,实现综合能力发展;改变传统教学设计,关注心理辅导,激发自主学习意识,寓教于乐并引导合理减压;运用支架式教学搭建新旧知识联系,增强课堂趣味性,培养学生自主探索与解决问题的能力,提升语文核心素养。二是口语教学策略:当前小学一年级口语表达教学存在理念、目标、实施及评价等多方面问题,需提升学校语言发展意识,提高教师素养,完善教学评价体系,发挥家庭教育力量,形成家校共育合力,以培养学生口语表达能力。

同时针对低年级特点,一部分教学策略指向识字、写字教学方面:针对幼小学段学生识字量和识字能力差异,教师应优化教学内容,采用游戏识字、故事情境识字等多样教学方式,合理利用生活资源营造识字氛围和环境,同时遵循识字规律与心理特征,实施家校合育,开展生活化识字活动。同时要贴合学生年龄特点,不断激发写字兴趣,巧用规则引导学生掌握要领。

三、国外研究综述

幼小衔接是国内的提法,在国外并没有"幼小衔接"这个词,但这并不代表其他国家幼小衔接研究的缺失,不仅不曾缺失,且起步更早,发展更快。

OECD 世界经合组织委员会一直都在对世界范围内的早期儿童教育与保育进行研究。近年来,随着研究的深入,OECD 委员会发现,若高质量的早期教育没有在小学得到延续,那么早期教育给儿童带来的益处会在小学逐渐消失。OECD 的第五份报告《强势开端 V:幼小衔接》在此背景下产生,该报告是一份地跨欧、亚、美、澳四州的早期儿童教育与保育国际比较分析,对三十几个成员国及其伙伴国的幼小衔接情况进行了调查,从各国针对幼小衔接出台的政策、文件以及实践做法进行系统地归纳分析，列举出了较好的案例，总结了幼小衔接实践中遇到的挑战，以及相应的经验。在对国外文献研究后发现，国外各个国家幼小衔接的背景和条件不同，国家政策不相同，相应的研究情况差异也很大。

其中芬兰在综合排名中位居第一。芬兰幼小衔接已经形成了较为成熟的框架，其幼小衔接不仅包括从学前教育到基础教育的过渡，还包括从早期儿童教育和保育到学前教育的过渡。芬兰的早期儿童教育与保育、学前教育和基础教育协调一致，服务于幼小衔接，促进儿童发展。在芬兰将学前班教育纳入义务教育中，强调幼儿园与小学的教育连续性，并倡导学校之间的多层次合作，同时允许社会力量的加入，一起助力幼儿的成长。在幼小衔接活动设置、管理办法与相关政策中都充分体现了儿童的主体地位。芬兰将小学教育中的传统学科划分变为一般学习领域，所有课程被更广泛的学习领域包含，强调跨学习领域横向能力的发展。

美国、英国、法国、瑞士等发达国家幼小衔接的主要趋势是将学前两个年级与小学设置在同一个环境之中，将幼儿教育与小学低年级教育结合或合并为一个教育阶段来考虑，从环境布置、课程设计、教师培训都以创设一个整体的、连续的、发展而协调的学习环境为中心。课程目标、内容、教育方法等的一致性，使幼儿园教育成为儿童在小学继续学习和发展的基础。

美国幼儿教育协会提出"适宜课程方案"（DAP），其为"适用于学前与小学低年级教育的课程设计，教师依照幼儿发展特征与顺序设计连续教学方案，包含适切的课程设计、教学内容、教学方法与师幼互动策略"。美国研究者卡干（Kagan）站在幼儿学习经验具有连续性这一视角，认为幼儿在幼小衔接中还不够成熟，学习场所转变对幼儿来说无法独自适应，需要成人创设幼小教学衔接活动，可以从哲学的一致性、课程的连续性、教学的连贯性及结构的一贯性四个方面来着手分析。

2015 年英国政府已对即将进入小学的幼儿进行国家课程评价，其中评价目标与内容包含了与衔接相关的语言交往、身体发育、社会情感发展等七个基本领域，并相应发布了评价和管理条例，其评价结果将给予下一阶段的教师作为教育教学依据。另有研究指出，约三分之二的 OECD 国家将儿童发展质量数据与小学共享，并强调此举是为了保障幼小衔接的平稳进行。英国在幼升小的教学评价方面已经走在了前列，在阅读教学方面提出的"开放教学"也值得学者们深入研究。

日本在学前教育相关政策中，幼小衔接政策的占比越来越重。在日本幼小衔接课程中，强调幼儿的主体地位，要求幼儿园与小学教师之间进行良性积极的教学联动。日本以"新学历观"推行学校课程重构，在小学低年级国语教材中，提出"激趣"目标，教材内容难度呈现螺旋上升，教材内容设计关注生活情境化，有意识地拓展与学习场馆和培养阅读习惯，放缓教材难度梯度。

综上所述，国外虽无"幼小衔接"的提法，但相关研究起步早、发展快，呈现出以下整体趋势和情况：

一是国际组织推动。OECD 世界经合组织委员会持续研究全球早期儿童教育与保育，发布《强势开端Ⅴ：幼小衔接》报告，对三十几个成员国及伙伴国的幼小衔接情况进行调查分析，涵盖政策、实践案例、挑战与经验。

二是整体重视协调连贯。各国虽背景、政策不同，但普遍重视幼小衔接，致力于构建连贯教育体系，促进儿童从学前到小学的平稳过渡。

三是教育环境与课程整合。不少发达国家将学前与小学低年级设置在同一环境，整合幼儿教育与小学低年级教育，从环境、课程到教师培训，都围绕创设整体、连续、协调的学习环境，保证课程目标、内容和教育方法的一致性。

四是关注儿童主体与发展。注重儿童主体地位，在活动、管理和政策中体现这一理念，依照儿童发展特征和顺序设计教学方案，关注儿童语言、身体、社会情感等多领域发展，共享儿童发展质量数据，为教育教学提供依据。

五是教学策略与联动多元。教学上采取多样策略，如美国的"适宜课程方案"、英国的"开放教学"；强调幼儿园与小学教师的教学联动，促进教育衔接。

四、研究现状分析

分析已有的国内外研究成果，笔者认为有以下方面值得本研究重视。

1. 教研联合两端并重

在幼小衔接课程教学的研究中，教研联合两端并重成为了一个显著的趋势。文献显示，众多研究者认为，幼小衔接不仅仅是知识的传递，更是学习方法、情感态度和社交技能的过渡。因此，教研工作需同时关注幼儿园与小学两端的需求和特点。

在幼儿园阶段，研究强调培养幼儿的基础认知能力、学习兴趣和生活习惯，为后续学习打下坚实基础。进入小学后，学生面临着更加复杂的学习环境和更高的学术要求，因此教研工作也需要关注如何帮助学生顺利适应这一转变。通过两端并重的研究，旨在实现教育内容的连贯性和教学方法的衔接性，从而减轻学生的适应压力，促进他们的全面发展。

2. 教学评价不容忽视

在幼小衔接课程教学中，教学评价是确保教学质量和效果的关键环节。文献指出，传统的教学评价往往侧重于知识的记忆和应试能力，而忽视了对学生综合素质的评价。在幼小衔接阶段，教学评价应更加注重学生的个体差异和全面发展。

首先，评价内容应涵盖知识、技能、情感态度等多个方面，以全面反映学生的学习情况。其次，评价方法应多样化，包括观察记录、作品展示、口头表达等多种方式，以更加准确地评估学生的能力和潜力。最后，评价结果应及时反馈给学生和家长，帮助他们了解学生的学习进展和存在的问题，从而制定更加有效的学习计划。

3. 探寻课程优化实施

幼小衔接课程教学的另一个重要研究方向是课程整体设计。文献表明，一个科学合理的课程设计能够为学生提供连贯、有序的学习体验，有助于他们更好地适应新的学习环境。

在现有课程实施框架下，我们要做的是探寻课程优化实施的可能性。需要充分考虑学生的年龄特点和认知发展水平，以及幼儿园和小学的教学目标和要求。通过合理的课程设置和教学内容安排，确保学生在知识和技能上的连贯性，同时注重培养他们的学习兴趣和自主学习能力。此外，还需要注重课程的实践性和趣味性，以激发学生的学习热情和创造力。

第三章　区域小学语文幼小衔接现状调研

一、学生卷调研报告

(一) 调研设计

1. 调研目的

随着社会的发展和教育改革的不断深入，幼小衔接问题日益受到教育界的广泛关注。特别是在小学新生入学阶段，如何帮助孩子们顺利过渡并适应小学的学习生活，成为了教育工作者和家长们共同关心的焦点。

本次调查旨在了解参与者的基本信息、汉字学习情况以及阅读习惯等方面的情况。通过问卷调查，我们收集到了关于性别、学校情况、汉字学习经历、阅读习惯等多个方面的数据。这些数据将有助于我们更深入地了解幼小衔接阶段的孩子的学习和阅读情况，为后续幼小衔接教育工作提供参考依据。

接下来，我们将对问卷调查结果进行分析和总结，以期为下阶段的研究和实践提供有益的启示和建议。

2. 问卷设计

本次调研问卷主要包括四大部分，第一部分为一年级新入学学生的基本情况，第二部分为语文学习情况，包括汉字认知、写字能力、阅读习惯、表达与交流。其中，针对学生的基本情况包括性别、所在学校和户籍。

(二) 调研实施

本次调研主要针对我区部分一年级新入学的学生进行，采用随机抽样的方式进行，包括城区小学、乡村小学、民办小学，共回收有效问卷 4150 份。

1. 学生基本情况

有效参与研究的一年级新生基本情况如下表所示：

表 1-1　一年级参与调研学生的基本信息情况

		人　数	百分比(%)
性别	男生	2137	51.49%
	女生	2013	48.51%
户籍	本市	2003	48.27%
	非本市户籍 (满 120 积分)	900	21.69%
	非本市户籍 (未满积分)	1247	30.05%

　　从调研结果可知,在参与调查的学生中,男生 2137 人,占比 51.49%;女生 2013 人,占比 48.51%。男女比例接近 1:1,本区内一年级新生在性别分布上较为均衡。从户籍情况看,本市户籍学生 2003 人,占 48.27%;非本市户籍且满 120 积分的学生 900 人,占 21.69%;非本市户籍未满积分的学生 1247 人,占 30.05%。户籍分布情况反映了当前城市教育资源的多元化和学生构成的复杂性。

　　2. 语文学习情况

　　(1)学生汉字认知

表 1-2　一年级学生汉字认知统计表

题　　目	选　　项	人数	百分比(%)
1. 上一年级之前,你已经认识一些汉字了吗	我基本不认识字。	231	5.57%
	我认识一些生活中很常见的字,如"一米、小区、玩具"等。	2201	53.04%
	我认识家人的名字,还有几个幼儿园小伙伴的名字。	595	14.34%
	我认识的字很多,我自己就能看有文字的书。	1123	27.06%
2. 你平时会通过哪些方式认识汉字?	我自己看书的时候,遇到不认识的字,就会问家里人。	2038	49.11%
	休息在家的时候,爸爸妈妈会用一些软件特意教我认识一些字。	2711	65.33%
	在幼儿园的时候,老师会带我认识一些字。	1746	42.07%
	看电视、玩游戏的时候,我会认字幕或提示上的字。	1642	39.57%
	买东西、出去玩的时候,我有机会认识很多字。	1782	42.94%
	其他	626	15.08%

从调研结果可知，本区一年级新生对汉字认知情况如下：超过半数（53.04％）的学生在上一年级前已经认识一些生活中常见的汉字，如"一米、小区、玩具"等；14.34％的学生能认识家人和幼儿园小伙伴的名字；27.06％的学生认识的字很多，能够自行阅读带文字的书籍。这表明大部分学生在入学前已具备一定的汉字基础。从汉字学习方式这个多选题结果显示，学生主要通过家庭（49.11％）、软件教学（65.33％）、幼儿园教育（42.07％）、日常活动（如看电视、玩游戏，39.57％；购物、外出，42.94％）等多种途径学习汉字。家庭和软件教学成为学生认字的主要途径，表明家长和教育技术在此过程中的重要作用。

（2）学生写字能力

表 1-3　一年级学生写字能力统计表

题　　目	选　　项	人数	百分比（％）
1. 你会写字吗？	我不认识字，更不会写字。	39	0.94％
	我认识一些字，但不会写。	149	3.59％
	我会写几个简单的字，如"一、二、人、大"等。	987	23.78％
	我会写自己的名字，也会写一些常见的字。	2634	63.47％
	我认识的字基本都会写。	192	4.63％
	我不仅会写，还练习书法。	149	3.59％
2. 刚开始写字时，大人最常提醒你的是什么？	写字时一定要坐端正。	502	12.67％
	要用正确的握笔姿势写字。	381	9.62％
	要按照正确的笔画顺序写字。	229	5.78％
	不要把字写得大大小小，歪歪扭扭。	67	1.69％
	以上都会提醒。	2783	70.24％
3. 写字时，你觉得碰到的最大困难是什么？	写字很枯燥，我对写字不感兴趣。	377	9.52％
	写字让我觉得很累，我的手腕或手指会很疼。	1379	34.81％
	我的写字速度很慢，会没时间做自己喜欢的事情。	1155	29.15％
	我觉得没有困难，写字帮我增长知识，我很喜欢写字。	1051	26.53％

从调研结果可知，本区内一年级新生写字能力现状为大部分学生已具备一定的书写基础。其中，大多数学生（63.47％）能够书写自己的名字和一些常见字；23.78％的学生能写简单的字；仅 0.94％的学生表示不认识字，更不会写字。在已有写字基础的 3921 个孩子中针对写字困难进行调研后，我们发现，学生在写字过程中遇到的主要困难包括：手腕或手指疼痛（34.81％）、写字速度慢（29.15％）、写字枯燥（9.52％）。而 26.53％的学生则表示没有困难，喜欢写字。这提示我们需关注

学生写字过程中的身体负担和兴趣培养。

（3）学生阅读习惯

表 1-4　一年级学生阅读习惯统计表

题　目	选　项	人数	百分比(%)
1. 在日常生活中,你喜欢看书吗?	喜欢,我最喜欢一个人安静地看书。	353	8.51%
	喜欢,我更喜欢爸爸妈妈和我一起边讲边看。	2023	48.75%
	喜欢,我非常喜欢图画特别有意思的书。	916	22.07%
	我不喜欢看书,但我喜欢听故事。	795	19.16%
	我不喜欢看书,也不喜欢听故事。	63	1.52%
2. 如有日常有阅读活动,一般是怎么安排?	我每天有至少半小时的固定时间看书(例如,吃好晚饭后、睡觉前等)。	817	19.69%
	家里人每天都会陪我看书,但时间不固定。	883	21.28%
	不是每天都有,家里人有空了或是想到了就会陪我一起看。	1447	34.87%
	不一定,有时会看,有时也会很久不看。	831	20.02%
	没有阅读安排。	172	4.14%
3. 阅读(看书)的时候,你可能会碰到什么困难?	我没有任何困难。	425	10.24%
	我认识的字不多。	2470	59.52%
	我常常对爸爸妈妈选的书不感兴趣。	276	6.65%
	没人陪我一起看书的话,我就不想看。	1596	38.46%
4. 对于看过的书,你会主动分享给大家吗?	我看过的每一本书都愿意和大家分享里面的内容。	982	23.66%
	我觉得有趣的书才会想分享给大家。	2663	64.17%
	看过就行了,我不喜欢和大家分享看过的书里的内容。	403	9.71%
	我不喜欢看书,也不喜欢分享。	102	2.46%

　　从调研结果可知,本区内一年级新生大部分学生喜欢阅读,其中 48.75% 的学生喜欢与家长共读,22.07% 的学生偏爱图画丰富的书籍。然而,也有 19.16% 的学生虽不喜欢看书但喜欢听故事,1.52% 的学生则对阅读和听故事均不感兴趣。这些学生对于自己的阅读安排不一,仅 19.69% 的学生有固定的阅读时间,34.87% 的学生阅读时间不固定,20.02% 的学生阅读习惯不稳定,甚至 4.14% 的学生没有阅读安排。他们在阅读上的主要困难在于识字量不足(59.52%)和缺乏陪伴(38.46%),此外,书籍选择不感兴趣(6.65%)和外界干扰(28.12%)也是影响学生阅读的因素。同时,有的孩子爱看书也爱分享自己的阅读收获,还有的孩子不爱看书,也就导致自己不能分享自己的阅读收获。

（4）学生表达与交流

表 1-5 一年级学生表达与交流统计表

题　　目	选　　项	人数	百分比(%)
1. 和家人、伙伴交流时,你能清晰地表达自己的想法和感受吗?	我很喜欢和别人聊天,也总是能很清楚地把我想说的话说给别人听。	2696	64.96%
	我愿意和大家交流,可是别人好像听不明白,总会问我"你到底想说什么?"	423	10.19%
	我会用简单的字词表达自己的想法。	919	22.14%
	我不太想和大家说自己的想法。	112	2.7%
2. 你对下面哪一件事最感兴趣	听故事	2764	66.6%
	讲故事	250	6.02%
	学拼音	321	7.73%
	认字	252	6.07%
	写字	180	4.34%
	看书	347	8.36%
	都不喜欢	36	0.87%

从调研结果可知,本区内一年级新生中 64.96% 的学生能够清晰表达自己的想法和感受,但仍有 10.19% 的学生在交流时存在表达不清的问题。这提示我们需要加强学生的语言表达训练。针对这一部分学生教师还需要跟进教育,提供更多的交际指导,帮助他们提高表达能力和沟通效果。对于那些不太愿意表达自己想法的人,教师也可以通过心理辅导等方式,帮助他们更好地理解和克服沟通障碍,提升沟通质量。对于语文学习的兴趣偏好,绝大多数学生(66.6%)对听故事表现出浓厚兴趣,相比之下,讲故事(6.02%)、学拼音(7.73%)、认字(6.07%)、写字(4.34%)和看书(8.36%)的兴趣相对较低。这反映了学生在幼小衔接阶段对故事内容的强烈需求,但是,需要引起注意的是要弄清楚选择"都不喜欢"的 36 个学生对学习期待不足的原因,以便他们更快地适应小学生活。

（三）分析与讨论

1. 汉字学习与写字能力

学生在汉字认知和写字能力方面表现出较好的基础,但写字过程中的身体负担和兴趣培养仍需关注。家长和教师应引导学生采用正确的写字姿势和笔画顺序,同时增加写字活动的趣味性,减少学生的疲劳感。

（1）规范先行

制作一份图文并茂的写字姿势与笔画顺序指南,包括手部位置、背部挺直、眼睛与纸张的距离等要点,确保家长和教育者都能清晰理解并传授给学生。也可以由教师借助学生录制正确的写字姿势和笔画顺序的示范视频,让学生可以反复观看模仿,直观感受正确的动作。

(2) 游戏激趣

利用 APP 或纸质游戏卡,设计如"笔画接龙""写字寻宝"等游戏,让学生在游戏中学习和巩固笔画顺序,增加学习乐趣。针对能力两极分化的学生,还可以将写字练习分成不同难度级别的挑战关卡,或进行同伴互助指导,每完成一关可获得奖励或解锁新内容,激发学生挑战自我的动力。

(3) 劳逸结合

设定合理的写字时间间隔,如每写 20 分钟就休息 5 分钟,鼓励学生进行眼部放松、远眺或简单的伸展运动,缓解身体疲劳。或者借助一套简单的写字前后伸展操,帮助学生放松手腕、肩颈等部位,预防因长时间写字造成的肌肉紧张。

(4) 激励延伸

设立奖励机制,根据学生写字姿势的改善和笔画顺序的准确性给予小奖励,如贴纸、小礼品或额外的游戏时间,增强学生的成就感。

(5) 家校沟通

建立家长与教师之间的定期沟通机制,分享学生在家和在校的写字练习情况,共同商讨更个性化的教学方法。鼓励家长与孩子一起参与写字活动,如共同完成一幅书法作品,增进亲子关系的同时,也让孩子在轻松愉快的氛围中学习写字。

2. 阅读习惯与能力培养

阅读习惯的培养对学生后续学习至关重要。针对当前学生存在的阅读困难,如识字量不足和缺乏陪伴,家长和教师可以采取以下措施:

(1) 拓展识字量

鼓励学生多阅读适合他们年龄段的书籍,如儿童文学、经典童话等,通过阅读积累生字,提高识字量。结合教科书中语文园地的要求,利用零碎时间,通过识字卡片游戏的方式,帮助孩子学习新字,增加学习的趣味性和互动性。或者结合日常生活场景,在教学中引导孩子观察商品标签、街道名和标志牌等,将识字与生活实际相结合,提高识字效果。还可以利用科技手段,如,借助识字软件、在线教育资源等科技手段,设置趣味游戏和挑战,为孩子提供多样化的识字学习方式。

(2) 陪伴共读学习

教师可以通过推荐书目,引导家长每天安排固定时间与孩子一起阅读,通过共读活动增进亲子关系,同时培养孩子的阅读兴趣和习惯。或者建立阅读角,在家里、班级中为学生设置一个舒适的阅读角落,摆放书架、坐垫等,营造温馨的阅读氛围。在一定的阅读时间后,在学校或社区组织阅读分享会,让孩子们有机会分享自己的阅读心得和感受,增强他们的阅读成就感和归属感。当然,教师在学生进行阅读的过程中，要适时地引导与鼓励。如，在课堂上通过设立阅读奖励机制、开展阅读竞赛等方式，激发学生的阅读热情。

同时增加写字活动的趣味性，减少学生的疲劳感，也可以有效缓解学生存在的阅读困难问题，提高他们的识字量和阅读兴趣，为他们的入学适应降低难度。

二、家长卷调研报告

为了深入了解一年级学生家长对于孩子语文学习幼小衔接的态度、准备情况及存在的困惑，我们设计并开展了一次全面的问卷调查。本次调查旨在通过数据分析，为家长和学校提供有价值的参考，共同促进孩子顺利过渡到小学阶段的语文学科的学习。本次调研共收到有效问卷 5431 份，涵盖性别、年龄段、学历、职业等多个维度不同的家长群体，确保了样本的广泛性和代表性。

（一）调查结果分析

1. 家长基本情况及其对幼小衔接的认识

参与调查的家长中，女性占比 66.19%，男性占比 33.81%，大部分家长集中在 31 至 45 岁之间，其中有 61.11% 的家长拥有本科及以上学历。从职业分布来看，公司职员占比最高，达到 42.35%，其次是专业技术人员（教师、医生、工程师等），占比 16.87%。从以上数据可以发现，在家庭教育中，本区的女性家长通常更为积极参与孩子的教育与成长过程，占比近男性家长的 2 倍。整体而言，本届一年级学生家长普遍拥有较高的教育水平和相对稳定的工作，对孩子的教育有较高的期望和要求，能够为子女教育投入更多的精力以及相应的资源支持。

从对幼小衔接的了解情况来看，75.44% 的家长对"幼小衔接"有基本了解，但完全了解的家长仅占 18.27%，不了解的家长占 6.3%。进一步分析"不了解"的这部分家长，其中硕士及以上学历的占比 0.1%，本科学历比例 0.37%，本科及以下学历 0.5%。这表明本届家长对幼小衔接有一定的认识，但仍有提升空间。同时，家长对幼小衔接的认识和其本身的学历存在一定联系，但影响不大，主要与幼小衔接的社会关注度以及家长本身对孩子的教育关注度有关系。在此情况下，大多数家长（40.93% 和 41.17%）对孩子的入学持积极或喜忧参半但期待更多的态度；也有 10% 左右的家长感到焦虑或担忧，表明家长普遍比较重视孩子的入学准备。

2. 家长对孩子在语文学习上的支持与准备

在语文学科方面，家长认为最应着重注意的培养方面依次为：阅读能力（82.32%）、书写习惯（63.23%）、沟通能力（61.48%）、识字数量（40.34%）和倾听能力（40.27%）。这表明家长普遍重视孩子的阅读能力、书写习惯和沟通表达能力，而对倾听能力的关注度相对较低。实际上，阅读能力和识字数量紧密相关，从数据的进一步反映来看，家长在有效衔接过程中对阅读能力方面投入的精力比较多：

（1）拼音学习。拼音最主要目的是帮助孩子更方便进行识字读写。调查显示,56.79%的孩子在入学前已经参加过拼音的学习,其中通过机构专题培训学习的孩子占比最高,达到 45.76%,且大部分家长认为机构的辅导效果良好;仅有 7.46%的孩子在上小学前没有接触过拼音。

（2）识字数量。83.85%的家长采用主动教授的方式,通过早教视频、阅读书籍、利用生活环境等方式教孩子识字,因此,40.51%的孩子在入学前能认识生活中的常用字,如"出口、小区、电话"等,仅有 7.75%的孩子只知道基本笔画或基本不认识汉字。

（3）阅读情况。29.61%的孩子在小学入学前能够掌握大部分常用汉字,能基本独立阅读图文结合或纯文字读物。在阅读过程中,82.66%的家长会进行亲子阅读,家长也能根据孩子识字量的不同,调整亲子阅读和自主阅读的比重。其中 28.19%的家长还注重培养孩子良好的阅读习惯。但也有 17.34%的家长表示没有时间陪伴孩子进行亲子阅读。

因此,从"目前,您孩子在语文幼小衔接方面都具备哪些能力"这个问题来看,80%左右的家长认为孩子在"能说普通话,普通话表达清晰""认识一些拼音字母,能拼读一些音节"已经做好了准备,30%左右的家长也帮助孩子在写字、积累一些古诗名言、训练有自信有逻辑地表达等方面做了一些准备。

3. 家长在幼小衔接中的困惑与需求

家长普遍认为,小学阶段的语文学习过程与内容的重要性排序从高到低依次为:学习兴趣、良好习惯、自理能力、阅读兴趣、表达能力、知识储备。49.31%的家长有培养这些方面的意识,并按照计划实施;47.06%的家长有一点意识但不知道如何去做;也有 3.63%的家长不知道该怎么做。

对于孩子在未来的语文学习中可能遇到的困难,家长普遍担心比例最高的三项依次为:注意力较短或不集中（61.43%）、不肯表达（32.55%）、善表现,在不被关注的时候很难投入学习（25.85%）。具体情况如图所示:

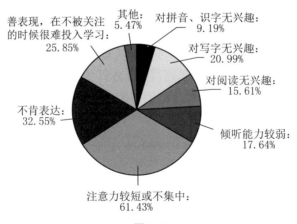

图 1-2

从选项的情况来看，注意力和倾听力的问题属于"学习习惯与能力"范畴，"不肯表达"和"善表现"属于"性格特点"范畴，其他几项属于"学习兴趣"范畴。数据反映出家长对孩子基本的学习习惯与能力上的担忧最大，对自身性格影响语文学习的担忧次之，对学习兴趣影响语文学习的担忧相对较少。

当然，家长也非常希望了解孩子在进入小学学习后的情况。84.26％的家长期待校园开放日活动，62.11％的家长希望参与学校组织的线上互动分享，还有一部分家长认为学校可以通过家长会、专家讲座、指导手册等多种方式帮助他们更多地了解幼小衔接过程中语文学科学习的过程，发现孩子的需求和学校教育方向，助力孩子平稳度过这一时期。

（二）问题与改进策略

1. 问题分析

（1）家长对幼小衔接的认知有待深化。尽管大部分家长对幼小衔接有基本了解，但完全了解的占比还是较低，有超过一半的家长不知道如何有计划地进行有效衔接，表明家长在理解和实施幼小衔接方面仍存在一些不足。

（2）孩子语文能力发展不均衡。一是群体能力发展的不平衡，一部分比较重视幼小衔接的家庭孩子在表达与倾听、识字量与阅读能力等方面较好，而不够重视的家庭孩子反之，这两个部分群体所占的比例差距较大——以识字情况为例，能独立阅读和基本不认字的学生比例达到21.86％。二是个体能力的发展不平衡，一部分家庭由于对幼小衔接的理解和侧重点不同，孩子的能力表现也不同，如部分孩子虽在识字、阅读等方面有一定基础，但在注意力、表达和倾听学习习惯等方面仍存在不足。

（3）家校合作机制有待完善。家长对家校共育形式有较高的期望，但实际操作中可能存在信息不对称、沟通不畅等问题。

2. 改进策略

（1）注重学习习惯，培养学习兴趣。从调研情况来看，一部分家长对小学语文学习的认识还比较片面，认为学好拼音、多识一些字就算是做好了学科衔接，实际上，良好的生活习惯、倾听习惯、表达习惯、对汉字文本的兴趣是好的语文学习不可忽视的起点。因此，一方面我们要对家长加大这方面的宣传引导，另一方面我们在实际教学中也要通过多样的学习材料、有趣的教学活动和多元的过程性评价来助力学生习惯和兴趣的养成。

（2）优化课程内容，关注个体差异。任课教师应根据孩子的实际情况和发展需求，优化语文课程内容和学习进度。比如家长对"拼音学习"的关注度普遍比较高，主要考虑孩子无法跟上教学节奏或学扎实而提前在课外机构报班，这种情况下，语文教师就需要根据本班的学情，进行拼音教学的个性化调整，关注差异。

（3）有效家校沟通，强化家校合作。幼儿园和小学都应加大对幼小衔接的宣传力度,加强学校与家长的沟通联系,通过校园开放日、家长会、专题讲座等形式,帮助家长全面、深入地了解幼小衔接的重要性和具体实施方法;也可以开发和推荐一系列适合家长和孩子共同参与的语文学习活动和材料,如阅读清单、亲子阅读指导等,共同关注孩子的成长和发展。

第四章　区域小学语文幼小衔接研究的行动思考

一、基于 PCK 领域对小学语文幼小衔接教学知识的再思考

通过大量的文献研究与实践观察,我们意识到幼小衔接关乎儿童健康成长,幼小衔接是儿童发展中十分重要的研究课题,文献资料研究发现,国内外幼小衔接的研究很少针对学科教学,语文学科的相关研究更少。现有的政策、文件、研究资料中,幼小衔接的主推阵地在幼儿园,小学多是新生入学前后的突击性实践,理论研究不够,尚未形成可供推广的成熟经验。某些较为成熟的案例大多站在学校、班级管理角度,与身心适应、生活适应、社会适应等内容有关,从学科角度展开的学习适应的实践较少,学科教师借鉴价值不大。

《义务教育课程方案(2022 年版)》要求"加强学段衔接"。作为小学阶段课时最多的语文学科,加强幼小衔接研究尤为必要。

小学语文幼小衔接到底衔接什么? 这是老师们较为困惑的。《小学入学适应教育指导要点》中提到身心、生活、社会和学习适应四个方面,其中"学习适应"包括"乐学好问""学习习惯""学习兴趣"和"学习能力"。这些内容虽有指导意义,但毕竟不针对具体学科,在一线教师的学科教学实践中很难借鉴遵循。

领域教学知识(英文简称 PCK)也许能给我们一些启示。领域教学知识,是指教师个人教学经验、学科内容知识、教育学知识融合形成的独特知识体系。从操作的角度,可以视为三个维度的有机结合(见表 1-6)。

表 1-6　PCK 学科领域知识的构成

教什么	教育内容的知识	教师应了解的学科逻辑体系和概念知识	本体性知识
教谁	教育对象的知识	儿童学习发展的年龄特点、发展线索、学习困难、个体差异等方面的知识	条件性知识
怎么教	教育策略的知识	支持儿童学习的策略方法方面的知识,体现了教师的教育智慧	实践性知识

PCK 并不是三类知识的简单叠加,而是三类知识整合后生成的一种新知识。PCK 视域下的幼小衔接,需更多思考如何将幼儿园阶段的学习经验和习惯顺利过渡到小学阶段,使学生更好地适应小学语文学习。这就需要基于 PCK 教学理念来思考小学语文幼小衔接领域教学知识的构成(见图 1-3)。

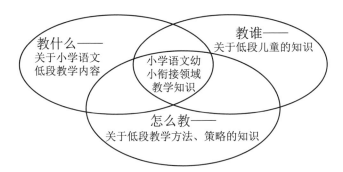

图 1-3 小学语文幼小衔接领域教学知识的构成

　　PCK 视域下小学语文幼小衔接的关键在于，教师既要具备扎实的学科知识，了解小学起始阶段语文教材的内容结构、教学要求，又要充分了解儿童身心发展特点，掌握低段学生认知发展规律，能根据学生学习需求，制定出有效的教学方案，选择更适合小学低段儿童的教学方法策略，实施更适合的教学，引导、帮助学生顺利完成学段过渡。

　　此外，教师还需将 PCK 知识融入教学实践中，比如基于"教什么"，进行幼小衔接阶段儿童语文学习连续性的思考与教学内容的梳理；基于"教谁"，加强幼小衔接阶段儿童语文学习的观察与评估；基于"怎么教"，提供有针对性的学习支持。

　　对于一线教师而言，基于 PCK 视域重新来思考小学语文幼小衔接的路径与策略就比较明晰了。

　　（一）教学内容选择，明确"教什么"

　　《义务教育语文课程标准（2022 年版）》（以下简称《语文新课标》）明确了第一学段（1—2 年级）的具体要求。小学语文学科幼小衔接，不仅要关注小学阶段"学什么"，还要关注幼儿园已经"学了什么"，对两个学段学习经验与要求进行梳理比较（见图 1-4）。

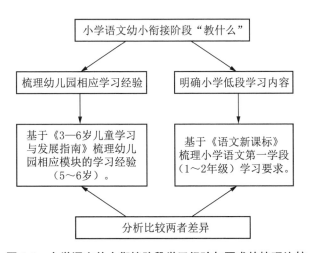

图 1-4 小学语文幼小衔接阶段学习经验与要求的梳理比较

通过梳理比较,基于儿童的经历、需求和期望展开教学,将更有利于帮助儿童顺利度过语文学习适应期。

表 1-7　幼儿园大班与小学低年段"识字与写字"学习目标差异分析

基于《3—6 岁儿童学习与发展指南》的相关目标(5—6 岁)	基于《义务教育语文课程标准(2022 年版)》的小学第一学段(1—2 年级)相关学科要求	幼小学段"识字与写字"学习目标差异分析
具有书面表达的愿望和初步技能。愿意用图画和符号表现事物或故事;会正确书写自己的名字;写画时姿势正确。	喜欢学习汉字,有主动识字、写字的愿望。认识常用汉字 1600 个左右,其中 800 个左右会写;学会汉语拼音。能读准声母、韵母、声调和整体认读音节。能准确地拼读音节,正确书写声母、韵母和音节。认识大写字母,熟记《汉语拼音字母表》;掌握汉字的基本笔画和常用的偏旁部首,能按基本的笔顺规则用硬笔写字,注意间架结构,初步感受汉字的形体美。努力养成良好的写字习惯,写字姿势正确,书写规范、端正、整洁。	两个学段均要求学生书写姿势正确,这是习惯要求。幼儿园大班要求学生会正确书写自己的名字,学习基本的运笔技能,侧重于培养幼儿的书写兴趣。小学低年段不仅要会写 800 个左右的汉字,会写声母、韵母和音节,还要能按基本的笔顺规则用硬笔写字,对字迹整洁、美观也提出了相应要求,由"愿意书写"向"书写姿势正确、书写规范、端正、整洁"转变。

以"识字与写字"这一内容为例展开幼儿园大班与小学低年段学习目标差异分析,从表 2 可见在"识字与写字"方面,小学低段学生已经有了基本的书写准备,也在绘画涂鸦实践中初步了解了文字的用途功能,激发出一定的学习兴趣。但幼儿园多是以"涂涂画画"为主,借此表达自己的想法和情感,促进手眼协调,掌握初步的运笔技能,也会写一些比较常见的汉字。小学阶段,"识字与写字"质与量要求明显提高。教师既要清楚起点在哪里,也要明了发展方向,注意学习目标的连续性和进阶性。

(二) 教学对象了解,明了"教谁"

《义务教育课程方案(2022 年版)》中提到"注重幼小衔接,基于对学生……发展水平的评估,合理设计小学一至二年级课程"。这就要求我们要关注儿童发展,对儿童学科成长情况进行客观评估,并据此科学构建教学内容。评估对象、评估方式等都是我们要考虑的问题。小学语文幼小衔接领域教学知识的构成可以帮助我们理清思路,明了"教什么"后,把目光更多放到儿童身上,通过评估进一步了解儿童语文学习中的困难、需要的支持。

幼小衔接学科实践中,教师可通过自身感官或借助一定的科学仪器,有目的、有计划地对儿童个体或群体进行观察,获取多方面的评估信息。

儿童学习发展具有差异性。儿童的认知储备、性格特点、学习动机、学习风格都会影响他们的学习投入、学习方式、学习效率和成果。设计教学活动,要充分考虑这些差异，以便更好地满足每个孩子的学习需求。学科幼小衔接的评估同样需要观察了解学生适应情况，发现儿童的学习困难，及时提供支持帮助。可以在明了"教什么"的基础上设计系列观察量表，选用针对性强的观察工具，进行儿童个体与群体的学习观察评估，为教学改进提供可靠依据。

（三）教学过程实施，优化"怎么教"

幼小衔接阶段，优化教学实施、提高教学效益的前提是了解幼、小学段教学的主要差异。幼儿园课程是综合性的，以主题方式整合呈现；小学以分科为主，语文就是其中一门重要学科。幼儿园的课堂组织以游戏为主，让孩子在活动中体验；小学课堂以教与学为主，注重让学生通过观察、思考、操作、讨论、表达等进行知识学习和能力提升。我们要直面差异，发现衔接的可能性。

1. 联系生活，优化教学内容

幼小衔接阶段语文学科活动倾向于解决实际问题的语言实践。教学中要联系学生真实生活，基于幼儿学习经验对教材内容进行优化处理，让教材内容经由生活转为教学内容，强化语文学习、社会生活和学生经验之间的关联。

教学一年级《影子》一课时，引导学生联系生活思考：你见过的影子是怎样的，得到"细细长长的影子""矮矮胖胖的影子"这样基于观察的回答后，教师可进一步追问，"这些影子为什么会不一样?"学生继续联系生活，得出生活经验：不同的时间，太阳的位置不同，影子的长短大小也会随之发生变化。有了这样的体验，学生再读儿歌，对语言的亲近感与积极性明显提高。

拼音学习初期，教师通过发布"发现生活中的拼音"活动，鼓励学生观察生活中与汉语拼音字母相近的事物。通过活动，孩子们在生活中积极找寻拼音的"影子"并积极分享自己的发现，将拼音学习与生活紧密相连，不断将学习的外延扩大。

再如《四季》这一首儿歌，"草芽尖尖、荷叶圆圆、谷穗弯弯"中叠词的连续使用，生动形象地描述了事物的特征。但这样的语言表达如何从文本语言转化为儿童的输出语言是需要每一位老师思考的问题。在教学时，教师可在引导学生发现课文表达的特点后，回忆生活场景并尝试运用叠词模仿表达，"月亮圆圆""小河弯弯""雪花朵朵"，孩子们很快就品尝到了用叠词表达的快乐。这还不够，老师们还可以带着学生走出课堂观察校园，"树枝弯弯""小路直直""跑道宽宽"……孩子们越说越上瘾。此时，老师引导学生两两展开模拟对话，在对话中学生就能较为自然且熟练地使用叠词描绘看到的、想到的景物，实现叠词在生活语言中的应用。

这样的教学设计，不断将教学内容与生活链接，学生得以在语言知识与生活经验的融合中进行生动有趣的表达实践，学起来不仅轻松愉悦，且学习目标达成度高。

2. 依据内容，创新教学方法

基于低段儿童身心发展特点，教师应根据具体的教学内容，选择生动活泼的教学方法,调动学生的主动性和创造性,提高学习效果。一年级入学初期,面对同一学习内容,学生学习基础有明显差异。此时"角色代入法""游戏教学法""模拟演绎法"等就较适合在这一阶段使用。

如一年级入学初期,拼音学习对有些学生来说是零起点,但有些学生已有提前学习经历。这种情况下教师就进入了两难境地,既不能不教这部分内容,也不能当所有学生是一张白纸。此时,"角色代入法"就是很好的破局妙招。有一定学习基础,经过课堂观察评估能较好地完成学习任务的学生,可担任"拼音助教",做好拼音学习中的领读员;那些学习超前,且已经能做到熟能生巧的学生,我们就可特聘其为"拼音啄木鸟",参与到每一个学习阶段的复习巩固环节,发现并指出小伙伴在拼音学习中的问题;牙牙学语的"拼音新手",我们就需要为其设计更多挑战性任务,并运用激励性评价激发其持续的参与热情。不同的角色代入能帮助不同学习基础的学生在同一学习过程中获得符合其需求的体验与收获。

游戏是很适合儿童的学习形式,教师在课堂中结合教学内容创设游戏情境也可以使不同起点的孩子获得更强的课堂参与感,学习的成就感。比如,在拼音教学时,就可以在小组活动时将"顺风耳""照镜子"等游戏组合起来玩一玩。请有一定拼音基础的学生来做小老师报音,其他学生抢做"顺风耳",看谁能最快找到相应的卡片。之后两两合作"照镜子",分别根据报音提示和卡片提示做口型模仿,如果口型一致,说明"照镜子"成功。反之,则意味着游戏失败。我们多次运用信息化手段做课堂评估,发现学生通常会在游戏学习阶段投入更多热情,参与度也更高。

3. 有效互动,加强教学反馈

很多低年段教师会在课堂中有类似的经历:教学伊始,学生反馈积极,就差直接站起来举手,就怕老师没有注意到自己,但随着时间推移,部分学生注意力开始分散,甚至做起了小动作。此时如何开展有效互动,加强教学反馈,快速地让更多学生参与到学习活动中来,值得我们进一步思考。

低年级语文课中,朗读是非常常见的学习活动,大多数学生也乐意参与其中,但当一个学生被点名进行朗读展示的时候,我们常常会听到一阵灰心丧气的叹气,还有不少孩子因为没有受到邀请感觉受挫,对接下来的环节失去兴趣。如果某一教学环节只有个别学生参与,那很难说其是有效的。为了让所有的学生都能参与其中,教师可以有意识请其他学生做做倾听者,当当小评委,"读得怎么样?""猜猜他为什么这样读?""如果你来试试,你会怎么读?""你喜欢他的朗读吗?""要不要请他再读一遍,让我们好好欣赏一下?"……这样一来,看似只邀请了一位学生,实则所有的学生都能参与其中。

将这样的实践带到口语交际课中同样有效,以《请你帮个忙》为例,当学生明确交际要点并上台进行情境演练时我们可以请下面的同学做做小评委——"为他们的表演打几颗星？""为什么这样打星？"。这样的教学设计让扮演者与倾听者都能围绕着同一话题，积极互动、畅所欲言。当然，教师也要在这个过程中对倾听者的点评给予诚挚的积极反馈和赞赏，让学生获得正面情感体验。如"你真是位严格的小评委，对我们的小演员提出了更高的要求。""小评委还是很认可你们的表现的。"这样的过程实施让全体学生都有机会在有效互动和反馈中得到积极的学习体验，这不仅提高了学生学习的积极性，还培养了相互尊重、倾听的良好品德。

4. 依托情境，丰富学习经历

低年级的学生好奇心强，对新鲜事物充满好奇。教师有必要根据学生的年龄特点和兴趣爱好，创设一些富有创意的教学情境，将抽象的语文知识转化为具体的生活场景，从而吸引学生的注意力，激发他们的学习兴趣，也能鼓励其发挥想象，激发创新能力展开创意表达，让语文课堂焕发生机与活力。

运用多媒体为低年级儿童创设生动的学习情境是老师们常用的教学策略。例如在"我上学了"这一单元中，"中国"对于刚入学的小学生来说十分抽象。教师就可以运用媒体全方位展现"天安门""五星红旗""长城"等具有代表性的事物，并播放天安门广场升国旗的视频，用这些直观的音画影像唤醒学生的生活体验与情感体验，加深对"中国"的认知。同时还可在此基础上通过情境创设，引导学生进行"我是中国人"的说话练习，加深学生的感受，培养学生作为中国人的自豪感，有效地拉近学习内容与学习者之间的学习距离。

在统编版小学语文教材中，插图是教材重要的组成部分，尤其在拼音学习的单元中，其丰富的色彩，充满想象力的画面无不吸引着儿童的目光。在开启拼音学习之旅时，不妨结合插图尝试创设"拼音号"火车这一个情境。在拼音学习的过程中，结合每一课的情境图，将其转化为"拼音号"火车将要到达的一个个站点，如，"aoe"是在池塘边；"bpmf"是在山坡上……依托情境，儿童的思维、情感、意志得以全面参与到拼音学习的整个过程。当然为了调动学生持续的学习兴趣，教师也要紧紧围绕教学目标，把各种游戏引入到这一情境中。如，开火车、不倒翁、摘苹果、邮递员、登高山等，利用这些游戏把教学时间花在丰富的拼音学习实践活动中，既让学生在情境中感受到一定的挑战，也在适度的合作与竞争中享受拼音学习的快乐。

如果说上面提到的是虚拟情境，那么幼小衔接阶段，教师也可以为学生打造与教学内容匹配的物理学习环境。如充分利用教室、走廊等空间布置拼音墙、拼音标牌、识字乐园等。学生课余玩要时，就可以借助拼音、汉字进行交际。如，在拼音墙上和同伴区分易混淆的拼音字母；在拼音标牌上找到自己的上课地点；在识字乐园中找到自己的姓或名，并尝试结交更多朋友等等。当教室、校园变成了孩子们拼音启蒙、语言启蒙的舞台，儿童就更能进入深度学习，在运用中学习，在巩固中提升。

以上只是在面对小学语文学科幼小衔接到底衔接什么、如何衔接时的一些前期思考,在具体的内容解读和实施中我们还要根据教学内容、学生情况等因素不断反思改进。总的来说,基于 PCK 领域教学知识重新审视小学语文幼小衔接,可以帮助我们打开一扇新的窗户,提高教师幼小衔接的实践能力。

二、幼小衔接视域下的小学语文课堂观察方式的审视与选择

(一)课堂观察定义

目前,一种普遍认可的观点认为,课堂观察是"研究者或观察者带着明确的目的",凭借自身感官(如眼、耳等)及有关辅助工具(观察表、录音录像设备等),直接或间接(主要是直接)从课堂情境中收集资料,并依据资料作相应研究的一种教育科学研究方法。

(二)课堂观察发展历程

1. 国外课堂观察研究回顾

20 世纪 20—30 年代,受社会实地观察研究的影响,教育领域的研究者开始试图通过观察的方法研究课堂。而真正意义上的课堂观察源自 20 世纪 30—60 年代西方的科学主义思潮,课堂观察的重点是在师生间互动类型的分析上,并将其编成一套编码系统,用编码表对课堂(片段)进行互动行为的分析。但是量化的课堂观察在加深对课堂教学的描述和认识的同时,无法掩饰纯技术的缺陷。从 70 年代开始,人种志研究质性等新的研究方法与理念不断融入传统的课堂观察研究中,涌现出各种新的课堂观察工具。由于这个阶段的课堂观察工具的大量开发,课堂观察研究的专业性也得到了不断地发展,西方国家的课堂观察由此经历了从定量转向定性并最终走向融合的过程。20 世纪末至今,随着人们对课堂观察研究的深度和广度的不断探索,一些新的课堂观察工具通过严格的测试、评估以及信效度的检验,已经形成了比较完善的课堂教学质量评估系统。课堂观察很少再集中于一般性的互动分析,而更多的是聚焦于特定的学科,致力于在某一学科领域的深入分析,凸显学科特性。

表 1-8

课堂观察发展时间	关键性事件(工具)	意 义
20 世纪 20—30 年代	受社会实地研究影响,试图通过"观察"研究课堂	课堂观察以"观察"的视角开启了研究萌芽
20 世纪 30 年代	韦瑟尔(Withall)七类师生话语交互分析系统	用编码表对课堂(片段)进行互动行为的分析,拉开了比较系统的课堂量化研究的序幕
20 世纪 50—60 年代	贝尔思(Bales)互动过程分析理论	
20 世纪 60 年代	弗兰德斯(Flanders)提出"师生言语互动分析系统"(FIAS)	

课堂观察发展时间	关键性事件（工具）	意　义
20 世纪 70 年代	人种志研究质性等研究方法出现《行为之镜：观察工具选集Ⅲ》趣闻逸事记录、进展记录……	定性课堂观察工具的大量开发，课堂观察研究的专业性也得到了不断发展
20 世纪末—至今	形成了比较完善的课堂教学质量评估系统（FFT/CLASS）	一些兼顾课堂观察一般性的工具和体现学科特色的工具大量涌现，且通过严格的测试、评估以及信效度的检验，已经形成了比较完善的课堂教学质量评估系统
	聚焦于特定的学科，主攻小缺口的课堂研究方向（UTOP/孟菲斯阅读提升课堂观察工具）	

2. 国内课堂观察研究回顾

我国课堂研究最早可以追溯到 1958 年，但仅为一篇研究成果。从 1986 年之后课堂观察进入我国学者的视野并取得一定研究结果。1986—2006 年为课堂观察的萌芽期，此阶段课堂观察作为行动研究的主要环节而在教育研究中加以应用，除此之外，课堂观察已深入到推进课堂管理变革以及教师在"听评课"专业发展中。2007—2013 年是课堂观察的快速发展阶段，课堂观察研究融入了一线中学具体教学实践中，围绕有效教学，形成了课堂观察团队，走向实证研究，初步形成有效教学的成果。与此同时，扩大课堂观察实用性的广度，在免费师范生研究型教育实习模式中运用了课堂观察技术，提高实习模式的效能。2014 年到如今，课堂观察已进入稳步发展阶段，教育部印发《关于全面深化课程改革落实立德树人根本任务的意见》中明确提出发展核心素养，核心素养成为了研究热点，指向学生核心素养的课堂观察研究涌现。

表 1-9

课堂观察发展时间	关键性事件（工具）	意　义
1958 年	一篇课堂研究成果	
1986—2006 年萌芽期	郑金洲《行动研究：一种日益受到关注的研究方法》；黄景《行动研究与在职外语教师》；陈时见《课堂管理与学生发展——当前中小学课堂管理状况的案例研究》；朱淑颜指出同伴教师互助听课、自我观察、学生课堂观察有利于教师专业发展；陈瑶于 2002 年出版的《课堂观察指导》一书中指明课堂观察成为传统"听评课"中的一种重要形式	课堂观察是行动研究实施过程中的重要一环，在课堂教学行为和教师发展方面，课堂观察也提供了高效的渠道

课堂观察发展时间	关键性事件（工具）	意　　义
2007—2013 年 快速发展阶段	崔允漷提出了 LICC 课堂观察模式；COLT 观察工具进行修订和改编探索英语教学相关议题；周进军课堂观察方法探究如何在小学课堂教学中有效开展；夏雪梅提出"以学习为中心的课堂观察"；陈静静提出"焦点学生学习历程的观察与分析"；孙坷、马健生在免费师范生研究型教育实习模式中运用了课堂观察技术	课堂观察方法和工具开始涌现并在实践中应用，课堂观察走向实证研究
2014—2024 年 稳步发展阶段	颜学勤等人《基于核心素养的初中物理规律教学课堂观察实践初探》研制课堂观察量表，让核心素养落地；借鉴 UTOP、FIAS 等工具，关注教学评一致性	指向学生核心素养的课堂观察研究涌现，形成较为完善的课堂观察评价系统，为课堂教学研究提供有力支撑

从我国课程观察研究的发展状况来看，课堂观察的理论、方法和实践都取得了飞速发展，但在教育信息化的背景下，课堂观察与信息技术的深度融合，学科化课堂观察工具的开发，指向促进学生有效学习的课程观察实践不够丰富。用课堂观察研究检测学生素养达成情况，体现课堂观察技术的"学科性"，是我们为之努力的方向。

（三）课堂观察方法研究

定量观察：用标准的课堂观察单（CLASS、COP 等）、编码系统（TIMSS）收集课堂数据，强调数据的信效度。

定性观察：是指观察者依据粗线条的观察纲要，灵活地收集对课堂事件进行细节描述的信息材料，用评价性和描述性的文字记录现场感受和领悟，强调真实情境中实地观察，深度完整地描述所见现象。

（四）三类课堂观察范式对比

目前，国内自主开发出的、比较典型的观察理论框架主要有崔允漷教授团队的课堂观察 LICC 模式，以及夏雪梅博士的以学习者为中心的课堂观察框架，以及陈静静的焦点学生学习历程的观察与分析的定性观察。下面从比较研究的角度，对三种课堂观察范式进行分析对比与反思。

"范式"一词，由美国著名科学哲学家托马斯·库恩（Thomas Samuel Kuhn）首先使用。库恩认为，科学发展是有模式的，从一个阶段发展到另一个阶段必须经历一种格式的转换。后来被人们推广引申为"范式就是指某一共同体采用基本一致的思考方法来研究同一领域的特定问题"。由此可见，"范式"的三个要素是：共同体、问题域、思考方法。从这三个方面,对以上三种范式做简要比较。

表 1-10

名称	共同体	问题域	思考方法
LICC 范式	教师团队+少数专家	从教师个人意愿的观察点出发,多视角(学生学习、教师教学、课程性质、课堂文化)观察课堂中可观察可记录的现象	用科学研究的方法描述或解释、课堂问题的解决,通过评议反馈行为改进的建议
"焦点学生学习历程的观察与分析"范式	教师伙伴+少数专家	观察焦点学生,聚焦学生学习关键事件	用故事的方式叙述或描述学生学习关键事件,再进行自我反思
"以学习为中心的课堂观察"范式	教师伙伴+少数专家	对个体、群体学生的观察,从学习目标的达成、个体有意义的学习过程、合作学习的过程、课堂中的积极学科情感和同伴社会关系来研究学习差异	先进行学习主题的理论研究(学生认知、迷思概念),探讨观察要素和分析标准,开发工具,进行实例观察,做定性和定量的分析

LICC 范式简要评析:就共同体而言,解决各观察教师所遇到的现实问题,实用性较强,但这种知识很可能是个人的、本土的、零散的,而不是公认的、普适的、系统的。就问题域而言,该范式强调的是实践的、现场的、具体的问题,而不是理论的、普遍的、抽象的问题。就思考方法而言,没有现成统一的工具或方法,证据的可靠性在很大程度上取决于开发或使用工具的人,这样的证据也有可能是不够严密的,因此其可靠性也是一个问题。

"焦点学生学习历程的观察与分析"范式简要评析:对个体学生完整的学习历程进行观察,并对此学生学习过程中的关键事件进行分析。该观察提倡"自然观察"法,即教师不带量表走进课堂,以细节观察为主,开放地收集信息,走进学生学习的微观世界和精神世界,观察学生真实学习与深度学习是否发生,以此促进教师的自我反思与教学重构。这一观察方法对教师的专业要求比较高,需要教师对学生保持高度的敏感性和投入度,还要具备透过学生的外在表现分析学生内在心理和认知过程的能力。观察对象为 1 人或 1 组学生,有时容易陷入"以特殊代表一般"的误区。

"以学习为中心的课堂观察"范式简要评析:以学习为中心的课堂观察,其观察的中心"不再指向教师教学水平的高低,而是分析学生的学习过程和结果的质量以及影响学习过程和结果的因素",同时在观察中收集与分析学习的证据,并在此基础上进行改进。与前两个范式相比较,该范式的定量观察采用半结构化的方式,为观察者提供灵活性架构的模板,可以根据特定的学习目标和学习内容进行再设计,降低了教师从无到有设计量表的难度。再补充定性白描式的量表还原课堂的真实面貌,预见学生学习背后的故事。不过,观察维度划分较细,量表工具较多,未经系统培训学习的观察者操练起来稍有困难,建议根据所研究的问题,选择小切口,发现学习者学习上的真问题,进而优化教学。

(五) 幼小衔接视域下的课堂观察

幼小衔接是指幼儿园与小学之间的过渡阶段,这个阶段对于儿童的成长非常重要。在这个时期,孩子们需要从相对自由、游戏为主的幼儿园环境转向更加结构化和学业导向的小学环境。虞永平教授曾说:"入学适应的核心是课堂,关键在教师,教师要真正站在儿童发展的立场上来研究和探索幼小衔接,为良好的学习习惯、学习能力、学习品质及学习意愿做好充分准备。"为了帮助孩子顺利过渡,教师往往会采用多种策略和技术,其中就包括使用课堂观察工具。深入课堂,俯身观察,有助于发现幼儿园和小学教育之间的差异和衔接断点,为构建更连贯、平滑的教育过渡体系提供参考,最大程度减少儿童在入学初期可能遭遇的适应难题,推动学生必备品格和关键能力的发展。

有时,一谈及课堂观察,想必不少老师的脑海中会浮现出这样的场景:观察者坐在教室中,手持听课记录本,笔耕不辍,目光聚焦于教师的教学设计流程、重难点的突破方式、所采用的教学方法和策略,以及对学习资源的运用等等这些能够让被观察者大放异彩的观察点。而事实上,堪称完美的课堂教学,真的代表学习发生了吗? 课堂中的学习需要系统地观察和分析,探看发生在每一个学生身上的学习历程。尤其是针对"幼小衔接期"这脆弱的群体,他们更加需要我们细致入微的关注。所以真正站在儿童身边,以儿童为中心,关注个体学习的差异,让不同智力水平的学生获得基本的素养,是我们课堂观察的初衷。基于此,我们认为课堂观察即是研究学生学习的工具,研究学生在课堂中学习时的反应、行为、思考、发展和成长。通过前期的研究对学生学习有一定的判断标准,再创建定性和定量结合的工具观察学习的发生,在定量观察后凭借客观的数据进行理性的分析和判断,并结合定量观察捕捉到课堂中那些难以量化却至关重要的元素,还原课堂的温度和情感氛围。只有通过这样全面、系统且有针对性的观察和分析,我们才能真正了解幼小衔接阶段孩子们的学习需求和困难,为他们提供适宜的帮助和引导,助力他们顺利跨越这一重要的成长阶段,开启充满希望和可能的学习之旅。

在对几种比较典型和常用的观察范式进行深入学习之后,我们将在小学语文幼小衔接的课堂观察中,以焦点学生学习历程的观察与分析为主,辅以课堂观察LICC 模式,以及以学习者为中心的课堂观察框架,展开我们的焦点学生观察。我们做出这样思考的原因在于:

首先,焦点学生通常是班级中具有代表性的个体,他们的学习表现能够在一定程度上反映整体学生的学习状态和问题。通过观察这些学生,教师可以更直观地了解教学效果,发现学生在学习过程中遇到的困难,从而及时调整教学策略。

其次,聚焦关键事件有助于深入分析学生的学习行为。关键事件往往是学生学习过程中的转折点,如从不会到会的突破、从被动到主动的转变等。这些事件能够揭示学生的学习动机、思维方式和情感变化,为教师提供宝贵的教学反馈。

此外,观察焦点学生的学习历程还能帮助教师更好地理解学生的个体差异。每个学生的学习节奏和方式不同,通过细致观察,教师可以因材施教,提供个性化的指导,促进学生的全面发展。

重点观察焦点学生及其关键事件,不仅有助于提升课堂教学质量,还能为学生的个性化发展提供有力支持。对于教师而言,解读观察数据,这也是专业能力的彰显,这将极大地帮助教师了解幼小衔接阶段儿童的特点和教育规律,增强教育教学的针对性与有效性。

第二部分:立于据

"立于据",从字面理解,"立"有确立、建立之意,"于"表示在、对于,"据"可理解为依据、根据。在幼小衔接阶段小学语文学科行动研究实践中,"立于据"有着关键意义。

我们的研究行动中很重要的一步就是对幼小衔接阶段小学语文学科不同学习内容的相应目标进行深入分析与解读,这正是"立于据"的体现。"立于据"强调行动、研究和实践的根基在于对事实和依据的深入分析与解读。在幼小衔接阶段的小学语文学科中,这一理念尤为重要。首先,我们需要对不同学习内容的目标进行细致分析,明确每个阶段的核心任务和要求。只有明确各学习内容的目标,如识字写字、阅读、口语交际等方面的具体要求,才能为后续教学行动提供坚实依据。了解目标是确立教学方向的基础,让教师清楚知道要将学生引向何处。例如知晓识字目标,能合理安排识字量与识字方法教学;明晰阅读目标,可设计针对性的阅读活动。它如同为行动研究绘制精确地图,使教学实践有的放矢,避免盲目。基于对目标的深入分析,教师能据此选择合适教学方法、开发教学资源,真正做到从目标出发,让教学行动扎根于准确的目标依据之上,从而有效推动幼小衔接阶段小学语文学科教学发展。

在儿童教育的漫长旅程中,幼小衔接是一个至关重要的阶段。这一阶段不仅是孩子们从幼儿园迈向小学的过渡期,更是他们学习习惯、认知能力和情感态度形成的关键时期。特别是在语文学习领域,如何确保孩子们在这一过渡期内的学习连续性和有效性,是教育工作者和家长们共同关注的焦点。

PCK(Pedagogical Content Knowledge),即教学内容知识,强调教师不仅要掌握学科知识,还要理解如何将这些知识有效地传授给学生。在小学语文的幼小衔接中,PCK 的应用显得尤为重要。教师需要深入理解小学语文低段的教学内容,同时也要对幼儿园阶段的学习内容有清晰的认识,以便在两个学段之间搭建起坚实的桥梁。

本部分内容旨在通过对小学语文低段教学内容的梳理,以及对幼儿园阶段学习经验的回顾，来探讨幼小衔接阶段儿童语文学习的连续性。我们根据《义务教育语文课程标准(2022 年版)》，把幼小衔接阶段小学语文"教什么"分成"识字与写字、阅读与鉴赏、表达与交流、梳理与探究"四个领域，并细分成"倾听、口语表达、写字、读图、讲故事、朗读、识字、拼音、口语交际、看图写话、整本书阅读、非连续性文本阅读、绘本阅读和与大人一起读"等多个内容进行详细地比较和分析。通过这些梳理，我们希望能够为教育工作者提供有价值的参考，帮助孩子们顺利过渡到小学阶段，开启他们语文学习的新篇章。

在接下来的内容中，我们将逐一探讨这些方面，分析小学和幼儿园在语文学习上的异同，以及如何通过有效的教学策略，促进孩子们在幼小衔接阶段的语文能力发展。我们相信，通过这样的努力，能够为读者提供一个清晰、全面且富有启发性的视角，来理解和实施幼小衔接阶段的语文教学，以帮助每一个孩子都能在语文学习的道路上走得更稳、更远。

我们在探讨中主要将通过但不仅限于以下板块展开：

1. 概念明晰：在幼小衔接的语文教学中，首先需要明确的是"教什么"。在进行小学语文幼小衔接阶段不同学习内容探讨前，教师对所探讨内容的概念有明晰的了解，清楚概念的内涵和外延，才能确定具体、可操作的教学目标，有助于教师筛选和组织合适的教学内容，做到重点突出、难点分散，使教学内容符合幼小衔接阶段学生的认知水平。

2. 内容解读：进行幼小衔接阶段儿童语文学习连续性的思考，进行教学内容的解读与梳理十分必要。小学语文的初级阶段，教学内容丰富多彩，涵盖了多个维度。这些内容不仅构建了孩子们语文学习的基础，也为他们日后的学习奠定了坚实的基石。我们既要了解小学第一学段一二年级相关学习内容，也要关注幼儿园已经学了什么。对两个学段的学习内容进行梳理比较。

3. 目标梳理：在进行小学语文幼小衔接阶段不同学习内容探讨中，教师对同一学习内容在幼儿园和小学阶段的学习目标做梳理，能帮助教师了解学习目标的差异，特别是能让小学教师清晰看到幼儿园和小学在同一学习内容上要求的不同。教师可据此找出从幼儿园到小学学习目标的过渡点和增长点，这有利于我们把握衔接要点，确定幼小衔接的重点内容，使教学更有针对性。

4. 差异分析：幼儿园与小学在语文学习上存在着显著的差异。对差异展开分析、比较能帮助教师针对教学内容进行合理增删和调整，既避免重复教学，又便于依据差异选择适宜方法，确保学生能顺利过渡到小学学习。

5. 现状审视：当前，幼小衔接阶段的语文教学存在一些问题。例如，教学内容和方法上的脱节，导致孩子们在进入小学后难以适应；家长和教师对幼小衔接的重要性认识不足，缺乏有效的沟通和合作；教育资源分配不均，影响了教学质量的提升。这些问题都需要我们认真审视,以减少学习断层,避免各种学习不适应。

6. 策略提炼:为了有效促进幼小衔接阶段孩子们的语文学习,我们需要提炼出一系列教学策略。通过这些策略的实施,让学生在从幼儿园到小学的过渡中,感觉学习是连贯的、循序渐进的,帮助孩子们顺利适应新的学习环境,能在语文学习的道路上,迈出坚实的步伐,迎接更加美好的未来。

第五章 识字与写字:从"识字"到"写字"的缓坡过渡

一、识字

在幼小衔接阶段,识字对儿童成长具有基础性作用。首先,识字是儿童开启阅读世界的关键,能够帮助他们获取知识、理解信息,为未来的学习和生活奠定基础。正如教育家苏霍姆林斯基所说:"孩子的阅读开始得越早,阅读时思维过程越复杂,阅读对智力发展就越有益。"通过识字,儿童能够逐步掌握书面语言,提升语言表达能力和逻辑思维。其次,识字能够增强儿童的自信心和独立性,让他们能够自主阅读书籍、标识和说明,从而更好地适应学校生活和社会环境。此外,识字还能激发儿童的学习兴趣和好奇心,培养他们的专注力和记忆力,为全面发展提供支持。总之,识字不仅是儿童学习的重要工具,更是他们认知发展、情感培养和社会适应能力提升的重要途径。

(一)概念明晰

"识字"是指能够认识和理解汉字的能力,通常包括认读、书写和理解汉字的语音、含义及用法。汉字是独具特色的表意文字,是传承和弘扬中华文化的重要载体,汉字发展的历史也是汉文化发展史的缩影。"识字"不仅涉及对单个汉字的认识,还包括对汉字的组合词、句子的理解能力。识字是语言学习的重要组成部分,是学生学习语言和阅读能力发展的基础,也是从幼儿园进入小学阶段的刚性需求。

"前识字"是区别于"识字"提出的一个概念,指幼儿在接受学校教育之前,获得的有关符号和文字在功能、形式和规则上的意识,并在有目的、有意义的情景中初步习得符号与文字的经验,它不以识字为目的,重在激发儿童对符号和文字的兴趣,发展文字意识。

(二)内容解读

1. 幼儿识字内容

(1)幼儿园支持下的识字

《上海市教育委员会关于深入推进本市幼小科学衔接工作的实施意见(试行)》

明确指出:"防止和纠正把小学的环境、教育内容和教育方式简单搬到幼儿园的错误做法。"据调查,幼儿园教师并不会特地开展识字教学,有些幼儿园教师在每月主题墙墙面布置时会采用图画和简单文字相融合的方式来丰富教学内容,激发幼儿的学习兴趣,如图 2-1 所示;部分幼儿园教师在进行绘本共读时,会挑选图片信息丰富、文字简短、富有童趣的绘本,如《汤姆上幼儿园》《我爱妈妈》等来帮助幼儿理解故事的内容,达成情感共鸣。

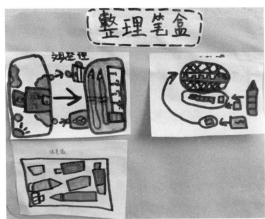

图 2-1　大班每月主题活动《我"慧"整理小书包》

（2）家庭推动下的识字

不同家长对于幼儿识字的看法可能因个人教育理念、文化背景以及对于早期教育的重视程度而各有不同。一些家长重视"前识字",觉得这为以后学习打下良好的基础,他们可能会在家中提供丰富的阅读材料,如《洪恩识字》《四五快读》《小羊上山》等识字资源,鼓励孩子学习识字;有些家长侧重于玩耍而非学术知识,认为过早识字可能会增加孩子的压力,影响其自然探索和学习的积极性,因此他们更倾向于在生活场景中的互动进行一些简单识字,如认识路名、学唱喜欢的歌曲等。

2. 小学第一学段识字内容

统编版小学语文一、二年级教材中将识字教学在单元上设置,识字教学内容、识字量等方面进行了调整,既在拼音单元中识字,在阅读单元中随文识字,也通过专门的识字单元和语文园地中专设的栏目"识字加油站"进行集中识字。识字单元的编排,穿插在拼音单元、阅读单元之间,与拼音、阅读整合设计、同步进行,体现了识字与拼音学习、课文阅读相融合的关系。具体识字内容分布见下表:

表 2-1 小学第一学段识字内容分布

教材册次	本册书要求会认的字	本册书要求会写的字	识字单元分布	识字单元课文	识字单元主要识字方法	识字单元识字量	"识字加油站"内容	"识字加油站"识字量	集中识字占比
一年级上册	280	100	第一单元	《天地人》《金木水火土》《口耳目手足》《日月山川》	韵语识字,看图识字,象形字识字,对对子识字	28	字谜,本子封面,课程表,时间,反义词,职业,家庭称呼,结构分类	58	45.71%
			第六单元	《对韵歌》《日月明》《小书包》《升国旗》	对比识字,会意字识字,归类识字	42			
一年级下册	410	200	第一单元	《春夏秋冬》《姓氏歌》《小青蛙》《猜字谜》	看图识字,韵语识字,字族文识字,字谜识字	43	量词词组,学习字,音序查字法,其他学科,加一加减一减,夏天食物,卫生习惯	73	40.73%
			第五单元	《动物儿歌》《古对今》《操场上》《人之初》	归类识字,比较识字,看图识字,韵语识字	51			
二年级上册	450	270	第二单元	《场景歌》《树之歌》《拍手歌》《田家四季歌》	归类识字,查字典	56	野外准备,部首,车票,字形,动物分类	77	29.6%
二年级下册	450	280	第三单元	《神州谣》《传统节日》《"贝"的故事》《中国美食》	归类识字(形声字构字规律)	62	公园地图,职业,口味,玩具,字族,场馆,劳动	79	31.3%

由表格可见,小学低年段识字量逐步增加。一年级学生的识字相较其他年级要求认的字较少,基本上是出现频率高的生活口语常用字,而二年级增加了更多的要认、要写的字,识字的形式也多种多样,并强化了形声字"形旁表义,声旁表音"的规律,引导学生大胆地猜读生字,自主学习课文。另外,从集中识字的占比逐步减少可见,随着查字典和各类识字方法的渗透,学生须在阅读中养成独立识字的能力。

(三) 目标梳理

1. 幼儿园识字目标解读

《3—6 岁儿童学习与发展指南》(以下简称《指南》)需要坚持的原则中提出"遵循幼儿的发展规律和学习特点。珍视幼儿生活和游戏的独特价值,充分尊重和保护其好奇心和学习兴趣,创设丰富的教育环境,合理安排一日生活,最大限度地支持和满足幼儿通过直接感知、实际操作和亲身体验获取经验的需要,严禁'拔苗助长'式的超前教育和强化训练。"

《指南》在幼儿的学习与发展分为健康、语言、社会、科学、艺术五个领域。在语言方面强调:"幼儿的语言学习需要相应的社会经验支持,应在生活情境和阅读活动中培养幼儿对文字的兴趣,通过机械记忆和强化训练过早识字不符合幼儿的学习特点和接受能力。"

《指南》在"阅读和书写准备"中与"识字"相关的目标如下表:

表 2-2

目标 1.喜欢听故事,看图书	
4—5 岁	5—6 岁
对生活中常见的标识、符号感兴趣,知道它们表示一定的意义。	在阅读图书和生活情境中对文字符号感兴趣,知道文字表示一定的意义。

由此可见,《指南》中虽没有对幼儿识字有明确目标,但也在提醒教师在教学中要关注幼儿"前识字"经验,要避免完全撇开文字只注重观察画面,更不能机械、孤立地开展识字教育活动,生硬地将文字、符号灌输给幼儿,而应当将文字和阅读相结合,更全面、更深刻、更准确地理解图画和故事内容,不断提高幼儿的"前识字"经验和阅读理解能力,促进幼儿最终走向自主阅读。

2. 小学第一学段识字目标解读

进入小学,学生开始了正式的学习生活。语文学科是学习其他学科的基础,识字是学习语文的基础。

《义务教育语文课程标准(2022 年版)》(以下简称《课标》)中关于"识字与写字"第一学段要求:"1.喜欢学习汉字,有主动识字、写字的愿望。认识常用汉字1600 个左右,其中 800 个左右会写。"从识字量看,第一学段的任务非常艰巨,占整个小学阶段的 53.3%，这充分说明了识字的基础性和重要性，并且明确了会认和会写，要求学生会认的字不一定同时要求会写，教师要合理安排识字与写字的量。这个理念非常符合幼小衔接期学生的认知发展规律，同时也明确指出了识字是这一阶段语文学科的教学重点。

《课标》中关于"识字与写字"第一学段还提到"掌握汉字的基本笔画和常用的偏旁部首，初步感受汉字的形体美""学习独立识字"。《课标》提出要引导学生初步了解和掌握识字的规律，激发学生对汉字的热爱之情，培养学生主动、愉快、独立地认识汉字。

《课标》中关于"学业质量描述"第一阶段提到"留心公共场所等真实社会场景中的文字，尝试认识标牌、图示、简单的说明性文字中的常用汉字；借助汉语拼音认读汉字，借助学过的偏旁部首推测字音字义，愿意向他人说出自己的猜想；遇到不认识的字，主动向他人请教。在学习与生活中，累计认识 1600 个左右常用汉字，能正确书写 800 个左右常用汉字。喜欢识字，有意识地整理在日常生活中学习的汉字、词语，并尝试进行分类；愿意整理自己的学习成果，并向他人展示。"

（四）差异分析

1. 幼儿园和小学第一学段识字目标的延续性分析

《指南》提到"珍视幼儿生活和游戏的独特价值，充分尊重和保护其好奇心和学习兴趣，创设丰富的教育环境""应在生活情境和阅读活动中培养幼儿对文字的兴趣""在阅读图书和生活情境中对文字符号感兴趣"，多次提到"兴趣"，可见幼儿园对识字方面没有具体的要求，而是更加注重幼儿识字兴趣的培养。

《课标》在"总目标"中要求学生"热爱国家通用语言文字，感受语言文字及作品的独特价值，认识中华文化的丰厚博大""初步领悟语言文字运用规律"。《课标》课程理念也提出"从学生语文生活实际出发，创设丰富多彩的学习情境，设计富有挑战性的学习任务，激发学生的好奇心、想象力、求知欲，促进学生自主、合作、探究学习"。

两者都体现了现代教育的发展趋势，即注重学生的全面发展，强调学习过程的个性化和互动性，以及学习内容与学生生活实际的紧密结合。由此可以看出，幼儿园阶段与小学阶段都遵循学生学习的规律，更好地激发他们的学习兴趣，培养他们的综合素质。

2. 幼儿园和小学第一学段识字目标的差异性分析

《指南》和《课标》虽然对不同年龄阶段儿童均有对能力方面的要求，但细读《指南》发现识字教学在幼儿园中不属于五大领域内容，所以并没有针对识字方面做出具体要求，幼儿园通常在讲绘本故事，进行游戏等活动时，教师会随机对遇到的一些汉字进行简单的介绍，在幼儿园涉及的识字随机性较大，没有清晰的识字教学目标，重在培养识字的意识与兴趣。幼儿在相对轻松的环境下识字，没有学习压力。

但《课标》对第一学段识字有明确的要求，认识常用汉字 1600 个左右、学会汉语拼音等要求，小学阶段识字教学目标清晰严谨。两阶段的要求完全不同，势必会造成学生在识字上的学习不适应。

（五）现状审视

基于目标差异，一年级第一学期总识字量需达到 280 个，尽管很多生字是生活口语常用字，但对于零基础的一年级学生来说，在短时间内认识这些生字是有一定难度的。难度较大的学习内容以及繁重的识字任务可能会引起学生的畏难情绪，进而失去对识字学习的兴趣。那么，如何能让学生在短时间内平稳地增加识字量呢？

此外，学生由于家庭环境和学生自身的条件等各方面因素的差异，每个学生接受学前教育的机会和接受能力的不同，都会影响着学生的识字基础，也可能会给识字教学带来学生"吃不了""吃不饱"的现象。那么，如何在学生识字基础有差异的情况下，对不同基础的孩子进行识字教学呢？

（六）策略支持

1. 遵循学生学习规律，兴趣为先

幼儿识字主要从幼儿的兴趣出发。幼儿园的主要教学方式是游戏，强调玩中学，教学氛围轻松愉快。因此，小学语文识字教学中，不仅要关注识字方式的系统性，也要充分调动学生学习兴趣，采用与幼儿园教学方式相适应、相衔接的教学方法，提高学生识字效率，达到《课标》提出的"喜欢学习汉字"的目标。

（1）创编游戏识字

① 汉字摆一摆。幼儿园的课堂时间短，座位排列也丰富多样，不似小学课堂时间长，座位呈"秧田式"排列，刚进入小学的学生很难做到一节课都能聚精会神地听讲。因此，让低年级的学生在一堂课里能够合理地动动身体或动手操作，对提高识字效率很有帮助。如用幼儿园常见的"雪花片""橡皮泥""扭扭棒"等调动五观，使用色彩鲜艳的橡皮泥或雪花片捏一捏、拼一拼生字，去感知汉字字形，将生字记于心间，让学生在熟悉的环境和事物中轻松地认识汉字。又如让学生用身体来摆一摆汉字，有的生字还可以同桌合作来完成。如"从"，可以两人并排，双腿分开。还有的生字可以利用周围的物体来完成。如"闪"，可以请一个学生双腿分开，站在教室的门框里。多种摆汉字的游戏让学生得以放松，身心得到调节，接下来的学习会更高效。这样的识字教学遵循学生的身心发展规律，关注到学生从幼儿生活走向小学生活的变化，帮助学生平稳过渡。

② 汉字变一变。对于低年级的学生来说，随着学的汉字越来越多，形近字的辨析就成为一大难题。在一年级上册的语文书里，有很多长得非常相像的汉字，学

生在学习初期往往很难分清。因此,教师要及时帮助学生复习巩固所学汉字,为了让巩固复习更有趣,在教学时,笔者设计了"汉字变一变"的游戏。通过给汉字变笔画、加笔画、减笔画等多种方式,让学生在有趣的游戏中完成了对形近字的辨析与巩固。在游戏中,汉字仿佛活了起来,可以变成多种模样。学生都开动脑筋,拼命搜索脑海里学过的汉字,学得特别开心,很有成就感。这样的游戏遵循了学生的记忆规律,在快乐的氛围中及时巩固形近汉字,可有效缓解低年级学生对识字的畏难情绪。

③ 汉字猜一猜。不管是幼儿园的小朋友还是低年级的学生,都非常喜欢猜谜游戏。猜字游戏的内容不可太复杂呆板,可以依据字理、字形、字义创设丰富多样的情境,很多象形字和会意字非常适合学生来猜一猜。例如,一年级上册《日月水火》,在教学"火"时,出示火堆的图片和"火"字的甲骨文,让学生猜完后说一说字和图哪里相像,通过对比来记住汉字。并且引导学生举一反三,以后遇到如"马、鸟"等象形字时也用这样的方法来识记。这样的游戏遵循了汉字的构字规律,结合汉字的造字方法,学生在猜汉字的同时,加深了对字形的记忆,在猜一猜的游戏中快乐学习生字,同时也理解了汉字的缘起与造字的艺术。

(2)联系生活识字

陶行知先生在《怎样指导小先生》中提到:"文字只是生活的符号,要与生活连在一起教。"教材的编排处处体现着生活识字的理念。从一年级"语文园地"中的"识字加油站"能够发现大部分都与儿童的生活息息相关,如课程表、天气、家人、职业等生活相关。因此,教师在教授汉字时,要主动与儿童的生活相联系,要与日常生活中的真实场景和生活经验相结合,才能使学生自愿识字,更好将所学生字运用于生活之中。

如一年级上册语文园地二"识字加油站"呈现的是一份课程表。在教学过程中,采用印有各学科名称的词卡,首先引导学生分享自己喜爱的教师及其所教授的学科,并展示相应学科的教材封面,鼓励学生向同伴介绍。随后,引导全体学生识别教材封面上的学科名称,进而对照课程表上的学科名称进行识字练习。此方法旨在将识字融入学生生活实际,凸显识字的实用性与语境意义。

此外,可组织以识字为主题的教室布置活动,如《我为姓氏编儿歌》《我为汉字找同族》《我为成语配图画》等,以丰富识字教学形式。在校园内,教师可带领学生认识教室、办公室名称及校训、标语、橱窗、名人名言中的文字,营造校园作为快乐识字乐园的氛围。充分利用学校文化资源,不局限于教室环境,于无形中增加学生识字量。

(3)创设情境识字

为提升识字教学的吸引力与效率,教师可创设情境,如讲述学生喜爱的故事,并融入识字任务。以一年级上册《比尾巴》为例,通过展示森林图景与小动物形象,配以音乐与互动问答,激发学生好奇心与参与热情。在故事情境中,引导学生拼读并识别"比尾巴"等生字,使识字过程更加生动有趣。

2. 重视学生识字基础,因材施教

在教育过程中,重视学生的识字基础并实施因材施教是至关重要的。教师应当密切关注学生在识字方面的基础差异,以便更好地满足每个学生的个性化学习需求。在新学期开始之前,教师可以通过家访或其他方式,提前对学生们的识字基础进行细致的了解,包括他们的识字量、识字能力水平以及对识字的兴趣等,从而对每个学生的学习情况有一个全面的掌握。

(1)依据学情,提供支持性指导

若在了解过程中发现,有些学生已经轻松掌握了即将教授的识字内容,教师可以考虑对这些内容进行适当的扩展和延伸,以适应学生最近发展区的需求,适度提高识字的难度。这样做不仅能够激发学生的学习兴趣,还能帮助他们在已有的基础上进一步提升。

例如,在一年级上册《天地人》的教学中,鉴于学生入学前可能已掌握部分生字,教师可引入"仓颉造字"等故事,增加课堂深度与趣味性。通过讲述汉字演化过程及智慧劳动人民的创新实践,激发学生对汉字的好奇与兴趣。此外,教师还可以结合课文的内涵,创编一些朗朗上口的儿歌,帮助学生在轻松愉快的氛围中巩固识字效果。

(2)依据学情,提供改进性指导

在教学过程中,若发现识字内容对学生来说具有一定的难度,教师应当采取相应的改进性指导措施。例如,在学习"耳""足""站""坐"等汉字时,若学生感到困惑,教师可以首先展示这些汉字的图片或实物,让学生通过视觉感知初步了解这些汉字所代表的事物。随后,教师可以借助生动的讲解和示范,逐步分解汉字的笔画和构造,帮助学生理解每个汉字的形成过程。在这个过程中,教师应适当放慢讲解速度,确保学生能够跟上节奏,并给予学生充足的时间进行思考、模仿和练习。教师须帮助学生克服识字过程中的困难,提高识字的效果和兴趣,为后续的学习打下坚实的基础。

(3)依据学情,提供康复性指导

如果在班级中发现有部分学生在学习过程中遇到了困难,尤其是在识字方面感到吃力,教师应当采取相应的有针对性的康复性指导,以避免这些学生因为学习难度过大而产生挫败感。教师可以通过设计一些适合他们水平的练习或针对他们的薄弱环节进行重点辅导,逐步提高他们的识字能力,确保每个学生都能在识字方面取得进步。同时,给予更多的鼓励和支持,帮助他们克服学习中的障碍,逐步提升自信心。

此外,教师应积极与家长进行沟通,共同关注学生的学习进展,并指导家长在日常生活中如何帮助学生学习和巩固识字能力。这样,学生不仅能提高识字量,还能增强对文字的实际应用能力,从而有效促进学生的识字学习。

总之,教师在教学过程中应当灵活运用各种教学方法,根据学生的实际情况进行因材施教,以确保每个学生都能在识字学习中取得进步。

3. 实施项目化学习,培养综合素质

项目化学习强调学生的主动参与,倡导团队合作,以问题为导向,通过实践活动来完成项目,从而达到学习目的。在小学第一学段识字教学中,运用项目化学习模式,可以提高学生的学习兴趣,培养他们沟通协作和共同解决问题的能力。我们可以根据学生识字量、识字能力水平及兴趣的差异进行均衡分组,旨在让学生在小组讨论中,在真实情境中多渠道学习掌握识字方法。

例如,二年级上册识字单元《树之歌》中,学生学习了许多木字旁的生字。为了加深学生对此的印象,并进一步感受生命的多样性,我们选择了学生熟悉的树叶作为切入点。在"多样的树叶"项目中,学生将以 4—8 人小组为单位,对自己小组收集到的树叶进行观察、判断和分类。在这个过程中,学生需要了解树叶的种类、颜色、形状等特征,并根据这些特征进行分类,最后设计一本"树叶大全"。学生在任务的驱动下,更好地发挥自己的主动性,积极识记生字,同时也能够培养自己的观察力、分类能力和表达能力。

总之,幼小衔接中的识字教学是一个系统工程。通过科学的教学策略,我们希望能够帮助学生顺利过渡到小学阶段的学习,为他们的终身学习奠定坚实的基础。

二、拼音

在幼小衔接阶段,拼音对儿童成长意义重大,诚如语言学家周有光先生所说:"拼音是文化钥匙,是桥梁,它帮助人们跨进文化的大门。"拼音是儿童学习汉字的重要工具,通过拼音,孩子能认读生字,自主阅读简单的书籍,如借助拼音阅读绘本,开启自主学习的大门。拼音还能规范发音,帮助儿童清晰准确地吐字归音,提升口语表达能力。同时,学习拼音的过程涉及声母、韵母、声调等知识,需要孩子观察、记忆、辨别,这有助于锻炼他们的观察力和记忆力。而且,掌握拼音能让孩子在小学学习中更自信,更顺利地适应语文学习,为今后的学业发展奠定坚实基础。

(一) 概念明晰

语言是思维的外壳,而拼音则是汉语的骨架。拼音,是拼读音节的过程,就是按照普通话音节的构成规律,把声母、介母、韵母急速连续拼合并加上声调而成为一个音节。

拼音教学,作为语文教育中的基础环节,旨在帮助学生掌握汉语拼音这一重要的语音工具,为后续的汉字学习、阅读理解和口语表达打下坚实的基础。通过对拼音的学习,让学生理解并掌握汉语的发音规则,这对于提高学生的语言表达能力具有不可替代的作用,同时也促进了学生听说读写能力、阅读能力的提升。最重要的是小学语文拼音教学有助于学生对中华传统文化的理解和传承。通过学习拼音,学生能够更深入地了解汉字的起源和演变,以及汉字与中华传统文化的紧密关联。这有助于培养学生对中华传统文化的尊重和热爱,促进文化传承。

(二) 内容解读

1. 幼儿园阶段

拼音,作为汉字学习的重要桥梁,确实在后续的阅读与写作中扮演着关键角色。然而,在幼儿期,学生们的认知发展尚处于直观感知与形象思维的阶段。拼音作为一种符号化的语言工具,对于这一阶段的学生们来说可能过于抽象。因此,幼儿园的课程体系并不涵盖拼音学习内容,然而,幼儿园阶段的教育在诸多方面为幼儿后续的拼音学习奠定了必要的基础。

幼儿园的学习为孩子们营造出标准普通话的语言环境。教师们在日常的教学、游戏、生活环节都坚持使用普通话,让孩子们浸泡在规范的语言氛围中。例如,在晨谈活动中,教师会和孩子们一起讨论当天的天气、心情等话题,清晰准确地发音,引导孩子们模仿。在故事讲述环节,教师声情并茂地演绎故事内容,从生动有趣的童话到充满智慧的民间故事,孩子们在聆听中熟悉普通话的语音、语调、词汇和语法。这种语言环境就像肥沃的土壤,让孩子们的语言能力自然生长,为拼音学习中的发音和认读提供了最基本的语感准备。

绘本阅读在幼儿园的教学中是一项极具价值的活动,对于孩子未来拼音学习基础的奠定有着重要意义。教师在绘本阅读过程中,首先注重语音的清晰准确传达,以规范的读音为孩子示范,使孩子对每个字的发音形成正确印象。同时,引导孩子观察朗读时的口型变化,让孩子对发音方式有直观认识,培养发音肌肉记忆。在阅读时进行指读训练,使孩子将文字的视觉形象与读音建立联系,强化对字形和字音关系的理解。通过引导孩子关注绘本中语音的相似性,帮助他们感知语音规律,初步建立语音归类意识。此外,借助绘本情境让孩子体会声调变化,理解不同声调所代表的意义区别,从而为拼音学习中的声调部分做好铺垫,全方位助力孩子拼音学习基础的构建。

另外,在幼儿园阶段,不少家长积极安排孩子通过各种教育类 APP、幼小衔接机构等途径提前接触拼音。这一行为反映出家长对孩子教育的高度重视以及对学业发展的前瞻性规划。这种早期的拼音学习,促使部分孩子在进入小学时已拥有相应基础。这不仅有利于孩子在后续语文学习中更自信地应对,比如更流畅地识字、阅读,而且能在整体学习进程中占据优势。早期拼音基础的奠定可以有效提升孩子学习效率,增强他们的学习自主性,为其学业发展的长远道路筑牢根基,使其在后续学习中更具竞争力。但同时,也造成了孩子之间学习基础差异较大的问题。

2. 小学阶段

当学生踏入小学阶段,学生正式开始拼音学习。拼音的学习内容涵盖了认读拼音、音节组合、学习兴趣培养以及汉字学习等多个方面。除此之外,学生还会接触到拼音的书写规则,在学会认读、拼读音节的基础上,将学习如何在四线三格中正确地书写拼音字母,并练习书写各种拼音词语和句子。

(三) 目标梳理

2022 年版义务教育语文课程标准中指出,处于第一学段的学生要学会汉语拼音。学会汉语拼音包括能读准声母、韵母、声调和整体认读音节;能准确地拼读音节,正确书写声母、韵母和音节;认识大写字母,熟记《汉语拼音字母表》。从而使学生能借助汉语拼音认读汉字,学会用音序检字法和部首检字法查字典,并且在日常交际情境中学习汉语拼音和普通话。

(四) 现状审视

1. 以区分拼音的不同类别

拼音作为学习汉字的基础工具,其本身就具有一定的复杂性。拼音的分类主要包括单音节拼音、两音节拼音和三音节拼音,此外,拼音还包括翘舌音、平舌音、卷舌音等分类,以及根据音节的构成,如复韵母、前鼻韵母、后鼻韵母等。拼音中的每个要素都有其独特的发音规则和组合方式,其中,还包含一些特殊的拼音规则,如"ü"的使用方法中,遇到声母"j、q、x"要去掉两点,再如"er"作为特殊韵母,不能与声母相拼,只能自成音节。

刚步入小学阶段的一年级学生的认知能力和语言发展水平尚未成熟。他们的大脑还在不断发展中,对于拼音这样的抽象概念和复杂规则的理解能力有限,因此,对一年级学生而言,要分清这些拼音的不同类别的学习是比较枯燥乏味的,且具有一定的难度。

2. 学生的发音和语音习惯偏差

学生在学习拼音过程中的发音和语音习惯问题,是许多教师经常遇到的难题。这些问题不仅影响着学生的拼音学习效果,还可能导致其在后续的语文学习中出现障碍。发音问题主要是由于学生对拼音字母的发音规则掌握不牢固,或者受到方言的影响,导致发音带有地方口音。中国的普通话以北京语音为标准音,以北方话为基础方言,这意味着普通话的发音基础是北京话的音韵系统,普通话的词汇和表达方式更接近于北方地区的语言习惯。因而,对处于吴语地区的学生而言,学习普通话就存在一定难度。吴方言地区的学生普遍存在前后鼻音发音不分、平翘舌音不分的问题,例如,对于"音"和"英"这样的词汇,吴语地区的学生可能听起来读音差不多,无法分辨前鼻音和后鼻音的区别。在拼音教学中,教师需要引导学生克服他们可能已经养成的错误发音和语音习惯,建立正确的语音模式。

基于汉语拼音系统包括声母、韵母、声调等多个要素,学生在学习拼读时准确地将声母和韵母连起来准确地发音也是一个挑战。在进行拼读时,学生经常会存在声母带声调,拼读含糊不清,声调读错等问题,这就需要一定的时间和学习来理解掌握。

3. 缺乏对拼音学习的重视

在当今的教育环境中,尽管拼音作为学习汉语的基础工具,其重要性不言而喻,但遗憾的是,不少学生和家长依然未能给予拼音学习应有的重视,这背后隐藏着多方面的原因。

从学生个体层面来看,部分学生可能将拼音这种符号视为一种"枯燥无味"的学习内容,缺乏足够的兴趣和动力去探索其内在的魅力。在快节奏的学习生活中,他们更倾向于追求那些能够迅速带来成就感或满足感的学习内容,比如认识更多汉字,而拼音学习则需要长时间的积累和反复的练习,这在一定程度上削弱了学生的学习热情。这种学习态度,使得拼音学习在学生的学习规划中往往被边缘化。

再者,社会文化的影响也不容忽视。在多元化的语言环境中,学生接触到越来越多的新兴词汇和表达方式,这些表达方式往往不拘泥于传统的拼音规则,而是更加灵活多变。这种趋势在一定程度上削弱了学生对拼音规则的认同感,使他们觉得拼音学习不再是必不可少的技能。

4. 学生之间拼音学习基础差异较大

每个学生的学前教育背景各不相同,这直接影响了他们进入小学时对拼音知识的初步掌握程度。家庭学习环境与家长对学生学习的支持的差异是导致一年级学生的拼音学习基础相差较大的一个不可忽视的原因。有的学生在幼儿园阶段已经接受了系统的拼音教学,这些家庭能够为学生提供丰富的学习资源,如拼音启蒙书籍、在线学习平台或是家长亲自辅导,这样的环境自然有利于学生提前接触并掌握拼音知识。相反,一些家庭可能受限于经济条件或家长的文化水平,无法给予学生足够的学习支持,这些学生则可能尚未接触过拼音相关的学习内容,这种起点的不一致自然会导致后续学习中的差距。

(五)策略支持

1. 情境教学,降低学习难度

针对一年级学生普遍存在的认知能力尚浅、注意力容易分散,且现阶段以无意注意为主导的特点,教师在教授汉语拼音时,可巧妙地引导学生运用语言表达与想象的翅膀,将生活元素作为桥梁,构建出一个个生动有趣的情境。这种教学方法旨在深度挖掘并激活学生已有的生活经验,让学生在轻松愉快的氛围中,自然而然地融入汉语拼音的学习之中,从而有效提升他们学习汉语拼音的积极性和主动性。

课堂导入作为教学活动的首要环节,其重要性不容小觑。一个成功的导入能够迅速集中学生的注意力,激发其探索欲,为后续的学习内容奠定良好的心理基础。因此,在拼音教学过程中,通过构建情境化的导入方式,不仅能够有效吸引学生的关注,提升学习兴趣,还能为整个学习过程奠定稳固的基石,确保教学活动的顺利进行。基于一年级学生喜爱看精彩浅显的图画的特点,教师在导入时可充分利用教材插图来创设情境,将拼音中抽象的符号与可爱的图画相关联,吸引学生的学习兴趣。以汉语拼音《b p m f》一课的教学为例,教师可以根据书本插图来创设情境:"今天,小朋友们来到了拼音公园游玩,他们在干什么呀?"这一问题立刻吸引了学生的关注,学生观察精彩的图画,结合自己的生活经验,不难发现"一个小朋友一边听广播一边爬山坡""两个小朋友在山洞里玩摸人游戏""爷爷扶着拐杖爬山",每个人物行为的背后都藏着一个到两个本堂课要学习的声母。如此一来,学生便能在轻松愉快的游玩氛围中继续学习。

考虑到区分拼音的类别也是一年级学习拼音的难点之一,通过构建生动有趣的情境,学生们不仅能够更加直观地理解拼音的声、韵、调等复杂概念,还能在互动与实践中体验到学习的乐趣,从而激发他们对语言文字的浓厚兴趣。例如,充分利用多媒体功能,构建一个名为"拼音小镇"的情境,其中的街道、商店、公园等分别以拼音类别命名,如"声母街""韵母巷""声调桥"。学生扮演小探险家,观察"拼音地图",根据拼音卡片的内容在小镇中探索,给每张卡片选择合适的位置。这样的活动不仅让学生在游戏中复习了拼音,还激发了他们的探索欲,可以使学生在轻松愉快的氛围中高效地学习区分拼音的类别,为后续的语文学习打下坚实的基础。

2. 交流互动,纠正发音习惯

在吴语地区,学生们在发音上常面临的一个挑战便是难以清晰区分前后鼻音以及平翘舌音。为了有效纠正这一发音习惯,除了传统的课堂教学外,教师也可以鼓励学生之间进行多样的语言交流活动,通过学生间的互动来促进发音的改善。

首先,可以在班级内实施"语言伙伴"计划。上海地区来自北方的学生较少,南方学生居多,其中南方学生虽然大多是吴语背景的学生,也有一部分来自闽语地区的学生,学生的口音比较复杂。教师可以根据班级中学生的吴语背景及发音特点进行分组,确保每个小组内既有发音相对标准的学生作为"小老师",也有需要改进发音的同学。这样的组合能够最大化地利用资源,让发音标准的学生在帮助他人的同时巩固自己的语言技能,而需要提升的学生则能在同伴的鼓励和指导下,更加自信地面对发音挑战。这种小组形式的互动,尤其能让来自南方的学生向北方学生学习前后鼻音的发音,也能让来自更南方的孩子纠正拼音中"l、n、f"的发音,所有学生在轻松愉快的氛围中相互学习、纠正发音。通过模仿、对比和反馈,学生可以在日常对话中及时发现并改进自己的发音问题。这种正面的社交互动不仅能够增强学生的自信心和成就感,还能够促进班级整体拼音学习水平的提高。

此外,教师还可以在班级中开展一场别开生面的"发音挑战赛",通过丰富多样的互动方式让学生们在各种实际情境中灵活运用普通话。比如,可以设置一些有趣的绕口令,如前后鼻音绕口令、平翘舌音绕口令等,让学生们挑战自己的发音极限;同时,还可以让学生为自己的喜爱的动画片进行配音,从而更好地锻炼他们的发音和语调。在挑战结束后,可以由同学们对参赛者的普通话水平进行点评和打分,最终评选出班级中的"普通话小达人"。这样的活动不仅能够让学生们在游戏中锻炼自己的发音、语调和语速,更能够让他们深入理解和掌握不同情境下语言的运用,从而有效提升他们的语言表达能力和情感传达能力。

3. 因材施教,缩小学生差距

面对班级中学生们拼音学习基础参差不齐的现状,老师可以采取一系列灵活多样的教学策略,旨在激发每位学生的学习兴趣,同时确保每位学生都能在适合自己的节奏下稳步前进。

其一,分层教学是关键。教师可以根据学生的拼音掌握情况,将班级分为几个小组,每个小组的学习目标和内容有所区别。对于已经熟练掌握拼音的学生,可以提供更多阅读材料,让他们在阅读中巩固拼音知识,并学习新词汇和句型;而对于基础薄弱的学生,则进行更为细致的基础拼音教学,如声母、韵母的发音练习,以及简单的拼读训练,逐步建立自信。在集体教学之余,教师应留出时间进行个别辅导,特别是对那些拼音基础薄弱的学生,给予更多的关注与帮助。可以通过一对一的指导,或是小范围的小组辅导,针对性地解决他们的学习难题。此外,根据学生的拼音水平,布置差异化的家庭作业。对于基础好的学生,可以布置一些更具挑战性的练习;而对于基础较弱的学生,则侧重于基础知识的巩固与提高。

其二,设计一系列奖励措施,鼓励有基础的学生不断进步的同时,也帮助零基础的学生树立信心。对于学生在拼音学习中的每一点进步,无论大小,都应给予及时的肯定与表扬。正面的激励能够激发孩子们的学习动力,增强他们的自信心。

4. 家校联动,强化拼音应用

家校合作,作为教育过程中不可或缺的一环,对于强化拼音在学生生活中的应用具有深远的意义。在继续探讨这一议题时,我们可以从以下几个方面深入展开,以确保拼音教学不仅仅局限于课堂,而是渗透到学生日常生活的方方面面,从而提高学生对拼音学习的重视。

家长可以在家中设置"每日拼音小挑战",通过游戏化的方式激发孩子的学习兴趣。例如,设计拼音接龙游戏,孩子和家长轮流说出以特定声母或韵母开头的词语,既增加了亲子互动,又巩固了拼音知识。此外,还可以利用拼音卡片进行快速认读比赛,或是布置家庭拼音日记作业,鼓励孩子用拼音记录一天的所见所闻,既练习了拼音,又培养了写作能力。

家长也可以引导孩子在日常生活中寻找并识别拼音元素,如超市商品标签上的拼音标注、书籍封面和目录的拼音索引等。在购物时,可以让孩子尝试读出商品的拼音名称,并解释其含义;在阅读时,鼓励孩子利用拼音辅助理解不认识的汉字。通过这样的实践活动,孩子能够深刻体会到拼音在生活中的实用性,从而更加主动地学习和应用。

总而言之,拼音教学作为幼小衔接的重要一环,其有效实施不仅为孩子们顺利过渡到小学阶段的学习奠定了坚实的基础,更是激发了他们对汉语言文字的浓厚兴趣与探索欲。未来,我们需继续深化拼音教学方法的创新,注重与儿童生活实际的结合,让拼音学习成为孩子们快乐成长的助力。同时,加强家校共育,共同营造良好的语言环境,让孩子们在寓教于乐中掌握拼音,为终身学习开启智慧之门。只有当我们真正认识到拼音学习的重要性并付诸实践时,才能为学生们打下坚实的语言基础,为他们的未来发展铺平道路。

三、写字

在幼小衔接阶段,写字对儿童成长意义非凡。教育家叶圣陶说过,"教育是什么?往简单方面说,只需一句话,就是要养成良好的习惯",写字恰恰是培养习惯的重要契机。写字能锻炼儿童手部精细动作,提升手眼协调能力,为今后完成更复杂的书写和学习任务打基础。书写时,儿童需遵循笔画顺序、间架结构等规则,这能培养他们的耐心与专注力,让好动的孩子学会安静思考、认真做事。美观的书写能增强儿童自信心,每一次漂亮的书写都是对自我能力的肯定。而且,汉字承载着中华文化,写字过程也是传承文化、培养文化认同感的过程,让孩子在一撇一捺中感受民族智慧,开启文化启蒙的大门,为小学学习筑牢根基,引领他们在成长道路上稳步前行。

(一) 概念明晰

写字是指将字书写出来的行为,这个字可以是汉字、英文等任何文字。它是一个广泛的概念,涵盖了所有文字的书写过程。无论是用毛笔、钢笔、铅笔还是其他书写工具,只要是书写文字的行为,都可以被归类为写字。写字不仅仅是简单的笔画组合,它还包括了笔画的顺序、结构以及书写时的技巧和风格,这些都是构成一个字美观与否的重要因素。

写字教学是语文教学的一个重要组成部分,它涉及字的笔画、笔顺、结构等方面的教学。传统的写字教学通常包括描红、仿影、临帖等步骤,通过这些步骤来训练学生的书写技能,提高书写的美观度和规范性。

在书法领域,写字的概念进一步扩展。书法是一种通过毛笔的提按、顿挫、缓急等技巧,以及点线的变化,来表现字的韵律和美感。书法不仅仅是把字写得工整、规矩,它还包括了字的动态和静态表达,通过字的左右上下牵侧斜正、均衡大小、错落动静等元素,展现出书法的艺术性和审美价值。因此,书法和写字虽然密切相关,但它们在技巧和艺术表达上有所区别。

(二)内容解读

幼儿园阶段写字教学内容主要是以前书写习惯的培养为主,而小学阶段写字教学内容则更为具体地体现在关注书写习惯和书写能力上。具体内容划分如下:

表 2-3

幼儿园阶段(5—6 岁)写字教学内容	小学一二年级写字教学内容
1. 用笔或者其他书写替代物,通过感知、涂画、涂写、模拟运用文字或符号等形式,学习用图形和文字向周围的人传递信息、表达感情。 2. 发展小肌肉的协调性:做一些小手运动操,或开展能锻炼幼儿小手肌肉的活动,比如:玩积木、积塑、捏橡皮泥、撕纸、剪纸等。 3. 开展发展幼儿手眼协调的活动,比如:穿珠子、系鞋带、画画、剪贴、用绳子打结等。 4. 开始学习书写自己的姓名、书写 10 以内阿拉伯数字。	1. 通过反复练习,初步掌握正确的写字姿势,包括坐姿及握笔姿势。 2. 认识田字格,学会观察生字在田字格中的位置。 3. 学习控笔,练习基本笔画、偏旁部首的书写。 4. 学习正确书写写字表的生字,关注生字的笔顺规则及田字格中的位置。

(三)目标梳理

幼儿园阶段写字目标主要是从《3—6 岁儿童学习与发展指南》中提炼的,小学阶段写字教学目标主要是根据《义务教育语文课程标准(2022 年版)》整理的。具体目标内容如下:

表 2-4

幼儿园阶段(5—6 岁)写字教学目标	小学一二年级写字教学目标
1. 愿意用图画和符号表现事物或故事。 2. 会正确书写自己的名字。 3. 写画时姿势正确。	1. 掌握汉字的基本笔画和常用的偏旁部首,能按基本的笔顺规则用硬笔写字,注意间架结构。 2. 努力养成良好的写字习惯,写字姿势正确,书写规范、端正、整洁。 3. 初步感受汉字的形体美。

幼儿园阶段目标更多的是让幼儿在游戏和生活中锻炼手部精细动作,促进手眼协调,激发幼儿在书面表达方面的兴趣,习得用图画和符号表达自己的愿望或事物的"前书写"技能。在书写汉字上只要求会正确书写自己的名字,实际教学中也有写 1—10 的阿拉伯数字,但是没有规范书写的笔顺、位置等。在写画姿势指导上,要求不够明确。

小学阶段写字教学的目标比较具体,第一条是指向书写内容的,第二条是指向书写习惯和书写成果的,第三条则是指向书写兴趣的。所以小学阶段的写字教学既要关注学生良好书写习惯的培养,如:写字姿势、握笔姿势要正确等;又要重视书写能力的提升,如:书写笔顺要正确、字迹端正、卷面整洁等;还要激发学生的书写兴趣,让学生感受到汉字的形体美。

(四) 差异分析

基于对幼儿园及小学一二年级写字教学目标的分析,二者的相同点在于都关注到了书写时的姿势正确,幼儿园前书写的任务主要是初步掌握正确的执笔方法及书写姿势,而小学阶段也关注到了写字姿势正确,努力养成良好的写字习惯。二者的不同之处主要集中在以下几点:

表 2-5

	幼儿园阶段	小学一二年级
目的不同	对文字、标记敏感,萌发对书写活动的兴趣。	掌握汉字书写的基础知识和写字的基本技能。
途径不同	培养观察力、方位知觉、空间知觉、小肌肉灵活性和手眼协调力。	掌握正确的书写姿势、学会笔画名称、笔顺规则、间架结构等知识。
方法不同	以游戏和动手操作为主,进行游戏化的有趣的笔画练习。	以教师讲解、示范,学生的作业练习、考试等为主。
评价不同	幼儿对书写有兴趣,对汉字敏感,知道字的倒正,主动涂涂写写,手眼协调好,脑对小肌肉动作控制自如。	写字正确、工整、卷面整洁,并有一定速度。

基于上述分析,小学低年级的学生在学习写字的过程中可能会遇到如下的挑战与困难:

1. 缺乏趣味性。幼儿园大多通过各种游戏等各种趣味活动激发幼儿对书写活动的兴趣,而小学低年级则是任务驱动,教学过程缺少趣味,而且小学阶段对学生的书写要求及书写量较幼儿园大幅提高,因此低年级学生很容易产生畏难情绪,从而失去写字兴趣,影响学习效果。

2. 缺乏个性指导。幼儿园的幼儿数量较少,而且开展个别化指导的学生数量就更少了,因此能比较好地进行个性化指导。但是小学阶段学生数量多,写字教学大多是课堂上教师统一给予整体的指导,无法针对每个学生的特点进行个性化教学指导。

3. 缺乏系统性。小学低年级的写字教学一般安排一节课的末尾几分钟,教学时长不固定,有的时候会因为阅读教学任务没有完成而占用写字教学的时间,这样会导致写字教学的指导不够细致;教学内容不够系统,大多数老师就是教书上要求会写的内容,而没有教学生从控笔、笔画、偏旁、结构等顺序开始写字教学,这样容易导致学生写字基本功不扎实。

4. 缺乏评价体系。良好的评价体系能够激发学生学习写字的兴趣,同时也能让学生了解评价标准,从而提升写字能力。现在的写字教学评价表内容都是由上课教师自己制定的,个人随意性较强,没有形成较为规范的评价体系。

5. 缺乏家校合作。学生在家庭中的书写环境和书写习惯对写字也是有一定的影响的,但是一些家长对于孩子书写的重视和引导不够,导致学生书写姿势不够端正,书写能力有所欠缺。

（五）策略支持

1. 注重教学趣味,营造良好书写氛围

爱因斯坦说过:"教育应当使提供的东西被学生当作一种宝贵的礼物来接受,而不是当作一种艰苦的任务去负担。"小学阶段的写字教学缺乏趣味性,那么我们就增加教学过程中的趣味性,让学生觉得写字是一件愉悦的事。

（1）创设书写情境。当学生提笔写字时,教师可以根据课文内容创设书写情境,如:在执教《小猴子下山》一课时,可以在写字环节说,今天小猴子给大家带来了两个生字礼物,谁要是能把礼物盒上的生字写好,就能开启礼物宝盒。

如果课文内容不便于创设情境,也可以这样说:同学们,现在你们是汉字王国的设计师,字精灵将从你们笔尖诞生,拿出你们的笔,我们比一比谁才是最优秀的设计师。

（2）生动教学语言。写字教学有的时候有些枯燥,我们可以用"编儿歌""比喻法""联想法"等方法,让我们的教学语言变得生动有趣。

① 编儿歌。教师可在教"山"字时创编这样的儿歌:"先写中间最高峰,一竖长长压中线,矮矮山峰在两边,左低右高才好看。""山"是一个象形文字,这样的表述既有画面感,又朗朗上口,学生很容易记忆。再如"竹",学生可边写边说:"竹叶细,竹叶尖,两片竹叶要挨近。撇要高,横要短,竖钩稍长有精神。"

② 比喻法。为了让学生对字形产生兴趣,教师也可以采用比喻这个好方法:"撇"像扫帚,"捺"像滑梯,"点"像雨点……比如,在教学基本笔画"横"时,可以把它比作又宽又直的马路。

③ 联想法。教学中如果能够针对生字展开联想,既能让学生印象深刻,还能提升书写效果。如"马"字,学生很容易将其写成头大身子小的样子,这时不妨给他

们看马的图片,帮助展开联想,告诉学生"马头小,马身壮,上窄下宽才精神"。这样学生就不会写错了。

2. 讲究科学方法,提高写字教学质量

(1) 指导学生写好基本笔画,掌握基本笔顺规则。要想让学生写得好,就要让学生很好地掌握这些笔画的名称和书写方法,并反复练习,把这些变成学生的写字技能。

(2) 培养学生"读"字的能力,把字书写端正。"读"字就是通过学生仔细观察后,准确把握字的间架结构和关键笔画再写。在教学中,我们可以采用三步教学法。

① 看字形。在教学时要引导学生仔细观察,对字形整体感知。如"地"字,左窄右宽,第一笔横在横中线上。

② 析结构。在教学中引导学生进一步观察,弄清字的结构及关键笔画。

③ 记位置。在写字教学初阶段,要指导学生记住一些关键笔画的位置,以田字格的横中线和竖中线为标准。如"中"字的一竖就要写在田字格的竖中线上。

(3) 关注"双姿",养成良好的书写习惯。正确的握笔姿势和写字姿势不仅是写好字的前提,也是有利于学生的身体健康的。

正确的握笔姿势如下:①右手拇指在笔杆的左侧比食指稍靠后些,食指在前偏右,这两指紧紧夹住笔杆。中指在食指下面,用第一个关节托住笔杆,无名指和小拇指在中指之后自然地弯向掌心。②笔杆向右后方倾斜紧贴在食指第三关节和虎口之间。③食指和大拇指捏笔时中间呈椭圆形,捏笔手指与笔尖的距离接近一寸。

正确的写字姿势如下:基本要求是做到"三个一"——手指离笔尖一寸,胸离桌面一拳,眼睛离书本一尺。

在学生平时写字时要严格要求,反复训练,及时评价。通过不断地要求、监督和激励,帮助学生养成"提笔就是练字时"的良好书写习惯。

3. 运用评价机制,激发学生写字兴趣

(1) 口头评价

这是一种比较随机、灵活的表扬方法,教师可以随时随地地运用。例如在每一节写字课前,利用几分钟对学生前一次的作业做一个简单的肯定性的评价,表扬那些写得好的或有进步的同学。这样学生写好字的愿望很快就被调动起来了。

(2) 画星评价

在批改学生的写字作业时在写得好的字上会标星表扬。由于学生的年龄较小,容易满足,所以尽量以表扬为主,然后只挑出一些主要的毛病让他们加以改正,每次指出的缺点不宜过多,否则容易使学生产生自卑感,从而失去学习的兴趣。

（3）集卡评价

这是对学生进行鼓励的一种机制。在写字教学中,还可以这样进行评价:每次写字被评为有进步的作业,奖励一颗星;被评为优秀的作业奖励两颗星。学生集够了 10 颗星,就可以得到一张设计精美的"书写卡";集够三张"书写卡"就可以换一张"小小书法家"的奖状。在这个集卡前进的过程中,学生的写字积极性很高,都希望自己能得到相应的奖励。

4. 举办多彩活动,让学生体验成功的快乐

（1）举办多种形式的展览

在教学过程中会尽量给学生提供机会,让学生充分展示自己的作品。如:课堂上,教师示范之后,可以让几名字写得好的学生在黑板上的田字格中写字;平时,作业完成优秀,字写得漂亮的作业本可以贴在黑板上展示;专门准备写字纸,给几名字写得好的学生写作品,以学过的字词、诗歌为主,然后贴在教室后面的学习园地进行展览。这样能激发起他们的主观能动性,提高他们的自信心。

（2）举办各种形式的书写比赛

① 做作业时进行生生之间的比赛。如同桌之间的比赛,看谁进步大。

② 师生之间的比赛。即在每次作业时,老师和学生同时写,作业完成后,写得好的学生可以当小老师,批改老师写的字。

③ 每个月在班上举行一次书法比赛,评出一、二、三等奖,并向获奖学生的家长发"喜报",也就是奖状。

第六章　阅读与鉴赏:从"亲子阅读"到"独立阅读"的缓坡过渡

一、和大人一起读

在幼小衔接阶段,"和大人一起读"对儿童成长意义重大。正如巴丹所说:"阅读不能改变人生的长度,但可以改变人生的宽度。""和大人一起读"能营造良好的阅读氛围,让孩子在温馨的亲子或师生共读环境中,感受到阅读的乐趣,激发阅读兴趣,为养成终身阅读习惯打下基础。大人的引导还能帮助孩子更好地理解文本内容,提升阅读理解能力,比如在共读绘本时,大人可以帮助孩子解读画面和文字背后的含义。同时,这一过程也是很好的亲子或师生互动方式,能增进情感交流,培养孩子的社交能力和情感表达能力,让孩子在爱与陪伴中快乐成长,为小学学习生活注入温暖与力量。

（一）概念明晰

1. 幼儿园阶段

在幼儿园里,"和大人一起读"是指由成年人(父母、老师或其他成年人看护者)

和幼儿一起进行的一种亲子阅读或师幼共读的互动形式。阅读材料以图画书、简单的儿歌和童谣等为多,它们一般色彩鲜艳,画面生动,文字的内容比较简单易懂,与儿童的认识层次和兴趣特征相吻合,以提高儿童的阅读兴趣为重点,培养学生良好的阅读习惯,提高学生对语言的认识。通过共读活动,幼儿可以感受到阅读的乐趣,学会倾听和表达,为后续的阅读蓄力。

2. 小学低年级阶段

"和大人一起读"栏目是部编版小学语文一年级教材中指向课外阅读的栏目,出现在每个单元的语文园地中,是学生从依赖性阅读向自主性阅读过渡的桥梁。部编版语文教材总主编温儒敏指出"大人"可以指父母、老师或其他家庭成员与亲友;"一起读"可以是朗读,也可以是讲读,还可以是对话式阅读,总的来说都是书面语言的阅读,是一种课内教学的拓展。

"和大人一起读"栏目中的文章取材范围较广,是一种符合低年段学生的阅读材料。其中包含了寓言故事、神话故事、国内外文学作品等,能够展现不同文化的魅力与智慧,让孩子们在阅读中感受到世界的广阔与多彩。"和大人一起读"还是一种阅读形式,在幼小衔接的关键时期,为一年级学生搭建有效的学习平台:家长可以积极参与孩子的阅读生活,与孩子一起挑选阅读材料、制定阅读计划、分享阅读感受;学校可以组织各种形式的阅读活动,如亲子阅读会、师生共读会、阅读分享会等,学生能够在不同"大人"的陪伴下,体验到阅读的乐趣,并逐步培养出良好的阅读习惯和自主阅读能力。此外,"和大人一起读"也是一种阅读环境。"和大人一起读"中的选文及适合年龄特征的推荐课外阅读书目里的文章都很适合亲子阅读。在学校层面,通过精心布置阅览室、阳光书吧以及班级图书角,为学生提供丰富的阅读资源和宁静舒适的阅读空间;而在家庭环境中,父母可以通过在书桌、客厅、床边等孩子常出没的地方摆放书籍,让书籍成为家庭装饰的一部分,营造出一种"书中有家,家中有书"的温馨氛围。更重要的是,父母应成为孩子的阅读榜样,通过亲自阅读、与孩子共读、分享阅读心得等方式,让孩子感受到阅读的乐趣和价值,为他们未来的学习和生活奠定坚实的基础。

(二)内容解读

1. 幼儿园阶段

幼儿园阶段孩子和大人一起读的内容丰富多样,主要包括图画书和绘本、经典童话和寓言故事、科普知识类读物、生活习惯和情感教育类读物以及其他互动性和参与性强的读物。内容多为贴近幼儿日常生活的主题和内容,如家庭成员、动物朋友、自然现象、生活习惯等,通常以图画为主,文字为辅,图画色彩鲜艳、形象生动,能够吸引幼儿的注意力,帮助他们理解故事情节和人物关系。书目中的故事往往富有想象力,能够激发幼儿的想象力和创造力且互动性比较强,旨在培养孩子们的阅读兴趣、阅读习惯以及初步的语言和认知能力。

2. 小学低年级阶段

(1) "和大人一起读"选文内容

部编版小学语文教材显著的一个特点是其独特的双线组元结构设计，每个教学单元均精心规划，旨在强化特定的语文技能点与人文教育主题，确保学习内容的层次性与针对性。在一年级全册的教材中，"和大人一起读"栏目尤为引人注目，其选材丰富多元，紧密围绕儿童认知发展阶段特点与既有生活经验展开，旨在顺利实现幼小衔接的平稳过渡。一年级全册"和大人一起读"有十余篇内容，其中包括：童话故事、儿歌、小短文、绕口令、寓言故事、童谣等。

一年级上册开篇以"我上学了"为主题，采用参与式和体验式学习相结合的方式，安排了4个活动板块，引导学生顺利完成身份认同和角色转换。第一单元是识字单元，渗透了韵语识字、看图识字、字理识字等多种识字方法。本单元的"和大人一起读"内容为《剪窗花》，文章多以"花、拿、喳、巴、娃"等字结尾，让学生感受韵母发音的特点，激发学生学习识字的兴趣。一年级上册第二、第三、第四单元均为拼音单元，"和大人一起读"板块安排了《小白兔和小灰兔》《谁会飞》《小鸟念书》这三篇内容有趣的文章，让一年级孩子在初学语文时感受到乐趣，唤起他们对文字的好奇与喜爱。第五单元为阅读单元，以"四季之美"为主题，"和大人一起读"板块安排了《拔萝卜》这篇学生非常熟悉的文章，与人文主题贴近，能够激发学生对大自然的喜爱之情。一年级上册最后一单元为阅读单元，本单元语文园地中的"和大人一起读"也联系了儿童的实际生活，设置了与寒假、冬天相关童谣《春节童谣》，丰富儿童对传统文化的认识。

一年级下册第二单元为课文单元，围绕"心愿"这一人文主题精心编排了《我多想去看看》《一个接一个》《四个太阳》等篇章，旨在通过多样化的文本内容，深化学生的阅读理解能力。该单元"和大人一起读"栏目选入的《阳光》一文，以"阳光像金子，阳光比金子更宝贵"的深刻比喻收尾，巧妙地引发学生思考，促进其对文章深层含义的理解与探索。一年级下册第三、四单元则分别以"伙伴"与"家人"为人文主题，强调在提升学生阅读长句子能力的同时，依据日常生活情境深入理解文本，并学会有效表达文章内容。《胖乎乎的小手》作为第三单元"和大人一起读"的篇目，不仅紧密贴合单元主题，还通过贴近生活的情节设置，帮助学生更好地理解故事内容，逐步培养良好的阅读习惯与理解能力。一年级下册第六单元围绕"夏天"这一人文主题，选取《池上》《荷叶圆圆》等课文，引导学生感受夏日之美。本单元的语文要素聚焦于问句与感叹句的准确朗读及仿说仿写能力的培养。《夏夜多美》作为该单元"和大人一起读"的推荐篇目，其丰富的对话内容、多样的句式结构（包含感叹句与疑问句），为学生提供了在不同语境下练习语气表达、抒发情感的绝佳机会，进一步激发了他们的阅读兴趣与表达能力。

综上所述，一年级下册的课外阅读活动通过"和大人一起读"栏目，紧密围绕单元主题与语文要素，精选符合低年级学生认知水平与阅读兴趣的多样化文章体裁。这一系列精心设计的阅读活动，不仅有效促进了学生语文能力的全面发展，还持续激发了他们内在的阅读动机，让"我想读"成为了一种自发的阅读需求与习惯。

（2）"和大人一起读"选文特点

"和大人一起读"栏目选文紧密贴合一年级儿童的认知起点与发展特性，所选篇章紧密关联儿童日常生活，融趣味性、基础性与易读性于一体。旨在于儿童初涉语文学习的关键期，在心理上构筑温馨亲近的桥梁，助力其树立阅读自信，从而平稳跨越从幼儿园到小学的过渡阶段。同时，有效促进儿童阅读兴趣的萌芽与良好阅读习惯的逐步养成。

① 童趣性："和大人一起读"栏目内容，以简明朴素、形象生动、充满童趣的语言呈现。"金箍棒，有力量，妖魔鬼怪消灭光"，这些天马行空的奇思妙想感染着儿童；"小孩小孩你别馋，过了腊八就是年""剪梅花，剪雪花，剪对喜鹊叫喳喳"，这些传统习俗和文化影响着儿童；"谁和谁好，我和同学好，大家唱着歌，一起上学校"，这样天真烂漫的情感熏陶着儿童；"阳光像金子，阳光比金子更宝贵"，这种深刻意蕴启迪着逐渐成长的儿童。通过这个栏目，学生得以接触并探索多样化的文学体裁，通过这些丰富的阅读实践，学生可以深切感受到汉字所蕴含的美感，进而激发了他们对语文学习更加浓厚的兴趣和热情。

② 基础性：小学低年级是儿童正式步入系统化学习阶段的起点，这一时期对于构建学生未来学习生涯的坚实基础具有不可估量的价值。鉴于幼儿园阶段学生普遍缺乏系统的语文知识学习经历，面对识字写字、拼音掌握、口语交际及阅读理解等学习任务时，往往会感到一定的挑战与困难。为此，部编版一年级语文教材在编排上尤为注重幼小衔接的顺畅过渡，旨在通过科学合理的教学设计，帮助学生平稳跨越这一学习门槛。"和大人一起读"栏目充分考虑了低年级学生的思维发展特征与现有知识基础，精心挑选了一系列篇幅适中、语言精练且富有童趣的故事、童谣及儿歌作为课外阅读素材。这些材料不仅内容丰富多彩，而且贴近儿童生活，易于引发共鸣，为学生在轻松愉快的氛围中学习语文知识提供了有力支持。在"和大人一起读"的过程中，大人的陪伴与指导起到了至关重要的作用。他们不仅能够帮助学生解决识字难题，降低初学语文的门槛，还能通过互动交流，激发学生对语文学科的兴趣与热爱。同时，栏目中精心设计的插图，以其生动美观、充满童趣的特点，进一步增强了学习材料的吸引力，不仅促进了学生识字能力的快速提升，还有效减轻了其学习负担，让学生在享受视觉盛宴的同时，自然而然地萌发出对语文学科的好奇心与探索欲。

③ 可读性:"和大人一起读"栏目精心挑选的文本内容,与学生的日常生活紧密相连,巧妙地在口语与书面语之间搭建起桥梁,为学生的语言发展奠定了坚实的基础。《小白兔和小灰兔》《孙悟空打妖怪》《拔萝卜》等经典故事,因其广泛流传而深受学生喜爱,不仅易于引发共鸣,还让学生在轻松愉快的阅读中,自然而然地实现从口语表达到书面语理解的过渡。此外,栏目中还包含如《小鸟念书》《小松鼠找花生》《谁会飞》等篇章,这些作品围绕着孩子们日常生活中常见的动物及其特性展开,通过生动的叙述和描绘,激发学生对大自然的好奇心和探索欲,增强了对自然界的认识和感受能力。《胖乎乎的小手》《阳光》《谁和谁好》等温馨感人的故事,巧妙融合了亲情、友情与梦想的元素,触动了学生内心深处的情感世界,引导他们学会感恩、珍惜与追求。这些文本不仅丰富了学生的情感体验,还促进了其情感认知和社会性发展。《剪窗花》《春节童谣》等具有浓郁节日氛围和传统文化特色的作品,让学生在与大人共读的过程中,了解到中国传统文化的多样性和深厚底蕴,感受节日的喜庆与温暖,从而拓宽视野,丰富生活经验,也加深对民族文化的认同感和自豪感。

(3)"和大人一起读"栏目的意义和价值

"和大人一起读"作为统编教材的亮点之一,巧妙融入了"大人"伴读的元素,为学生搭建了一个由依赖到独立的过渡桥梁。此栏目不仅促进了教师与家长成为学生阅读旅程中的坚实后盾,更以阅读支架的形式,为学生提供了必要的陪伴与指导,确保每位学生在阅读探索中都能获得适时的支持与鼓励。

① 延伸课外阅读资源

"和大人一起读"紧密贴合儿童的生活经验与发展规律,其核心目标在于激发学生的阅读兴趣,培养其自主阅读能力,从而顺利实现幼儿园到小学阶段的平稳过渡与衔接。此栏目不仅与学前教育紧密相连,更强调家长或教师陪伴孩子共同阅读的温馨氛围,营造一种无压力、愉悦的阅读环境,让孩子在轻松愉快的氛围中爱上阅读。

进入小学之后,学生逐步转向纸质媒介进行阅读,然而市场上的阅读材料质量参差不齐,缺少针对儿童年龄层次精心筛选的权威读物。为此,部编版教材创新性地实施了课外阅读课程化策略,于一年级各单元"学习园地"中加入"和大人一起读"栏目,并拓展《和大人一起读》《读读童谣和儿歌》阅读课程化丛书,内含多篇适宜泛读或课外探究的文本,内容包括学生喜闻乐见的儿歌、童话及寓言故事等,精准把握并尊重了儿童心理与生理发展的阶段性特征。此举不仅是对课外阅读资源的深度优化与整合,更是一次富有创意的实践探索,对于激发学生的阅读兴趣、强化阅读能力,推进幼小衔接与过渡阶段的学习进程,具有难以估量的积极影响与深远意义。

② 提供阅读支架,提升阅读兴趣

小学低年级阶段是儿童阅读习惯与能力塑造的黄金时期,一年级学生充满了好奇心与求知欲,他们的学习心态和能力宛如未雕琢的璞玉,极具可塑性和发展潜力。《义务教育语文课程标准(2022 年版)》明确在小学第一学段(1—2 年级)的"阅读与鉴赏"领域,应着重培养学生的阅读兴趣,让他们在阅读中感受乐趣,进而热爱阅读。通过引导学生阅读浅近的童话、寓言、故事等,旨在激发他们的想象力,培养对自然与生命的敬畏之心,并鼓励他们对感兴趣的内容形成个人见解,勇于与他人分享交流。"和大人一起读"这一栏目,正是顺应了这一教育理念,通过亲子共读或师生共读的方式,为学生提供了一个温馨而有力的阅读支持系统。在大人的引导下,孩子们能够将口头讲述的故事与书面语言相互印证,逐步建立起对文字的亲切感和信任感。这一过程不仅是语言能力的积累,更是自我认知与情感成长的旅程。学生从最初的依赖共读,到逐渐尝试独立阅读,再到最后自信满满地将故事讲给大人听,每一步都伴随着自我效能感的显著提升,他们开始相信"我能读""我会读",并主动追求"我要读"的境界。

(三) 目标梳理

1. 幼儿园阶段

(1) 培养阅读兴趣:幼儿园的孩子正处于对周围世界充满好奇、探索欲旺盛的阶段。通过"和大人一起读",孩子们能够接触到丰富多彩的故事和儿歌,从而激发他们对阅读的兴趣,为未来的学习打下坚实的基础。

(2) 建立亲子关系:在幼儿园阶段,家长或教师作为"大人"的角色,通过共读活动与孩子建立深厚的情感联系。这种亲密的互动不仅有助于孩子的情感发展,还能增强他们的安全感和信任感。

(3) 形成初步的语言认知:幼儿园的孩子正处于语言发展的关键期。通过"和大人一起读",孩子们可以在大人的引导下,初步认识和理解语言,包括词汇、语法和句子结构等,为后续的语文学习做好准备。

2. 小学阶段

语文教材主编温儒敏先生指出,"和大人一起读"栏目的定位是帮助学生培养课外阅读的兴趣和习惯,激发学生阅读的兴趣,让孩子刚上学就喜欢语文,喜欢读书。

(1) 过渡桥梁作用:小学阶段是学生从幼儿园的无纸化教学到正式学习汉字、阅读书面材料的重要过渡时期。通过"和大人一起读",学生可以在熟悉的故事情境中,逐渐适应从口头故事到书面文字的转变,实现语言和文字的顺利过渡。

(2) 培养阅读习惯:在小学阶段,"和大人一起读"更加注重培养学生良好的阅读习惯。通过持续的共读活动,学生可以逐渐养成定时阅读、主动阅读的习惯,为终身阅读奠定基础。

(3) 提升阅读能力和语文素养:在小学阶段,"和大人一起读"的文本难度逐渐增加,涵盖了更丰富的文学体裁和更深刻的主题。通过共读活动,学生可以不断提升自己的阅读理解能力、分析能力,提高自己的语文素养,同时丰富自己的文化素养和审美情趣。

(4) 促进家庭阅读氛围:在小学阶段,"和大人一起读"不仅是学生的学习任务,也是家庭阅读活动的重要组成部分。通过家长的参与和陪伴,可以营造浓厚的家庭阅读氛围,让学生在无压力的环境下享受阅读的乐趣。

(四) 现状审视

1. 教师思想重视,但认识上存在偏差

部编版语文教材总主编温儒敏提到"'和大人一起读'栏目放在课内,应该被纳入教学计划,但是不能处理成一般的课,要把它看作课堂教学的延伸,延伸到课外,延伸到家庭。'一起读'不要给孩子太多压力,也不必布置作业,因为附加的任务多了,压力大了,兴趣就少了。"然而,在实际教学过程中,教师们对这一栏目的理解和操作却存在明显差异,导致教学效果参差不齐。一方面,部分教师过于注重教学完整性,将"和大人一起读"栏目当作常规课文来处理,通过细致的分析和讲解来占据大量课堂时间。这种做法不仅违背了栏目设置的初衷,还无形中增加了学生的学习负担,削弱了他们对阅读的兴趣和热情。也有教师将"和大人一起读"简单理解为一项课外任务,仅仅要求学生与家长合作朗读,而缺乏深入的引导和反馈机制。这种蜻蜓点水的处理方式,虽然看似轻松无压,但实际上未能充分挖掘栏目的教育潜力,也没有为学生提供足够的支持和帮助来提升他们的阅读能力和理解能力。

2. 教学形式单一,不利于激发阅读兴趣

实际教学过程中,"和大人一起读"在校内开展形式较为单一。多数情况下,课堂上教师布置学生自由朗读,阅读后进行简单交流;课后布置学生自读,或者在家长的监督下把文章读熟。

例如一年级上册第三单元《谁会飞》的教学活动:

(1) 学生借助拼音读文章,要求边指边读。

(2) 教师范读,学生跟读。

(3) 男生读问句,女生读回答部分。

(4) 女生读问句,男生读回答部分。

(5) 同桌之间互换角色读。

(6) 全班齐读。

(7) 回家作业:和爸爸妈妈一起读一读这首儿歌。

在以上教学活动中,教师围绕"读"这一中心,采取不同形式的朗读,但是始终

与"读"相关,和读课文没有区别,孩子也只是读出声音,观察不到思维的变化,不利于激发学生的阅读兴趣。

3. 缺乏家庭指导,课外阅读难以保证

教师不仅是课内阅读的"导读者",也是课外阅读的"推动者"。很多家长认为,老师只是把阅读当做任务布置给学生,自己缺乏阅读指导的方法,也不知道该怎么和孩子一起阅读,忽视了亲子阅读的重要性,而教师对于家长这方面的指导远远不足,使该栏目在课外开展效果参差不齐。

4. 学生积极性不高,缺乏阅读兴趣

如今是信息化高速发展的时代,学生的注意力更容易受到电子产品的影响,小学低年级学生心智发展还不成熟,不了解课外阅读的重要意义,因此在纸质阅读的开始阶段,可能会出现阅读积极性不高的情况,需要有能力的"大人"带领他们走进书籍的海洋。而现实教学中学生往往把"和大人一起读"当成老师布置的一个任务,"大人"参与的程度不能得到保证,导致学生的阅读兴趣没有被调动起来。

(五) 策略支持

1. 低起点,缓坡度,起步阅读有兴趣

幼儿园阶段,学生的学习以听故事、做游戏为主。进入小学阶段,学生开始接触教材,对纸质阅读材料的接触增多。如何让学生无负担地接触阅读、喜欢阅读,感受到阅读的乐趣,是第一学段的阅读教学目标。

(1) 爱上语文书,"我是学习小主人"

教师作为教学活动的引导者与促进者,深入学习和准确解读部编版语文教材的编排特点,对于有效提升教学质量、促进学生全面发展具有重要意义。针对一年级上册教材第一单元"快乐读书吧"栏目中的四幅场景图及提示语,教师应充分挖掘其教育价值,巧妙融入日常教学之中。这四幅场景图以直观生动的方式,展现了多样化的阅读场景与方式,呈现了不同的阅读场景,生动地向学生指明了阅读的方式和方法:可以和爸爸妈妈一起阅读、可以和小伙伴们读故事或讲故事、可以在书店寻找自己喜欢的图书读一读、学习了拼音就能阅读更多的书……教师可以以此为契机,通过引导学生观察、讨论这些场景图,激发他们的阅读兴趣,并鼓励他们探索适合自己的阅读方式。例如,鼓励学生分享自己与家人共读的温馨时光,或是与小伙伴分享故事的快乐经历,从而让学生深刻体会到阅读不仅是个人行为,更是一种社交活动,能够增进亲情、友情,丰富生活体验。

在幼小衔接的过渡时期,不必要求每位学生都能立即达到流畅朗读或深刻理解的水平,而是鼓励学生采取"广泛涉猎,逐步深化"的"囫囵吞枣"式阅读策略。这种方式强调的是阅读行为的开始与持续,而非即时成效的展现。通过教师的积极鼓励与正面反馈,帮助学生建立起良好的阅读习惯,让他们在阅读的过程中收获快乐与成就感,从而逐渐培养起对阅读和语文学科的浓厚兴趣,最终成为积极主动、乐于探索的学习者。

(2)读好小故事,我是"阅读小达人"

阅读的场景多样,阅读的方式也多样。"和大人一起读"栏目所选的文本作为学生阅读起步阶段的读物,能够让学生接触丰富多样的阅读材料。教师可以依据不同的文本内容,在教学中引入多元化的阅读方式,让学生读好小故事,成为"阅读小达人"。

例如,教学《小白兔和小灰兔》时,教师可以先带学生一起阅读,教师说故事、学生听故事。由于许多学生都听过这个故事,基本了解故事的情节,教师就可以鼓励学生看图说故事,利用多媒体出示插图,让学生看着插图说出故事情节;还可以利用"演一演"的游戏活动,让学生角色扮演,鼓励学生根据自己的记忆,用自己的话说出台词,表演这个故事。在这个过程中,学生的表达欲望和表演欲望得到有效激发,在积极参与表演的过程中提升了阅读兴趣和阅读能力。

2. 多主体,添异彩,"阅读联盟"有目标

(1)共读主体多元

教师要积极拓展阅读指导力量,让"和大人一起读"栏目的参与主体更加多元,从而更好地达到该栏目的效果。

① 师生共读:可以在班级内设立图书角,利用课余时间阅读书籍,定期组织师生分享阅读心得,或围绕某个主题或节日,师生共同选择相关书籍进行阅读,并进行主题讨论或分享。在课堂上,教师也可以采用多种形式与学生一起阅读,通过教师的示范和引导,帮助学生掌握正确的阅读方法和技巧。

② 亲子共读:教师可以利用家长会,主动将教材中"和大人一起读"栏目及其设置目的告知家长,让家长明确校外阅读指导的重要作用,并将名著阅读课程化丛书《和大人一起读》和《读读童谣和儿歌》推荐给家长,希望家长能以身作则,带领学生积极投身阅读当中。可以采用不同的形式获得共读反馈,如在钉钉班级群中设置专题栏目,学生及家长可以在线分享自己的阅读成果,通过这种形式巩固学生的阅读行为;定期召开线上读书分享会,让学生在家长的帮助下阶段性地总结阅读成果,分享阅读收获,互相勉励,共同进步。

③ 同伴共读:对于一年级学生来说,教师可以充分利用学校高年级学生的资源,邀请高年级班级中讲故事能力较强的同学,鼓励他们去给弟弟妹妹讲故事,过一把"小老师"的瘾。这些哥哥姐姐可以利用午会课或拓展课的时间进入一年级班级,给弟弟妹妹讲故事,不仅可以有讲述,还可以有互动,老师在旁边只起到简单的辅助作用。如此一来,既能丰富共读的形式,对于高年级学生来说也提供了锻炼的平台,对一年级的学生更是有了新鲜的体验,是一种互利互助的共读形式。

（2）共读形式多样

① 1＋X 式共读：在教学"和大人一起读"栏目时，我们可以巧妙地选取与课内文本题材相近或文体相仿的作品，以教材中的某一篇作为出发点，采取"以一带多，乃至带动整本书"的策略，鼓励学生与家庭成员共同阅读，从而拓宽学生的阅读视野。如一年级下册第五单元《狐狸和乌鸦》是一篇妙趣横生的寓言，来源于《伊索寓言》，该书蕴含了众多既富有情趣又意义深远的故事。在读完这个故事之后，可以布置学生去阅读《伊索寓言》中的其他动物故事，如《龟兔赛跑》《狼和小羊》等，随后鼓励学生们在熟练阅读后，分角色扮演，将故事以表演的形式呈现出来。在读过的故事越来越多后，就可以在班级中开展"故事分享会"，一边表演，一边欣赏，这样一来，就多了很多可听、可观的故事，不但能亲身参与阅读，还能亲身体验评价，在故事中还能明白很多道理，以一篇拓展一本，学生对阅读的积极性会更高。

② 活动式共读：在教学这一栏目时，教师可以围绕文章相关的主题，将阅读与生活相连接，开展丰富多样的主题式共读活动。如一年级上册第一单元《剪窗花》是一首生活化的儿歌，但是真正见过窗花的学生并不多，如果能让儿歌融入生活，能充分调动学生的体验来促进阅读。在教学时，可以先组织学生欣赏剪纸作品，引导学生谈谈感受，让学生对剪纸有初步的印象，学生循着好奇心理，会更想要了解"剪纸"这一民间传统文化。在熟练诵读童谣的基础上，学生可依据自己亲手剪制的窗花，模仿课文中的词句，讲述属于自己的"剪窗花"故事，以此将童谣的精髓融入日常，深化阅读带来的情感体验，从而在寓教于乐中，悄然提升学生们对阅读的兴趣与热爱。

③ 家校携手式共读：教师可充分利用家长资源，定期邀请部分家长走进校园，围绕特定主题开展"阅读分享会"活动，为班级同学带来精彩的故事分享；也可以设立专门的亲子阅读角，提供丰富的图书资源，让家长和孩子可以在课余时间自由阅读并交流心得，为学生提供更加丰富的阅读体验。

家长能够巧妙利用书籍内容作为桥梁，在家中与孩子展开更深入的对话，以此洞悉孩子在校的学习动态与生活点滴。例如，家长和孩子共同阅读《谁和谁好》后，可借由文本主题，询问孩子的在校情况，并主动与孩子分享自己的学习经历，如年幼时喜欢玩什么游戏、自己小时候的玩伴都有哪些等。家长和孩子以"和大人一起读"栏目为契机，一起阅读、一起分享、一起交流，形成目标一致的"阅读联盟"，实现轻松、自由、愉悦、无压力的学习，同时也促进了教师、家长、学生三方的沟通与交流。

二、绘本阅读

在幼小衔接阶段，绘本阅读对儿童成长具有不可替代的作用。绘本通过图文结合的方式，能够直观地传递信息，帮助儿童理解复杂的情感和概念，培养他们的观察力、想象力和语言表达能力。正如日本绘本大师松居直所言："绘本是孩子第一次接触艺术的桥梁。"通过绘本，儿童能够在视觉和语言的交织中感受美，激发创造力。与此同时，绘本阅读能够促进儿童的情感发展，帮助他们学会表达和理解情绪，培养同理心和社交能力。此外，绘本中的故事往往蕴含深刻的道理，能够潜移默化地塑造儿童的价值观和道德观。亲子共读绘本还能增强亲子互动，建立情感纽带，为儿童提供安全感和归属感。总之，绘本阅读不仅是儿童认知和语言发展的重要工具，更是他们情感、审美和价值观全面成长的重要途径。

(一) 概念明晰

1. 绘本

加拿大的培利·诺德曼认为图画书是一门透过一系列图画与少量文字或者完全没有文字的结合来传达信息或者叙述故事的艺术。而日本"图画书之父"松居直对绘本的概念则做出了相当形象生动的阐释："文字＋图画＝带插图的书，文字×图画＝图画书"。我国著名儿童文学家彭懿在《图画书阅读与经典》中指出：绘本是"通过图画与文字这两种媒介在两个不同层面上交织、互动来讲述故事的一门艺术"。

综上，绘本是由简洁且富有童真的文字与形象生动且连贯的图像来共述故事的、图文相融相辅的适合儿童阅读的书籍。

2. 阅读

《教育大辞典》中指出："阅读是从书面语言中获取文化科学知识的方法、信息交流的渠道和手段。"《现代汉语词典》对其解释为："看并领会其内容。"

早期阅读是由家长或者教师为儿童讲解以图为主的儿童读物，儿童通过观察画面、感知文字、理解书本内容，从而对书面语言进行加工和运用，提高儿童的语言表达、认知、思维等综合能力的过程。

3. 绘本阅读

日本"图画书之父"松居直认为，绘本阅读应当是家长读给孩子的书，而不是孩子自读的书，真正的绘本阅读体验应当是孩子听别人读绘本的同时，自己在头脑中也进行着创造。孩子用耳朵听绘本故事、用眼睛看绘本图画的同时，也在发挥想象力，在头脑中描绘绘本故事的世界。台湾学者林美琴认为绘本阅读的过程是孩子从"图像"到"图感"的过程，即孩子在浏览图像后对图像进行感知，从外在的浏览发展为内在的思考。

综上，绘本阅读是阅读者从绘本图文中获取信息，联结推论从而获得阅读意义的主动建构过程。在幼小衔接阶段，绘本阅读在一定程度上是儿童从图像阅读走向文字阅读、从亲子阅读到独立阅读的过渡的关键。

(二) 内容解读

1. 幼儿园绘本内容梳理

《幼儿园教育指导纲要(试行)》所确定的五大领域教育内容包括健康、语言、社会、科学、艺术。《3—6 岁儿童学习与发展指南》指出：尊重和接纳幼儿的说话方式,为幼儿提供适量且适合的图画书及不同体裁的文学作品。绘本作为具有多元价值的教育资源,可以为幼儿提供丰富的学习体验,促进其全面发展。

经访谈等渠道了解,幼儿园在绘本内容的选择上具有自主性。有些是基于园本特色课程的拓展,但大多都对应着五大领域的教育内容,选择适合幼儿年龄和发展水平的绘本。

表 2-6　基于五大领域的幼儿园大班绘本教学内容举例

所属领域	绘本举例	阅读目标
健康领域	《牙虫大搬家》 《汉堡男孩》 《肚子里有个火车站》 《糟糕,身上长条纹了》 《星期二洗发日》	引导幼儿知道必要的安全保健知识,学习保护自己
语言领域	《母鸡萝丝去散步》 《猜猜我有多爱你》 《爷爷一定有办法》 《搬过来搬过去》 《慌张先生》	培养幼儿语感及表达的积极性
社会领域	《石头汤》 《獾的礼物》 《花婆婆》 《大脚丫跳芭蕾》 《妈妈的红沙发》	促进幼儿与自我、他人及环境的关系维度
科学领域	《阿利的红斗篷》 《飓风》 《双胞胎兄弟》 《讨厌的噪声》 《小威向前冲》	激发幼儿探究科学的兴趣
艺术领域	《爱心树》 《让路给小鸭子》 《小凯的家不一样了》 《欧先生的大提琴》 《一百万只猫》	引导幼儿学会感受美、发现美,丰富其想象力和创造力

表 2-7　幼小衔接视域下的幼儿园大班绘本教学内容举例

主题	绘本举例	阅读目标
自我管理	《同桌的阿达》 《胆小鬼威利》 《魔奇魔奇树》 《敌人派》	帮助幼儿养成自我管理的意识和习惯

主题	绘本举例	阅读目标
时间管理	《金老爷买钟》 《迟到的理由》 《时间旅行箱》 《最准点的邮递员》	帮助幼儿养成按时完成任务的习惯，初步具备时间观念
我上学了	《小阿力的大学校》 《五颜六色的校园生活》 《上学不再丢三落四》 《我上小学了》 《上学到底有什么用》	帮助幼儿逐步了解小学生活

2. 小学第一学段绘本内容梳理

《2022版义务教育语文课程标准》中，三次提及"图画书"这一概念，且都在第一学段。如在"发展型任务群·文学阅读与创意表达"中有这样的表述："学习儿歌、童话，阅读图画书，体会童真童趣，感受多姿多彩的生活，初步体验文学阅读的乐趣。"在"拓展型学习任务群·整本书阅读"中，指出："阅读富有童趣的图画书等浅易的读物，体会读书的快乐。"在"学业质量·学业质量描述"中，也提出："喜欢阅读图画书、儿歌、童话、寓言等，在阅读过程中能根据提示提取文本的显性信息，通过关键词句说出事物的特点，做简单推测……"

绘本是语文阅读教学的有利资源，对语文教材起到了辅助和延伸的作用。经典绘本的题材涵盖了儿童成长中涉及的各个方面。绘本中，虽然没有什么深奥的道理，但娓娓道来的却是犹如清泉的关于情感认知以及生命哲理的洗礼。教学中，可根据主题分类，把绘本作为新的延伸资源应用到教学中，与教材有机整合。

表2-8　一年级上册教材内容与推荐绘本（第二、三、四单元为拼音单元，未罗列）

单元	人文主题	教材内容	推荐绘本
入学准备	我上学了	《我是中国人》	《我是中国人》
		《我爱我们的祖国》	《我和我的祖国》
		《我是小学生》	《大卫上学去》
		《我爱学语文》	《爱书的孩子》
第一单元	识字单元一	《天地人》	《天地人的秘密》
		《金木水火土》	《了不起的中国人》
		《口耳目手足》	《可爱的身体》
		《日月山川》	《木林森——日月山水》

续表

单元	人文主题	教材内容	推荐绘本
第五单元	四季之美	《秋天》	《落叶捉迷藏》
		《江南》	《荷花镇的早市》
		《雪地里的小画家》	《雪地里的小画家》
		《四季》	《精灵门的旅行》
第六单元	识字单元二	《对韵歌》	《笠翁对韵》
		《日月明》	《月亮的味道》
		《小书包》	《小书包里的秘密》
		《升国旗》	《我们的国旗》
第七单元	儿童生活	《小小的船》	《和甘伯伯去游河》
		《影子》	《影子的故事》
		《两件宝》	《有趣的手》
第八单元	观察与想象	《比尾巴》	《假如你有动物的尾巴》
		《乌鸦喝水》	《聪明的小羊》
		《雨点儿》	《太阳爸爸和雨点妈妈》

表 2-9　一年级下册教材内容与推荐绘本

单元	人文主题	教材内容	推荐绘本
第一单元	识字单元一	《春夏秋冬》	《安静的班尼兔和五彩缤纷的春天》
		《姓氏歌》	《我们的姓氏》
		《小青蛙》	《聪聪学写形声字·方》
		《猜字谜》	《乐乐猜字谜》
		《小猫种鱼》	《安的种子》
第二单元	心愿	《吃水不忘挖井人》	《草鞋爷爷和草鞋奶奶》
		《我多想去看看》	《嗨,北京》
		《四个太阳》	《太阳的颜色》
第三单元	伙伴	《小公鸡和小鸭子》	《会放屁的树遇到会掉耳朵的猪》
		《树和喜鹊》	《邻居》
		《怎么都快乐》	《我喜欢玩》
		《请你帮个忙》	《刺猬帮帮忙》

续表

单元	人文主题	教材内容	推荐绘本
第四单元	家人	《静夜思》	《同一个月亮》
		《夜色》	《讨厌黑夜的席奶奶》
		《端午粽》	《奶奶的青团》
		《彩虹》	《艾玛和彩虹》
		《妞妞赶牛》	《六十六头牛》
第五单元	识字单元二	《动物儿歌》	《一园青菜成了精》
		《古对今》	《写给现代孩子的音律启蒙》
		《操场上》	《操场小霸王》
		《人之初》	《孟母三迁》
		《打电话》	《打电话》
第六单元	夏天	《池上》	《莲花》
		《小池》	《池塘》
		《荷叶圆圆》	《小青蛙的演唱会》
		《要下雨了》	《小小天气预报员》
第七单元	习惯	《文具的家》	《杰克不听话》
		《一分钟》	《慌张先生》
		《动物王国开大会》	《不要急躁，把话听完》
		《小猴子下山》	《贪心的克罗迪》
		《一起做游戏》	《弗洛格玩音乐椅游戏》
第八单元	问号	《棉花姑娘》	《好暖好暖的棉花》
		《咕咚》	《楼里来了新邻居》
		《小壁虎借尾巴》	《这样的尾巴可以做什么》
		《小熊住山洞》	《树真好》

（三）目标梳理

《幼儿园教育指导纲要（试行）》明确指出，早期阅读总目标包含以下几点：其一，浓厚的阅读兴趣，自觉的阅读态度及良好的阅读习惯。其二，掌握正确的阅读方法和技能。幼儿阅读图书需要行为经验，包含翻阅图书的经验；读懂图书内容的经验；知道图书画面的经验、文字与口语具有对应关系的经验；图书制作的经验。其三，初步建立口头语言与书面语言的对应关系。

1.《3—6 岁儿童学习与发展指南》中幼儿阅读目标

表 2-10

阅读目标	3—4 岁	4—5 岁	5—6 岁
一、喜欢听故事,看图书	1. 主动要求成人讲故事、读图书。 2. 喜欢跟读韵律感强的儿歌、童谣。 3. 爱护图书,不乱撕、乱扔。	1. 反复看自己喜欢的图书。 2. 喜欢把听过的故事或看过的图书讲给别人听。 3. 对生活中常见的标识、符号感兴趣,知道它们表示一定的意义。	1. 专注地阅读图书。 2. 喜欢与他人一起谈论图书和故事的有关内容。 3. 对图书和生活情境中的文字符号感兴趣,知道文字表示一定的意义。
二、具有初步的阅读理解能力	1. 能听懂短小的儿歌或故事。 2. 会看画面,能根据画面说出图中有什么,发生了什么事等。 3. 能理解图书上的文字是和画面对应的,是用来表达画面意义的。	1. 能大体讲出所听故事的主要内容。 2. 能根据连续画面提供的信息,大致说出故事的情节。 3. 能随着作品的展开产生喜悦、担忧等相应的情绪反应,体会作品所表达的情绪情感。	1. 能说出所阅读的幼儿文学作品的主要内容。 2. 能根据故事的部分情节或图书画面的线索猜想故事情节的发展,或续编、创编故事。 3. 对看过的图书、听过的故事能说出自己的看法。 4. 能初步感受文学语言的美。

2.《2022 版义务教育语文课程标准》中第一学段"阅读与鉴赏"目标

表 2-11

1. 喜欢阅读,感受阅读的乐趣。学习用普通话正确、流利、有感情地朗读课文。学习默读。
2. 结合上下文和生活实际了解课文中词句的意思,在阅读中积累词语。认识课文中出现的常用标点符号,在阅读中体会句号、问号、感叹号所表达的不同语气。借助读物中的图画阅读。
3. 阅读浅近的童话、寓言、故事,向往美好的情境,关心自然和生命,对感兴趣的人物和事件有自己的感受和想法,并乐于与他人交流。诵读儿歌、儿童诗和浅近的古诗,展开想象,获得初步的情感体验,感受语言的优美。
4. 尝试阅读整本书,用自己喜欢的方式向他人介绍读过的书。养成爱护图书的习惯。
5. 积累自己喜欢的成语和格言警句。背诵优秀诗文 50 篇(段)。课外阅读总量不少于 5 万字。

3.《3—6 岁儿童学习与发展指南》及《课标》第一学段中与绘本阅读相关目标比对

《3—6 岁儿童学习与发展指南》及《2022 版义务教育语文课程标准》虽然没有专门针对绘本阅读提出相应目标,但仔细研究,不难发现,有些表述直接指向"图画书"阅读,且随着幼儿至小学生的年龄递增,在目标要求上存在着进阶联系。

表 2-12

《3—6 岁儿童学习 与发展指南》目标提炼	《2022 版义务教育语文课程标准》 第一学段目标提炼
1. 喜欢听故事看图书:专注地阅读图书。	1. 喜欢阅读,感受阅读的乐趣。
2. 对图书和生活情境中的文字符号感兴趣。	2. 借助读物中的图画阅读。
3. 能说出所阅读的幼儿文学作品的主要内容;喜欢与他人一起谈论图书和故事的有关内容。	3. 阅读浅近的童话、寓言、故事,向往美好的情境,关心自然和生命,对感兴趣的人物和事件有自己的感受和想法,并乐于与他人交流。
4. 具有初步的阅读理解能力:能根据故事情节或图书线索猜想故事情节的发展;对看过的图书和听过的故事发表看法。	4. 尝试阅读整本书,用自己喜欢的方式向他人介绍读过的书。养成爱护图书的习惯。
5. 初步感受文学语言的美。	5. 课外阅读总量不少于 5 万字。

　　幼儿园阶段的绘本教学主要在师幼共同阅读绘本的过程中,让学生感受故事内容的美好,受到情感上的熏陶。因此,情感态度和价值观的教育应当是学前阶段绘本阅读教学的主要出发点。

　　而小学低段绘本教学则主要是利用课堂这一教学主阵地,通过丰富多样活动形式,采用合适的教学策略,引领学生观察图画、欣赏图画、理解图画,在有效提高语言表达能力的同时,更能获得美的价值体验,并懂得一定的道理,使情感得到升华。因此,小学第一学段的绘本教学不仅要关注学生情感态度的发展,还要关注学生语文能力的发展。

　　(四) 差异分析

　　1. 延续性

　　(1)都强调阅读习惯的一致性

　　幼儿园在早期阅读的方面要求包括让幼儿喜欢听故事、看图书及让幼儿养成良好的阅读习惯。而《课标》中针对第一学段学生的阅读要求是喜欢阅读,感受阅读的乐趣及养成爱护图书的习惯。在阅读兴趣及阅读习惯方面的要求上,幼儿园和小学的目标趋于一致,都关注激发阅读兴趣、培养良好阅读习惯。

　　(2)都强调幼小衔接过渡的重要性

　　幼儿园和小学都认识到幼小衔接在阅读教育中的重要性,因此强调衔接性和延展性,逐步提高难度,以便更好地帮助孩子建立良好的阅读基础。如:要求幼儿具有初步的阅读理解能力:能根据故事情节或图书线索猜想故事情节的发展;对看过的图书和听过的故事发表看法。为小学第一学段"尝试阅读整本书,用自己喜欢的方式向他人介绍读过的书"这一目标的达成做好了铺垫。

2. 差异性

(1) 阅读量及阅读面要求不同

幼儿园对幼儿阅读量和阅读面没有明确的规定,教师更多关注的是幼儿阅读兴趣、阅读习惯等的培养。《课标》中对小学低段的课外阅读量要求是不少于 5 万字。对阅读面的要求则提到有浅近的童话、寓言、故事、儿歌、儿童诗和浅近的古诗等,由此延展的绘本也应是丰富多样的。可以看出,小学低段对儿童的阅读量及阅读面都有了一定要求,相比幼儿园阶段,更强调多读书、读好书及读整本书。在幼儿园向小学衔接的过程中,教师引导幼儿从简单的绘本逐步向图文结合、文字增多的绘本过渡。

(2) 教师的教学组织形式不同

幼儿识字量较少,主要是听教师、家长读,在听的过程中感知故事情节及角色。幼儿园教师在教学中更倾向于引导幼儿关注故事情节和插图,了解绘本内容,体会情感,阅读场地和阅读组织形式都是灵活机动的。而小学阶段的绘本阅读教学基本是在课堂上和学生共读交流,通过丰富多样的适合学生特点的活动形式,达成既定的教学目标。

(3) 教师的教学策略选择不同

幼儿园绘本教学一般采用游戏、表演等辅助手段,让学生易于记住故事内容,培养阅读兴趣。而小学低段的绘本教学主要是教师通过阅读书目的选择、教学主题和目标的确定、教学环节的设计,通过丰富多样的活动形式,采用合适的教学策略,提升学生的语文能力。与幼儿阶段的绘本教学相比,小学低段的绘本教学更注重教学实施的整体性和目标达成的多样性。

(五) 现状审视

1. 绘本阅读教材筛选困难

现今市场上的儿童绘本读物数量大、种类多,但质量却良莠不齐。另外,绘本教材并未纳入小学义务阶段的教学中,教育部门对于绘本教材的选择和使用没有做出统一规定。教师在筛选时难免陷入困境,存在一定的随意性和盲目性。有些绘本与学生的生活关联性不强,徒增了阅读难度,大大削弱了学生的兴趣,导致绘本教学的实效大打折扣。

2. 绘本阅读教学流于形式

许多学校会将绘本阅读与校本特色课程结合,或融入区域"慧雅阅读"项目的成果展示。这样的想法无可厚非,但在实际操作中,容易陷入"重形式、轻内容"的极端,出现了一些包装过度、流于形式的功利化行为。有些教师把重心完全放在了图画的构造、色彩细节上,忽视了文本的作用;有些则一味对学生进行灌输式的文本解读,忽略了绘本的艺术价值。其实,绘本阅读的教学成果并非立竿见影,也不是一次活动就能全然展现的。这种流于形式的绘本教学模式,使得绘本对学生的吸引力急剧下降。

3. 绘本阅读教学方法不当

绘本具备图文并茂的特点,绘本教学课堂应该是充满趣味的,但事实并非如此。由于缺乏优质绘本资源的获取渠道及与绘本相关的教学支持,教师在绘本阅读教学中,时常牵引着学生,逐字逐句地分析绘本故事,过多的干预限制了学生的思维提升。为达成绘本教学目标,教师往往带着较强的主观意识进行文本解读,把绘本阅读课当成精读课来上,忽视了学生的自主阅读感受。机械的朗读和枯燥的主观讲解剥夺了学生阅读绘本的体验感。

4. 绘本阅读家校合作不够

光靠学校的有限时间来组织学生进行绘本阅读是远远不够的。家庭教育会直接影响到孩子语言能力的发展。现今的绘本阅读家校合作不容乐观,亲子绘本阅读形同虚设,也缺乏相应的检查机制。家长的文化水平和观念意识参差不齐,亲子绘本阅读效果不佳。

(六) 策略支持

1. 幼小融合,建立绘本资源平台

幼小衔接具有双向性,二者需向对方靠拢并开展密切沟通,避免两个教育主体各自为政。可以通过联合教研打破二者之间的沟通壁垒,比对绘本阅读教学中的差异,小学教师能对幼儿园阶段幼儿的学习方式以及教师的教学方式形成清晰直观的认识,进而反思自己在阅读教学设计中的不足并进行调整,从而使学生的阅读持久性能在多样化的教学活动中得以提升。

通过幼小合作,建立优质绘本资源共享平台。经常组织幼小教师开展观摩教研、听评课等活动,学习优质绘本阅读活动精髓,定期在平台上分享优秀绘本教学设计及案例,丰富资源库建设,促进教师间相互学习。

2. 融入情境,丰富学生语言表达

绘本中,到处都是隐藏着的“神秘地图”。无论是扉页、封面还是环衬,都是绘本的有机组成部分,在这些地方,作者都为读者献上了很多精美的图画。在绘本阅读教学中,教师引导学生欣赏画面,在看图中读懂故事、发现细节、感悟内涵,融入故事情境。《逃家小兔》的教学设计中可引导学生观察细节:妈妈变成园丁,找小兔时,篮子里放的是什么? 在马戏团,人们的目光盯着的是谁? 为什么? 从而进一步理解妈妈为了小兔“铤而走险”,并在此过程中领悟伟大的母爱。

绘本里的文字简单明了、生动有趣、朗朗上口,很适合低年级学生朗读和学习。一方面通过绘本的朗读,学生能体会到语言之美,并不断扩充自己的语汇量;另一方面,通过模仿绘本语言,有助于发展学生的语言能力。

以李欧·李奥尼的经典绘本——《田鼠阿佛》为例。当其他田鼠在漫漫冬日感觉无聊的时候,田鼠阿佛却讲述了他在平日的精到观察:"我在采集阳光,因为冬天的日子又冷又黑。我在采集颜色,因为冬天是灰色的。谁在天上撒雪花?谁融化地上的冰块?谁让四叶幸运草在六月里生长?"日常琐碎的生活,经过田鼠阿佛的诗意化表达,变得情趣盎然,丰富了学生的语言表达。

3. 补白创编,激发学生无限想象

许多绘本在语言或情节上,都留有一定余地。在绘本阅读指导过程中,通过情节推理,让学生猜想情节,可以激发他们无穷的想象力。如:《小猪变形记》中的小猪突然感到百无聊赖,却又精力充沛,充满奇思妙想,因此就想体验一下其他动物的生活。这只小猪想变成什么呢?为什么要变形呢?……当小猪踩着高跷出去散步碰到了斑马时,小猪会对斑马怎么说?学生在猜测中给出的答案是多元的,想象也合乎情理。

在绘本阅读教学探索实践中,引导学生开展互动式开放阅读,使学生读写能力得到提升。如:阅读完《蚯蚓的日记》之后,引导学生以自己的生活为原型,以小组为单位创作《蚂蚁的日记》《蝴蝶的日记》《我的日记》……大家分工合作,有的负责文本,有的负责绘画,完工后把他们的作品张贴在学习园地中展示。又如:每学期举行一次绘本阅读品评会,让孩子互相交流,评选最佳绘本,从而激发孩子的创作欲望。

4. 家校合作,加强绘本阅读指导

通过宣传,增强家长对绘本阅读的认识和参与度,形成良好的家校合作氛围。学校定期举办班级亲子阅读分享会,鼓励有心得的家长分享自己与孩子在绘本共读过程中的体会及收获。另外,可与家长携手,共创优质阅读空间。利用读书节等契机,邀请家长与孩子齐聚图书馆,举办"我是绘本代言人"推荐活动,在绘本筛选与阅读方面为家长提供一定指导。孩子在家校共育的模式下,不但能享受到绘本阅读的乐趣,还能在与家长共读的过程中,提升对真善美的感知,形成健全良好的人格。

三、朗读

在幼小衔接阶段,朗读对儿童成长具有深远的意义。朗读能够帮助儿童发展语言能力,提升词汇量、语音感知和表达能力。正如美国作家吉姆·崔利斯在《朗读手册》中所说:"朗读是培养孩子阅读兴趣和语言能力的最有效方式之一。"朗读是儿童语言发展的关键助力。通过朗读,儿童不断练习发声、吐字,能显著提升口语表达的流畅度与准确性,为小学阶段的课堂发言、交流互动筑牢根基。

朗读还是培养语感的有效途径。在反复诵读优美词句的过程中,儿童能自然地感知语言的节奏、韵律,潜移默化地积累词汇和表达方式,为日后的写作学习奠定基础。此外,朗读能帮助儿童加深对文字内容的理解,在抑扬顿挫的语调中,故事里的人物形象、情感脉络更加清晰,有助于培养他们的阅读理解能力和想象力,让儿童在知识的海洋中顺利起航,开启小学学习的新篇章。

(一) 概念明晰

关于朗读,《现代汉语词典》释义是:"清清楚楚地高声读诵,使诗文语气连贯而见情意。"百度百科上是这样释义朗读的:"朗读,是把文字转化为有声语言的一种创造性活动,是一种大声的阅读方式,它是小学生完成阅读教育任务的一项重要的基本功,就语文学习而言,朗读是最重要的。"

通过分析可知,首先,朗读是一种大声的阅读方式,这种阅读方式和默读相对,默读是一种不发声,不动唇的阅读方式。其次,朗读是一种将文字转化为有声语言的创造性活动,朗读者不同于演讲者,他朗读的内容必须与所看到的文字一模一样,不是自己即兴发挥的内容。但同时又是有创造性的活动,这种创造性不是体现在朗读的内容上,而是体现在朗读的语音语调所传递的情感上。这种情感是朗读者基于自身经验和对文字内容的理解,用自己的声音所传达出的独特情感体验,每个人的经验不同,对文字内容的理解不同,所发出的声音的诠释也不同。再次,朗读是小学生完成阅读教学任务的一项基本功,通过这样一种大声的,调动口、脑、眼等多感官,结合自身理解创造性表达的阅读的方式,帮助学生更好地理解文本内容。朗读是帮助学生从阅读走向理解的一种手段,小学生朗读学习至关重要。

综上所述,朗读,是一种大声的阅读方式,是一种将文字转化为有声语言的创造性活动,可以帮助学生更好地理解文本内容,对语文学习至关重要。

(二) 目标梳理

基于研读《3—6 岁儿童学习与发展指南》,笔者对和朗读相关的幼儿园(大班5—6 岁)的目标做了梳理:

表 2-13

幼儿园(大班 5—6 岁)和朗读相关的教学目标	
目标一: 喜欢听故事,看图书	1. 专注地阅读图书。 2. 喜欢与他人一起谈论图书和故事的有关内容。 3. 对图书和生活情境中的文字符号感兴趣,知道文字表示一定的意义。
目标二: 具有初步的阅读理解能力	1. 能说出所阅读的幼儿文学作品的主要内容。 2. 能根据故事的部分情节或图书画面的线索猜想故事情节的发展,或续编、创编故事。 3. 对看过的图书、听过的故事能说出自己的看法。 4. 能初步感受文学语言的美。

基于研读《义务教育语文课程标准(2022 年版)》,笔者对第一学段(1—2 年级)和朗读相关的目标做了梳理:

表 2-14

小学第一学段(1—2 年级)和朗读相关的目标	
目标一： 朗读兴趣	1. 喜欢阅读,感受阅读的乐趣。 2. 阅读浅近的童话、寓言、故事,向往美好的情境,关心自然和生命,对感兴趣的人物和事件有自己的感受和想法,并且乐于和他人交流。
目标二： 朗读能力	1. 学习用普通话正确、流利,有感情地朗读课文。 2. 结合上下文和生活实际了解课文中词语的意思,在阅读中积累词语。认识课文中出现的常用的标点符号,在阅读中体会问号、句号、感叹号所表达的不同语气。 3. 诵读儿歌、儿童诗和浅近的古诗,展开想象,获得初步的情感体验和美的感受。

（三）差异分析

1. 幼儿园和小学第一学段朗读目标的延续性分析

（1）兴趣一脉相承

通过梳理可知,幼儿园阶段,已经注重培养学生阅读的兴趣,包括专注地阅读图书的兴趣,喜欢与他人一起谈论图书和故事的有关内容,以及对图书和生活情境中的文字符号感兴趣,知道文字表示一定的意义等。

小学第一学段对于阅读兴趣的培养与幼儿园阶段一脉相承。朗读是小学阶段一种重要的阅读方式,对阅读兴趣的培养,其实会关联学生的朗读兴趣,包括朗读的专注度,朗读之后乐于与别人交流的兴趣,以及对图书和文字感兴趣的热情。

（2）能力螺旋上升

幼儿园阶段也注重培养学生具有初步的阅读理解能力,这些目标与小学第一学段朗读能力的培养的目标是具有连续性的,为小学第一学段朗读目标的达成奠定了基础。

如幼儿园阶段引导幼儿感受文学作品的美。包括有意识地引导幼儿欣赏或模仿文学作品的语言节奏和韵律,以及给幼儿读书时,通过表情、动作和抑扬顿挫的声音传达书中的情绪情感,让幼儿体会作品的感染力和表现力。这就为小学第一学段的朗读能力目标"学习用普通话正确、流利,有感情地朗读课文","诵读儿歌、儿童诗和浅近的古诗,展开想象,获得初步的情感体验和美的感受"奠定了基础。

可见,小学第一学段的朗读目标的培养是有基础的,是基于幼儿园学习经验基础之上的,在小学第一学段朗读教学的过程中,可以唤醒学生幼儿园阶段的学习经验,让幼小衔接更顺利。

2. 幼儿园和小学第一学段朗读目标的差异性分析

当然,幼儿园和小学第一学段,朗读目标也存在明显的差异,体现在：

（1）小学有明确的朗读能力要求

幼儿园阶段，没有对朗读提出一个明确的能力要求，但是小学第一学段非常清晰地指向了朗读的能力要求"学习用普通话正确、流利，有感情地朗读课文"。

1956年2月6日，国务院发出关于推广普通话的指示，《指示》中正式确定普通话"以北京语音为标准音，以北方话为基础方言，以典范的现代白话文著作为语法规范"。"正确"是指朗读的内容和课文的文字内容一模一样，不加字，不漏字，不改字。"流利"是指要读通顺，读连贯，不磕磕碰碰，不读破句子。"有感情"是指要读出作品所蕴含的情感。

（2）朗读主体发生了变化，能力要求更高

幼儿园阶段"能初步感受文学语言的美"主要达成的手段是引导幼儿欣赏或者模仿，是以外在呈现为主的，幼儿只需要在欣赏或者模仿的过程中能初步感受文学语言的美即可。但是到了小学第一学段，关于"能初步感受文学语言的美"的延续性目标变成了"诵读儿歌、儿童诗和浅近的古诗，展开想象，获得初步的情感体验和美的感受"。这个诵读和朗读的主体变成了学生自己，不再是欣赏、模仿他人的朗读，而是要求学生在"用普通话正确、流利，有感情地朗读课文"的基础上，自己能够"展开想象，获得初步的情感体验和美的感受"。

可见，幼儿园阶段是以幼儿听、模仿别人朗读为主，从而感受文学语言的美。但是到了小学阶段，是要靠自己诵读来获得相应的情感体验和美的感受。指向了在习得朗读的这一项阅读能力的基础上，通过朗读来理解这一更高层次的能力要求。

（四）现状审视

基于目标差异，我们基于观察发现学生在小学第一学段朗读学习中面临不少挑战。

1. 不能使用标准的普通话朗读

城市的发展带来的现状就是入学的幼升小一年级学生中，有不少学生籍贯是外省市的，他们来自全国各地，每个地方都有着属于自己的方言，在上小学之前，他们没有经历过系统的"以北京语音为标准音，以北方话为基础方言，以典范的现代白话文著作为语法规范"的普通话的学习。部分孩子在家里和家人的沟通也是以说方言为主。所以部分刚入小学的孩子们存在着有方言口音，不能使用标准的普通话朗读的困难和挑战。

2. 不能正确、流利地朗读

因为在幼儿园阶段，儿童的朗读主要是以倾听、模仿为主，对他们的能力和兴趣的相关要求只是"对图书和生活情境中的文字符号感兴趣，知道文字表示一定的意义"。他们无法独立自主地将文字一一翻译成声音。所以到了小学阶段，在需要学生独立朗读的时候，需要他们将课文中的文字和自己的声音一一对应的时候,他们一开始朗读会存在加字,漏字,改字;读破句子,磕磕碰碰,拖腔拖调等困难和问题。

3. 做不到有感情地朗读

或是因为生活经历的单薄,让他们无法理解课文的情感,或是理解了课文的情感,但是做不到用声音正确地诠释这种情感。

4. 缺乏朗读的热情

或是因为家庭教育的差异,或是因为学习能力的差异性,性格的差异,可能还会因识字字数受限制等原因,学生畏惧朗读,缺乏朗读的兴趣和热情。

(五) 策略支持

基于幼儿园和小学第一学段(1—2 年级)朗读教学目标的差异以及小学第一学段(1—2 年级)学生面临的朗读学习的困难和挑战。教师应立足于儿童幼儿园朗读学习的经验,选用适合学生年级特点的教学策略,引导学生逐步达成小学第一学段(1—2 年级)朗读目标,顺利实现幼小衔接。

1. 巧范读,做榜样

适时地范读是基于儿童幼儿园朗读经验的教学方法,帮助学生达成小学阶段"学习用普通话正确、流利,有感情地朗读课文"这一更高层次的朗读目标的要求。幼儿园时期,为了让幼儿感受文学作品的美。教师有意识地引导幼儿欣赏或模仿文学作品的语言节奏和韵律。以及给幼儿读书时,通过表情、动作和抑扬顿挫的声音传达书中的情绪情感,让幼儿体会作品的感染力和表现力。小学时期,教师的范读是对幼儿园模仿经验的唤醒。学生很容易就能够接受。

基于部分学生存在着有方言有口音这种现象,老师课前课后将标准的课文录音发送在家长群里,供有需要的学生课后反复聆听、模仿。让孩子们在倾听和模仿中,逐渐走向用标准的普通话来读课文。

此外,当学生面对长、难句,多次尝试也无法做到"正确、流利、有感情地朗读"时,教师可以适时地带着学生读一读,或者和孩子们说:"听老师读一读"。孩子们在学习受挫时,这种直观的范读,就像及时雨一样滋润着他们的心灵,冲击着他们的听觉,在模仿中培养了语感,提升了朗读能力。

2. 借指读,读正确

幼儿园,只要求"对图书和生活情境中的文字符号感兴趣,知道文字表示一定的意义"。到了小学,学生要做到"读正确",即在朗读的时候"不加字、不漏字,不改字"。因此,刚刚进入小学的学生没有这个习惯和意识,做到读正确有一定难度。

朗读时,学生一边用眼睛看书本上的字,一边用嘴巴发出声音读,一边用大脑思考,充分调动了口、眼、脑多个感官。但是,眼睛的视线在看的过程中,可能还是存在偏差,没有那么精准。这时候,教师可以让学生加上手部动作指读,读到哪里,眼睛看到哪里，小手指滑动到哪里，让学生手、眼、口、脑协同运作，从而达成"不加字、不漏字，不改字"这样一项读正确的目标。

3. 用符号，读流利

基于幼儿园阶段学生都是以倾听和模范为主，刚刚进入小学阶段的学生，自主朗读的经验比较少，认识的字也比较少，积累的语感相对也较少，因此在自主朗读的过程中很容易读破句子。这时候，教师要引导学生借助标点符号停顿。长难句，在借助标点符号停顿之外，还可以给学生请来朗读小帮手"停顿符号"，引导学生正确停顿，读流利。

例如，在一上第七单元《小小的船》这首儿歌中，除了引导学生借助标点停顿，还给学生请来了朗读小帮手停顿符号（如图2-2），这样学生就有了一个非常具象的停顿的提示，如下图，有助于帮助学生在句内不读破句子，正确读出停顿的节奏。

图 2-2

4. 创情境，读感情

《义务教育语文课程标准（2022 年版）》指出："增强课程实施的情境性和实践性，促进学习方式的变革。"

教师在课堂上可以创设生活化的情境，调动学生的情感体验，让学生入情入境地朗读课文。例如，在一下《荷叶圆圆》一课的教学中，为了让小朋友们有感情地读出小水珠躺在荷叶上的快乐和舒服，可以联系学生实际创设这样的学习情境：一边用多媒体出示图片，配上轻快的音乐，一边用语言描述："小朋友们，现在你们就是小水珠,把你的椅子当作摇篮,请你躺在摇篮上,想象一下,一阵微风吹过,你在摇篮里荡来荡去,眨着亮晶晶的小眼睛。你有什么感觉?心情怎样?"让学生在情境中,联系生活实际,理解文本情感,在理解的基础上读出相应的感情。

再如一年级下册《棉花姑娘》一课,为了让学生读出对蚜虫的可恶,可以借助多媒体创设情境,先播放一段蚜虫吸食植物枝叶的视频,让学生直观真切地感受到蚜虫对植物带来的伤害,然后再让学生读课文的第一自然段的第一句话。

5. 多评价,激兴趣

这里的多评价,是多元评价,包括评价主体的多元和评价方式的多元。通过多元的评价,激发小朋友朗读的兴趣。

(1)评价主体多元化

① 教师评价

小学第一学段的学生,对老师很膜拜,老师的积极评价,会给孩子带来很大的信心和学习的热情。教师要有一双善于发现学生闪光点的慧眼,从学生的朗读能力、朗读态度等多方面进行评价,充分调动学生的朗读热情。

而对于平常性格内向,朗读水平一般的学生,在他偶尔举手朗读后,教师可以着重对他的学习态度进行鼓励性评价,让他获得朗读的快乐和成就感,从而乐于参与课堂朗读。

② 学生评价

同学的肯定,也会带给学生很大的成就感,并且,可以让每个人都参与到课堂中来,让学生更加具有课堂的主人翁意识。但是因为是低年级学生,老师要给出相应的评价标准,才会让学生的评价更聚焦和有方向性。

再以《荷叶圆圆》一课为例,让学生互评对方的朗读时,老师适时给出评价标准(如图 2-3),为学生的评价搭建支架,让学生的评价更聚焦。

图 2-3

③ 自我评价

当然,课堂上还可以给出评价标准,让学生自己说说自己读得怎么样,提升学生的元认知能力。

(2)评价形式多样

评价形式多样,包括语言评价、实物奖励、表现性评价等。

① 语言评价

语言评价,是课堂上一种基本的也是使用率最高的评价方式,低年级应以鼓励为主,充分调动学生的学习自信心和学习热情,但也要注重评价的针对性,真诚地夸赞学生好在哪里,巧妙地指出需要进步的地方。

例如,一年级下册《小壁虎借尾巴》一课,课文的第二自然段要让学生借助标点符号读出小壁虎没有尾巴的难过和伤心,以及它的困惑和疑虑。一位小男生站起来,非常自信、流利、大声地读出了第二自然段(如图 2-4),执教老师是这样评价他的:"你读得非常流利,能够做到不加字,不漏字,不改字,昨晚回去预习肯定很认真,老师要表扬你。但是,你想一想,小壁虎他刚刚没有了尾巴,心情怎么样?""难过。""难过的时候,说话声音是高还是低?""低。""再来试着读一读。"小男生立马领会了,再读的时候就更棒了。老师立刻表扬他:"你学得真快!低沉的声音让我感受到了小壁虎的难过和困惑。"这样的语言评价,巧妙而又有针对性,不仅可以充分调动学生的积极性,而且还能及时地给学生的朗读指明改进的方向。

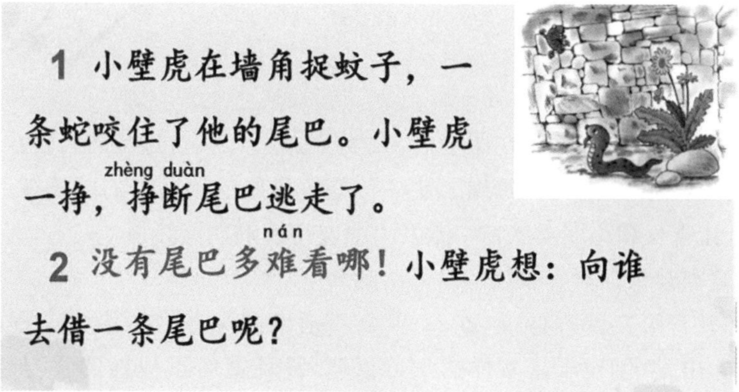

1 小壁虎在墙角捉蚊子,一条蛇咬住了他的尾巴。小壁虎一挣,挣断尾巴逃走了。

2 没有尾巴多难看哪!小壁虎想:向谁去借一条尾巴呢?

图 2-4

② 实物奖励

第一学段的小朋友从幼儿园刚刚进入小学,喜欢玩具。教师可以根据课文的情境,给予一些实物的奖励,让小朋友获得朗读的快乐。

例如,在二上《我要的是葫芦》一课中,为了让学生读出卖葫芦的人对小葫芦的喜爱,除了创设情境,让学生感受卖葫芦的人对小葫芦的喜爱,还可以给读得有感情的小朋友颁发葫芦兑换券,让他们课后来老师这里兑换一个可爱的小葫芦,激发他们的朗读兴趣(如图 2-5)。

多么可爱的小葫芦啊!

图 2-5

③ 表现性评价

每周在班级中选择这周在课堂上朗读好的或者朗读有进步的几位小朋友做下一周早读课的带读小老师。每周录制一位朗读最好的小朋友的朗读视频,发在班级朋友圈,让家长和小朋友欣赏。激发小朋友持续的朗读热情。

6. 构建朗读任务群,促理解

《义务教育语文课程标准(2022 年版)》指出:"义务教育语文课程实施从语文生活实际出发,创设丰富多样的学习情境,设计富有挑战性的学习任务,激发学生的好奇心、想象力、求知欲,促进学生自主、合作、探究学习。"因此,双新背景之下的朗读教学,不应该是碎片式的,而是要根据课文的文本内容,有一个整体性、结构性的任务群的设计,层层推进。最终,让学生不仅习得朗读这一项基本功,还可以通过朗读,达成理解。达成小学第一学段(1—2 年级)关于朗读能力的目标(如表 2-15)。

表 2-15

小学第一学段(1—2 年级)和朗读相关的目标	
目标一：朗读兴趣	1. 喜欢阅读，感受阅读的乐趣。 2. 阅读浅近的童话、寓言、故事，向往美好的情境，关心自然和生命，对感兴趣的人物和事件有自己的感受和想法，并且乐于和他人交流。
目标二：朗读能力	1. 学习用普通话正确、流利，有感情地朗读课文。 2. 结合上下文和生活实际了解课文中词语的意思，在阅读中积累词语。认识课文中出现的常用的标点符号，在阅读中体会问号、句号、感叹号所表达的不同语气。 3. 诵读儿歌、儿童诗和浅显的古诗，展开想象，获得初步的情感体验和美的感受。

以一下《小壁虎借尾巴》第一课时为例，在本课第一课时的教学中可以构建三个学习任务，让学生通过朗读，走向理解。

学习任务一

(1) 自读课文，圈出不认识的字，猜一猜它的读音。

(2) 想一想，课文中的图片分别对应了哪几个自然段。

学习任务二

(1) 读一读：自由朗读第 3、4、5 自然段。

(2) 圈一圈：圈出小壁虎去了哪些地方，找了哪些小伙伴借尾巴。

(3) 想一想：小壁虎最后借到尾巴了吗？

学习任务三

(1) 读一读：自读课文第三自然段。

(2) 画一画：用直线画出小壁虎说的话，用波浪线画出小鱼说的话。

(3) 说一说：同桌之间说一说，每句话分别写了什么。

7. 趣活动，提素养

《中共中央 国务院关于深化教育教学改革全面提高义务教育质量的意见》指出："要着力培养认知能力，促进思维发展，激发创新意识，探索基于学科的课程综合教学，开展研究型、项目化、合作式学习。"基于课改的要求以及幼儿园学生多是在活动和游戏中学习体验的特点，教师可依据第一学段学生的年段特点，设计有趣的学习活动，以朗读为导向，采用语文学科项目化的学习方式推进，让学生在贴近生活实际的活动过程中，真切地感受到朗读在生活中的作用，习得朗读的能力要求，提升语文核心素养。

例如，可开展四季诗歌朗读会，童话表演小剧场、校园小导游等和朗读有关的活动，让学生在这些活动中体会朗读的乐趣，获得朗读的动力，进一步提升朗读能力，并能综合运用各学科知识，通过合作探究等方式，解决活动中遇到的各种问题，提升包含语文核心素养在内的综合素养。

综上所述,教师心中有儿童,眼中有差异,手中有方法,脚步踏实地,定能让学生无惧朗读学习的困难和挑战,顺利进行幼小衔接,达成小学第一学段朗读教学的目标。

第七章 表达与交流:从"敢说"到"会写"的缓坡过渡

一、倾听

在幼小衔接阶段,倾听是儿童语言发展和学习能力提升的关键环节。通过倾听,孩子们不仅能够吸收丰富的语言信息,还能培养专注力、理解力和表达能力。倾听是语言输入的重要途径,它为儿童的口语表达和书面表达奠定了基础。正如教育家蒙台梭利所说:"听是说的前提,说是写的基础。"良好的倾听能力有助于孩子们更好地理解教师的指令、同伴的交流以及课堂内容,从而顺利适应小学的学习节奏。此外,倾听也是儿童社交能力发展的重要一环。通过倾听他人,孩子们学会尊重、理解和回应,这为他们建立良好的人际关系提供了支持。心理学家卡尔·罗杰斯曾强调:"倾听是沟通的核心,真正的倾听能够促进理解与信任。"在幼小衔接阶段,培养儿童的倾听能力,不仅有助于他们的学业进步,还能为其终身学习和社会适应奠定坚实基础。

(一) 概念明晰

1. 倾听能力

美国著名人际关系学大师戴尔·卡耐基在其著作《人性的弱点》中提到:"倾听是一种具有强大力量的交流方式,它意味着对他人的尊重和关注,能够让对方感受到被理解和接纳。倾听能力是指能够专注、耐心地听取他人的言语,理解其含义、情感和意图,并能够给予恰当回应的能力。"

心理学家朱利安·特雷热在《倾听的力量》一书中写道:"倾听能力不仅仅是听到声音,更是能够解读声音背后的信息,捕捉言语中的微妙情感变化,以及理解未被直接表达出来的深层含义。它是一种积极的、专注的、有同理心的接收和理解他人话语的能力。"

教育学家斯蒂芬·柯维在《高效能人士的七个习惯》中指出:"倾听能力是一种主动的、全神贯注地接受和理解他人观点、感受和需求的能力,它要求我们暂时放下自己的观点和偏见,全身心地投入到对方的话语中。"

可以看出,不同的学者和领域可能会对倾听能力有略微不同的侧重点和表述方式,但核心要素通常都包括专注、理解、感知和回应等方面。

2. 幼小衔接阶段的倾听能力

幼小衔接阶段倾听能力的定义也没有一个特定的唯一出处,都是从对幼儿教育和发展的研究与实践中总结而来，不同的定义可能会在表述上略有差异，但核心要点大致相同，主要指的是：在幼儿园到小学的过渡时期，儿童能够集中注意力，认真接收他人的言语及非言语信息，理解其表达的内容、含义、情感和意图，同时能够在倾听过程中保持耐心，不随意打断，并能够通过语言、表情或动作等方式做出恰当回应的能力。

（二）内容理解

倾听能力对幼儿的成长有多方面的作用，结合教育研究者的普遍认知、对幼儿园老师的走访了解以及小学一线教师的自身经验，梳理总结了几个主要方面的作用，进一步加深我们对倾听的理解。

1. 语言发展

在语言发展方面，倾听为幼儿提供了丰富的语言输入。他们通过倾听成人的讲述、同伴的交流，接触到各种各样的词汇、语法结构和语言表达方式。这不仅极大地丰富了他们的语言储备，还为其日后准确、清晰、流畅地表达自己的想法奠定了坚实的基础。比如，在倾听童话故事时，幼儿可能会听到"五颜六色""兴高采烈"等生动的词汇，从而学会在自己的表达中运用这些词汇，使语言更加丰富多彩。

2. 认知发展

从认知发展的角度来看，倾听是幼儿获取信息、拓展认知的重要渠道。他们倾听周围人的谈话、讲解，了解到关于自然、社会、科学等各个领域的知识和现象。在倾听的过程中，幼儿的注意力和记忆力得到锻炼，他们需要集中精力去理解所听到的内容，并记住关键信息。同时，倾听还能激发幼儿的思维能力，促使他们对所接收的信息进行分析、推理和判断。例如，在倾听关于四季变化的描述时，幼儿会思考为什么冬天会下雪、夏天会炎热，从而逐步形成对自然规律的初步认识。

3. 社交与情感发展

在社交与情感发展方面，倾听起着至关重要的作用。当幼儿认真倾听他人说话时，他们展现出对他人的尊重，这有助于建立良好的人际关系。通过倾听同伴的感受和经历，幼儿能够更好地理解他人的立场和情感，从而培养同理心和共情能力。这种能力使他们能够在与他人的交往中更加友善、包容和体贴，帮助他们尽快适应小学生活。

4. 学习能力

对于学习能力的培养，倾听是一项关键的技能。在幼儿园的学习环境中，幼儿需要倾听老师的指令、讲解和示范，才能有效地参与各种活动和学习任务。升入小学后，良好的倾听习惯能够确保幼儿准确理解老师的要求，从而提高学习的效率和质量。而且，倾听能力的提升有助于幼升小阶段的幼儿在未来的学习生涯中，更好地接受课堂知识，与老师和同学进行有效的沟通和协作。

5. 想象力与创造力

在想象力与创造力的激发方面,倾听功不可没。充满奇幻色彩的故事、富有想象力的诗歌等,都能通过倾听进入幼儿的心灵世界。他们在倾听的过程中,脑海中会浮现出各种生动的画面和场景,激发无限的想象。这些想象可能会转化为幼儿自己的创意表达,比如在绘画、角色扮演或创编故事中展现出来。例如,当幼儿倾听了一个关于太空冒险的故事后,可能会在游戏中模仿宇航员探索宇宙,或者用画笔描绘出自己心目中的外太空景象。

综上所述,倾听对于幼儿的成长和发展具有不可忽视的重要性,是他们在语言、认知、社交情感、学习以及创造力等方面全面发展的有力支撑。

(三) 目标梳理

1. 幼儿园目标解读

《幼儿园教育指导纲要》中未明确提及"倾听能力"的具体培养目标,只是在语言领域的目标中包含了相关要求:乐意与人交谈,讲话礼貌;注意倾听对方讲话,能理解日常用语;能清楚地说出自己想说的事;喜欢听故事、看图书;能听懂和会说普通话。对照翻看《3—6 岁儿童学习与发展指南》,明确指出了倾听能力的培养目标,而且基本涵盖了《指导纲要》中的要求:

表 2-16

阶　　段	目　　标
第一阶段:3—4 岁	1. 别人对自己说话时能注意听并做出回应。 2. 能听懂日常会话。
第二阶段:4—5 岁	1. 在群体中能有意识地听与自己有关的信息。 2. 能结合情境感受到不同语气、语调所表达的不同意思。 3. 少数民族幼儿能基本听懂普通话。
第三阶段:5—6 岁	1. 在集体中能专注地听老师或其他人讲话。 2. 听不懂或有疑问时能主动提问。 3. 能结合情境理解一些表示因果、假设等相对复杂的句子。

对比分析上表中的倾听目标,我们不难发现第一阶段是幼儿倾听能力的起步阶段。他们开始学会关注他人说话并给予简单回应,同时能理解日常的基本会话。主要是建立起最基础的交流意识和对简单语言的理解能力,为后续发展作铺垫。随着社交圈的拓展,第二阶段幼儿倾听能力有所进步。在群体环境中能够筛选出与自己有关的信息,还能对语气语调有一定感知,并且对于少数民族幼儿有了普通话理解的要求,这体现出倾听能力从个体交流向集体交流、从单纯理解内容到理解情感色彩的过渡。

第三阶段是幼儿园向小学过渡的重要时期,对于这一阶段的目标做具体分析:

表 2-17

	第三阶段幼儿园目标分析	
目　标	解　读	重要性
1. 在集体中能专注地听老师或其他人讲话。	孩子在集体活动中能够较长时间保持专注倾听的状态，不分心，认真听取老师的讲解、同伴的发言等。	这个阶段的幼儿即将步入小学，在课堂环境中，专注倾听是学习知识的关键前提。小学课堂需要幼儿长时间集中注意力听讲，理解老师讲解的内容，而这个目标就是为了让幼儿提前适应这种要求。
2. 听不懂或有疑问时能主动提问。	表明孩子不仅能够倾听，还能对所听内容进行思考和判断。当遇到不理解的地方，他们能够主动表达自己的困惑，展现出积极的学习态度和解决问题的意识。	这一目标体现了幼儿思维的主动性和批判性。幼儿能够意识到自己对所听内容的理解存在困惑，并且敢于表达出来，这对于知识的深入理解和学习有着至关重要的作用。主动提问也表明幼儿开始从被动接收信息转变为主动思考信息。
3. 能结合情境理解一些表示因果、假设等相对复杂的句子。	孩子的语言理解能力进一步提高，能够在具体的情境中理解具有一定逻辑关系的复杂语句，如"因为下雨了，所以我们要打伞""如果明天天气好，我们就去公园"，这有助于他们更好地理解故事、进行交流和解决问题。	理解具有逻辑关系的复杂句子是幼儿语言理解能力的一次飞跃。在这个阶段，幼儿能够理解因果、假设等句子，这有助于他们更好地理解故事内容的情节发展，提高交流的质量，并且在面对生活中的问题时，能够进行简单的逻辑思考。

总之，幼儿园阶段对于倾听能力目标的设定呈现出逐步递进、由浅入深的显著特点。从最初引导孩子初步建立倾听的意识，到逐渐培养他们能够更专注、更深入地理解所听到的内容，每一个阶段的目标都紧密相连、层层深入。特别是第三阶段的目标不但旨在培养孩子良好的倾听习惯，而且有意识地促进孩子的思考和表达，为他们在语言发展方面打下坚实的基础，使他们能够更准确、更丰富地表达自己的想法和感受，帮助孩子更有效地接收和理解知识，为日后的学习生涯做好充分的准备。

2. 小学低段目标解读

对照查看《义务教育语文课程标准（2022 年版）》中低年级（一、二年级）的学段要求，关于倾听能力培养的目标主要为：能认真听他人讲话，努力了解讲话的主要内容。

（1）行为动词分析

"认真听"是一种态度要求。对于小学低学段的学生来说，这意味着他们要集中注意力，排除外界干扰。"努力了解"体现了学习的主动性。这个阶段的学生可能会遇到一些理解上的困难，但是他们要积极尝试去抓住讲话的核心部分。对于这两个行为动词，主要分析如下：

表 2-18

主要行为动词	意思阐释	具体解读
认真听	集中注意力听清楚	1. 注意力集中 ➤ 能保持安静,不被周围环境干扰; ➤ 具备主动排除干扰因素的意识。 2. 态度尊重 ➤ 肢体语言展现出对说话者的尊重; ➤ 不随意打断他人说话。
努力了解	带着理解听明白	1. 理解简单逻辑 ➤ 能够识别讲述的顺序并理解; ➤ 能识别讲话内容中的因果关系。 2. 提取关键信息 ➤ 能够找出故事或对话中的时间、地点、人物和主要事件; ➤ 能提取出重点词汇或概念。

（2）内容重点解读

在这条目标中,对于主要内容的把握是关键。这培养了学生提取关键信息的能力。

（3）对学生能力发展的意义

有助于提高学生的专注力。在这个阶段养成认真倾听的习惯,对他们后续在学习复杂知识以及人际交往中都非常重要。例如,在学习长篇课文时,良好的倾听习惯能让他们更好地跟上老师的讲解思路。

提升理解能力。能够理解他人讲话的主要内容是理解文本、交流思想的基础。当学生学会从讲话中提取关键信息后,他们在阅读和写作时也能更好地把握重点,比如在写日记记录一天的活动时,能清楚地写出主要事件。

此外,在《课程标准》的课程内容板块中,"基础型学习任务群"的"语言文字积累与梳理"部分,提出要引导学生在语文实践活动中,积累语言材料和语言经验,形成良好语感。其中也包括通过倾听他人的表达来丰富自己的语言积累;"发展型学习任务群"的"实用性阅读与交流"部分,要求学生在跨学科学习和生活情境中,通过倾听、阅读等方式获取、整合有价值的信息;"拓展型学习任务群"的"整本书阅读"部分,提到要引导学生通过交流、讨论等方式,倾听他人的阅读感受和见解,分享自己的阅读收获。虽然以上内容没有明确提出低年段教学的具体目标,但在倾听能力的实际培养过程中也应加以关注和体现。

（四）差异分析

从幼儿园阶段和小学阶段的目标来看,前后衔接较为紧密,遵循儿童的发展规律。幼儿园第三阶段的目标是小学倾听能力发展的前置,两者有着高度的一致性,都主要指向两个能力目标:认真倾听和听得明白。但是结合两个阶段的具体目标分析情况和实际学情，在能力发展的要求上还是有所区别。

基于以上分析，幼小目标差异可以主要总结为以下三点：

（1）对注意力要求的差异

幼儿园对注意力的要求主要是在较短时间内保持专注，且干扰因素较少。小学低年段则需要在较长时间内保持高度注意力，要克服更多干扰，以确保能完整理解讲话内容。

（2）情境复杂程度差异

幼儿园情境简单轻松、趣味性高，围绕幼儿熟悉的生活和游戏。小学情境复杂多样，具有明确的学习任务和目标，学科知识增加了倾听内容的专业性和逻辑性，对学生适应能力要求更高。

（3）目标深度差异

幼儿园的倾听目标是基础启蒙，注重培养倾听意识和初步理解简单逻辑关系。

表 2-19

能力目标	幼儿园第三阶段	小学低年段	区　别
认真倾听	1. 在集体中能专注地听老师或其他人讲话。	能认真听他人讲话。	➢ 专注的时长 幼儿园大班一节课通常为 25 分钟；小学课堂每节课时长增加，一节课 35 分钟。 ➢ 环境的复杂度 幼儿园集体活动相对轻松活泼；小学的课堂教学情境更加严肃，知识传授更系统，对专注度的要求更高。
听得明白	2. 听不懂或有疑问时能主动提问。 3. 能结合情境理解一些表示因果、假设等相对复杂的句子。	努力了解讲话的主要内容。	➢ 关键信息的把握 幼儿园鼓励幼儿进行提问帮助理解，幼儿的提问较多出于好奇，针对性不强；小学更关注关键信息的提取，强调对信息的整合理解，对于学生有更明确的指导。 ➢ 逻辑关系的理解 幼儿园主要是在口语语境中的理解，引导幼儿感知语言逻辑；小学阶段会接触更多类型的复杂句式，对逻辑关系的理解要求更加深入和准确，为今后阅读和表达做准备。

小学低年段则更深入，重点在理解讲话内容的核心，为学习知识做准备，涉及对信息的分析和归纳。

（五）策略支持

幼小衔接阶段倾听目标的差异也给小学倾听能力的培养带来了一定的挑战，如：如何提高孩子倾听的注意力？如何创造一个更为轻松的倾听环境？如何做好

幼升小倾听能力培养要求上的过渡……基于差异以及可能出现的挑战,提供以下策略供参考:

1. 趣味引导,互动强化,有效开展专注力训练

① 加强平时的引导

在课堂教学中多运用有趣的声音或音效吸引孩子注意力,如:在讲故事前,播放一段神秘的音乐或模仿故事角色的声音,引起孩子好奇心,让他们更专注地倾听后续内容。也可将倾听内容与孩子喜爱的元素相结合。在互动的过程中,提出简单有趣的问题,让孩子带着问题倾听,提高注意力。

② 设计专项训练

可有意识地进行一些简单的专项训练。可以在课堂上设计一些听力游戏,或给孩子布置一些简单的倾听任务,锻炼他们集中注意力倾听关键信息的能力。

2. 氛围营造,减少干扰,建立轻松的倾听环境

教师要关注教室布置,可以摆放一些绿色植物,装饰一些学生作品,但不要过于繁杂。上课时说话语气轻柔、亲切,有意识地建立一些轻松的倾听规则,例如:可以用"我们要像小兔子一样安静地听哦"这样形象的话语来引导孩子保持安静,而不是严肃生硬地要求,避免大声呵斥或表现出不耐烦,让孩子感受到安全和放松。

3. 方式过渡,评价激励,做好能力培养目标的衔接

① 注意方式的过渡

幼升小阶段,倾听活动的组织形式从游戏化为主向半游戏半学习化转变。在幼儿园可能多是角色扮演游戏等形式,幼升小阶段可以增加一些有趣的分组活动,让孩子在动一动的过程中主动倾听。同时关注倾听的目的性和纪律性要求,设计一些课堂小口令,以孩子愿意接受的方式,让他们明白在小学课堂上倾听是为了获取知识,需要更加专注和有秩序。

② 明确目标指向

基于课程目标,设计指向倾听能力培养的教学环节,关注孩子逻辑思维和信息提取能力的培养。建立符合幼升小特点的倾听评价标准,除了关注孩子是否在听,还要评价他们对内容的理解程度、能否回答相关问题等。评价形式以鼓励式为主,注重培养孩子的自信心。当孩子在倾听能力过渡中有进步时,及时给予表扬。

二、讲故事

在幼小衔接阶段,故事陪伴着儿童的成长,在儿童成长的各个阶段都起着不可替代的作用。首先,故事是儿童认知世界的重要窗口,能够帮助他们理解复杂的情感和道德观念,培养同理心和价值观。正如爱因斯坦所言:"如果你想让孩子聪明,就给他们讲故事;如果你想让他们更聪明,就讲更多的故事。"通过故事,儿童能够

接触到不同的文化、历史和社会情境,拓宽视野,激发想象力和创造力。其次,讲故事能够促进儿童的语言发展,丰富词汇量,提升表达和理解能力,为未来的阅读和写作打下基础。此外,讲故事还能增强亲子互动,建立情感纽带,帮助儿童在安全的环境中探索情感和解决问题。总之,讲故事不仅是儿童学习的重要工具,更是他们情感发展、社会认知和创造力培养的重要途径。

(一)概念明晰

讲故事是一种口头表达方式,通过描述故事情节、塑造角色形象和展示情节发展,来向听众传递信息、情感和价值观。讲故事通常包括一个引人入胜的情节,吸引听众的注意力,并通过角色的行为和冲突展开,引发听众的情感共鸣。讲故事的目的可以是娱乐、教育、启发或传达特定的信息。在不同的文化中,讲故事是一种传统的文化表达方式,也是一种传承价值观念和知识的方式。通过讲故事,人们可以传递文化、历史、道德和智慧,同时也可以激发听众的想象力和创造力。

在幼儿阶段,讲故事是通过简单的语言和情节描述,以及角色扮演来表达想象力和情感的一种方式。幼儿通常会选择熟悉的故事或情境,或者根据自己的经历和感受进行故事的创作。他们的讲故事能力主要体现在情感表达和角色扮演上,而对于复杂的情节和角色关系的把握则较为薄弱。

而在小学阶段,讲故事的概念则更加注重故事情节的连贯性和逻辑性,以及语言表达的规范性和丰富性。学生需要能够清晰地描述故事的起承转合、角色关系以及故事的主题和结局。他们需要逐渐掌握更加多样化和复杂的词汇和句式结构,以丰富和精准地表达故事内容。

讲故事对于幼小衔接阶段学生能力的培养是非常重要的,主要体现在多个方面。

1. 提高基础与表达

讲故事对幼儿、小学生的语言基础和表达能力的提升有着重要作用。通过讲故事,孩子们可以学习到标准的普通话基础知识,包括吐字、发音、气息、正音等,这有助于打下坚实的语言基础。此外,讲故事还能循序渐进地增强孩子们的遣词造句能力,从词组到短句,再到长句和篇章,逐步提高他们的语言表达能力。

2. 发展逻辑与思维

讲故事要求学生对情节进行理解和分析,培养他们的逻辑思维和创造性思维。学生在构思和组织故事时,需要考虑因果关系、时间顺序和角色动机,从而提高他们的思维能力。

3. 提升阅读与理解

讲故事还能促进学生阅读理解能力的提升。在讲故事的过程中,学生需要理解故事的内容、结构和主题,这有助于提高他们的阅读理解能力。良好的故事讲述能力也能促进他们对书籍的阅读兴趣。

4. 激发想象与自信

故事是现实与想象的结合,通过讲故事,孩子们可以充分激发自己的想象力,培养创造力和创新能力。此外,看图讲故事、续写创编故事等活动都能很好地培养孩子们的口头和书面创作能力。讲故事对孩子自信心的培养也有重要作用。讲故事是一个系统的语言学习过程,通过标准的普通话表达,孩子们可以培养语言能力,习惯公众场合的语言表达,增强语言表达的自信心。这有助于孩子们在他人面前敢于说话,表达清晰。

总之,讲故事能力的培养对于幼小衔接阶段的孩子来说是非常重要的。它不仅能提升孩子们的语言能力、逻辑思维能力和阅读理解能力,还能激发他们的想象力和创造力,培养他们的自信心和社交能力。

(二)内容解读

幼儿园讲故事内容:幼儿园大班学生讲故事的内容主要来源于以下几个渠道,具体包括:幼儿园自主阅读材料(绘本、故事书)、《学习活动》教师指导用书,不同主题下会有不同的故事和《小青蛙讲故事报》上的故事。

表 2-20

故事来源	故事题目	故事来源	故事题目
幼儿园学习活动图画故事书	《夏天好热呀》	小青蛙讲故事比赛(动物类为主)	《龟兔赛跑》
	《大妖怪》		《小皮和他的朋友们》
	《咕隆咚》		《小象找工作》
	《盘古开天辟地》		《小老虎问路》
	《大恐龙进城》		《小蚂蚁特工队》
	《小船悠悠》		《坐井观天》
	《脚步声》		《小白兔和小灰兔》
	《春娃娃》		《老鼠嫁女》
	《迪迪医生》		《小鼹鼠挖地道》
	《谁来了》		《骄傲的狮子》
	《胖熊吹气球》		《三只蝴蝶》
	《小猪胖胖》		《猴子掰玉米》

小学低年段讲故事的内容:小学低年段学生讲故事的内容主要来源于教材。

一、二年级语文教材的课后习题中有关讲故事的练习共有 26 个。可见,统编教材为小学低年段学生讲故事的内容提供了明确的方向。

(三)目标梳理

基于研读《3—6 岁儿童学习与发展指南》《小学入学适应教育指导要点》和《义

务教育语文课程标准(2022 年版)》,对和讲故事相关的目标作了梳理:

表 2-21　幼儿园大班与小学低年段语言领域目标对比

版块	《3—6岁儿童学习与发展指南》的相关目标(5—6岁)	《小学入学适应教育指导要点》中的具体要求	《义务教育语文课程标准(2022 年版)》第一学段(1—2年级)语文学科要求
说	目标 2　愿意讲话并能清楚地表达 ① 愿意与他人讨论问题,敢在众人面前说话 ② 能有序、连贯、清楚地讲述一件事情 ③ 讲述时能使用常见的形容词、同义词等,语言比较生动 目标 3　具有文明的语言习惯 ④ 能依据所处情境使用恰当的语言。如在别人难过时会用恰当的语言表示安慰	① 喜欢阅读,对感兴趣的人物和事件有自己的理解和想法,能随着作品的展开产生相应的情感体验 ② 能较完整地讲述小故事,能简要讲述自己感兴趣的见闻	① 能认真听他人讲话,努力了解讲话的主要内容。听故事、看影视作品,能复述大意和自己感兴趣的情节。能较完整地讲述小故事,能简要讲述自己感兴趣的见闻。与他人交谈,态度自然大方,有礼貌。积极参加讨论,敢于发表自己的意见 ② 对写话有兴趣,留心周围事物,写自己想说的话,写想象中的事物。在写话中乐于运用阅读和生活中学到的词语 ③ 根据表达的需要,学习使用逗号、句号、问号、感叹号

(四) 差异分析

1. 幼儿园大班和小学第一学段讲故事目标的延续性分析

从表中,我们不难发现,在幼儿园大班和小学第一学段之间,讲故事的目标具有一定的延续性,这种延续性不仅体现在兴趣培养的一脉相承上,还体现在对讲故事能力要求的螺旋上升中。

① 注重对"讲故事"的兴趣的培养。

在"讲故事"的要求中表示学生兴趣的词为"愿意"和"感兴趣"。在幼儿园大班阶段,提出"愿意与他人讨论问题,敢在众人面前说话",而在小学阶段则需要学生喜欢阅读,对感兴趣的人物和事件有自己的理解和想法;听故事,看影视作品,能复述大意和自己感兴趣的情节。

② 对"讲故事"的能力要求螺旋上升。

在"讲故事"这个部分,幼小两个阶段都有着较为明确的教学目标,且这一能力训练的落脚点遵循从一件事情到情节大意,再到完整的小故事,是一个由简单讲故事到简要复述,由讲故事到复述叙事性作品的过程,呈现螺旋上升的趋势。

幼儿园大班和小学第一学段在讲故事的目标上有着紧密的联系和延续性。教师可以基于这一延续性,设计相应的教学活动,帮助学生在不同阶段逐步提升语言能力、思维能力、情感理解及社交技能,为他们的全面发展奠定坚实的基础。

2. 幼儿园大班和小学第一学段讲故事目标的差异性分析

从上述表格中,我们也可以发现幼、小两阶段对于学生语言领域的目标要求存在差异性(见表 2-21),只有明确差异点,找出衔接点,才能让幼小讲故事有效衔接。这些差异不仅体现在讲故事的内容上,更体现在能力要求上。

(1)教学内容的不同。从上述表格中,我们可以发现幼儿园阶段的讲故事内容没有统一固定的教材,幼儿园教师依据《指南》、相关活动的要求和本班学生的发展情况,选择适合幼儿讲故事的读物。而小学一、二年级的语文教学内容是固定的,统编版语文教材课后习题中关于讲故事的习题可以为我们提供比较明确的方向。

(2)能力要求的不同。对于幼儿来说,他们的讲故事能力主要体现在简单的故事情节描述和角色扮演上,通常以熟悉的故事、角色或情境为基础。他们的讲故事内容更多地要结合故事的画面内容,依赖于想象和情感表达,而不是复杂的情节和角色关系。相比之下,小学阶段的学生在讲故事方面则更加注重故事情节的连贯性和逻辑性,他们需要能够清晰完整地讲述故事,描述故事的起承转合、角色关系以及故事的主题和结局,并获得相应的情感体验。此外,小学阶段的讲故事还需要注重语言表达的规范性和丰富性,学生需要逐渐掌握更加多样化和复杂的词汇和句式结构,以丰富和精准地表达故事内容。

幼儿园大班和小学低年段在讲故事的能力要求上存在的差异具体体现在以下几个方面:

① 语言和情感表达能力

幼儿园大班的儿童语言表达能力仍在发展阶段。他们讲故事时通常使用简单的词汇和句子结构,依赖图画书的插图或动画片的画面来进行辅助。在这个阶段,他们在讲故事时往往通过表情和动作来传达情感,情感表达直接且直观。相比之下,小学低年段的学生语言能力相对成熟,能够使用更复杂的句子和丰富的词汇,流畅地讲述故事情节和角色,同时在情感表达上也更加细腻,能够通过语言和细节传达角色的情感状态,理解和表达更复杂的情感。因此,幼儿阶段的讲故事更多依赖于直观和简单的表达,而小学低年段的学生则能够进行更深入和多样化的语言表达,随着年龄和认知能力的发展,儿童在讲故事的能力上逐渐成熟。

② 阅读与理解能力

幼儿园大班的孩子们理解能力主要依赖于直观、具体的内容,他们能够阅读和理解简单的故事情节和角色关系,但对抽象主题的故事理解较为困难。相比之下,小学低年段的学生理解能力逐渐增强,能够理解一些更复杂的故事情节和故事角色,并能进行更深入地讨论和分析。

③ 想象与创造能力

幼儿园大班的幼儿想象力丰富,讲故事时可能会加入许多幻想和创造性的元素,但通常是基于他们的直接经验和简单的情节。小学低年段的学生的想象与创造力还是较强的,他们也能够开始构建更连贯的故事情节,能开始续编、创编故事情节,能够将多个元素结合在一起,形成更复杂的故事。

幼儿园大班和小学第一学段在讲故事的目标上存在明显的差异,这些差异反映了不同年龄段儿童的认知和情感发展特点。教师在设计教学活动时,应根据这些差异性调整教学策略,以更好地满足学生的学习需求,促进他们的全面发展。

(五) 现状审视

小学低年级学生在讲故事方面可能会遇到一些困难和挑战,其中包括:

语言表达能力:部分学生可能在词汇量、句子结构和语言表达能力方面存在困难,导致他们难以用丰富的语言描述故事情节。

阅读理解能力:有些学生可能在阅读理解能力上存在困难,导致他们难以理解和吸收各种故事情节和题材。

想象力和创造力:部分学生可能在想象力和创造力方面较为薄弱,难以编织丰富多彩的故事情节,或者塑造生动的角色形象。

故事情节的连贯性和逻辑性:有些学生可能在故事情节的串联和逻辑推理方面遇到困难,难以把握故事的起承转合,以及角色之间的关系。

(六) 策略支持

在幼小衔接的视域下,讲故事的教学实施可以有效促进学生的语言能力、思维能力和情感发展。小学低年级教师可以在幼小衔接的教学中有效地融入讲故事的环节,帮助学生在轻松愉快的氛围中学习和成长。具体可以从以下几方面来实施。

1. 依据差异,明确目标

小学教师在对学生进行讲故事能力的培养时,需要有明确的教学目标。语言能力:促进学生的语言表达能力和听说能力的提高。思维能力:培养学生的逻辑思维和想象力。情感发展:通过故事为学生传递积极的价值观和情感体验。

2. 搭建支架,有效训练

小学低年段的讲故事较幼儿园时期进入到了一个相对规范和准确的阶段。因此,在低年段学生有了讲故事的兴趣之后,教师要在他们讲故事时提供支架进行引导,帮助其由"愿意讲话并能清楚地表达"向"能复述大意,能较完整地讲述小故事,简要讲述自己感兴趣的见闻"转变。

故事阅读:通过教师的生动朗读,吸引学生的注意力,并在过程中进行适当的提问,引导学生思考。

角色扮演:鼓励学生通过角色扮演来体验故事,增强他们对故事情节和角色的理解。

插图辅助:利用文中的插图或者图画书帮助学生理解故事内容,视觉材料能够增强他们的记忆和理解。

3. 小组合作,促进互动

小组讨论:将学生分成小组,让他们讨论故事中的情节、角色和主题,促进语言表达和社交互动。

共同创作:鼓励小组合作创作自己的故事,培养他们的创造力和团队合作能力。

4. 跨学科融合,综合活动

结合其他学科,将讲故事与其他学科(如美术、音乐等)结合,学生可以通过绘画、音乐等形式表现故事,增强学习的趣味性。

当然,教师还可以结合综合实践活动开展讲故事的主题活动:围绕某一主题(如环保、友谊等)进行故事讲述和创作,帮助学生在特定主题中深入思考。定期举办故事分享会,让学生轮流讲述自己喜欢的故事,培养他们的自信心和表达能力。

5. 评估与反思

教师要对讲故事的教学实施进行适时的评估与反思。我们可以进行多元评价:通过教师观察、同伴评价和自我反思等方式对学生的表现进行综合评价,关注他们在活动中的成长。反馈机制:定期与学生讨论他们在故事创作和分享中的感受,帮助他们认识到自己的进步和需要改进的地方。

总而言之,在幼小衔接这一儿童语言发展的关键期,以低幼学情为依据,以教材内容为载体,以学生喜闻乐见的形式,以灵活的教学方式,进行"讲故事"的细化训练,不仅能够促进这一阶段学生语言、思维、审美、社会交往能力的提升,而且能够帮助学生顺利过渡到小学阶段的学习中,为后续的学习奠定基础。

三、口语交际

在幼小衔接阶段,口语交际对儿童成长具有至关重要的作用。首先,口语交际是儿童表达思想、情感和需求的主要方式,能够帮助他们建立自信,增强自我认同感。正如语言学家维果茨基所说:"语言是思维的工具。"通过口语交际,儿童能够更好地组织思维,理解他人,并与外界建立联系。其次,口语交际能够促进儿童的社会化发展,帮助他们学会倾听、回应和合作,培养同理心和社交技能,为未来的人际交往打下基础。此外,口语交际还能提升儿童的语言表达能力和逻辑思维,丰富词汇量,为阅读和写作做好准备。总之,口语交际不仅是儿童语言发展的重要途径,更是他们认知、情感和社会能力全面发展的关键环节。

(一)概念明晰

1. 口语交际

《辞海》中,"口语"一指言论或议论,二指口头交际使用的语言。前者认为"口语"是"口头言语"，是包含说话环境、对象、心理等的动作状的动态实践过程；后者强调"口语"即"口头语言"，是由语音、语法、词汇等构成的物化状的静态符号体系。小学生口语交际能力的形成不单纯靠语言知识的掌握，而更依赖于言语实践活动中的感受和领悟、积累和应用，由此，将"口语"界定为"口头言语"，即通过言语活动表达思想和情感的过程。

"交际"一词最早出现在《孟子万章》，万章问："敢问交际，何心也?"孟子曰："恭也"。"交际"语出《孟子·万章下》，原指礼仪币帛上的相互交接和双向往来，后演变为"人与人之间往来接触；社交"。

《语文课程标准》（2011 年版）指出：口语交际是听与说双方的互动过程。《义务教育语文课程标准》（2022 年版）明确了口语交际教学目标：学会倾听与表达，初步学会用口头语言文明地进行人际沟通和社会交往。同时，口语交际隶属于课标中发展型学习任务群中"实用性阅读与交流"板块，从社会交往的角度定位了口语交际的重要作用。

本文研究的"口语交际"指的是学生在一定的环境中为了达到某种目的而与同伴之间进行相应的交流沟通，能够对彼此的表述及时作出应答，相应调整语调以及语言材料的具有情境特点的传递情绪的活动，更多指向是统编语文教材这一板块栏目。

2. 口语交际能力

语言学层面的"交际能力"最早由社会语言学家海姆斯（Hymes）提出。他强调，交际能力不应局限于分辨语句是否合乎规则，还应考虑言语的表达意义和社会交际因素。为此，他将"交际能力"定义为一种知道"何时何地以何种方式对何人谈何种内容"的能力。

小学语文口语交际教学的目标是让学生具有日常口语交际的基本能力，初步学会运用口头言语文明地进行人际沟通和社会交往。这一过程不仅需要内化言语规则、掌握言语知识、习得交际技能，还要面部表情、体态动作、媒体媒介等的参与，也要考虑说话的环境、背景、对象等因素。至此，将小学生口语交际能力界定为：个人在一定时间、地点通过丰富的口头言语及非语言要素，交流思想、传递信息，达成特定交往目的个性心理特征。

3. 幼小衔接阶段的口语交际能力

幼小衔接阶段是指儿童从幼儿园进入小学学习的重要时期，是儿童早期成长过程中一次重要的转折。这一阶段幼儿要经历物理环境适应、生活适应、社会适应、学习适应四个方面的适应挑战。而口语交际正处于社会适应的范畴，良好的口语交际不仅能帮助儿童建立良好的伙伴关系和师生关系，以更快融入新环境，更决定了他们能否在未来的学习生活中，有效表达自己的想法和情感，实现与他人的顺畅交流。因此,将幼小衔接阶段的口语交际能力界定为:在幼升小这一特殊时期,儿童为了快速适应小学集体生活和学习,运用口头言语和交际策略有效地进行人际沟通和社会交往,以建立良好的伙伴关系和其他社会关系的能力。

(二)内涵价值

《义务教育语文课程标准》(2022 年版)确立了围绕核心素养为目标的课程目标。口语交际属于语文四大核心素养之一语言运用的范畴,表现为个体正确、规范运用语言文字的意识和能力,更表现为能在具体语言环境中有效交流沟通,达到信息的准确传递与情感的恰当表达。

幼小衔接阶段的口语交际根本目标是培养儿童形成初步的社交认知和社交能力,通过互动交流,提升其语言表达清晰度与得体性,同时注重情感交流与同理心的培养。这不仅有助于学生在新环境中迅速找到交流的切入点,还能够促进其社会性发展,为适应小学生活和学习打下坚实基础。因此,教师在教学过程中应基于儿童语言经验,注重情境创设,在丰富的语言实践中培养儿童口语交际策略,进一步强化语言运用能力。同时,结合生活实例,引导儿童体会语言背后的情感和文化内涵,提升他们的交际素养。在此基础上,关注个体差异,针对性地进行辅导,使每位儿童都能在口语交际中找到自己的优势和信心,更好地适应小学阶段的学习与生活。

幼小衔接阶段的口语交际价值体现在三个方面:1.促进儿童社会交往,提高儿童社会适应能力。2.提升口头言语的运用能力。3.在口语交际中,感受语言文字的丰富内涵,体会语言背后的情感和文化内涵。

(三)内容解读

梳理口语交际的幼小内容、目标异同之处,是研究口语交际幼小异同的不同角度,在于更好地找到幼小衔接点,以促进儿童对小学学习生活的适应和融入。"幼小"内容与目标的相同之处的梳理能帮助教师打开衔接的思路,"幼小"内容与目标差异之处是衔接的关键点,找准差异才能找出解决对策,衔接的差异意味着衔接内容的分层,以及衔接难度的升级。衔接是否有效,一看衔接目标是否达成,二看衔接内容是否合理,三看衔接方法是否具体可操作。基于此,将对幼儿园阶段语言发展中"倾听与表达"内容与目标和小学第一学段口语交际内容与目标进行对比,以期达到幼小有效衔接。

1. 幼儿园口语交际内容

幼儿园阶段的语言活动内容呈现多元化的特点,因没有固定的教材,知识点散乱而没有系统性,所以留给教师自由发挥的空间就比较大。口语交际一般发生在日常生活和交往中,特定的场景中老师会进行口头言语表达和交际策略双重指导。

比如:早上,儿童进教室门,老师会指导儿童向同学问好。老师在旁边轻声提醒:"记得用礼貌的语气哦。"渐渐地,儿童逐渐养成了习惯,在相互交流时,不仅语气温和,而且还会主动使用诸如"请""谢谢"等礼貌词汇。儿童发生争夺玩具的冲突时,他们会在老师的引导下将"时间、地点、人物、起因、经过、结果"等事件的因素讲出来,供老师了解事情的来龙去脉,同时,老师也鼓励他们用商量的语气进行协商,以解决矛盾。此外,在活动课上,通过角色扮演、故事讲述等游戏化的教学方式,幼儿园教师有效地激发了孩子们的表达欲望,培养他们的语言组织和逻辑思维能力,游戏后的分享交流,更是鼓励孩子们大胆表达,积极回应,其间也融入了口语交际的指导。

在这种教学理念的引导下,孩子们在幼儿园内的每一次交流都成为了一次实践的机会。他们在游戏中学习倾听,在争执中学会表达,在互动中学会尊重。这种能力的培养并非一蹴而就,而是通过教师日复一日的耐心指导和细心观察,使他们在潜移默化中不断完善自我。

2. 小学低段口语交际内容

现将小学第一学段(1—2年级)口语交际板块在教材中的内容,做了梳理,总体上对统编版教材内容进行了整合,见下表。

表 2-22　小学一、二年级口语交际教学内容及类型

年段	序号	题目	教学提示	类型
一年级上册	话题一	《我说你做》	说话时声音要洪亮,吐字要清楚 别人说话时要认真听	交往类
	话题二	《交朋友》	主动与他人交流 说话的时候,看着对方的眼睛	交往类
	话题三	《用多大的声音说话》	有时候要大声说话,让别人听清楚 有时候要小声说话,不影响其他人	交往类
	话题四	《我会想办法》	大胆说出自己的想法	独白类
一年级下册	话题五	《听故事、讲故事》	听故事时,可以用图画记住故事内容 讲故事时,声音大一些,让别人听得见	独白类
	话题六	《请你帮个忙》	礼貌用语:请,请问,您,您好,谢谢,不客气	交往类
	话题七	《打电话》	给别人打电话,要先说自己是谁 没听清时,可请对方重复	交往类
	话题八	《一起做游戏》	一边说,一边做动作,别人更容易明白	交往类

年段	序号	题目	教学提示	类型
二年级上册	话题九	《有趣的动物》	吐字要清楚 有不明白的地方,要礼貌地提问	独白类
	话题十	《做手工》	按照顺序说 注意听,记住主要信息	独白类
	话题十一	《商量》	要用商量的语气 把自己的想法说清楚	交往类
	话题十二	《看图讲故事》	按照顺序讲清楚图意 认真听,知道别人讲的是哪幅图的内容	独白类
二年级下册	话题十三	《注意说话的语气》	说话的语气不要生硬 避免使用命令的语气	交往类
	话题十四	《长大以后做什么》	清楚地表达想法,简单说明理由 对感兴趣的内容多问一问	独白类
	话题十五	《图书馆借阅公约》	主动发表意见 一个人说完,另一个人再说	交往类
	话题十六	《推荐一部动画片》	注意说话的速度,让别人听清楚 认真听,了解别人讲的内容	独白类

通过对一、二年级口语交际内容的梳理和整合,发现四个方面特点:1.统编教材四册共 16 篇的口语交际中,交往类型的口语交际占了 10 篇,独白类占 6 篇,而独白类的口语交际中也涉及交往双方的互动策略。由此可见,小学低段口语交际的内容偏重交际功能。2.口语交际的情境创设贴近学生的日常生活,让学生能够体验真实情境下的交往活动,激发学生对口语交际的兴趣。3.口语交际在听说方面的能力要求逐步提升。由于第一学段学生正处于语言发展的关键时期,所以口语交际的训练更侧重于学生敢表达,能表达,要倾听,能倾听。如一年级《我说你做》中鼓励学生"说话声音要洪亮""主动与他人交流",让学生敢说;二年级《商量》中"把自己想法说清楚",让学生能说,引导学生在日常生活中敢于表达,能表达清楚。听的能力也从一年级《我说你做》中"别人说话时要认真听"到二年级《推荐一部动画片》中"认真听,了解别人讲的内容",从要倾听到能倾听,能力要求逐渐提高。此外,教材考虑学生身心发展特点的同时,对学生"听"与"说"的要求更加具体化,并注重训练目标的序列性,使学生循序渐进地养成口语交际能力。4.随着交际场景的复杂化,交际策略也随之多样化和精细化。神态的自然、音量的大小、语速的快慢、语气的运用、礼貌用语使用等交际策略都有具体的指导要求。

（四）目标梳理

　　幼儿园阶段没有口语交际的明确目标，基于口语交际概念的界定，现将《3—6岁儿童学习与发展指南》中 5—6 岁儿童语言领域的"倾听与表达"及同年段社会领域的人际交往的发展目标同时列出，与《义务教育语文课程标准（2022 年版）》中第一学段口语交际目标一并进行梳理，见下表。

表 2-23　幼儿园、小学口语交际目标对比

内容		5—6 岁阶段发展目标	小学第一阶段（1—2 年级）口语交际目标
倾听		认真听并能听懂常用语言： 1. 在集体中能注意听老师或其他人讲话。 2. 听不懂或有疑问时能主动提问。 3. 能结合情境理解一些表示因果、假设等相对复杂的句子。	别人说话时要认真听，努力了解讲话的主要内容。
表达	表达能力	愿意讲话并能清楚地表达： 1. 愿意与他人讨论问题，敢在众人面前说话。 2. 会说本民族或本地区的语言和普通话，发音正确清晰。少数民族聚居地区幼儿基本会说普通话。 3. 能有序、连贯、清楚地讲述一件事情。 4. 讲述时能使用常见的形容词、同义词等，语言比较生动。	1. 学说普通话，逐步养成讲普通话的习惯。 2. 听故事、看音像作品，能复述大意和自己感兴趣的情节。 3. 能较完整地讲述小故事，能简要讲述自己感兴趣的见闻。
	交际态度	具有文明的语言习惯： 1. 别人讲话时能积极主动地回应。 2. 能根据谈话对象和需要，调整说话的语气。 3. 懂得按次序轮流讲话，不随意打断别人。 4. 能依据所处情境使用恰当的语言。如在别人难过时会用恰当的语言表示安慰。	1. 与别人交谈，态度自然大方，有礼貌，并能根据交际环境的不同调整音量的大小。 2. 有表达的自信心。积极参加讨论，敢于发表自己的意见。
人际交往	愿意与人交往	1. 有自己的好朋友，也喜欢结交新朋友。 2. 有问题愿意向别人请教。 3. 有高兴的或有趣的事愿意与大家分享。	
	能与同伴友好相处	1. 能想办法吸引同伴和自己一起游戏。 2. 活动时能与同伴分工合作，遇到困难能一起克服。 3. 与同伴发生冲突时能自己协商解决。 4. 知道别人的想法有时和自己不一样，能倾听和接受别人的意见，不能接受时会说明理由。 5. 不欺负别人，也不允许别人欺负自己。	

内容		5—6 岁阶段发展目标	小学第一阶段(1—2 年级)口语交际目标
人际交往	具有自尊、自信、自主的表现	1. 能主动发起活动或在活动中出主意,想办法。 2. 做了好事或取得了成功后还想做得更好。 3. 自己的事情自己做,不会的愿意学。 4. 主动承担任务,遇到困难能够坚持而不轻易求助。 5. 与别人的看法不同时,敢于坚持自己的意见并说出理由。	
	关心尊重他人	1. 能有礼貌地与人交往。 2. 能关注别人的情绪和需要,并能给予力所能及的帮助。 3. 尊重为大家服务的人,珍惜他们的劳动成果。 4. 接纳、尊重和自己的生活方式或习惯不同的人。	

(五) 差异分析

1. "口语交际"的"幼小"相同之处

(1) 注重学习兴趣的培养

无论是幼儿园还是小学阶段,口语交际都是在贴近儿童日常生活学习的场景中进行的。场景中,老师设计了丰富的语言实践活动,儿童通过角色扮演,体验语言魅力,从而激发学习兴趣。这种寓教于乐的方式也营造出轻松、自由的表达氛围,学生在这样的氛围中愿意表达、敢于表达,为提升口语交际的能力打基础。

(2) "倾听""表达"均有明确的要求

幼小两个阶段虽然对儿童口语交际的要求有所差异,但在态度和能力方面都提出了明确要求。两个阶段都提出了"认真听"的倾听态度,认真听是确保听完整、听仔细的前提,也是将内容听明白的重要途径。在"交际态度"中,两个阶段都提出"愿意表达""敢于发表""有表达自信",这是表达的参与意识与情意态度,也是口语表达的基础。儿童只有萌发了愿意听,主动说的意识,才有可能进一步发展成为语言能力。

除了表达态度,能力方面也提出了具体要求。在"倾听"方面,幼儿园阶段要求能够理解一些复杂句子,这是对理解能力方面的要求。同样,小学阶段除了有对内容理解的要求,还要求能够通过"听——理解——复述"的形式来完成自己对内容的消化和解读。在"表达"方面,幼儿园阶段的技能要求是能使用常见的形容词、同义词等,语言比较生动,并能有序、连贯、清楚地讲一件事;小学阶段的技能要求则是在特定场景或结合自己的经历能复述情节,简要讲述自己感兴趣的见闻。

明确的要求使得学生的"口语交际"有明确的目标,即学生在该阶段应拥有怎样的口语交际能力,教师也可对照学生目前的语言发展水平进行及时的指导。

(3) 注重交际策略的情境适应性

两个阶段都强调口语交际策略的情境适应性。学生需要理解并适应不同的交际场合,面对不同对象(如老师、同学、家长)时,仪态、语气、语速、动作等都要有相应的调整。通过不同情境下的口语交际练习,学生将学习如何在不同环境中得体地表达自己,增强社会适应能力和人际交往能力。

2."口语交际"的"幼小"差异之处

(1) 变化与固定:教学内容的差异

口语交际的"幼小"差异有很多,其中,最大的不同当属教学内容的不同。学前阶段的口语交际没有统一固定的教材,内容呈现多元化的特点,知识点散乱而没有系统性,所以留给教师自由发挥的空间就比较大。教师依据发展目标和本班学生的实际发展情况,在日常生活和学习中进行随机指导。小学一年级属于义务教育阶段,自 2019 年起,全国各地统一使用统编版语文教科书。相比而言,一年级的口语交际内容是固定的,知识点和需要掌握的技能也是相对固定的。

(2) 能力逐渐提高:课程目标的差异

幼儿园阶段和小学低段,在倾听和表达能力要求不一,呈逐级提升的态势。"倾听"方面由幼儿园阶段的"能听懂和结合情境理解一些相对复杂的句子"向小学低段的"努力了解讲话的主要内容。"转变,可以说,进入小学低段后,学生的倾听能力迈上了一个新的台阶。在这个阶段,学生开始努力了解讲话的主要内容。他们不再满足于仅仅听懂字面上的意思或者理解个别复杂的句子,而是开始尝试理解讲话背后的深层含义和逻辑关系。儿童开始运用更高级的思维技巧来分析讲话内容。他们学会了捕捉讲话中的关键词和重要信息,并尝试将这些信息整合起来,形成对讲话内容的整体理解。这种思维方式有助于他们在学习过程中更好地把握重点,提高学习效率,为今后的学习和成长奠定坚实的基础。

"表达"方面,幼儿园阶段由"运用常见的形容词、同义词有序、连贯、清楚地讲述一件事情"向"能复述大意、完整讲故事即简要讲述自己感兴趣的见闻"转变。从中,我们见证了从语言的初步的基础运用向更高级别的思维与表达能力的转变。这一变化不仅仅体现在语言表达的丰富性和复杂性上,更重要的是它揭示了儿童思维能力的逐步深化和扩展。

(3) 场景、交际策略具体化:交际功能的差异

对比小幼阶段的口语交际内容和目标,发现小学口语交际的情境创设更加具体化,交际策略情境的适应性更强。与之相反,学前阶段口语交际的情景包含在日常生活学习中,发展目标中也只是模糊地提到了几个交往场景,相对应的交际策略

也较为笼统,要求不够具体。比如:小学低段创设了交朋友、请朋友帮忙、打电话、做游戏、商量图书借阅公约等贴近儿童日常生活的具体场景,提出的交际策略更加具体,指导性更强。比如:交朋友时,说话的时候看着对方的眼睛;一起做游戏时,讲游戏规则要一边说,一边做动作,别人就更容易明白等等。而学前阶段只是提出了"根据谈话对象和需要,调整说话的语气""知道别人的想法与自己不一样,能倾听和接受别人的意见,不能接受时会说明理由"诸如此类。

（4）角色意识的不同:教学形式的差异

学前阶段幼儿的口语交际形式融入在日常生活学习中,因此在口语交际的语言实践中,儿童的角色意识更强,并在不同的场景中不停地切换,儿童势必采用更加灵活多变的交际策略,以应对不同的交际情境。但是由于老师的指导没有系统性或没有指导,幼儿在交际中的口头言语表达的规范性和逻辑性相对较弱,交际策略也常常比较随意,因此,交际的目的往往也不能达到。而在小学阶段,由于教学形式的转变,教学内容的固定,尽管课堂上老师给予儿童更多机会进行互动和表达,但角色扮演的时间相对减少,此外,还考虑到情境的真实性和互动的自然性。因此,儿童的角色意识相对较弱。但是,儿童在这种教学形式下更注重语言表达的规范性和逻辑性,这有助于他们在日后的学习生活中,形成清晰有条理的表达习惯。

（六）策略支持

1. 关注全体,兼顾差异

幼小口语交际教学内容由变化到固定,导致儿童的学情和发展水平都会影响幼儿园教师对口语交际内容的选择和把握。故此,也会出现同一年龄段的儿童,因接受的学前教育内容不一、质量不等,进入一年级后,对新知识的理解和学习的能力也会出现不同程度的差异。所以,一年级教师需要将学生的不同学习需求和学习能力统筹了解,从而在教学中既做到促进儿童的整体发展又关注到儿童的个人成长。首先,教师可以通过多样化的评估手段,如日常观察、家长问卷、个性化测试等方法,全面了解每个儿童的学习起点、兴趣点及学习风格。其次,固定的教学内容要进行创新,教学目标要有梯度、教学活动更加丰富。对于基础较弱的儿童,可以给予更多机会,参与角色扮演的互动环节,激发其学习兴趣,逐步建立自信;而对于能力较强的学生,则可以引入更具挑战性的任务,如即兴扮演、流畅应对、多策略结合等。老师应当像园艺师一样,细心观察每一株幼苗的生长状态,理解其独特的需求与潜力,从而量身定制最适合它们的滋养方案。

2. 习惯为先,培养语感

幼小在倾听和表达能力要求上逐级提升,而能力的提升需建立在良好习惯的基础上,由于一年级学生处于幼小衔接阶段,口语交际能力参差不齐,绝大部分儿童没有进行规范性训练，因此，在养成良好的听说习惯基础上，再逐步将能力培养渗透其中。在听的方面，学生需养成良好的倾听习惯，如不在别人讲话时随意插话，指令听清楚后才开始行动，说话时眼睛看着对方；在说的方面，养成说完整、有序、清楚的话。能力培养作为主线，习惯培养是作为支线，两线并行，主次分明。

其次，表达能力的提升也需要有良好的语感，它的形成离不开良好的语言环境和语言材料的积累。语文核心素养强调的也是通过学习逐步形成自己的语感，以便能够在恰当的场景中表达出恰当的语言。因此，一年级开始就要形成这种培养倾向，才能使学生的语言学习有一个系统一致的成长目标。学校可以利用图书馆，提供适合学生阅读的课外书籍，也可利用阅读课、课后服务时间，让学生自主阅读，为学生语感的形成营造良好的氛围。同时，利用早读课、语文课，为学生提供规范语言表达的空间，给学生多读多说的机会，在语言实践中提升语感。

3. 家校合作，实践强化

相对于学前阶段，小学口语交际的主题性更明确，场景更具体，与之对应的交际策略更加规范，明确。但由于教学形式的局限性，儿童角色意识薄弱，由此带来的不正确的交际习惯可能还会继续沿袭。基于此，教师要引导儿童逐步适应这种转变，将口语交际中学到的口头表达方法及交际策略，运用在日常社交场景中，强化角色意识的同时，通过反复实践，将能力内化。结合入学适应期教育，教师要时刻关注儿童的日常交际表现，鼓励他们在不同的社交场合中尝试运用所学的表达方式和策略。同时，加强家校合作，鼓励家长配合学校教育，参与到孩子的学习过程中，共同观察儿童在家庭环境中的口语交际表现，适时给予鼓励和指导。通过家校合作，为孩子提供一个一致的交际学习环境，使其在自然互动中不断提升口语交际能力。同时，教师应定期评估教学效果，根据学生日常交际的实际表现调整教学策略，确保教学内容与学生的实际需求相匹配。

4. 优化策略，加强体验

① 游戏教学，活跃学生课堂氛围

第一学段学生爱玩好动，口语交际教学如果只靠教师枯燥讲授，学生容易疲劳，而且对口语交际失去兴趣。在口语交际教学中，教师应把握好游戏运用的时间节点，在课前、课中、课后，选择不同的教学内容合理地开发、设置游戏，使口语交际教学充满趣味性，调动学生学习自主性，不仅能让学生更好地增长知识和技能，也使口语交际教学"活"起来、"动"起来，学生在活动中获得一种愉悦身心的情感体验。

教师在开展口语交际教学之前，可以提前开展一些与教学内容相关的游戏，使

课堂产生一种轻松活泼的学习气氛,激发学生口语交际的兴趣。以一年级上册《我说你做》为例,教师可以在课前开展多种游戏,导入新课。

《请你跟我这样做》

教师说"请你跟我这样做",同时做举手、转头、拍桌子等动作,学生接着教师说"我就跟你这样做",跟着教师做相同的动作。

《反义词游戏》

教师发出指令,学生要做和教师指令相反的动作。比如说起立、举左手、向上看,做这个词的反义词动作,做错的和反应慢的就淘汰出局。

游戏结束后,教师总结归纳游戏特点:看到教师怎么做,就跟着怎么做。通过游戏导入,创设愉悦的学习氛围,也让学生感受"说清楚"和"听明白"的重要性。

② 实物演示,增强学生交际兴趣

教师在口语交际课堂中,不应拘泥于多媒体教学,应多向学生展示实物或直观教具,充分利用学生的感官,使学生通过真实情境中的观察获得丰富的口语交际素材,让学生有话可说,进而加深对交际话题的印象;另一方面也可以激发学习兴趣,利于其发展观察力和加强对所学内容的理解、记忆。例如:二年级上册口语交际《做手工》一课中,教师在课堂中展示自己制作的手工作品,并介绍自己制作的过程,不仅为学生介绍自己作品的口语表达提供示范作用,而且学生的注意力被大大吸引,学习兴趣浓厚。

③ 图说结合,激发学生表达热情

在作文教学中,学生经常为作文画插图,做到"图文并茂",是图画与作文互相渗透的尝试。口语交际教学也可以借鉴这种形式,第一学段小学生思维发展处于直观形象阶段,有意想象增强,教师可以利用这一特点,将口语交际教学中的内容与画画相结合,可以先说后画,亦可先画后说,在符合儿童心理特点的基础上,增加了口语交际教学的趣味性。例如在二年级上册《有趣的动物》一课中,可以让学生介绍完动物特点之后,再画一画有趣的动物,图画旁配上简单的文字,最后全班同学的图画汇编成册,在班级传阅。

教师通过绘画,挖掘学生内心丰富的想象潜力,将口语交际内容与学生想象力结合,学生想象越丰富,说得就越精彩。绘画不仅为学生提供口语交际素材,同时也激发学生想象力和创造力。

④ 角色扮演,调动学生参与欲望

第一学段学生喜欢模仿与表演,教师可以利用学生这一性格和行为特点,选取适合学生口语交际的话题,让学生对其中某一角色进行扮演,灵活应对情境,自由诠释角色,在与其他学生交流中促进其口语交际能力。以二年级上册口语交际《商量》为例,介绍角色扮演在第一学段口语交际中的教学步骤和过程。

a. 准备阶段

教师首先为学生讲解小明和小丽商量换值日的事情,在交流讨论中提炼出商量的要点,接着让同桌两位同学分别扮演小明和小丽,用商量的语气进行演示,在模仿训练中锻炼其口语交际能力。其次学生再进行分组,根据商量要点模拟日常向同学商量借字典、文具的场景。

b. 演练阶段

演练是学生不断熟悉角色的过程,学生获得自己所扮演的角色后,教师需要给予学生较为充足的时间,使学生不断练习,学生只有充分熟悉角色后,才有自信在全班面前表演。这是学生锻炼口语交际的关键阶段,此时教师细心观察学生,适时介入,对其进行指导与示范,帮助学生完成对该角色的预期效果。

c. 表演阶段

学生经过一段时间练习后,教师需要提供学生展示口语交际成果的机会。教师可以选择部分小组登台展示,一来学生通过对角色的言语、行为的模仿,锻炼其口语表达能力。二来鼓励学生在众人面前展示自己,树立自信心。学生展示完毕后,教师根据学生表演的完成情况再进行针对性地点评和鼓励,从而激发学生口语交际学习兴趣。

教师使用角色扮法进行口语交际练习,能够使口语交际的教学氛围变得和谐、融洽。学生在互动中享受扮演角色的乐趣,同时促进口语交际能力的发展,从而增强口语交际教学课堂质量。

四、看图写话

在幼小衔接阶段,看图写话对儿童成长具有重要意义。首先,看图写话能够帮助儿童将视觉信息转化为语言表达,培养他们的观察力、想象力和逻辑思维能力。正如教育家皮亚杰所说:"儿童是通过活动来建构知识的。"通过观察图像,儿童能够捕捉细节,组织语言,逐步掌握从形象思维到抽象思维的过渡。其次,看图写话能够提升儿童的语言表达能力和写作技巧,为他们未来的语文学习奠定基础。同时,这一过程还能激发儿童的创造力和审美能力,让他们在表达中感受到成就感和乐趣。此外,看图写话还能增强儿童的专注力和耐心,培养他们细致入微的学习习惯。总之,看图写话不仅是儿童语言和写作能力发展的重要工具,更是他们认知、情感和创造力全面成长的重要途径。

(一) 概念明晰

看图写话是培养小学生写作能力的一项重要内容,学生看图写话说话能力水平也体现了幼小衔接的顺利过渡程度。如果教师能够在幼小衔接过程中运用恰当的教学策略,能够帮助学生提高看图写话说话的能力,增强学生对语言学习的兴趣,有利于学生顺利衔接。

小学低年级语文教材中的看图写话内容一般可以分为:写话、看图(文字)说话、看图写话三类。

看图写话是写作教学的初级阶段,是小学生系统学习写作的预热。看图写话教学的开展能够丰富学生的阅历,帮助学生积累写作素材,掌握写作技巧,为系统学习写作奠定基础,对语文学习至关重要。

(二)目标梳理

幼儿园和小学低年级的看图写话目标有明显不同,这主要是因为两个阶段儿童的认知发展水平、语言能力以及教育目标存在差异。如下表格是笔者将幼儿园与小学低年级看图写话要求进行了比较。

表 2-24　幼儿园与小学低年级写话要求比较

幼儿园	小 学
1. 会说本民族或地区的语言和普通话,发音正确清晰。少数民族聚居地区幼儿基本会说普通话。 2. 能有序、连贯、清楚地讲述一件事情。 3. 讲述时能使用常见的形容词、同义词等,语言比较生动。	1. 对写话有兴趣,留心观察周围的事物,写自己想说的话,写想象中的事物。在写话中乐于运用阅读和生活中学到的词语。 2. 根据表达的需要,学习使用逗号、句号、问号、感叹号。

由上表可知,幼儿园更注重语言的自然发展和基础能力的培养,说清楚即可。小学低年级开始系统学习语文知识,强调留心观察生活,对写话有兴趣,会运用阅读和生活中学到的词语,正确使用标点符号。

(三)差异分析

笔者对小学教材看图写话内容也进行了梳理,由下表可知,"统编版"教材中一年级下册直到第二单元才出现写话的内容,所以教师在教学时要将看图写话的内容落实到日常教学中,在平时教学时也要多加练习,培养学生的观察能力、表达能力。到二年级正式开始写话练习,主要出现在语文园地中,除此之外,还有一些课后习题的写话、说话训练。

表 2-25　小学低年级教材看图写话内容梳理

年级	单元	内容	主题
一年级下册	第二单元	写话	以"我多想"开头写下自己的愿望
	第七单元	看图说话	根据小猴图片选择几个词各说一句话
	第八单元	看图说话、写话	根据心情图片说一说、写一写

年级	单元	内容	主题
二年级上册	第一单元	看图说话	按顺序连图片,讲一讲小蝌蚪找妈妈的故事;用加点的词各说一句话;看图仿照课文说说植物传播种子的方法
	第三单元	写话	写一写自己最爱的玩具
	第四单元	写话	学写留言条
	第七单元	写话	写一写小老鼠看到屏幕上出现猫之后的故事
二年级下册	第二单元	写话	照样子,写一写自己的好朋友
	第四单元	写话	看图写一写小虫子、蚂蚁和蝴蝶一天的经历
	第六单元	写话	写一些关于"大自然真奇妙"的问题
	第七单元	写话	介绍自己想养的动物,写写理由

结合幼儿园与小学低年级看图写话要求和低年级看图写话内容,幼儿园与小学低年级看图写话主要存在以下方面不同:

1. 教学目标不同,幼儿园语言教学目的是培养基本的观察能力和语言表达能力,促进儿童的社会交往能力,激发兴趣,而小学低年级还注重培养阅读和写作的基本技能,提高表达和沟通能力。

2. 教学内容不同,幼儿园主要以表达为主,小学低年级还注重书面表达。

3. 看图写话要求不同,幼儿园鼓励孩子自由表达,不强调语法和细节的准确性,小学低年级使用更复杂的句子结构,要求表达清晰、内容连贯,使用正确的标点符号。

4. 教学方法不同,幼儿园采用游戏化和互动性强的教学方法,如角色扮演、故事接龙等,强调过程而非结果,鼓励儿童积极参与和表达。小学采用更系统的语文教学方法,强调写作的规范性和逻辑性,要求学生按照一定的结构和顺序来组织语言。

(四) 现状审视

幼儿园期间学生已经在表达方面进行了锻炼,所以在进入小学后大部分学生对看图说话、写话方面有一定的兴趣,但是学生在看图写话能力水平上的差距还是比较大的,主要有以下几个原因:

1. 错别字多

看图写话是由思维转化为语言,由语言转化为文字的过程。一些学生刚进入小学,很多字不会写,不会写的字虽然可以使用拼音,但是有的孩子拼音都拼不对,影响了他们写话的效果。到两年级以后随着识字量的增加学生的写话会有改善,也说明识字量对写话也有影响。

2. 没有逻辑

有些孩子拿到看图写话后,没有按照顺序观察图片,比如从上到下,从远到近的顺序,没有观察好了再开始写。或者表达的语序错乱,如"爸爸种花在花园里"。

3. 标点符号使用不正确

标点符号使用不正确是小学生看图写话容易出现的问题。在一年级上册第七篇课文《青蛙写诗》中,学生对标点符号"逗号、句号"有了一个初步认识,对于简单的句子可以运用上标点符号。但是当句子稍长以后,部分学生会出现不知道在哪里加上"句号",导致全文都是"逗号"的情况。

4. 不能围绕图片意思写

学生没有完全理解图片所要表达的中心思想,导致写作时内容分散,缺乏核心。学生还没有掌握如何围绕一个主题组织语言和内容,导致写作时内容跳跃,缺乏连贯性。学生可能没有注意到图片的细节,或者不知道如何将这些细节融入围绕中心意思的叙述中。词汇量的限制可能导致学生在表达时无法准确捕捉和表达图片的中心意思。

（五）策略支持

提升小学低年级学生看图写话能力是一个循序渐进的过程,需要教师和家长耐心指导和学生的积极参与。

1. 教师联合教研,衔接顺利过渡

在平时工作中,幼儿园和小学老师之间的沟通较少。所以多数小学老师对幼儿园的教学内容不清楚,对学生已有能力不了解;幼儿园教师对小学低年级的教学目标和能力培养要求也不清楚,在幼小衔接时就会出现脱节的现象。

幼儿园和小学老师应加强沟通,联合教研,一起进行一些教研活动。幼儿园老师走进小学低年级课堂,小学教师走进低年级课堂。互相了解对方学段的教学要求,让衔接更自然。

2. 加强教师培训,丰富教学模式

要提高小学教师的衔接意识,对于看图写话能力提高策略上,多组织小学语文教师在看图写话板块的培训,为老师们提供学习的机会。

除此之外,老师也可以带领学生进行探究式学习和体验式学习,丰富教学模式。虽然小学老师需要在每节课 35 分钟内完成自己的教学任务,但是有时也可以根据课文主题,将写话、看图写话与实践活动结合起来,让课堂更有吸引力。比如学习二下"大自然真奇妙",可以围绕"大自然"的主题,让学生到校园中观察大自然:春天看桃花盛开,夏天观察荷花绽放,秋天观察银杏飘落,冬天感受松树的挺拔。在收获体验之后再进行写话。

3. 精准分析学情,拓展学生思维

刚进入小学阶段的学生对小学比较感兴趣,对看图写话也是比较有兴趣的,教师可以抓住这一点，调动学生的学习兴趣。通过家访或日常观察和家长进行沟通，对学生的基本情况心中有数。

看图写话是写作的基础，在日常生活中也可以进行一些训练，拓展学生的思维。比如参加春季、秋季课外实践，校外家庭学习苑活动时，鼓励他们用文字的方式记录下来，久而久之，学生的表达创作能力也会有所提高。

也可以利用绘本资源，结合学生的实际情况，设计科学、丰富的教学形式，激发学生看图写话的兴趣。

4. 使用有效评语，激励写作热情

通过在学生的写话后面书写有效的激励评语，可以提高学生的写作兴趣，使他们在写作过程中体验到快乐，从而更乐于写、主动写。比如学生在写自己最喜爱的玩具后，写上"你的短文写得真棒！你用简单的语言描述了小熊的外形、用途以及你和它之间的深厚友谊。句子通顺，条理清晰，让老师能够清楚地感受到你对小熊的喜爱之情。特别是你提到和小熊说悄悄话、给小熊穿衣服的部分，特别生动有趣。继续保持这样的写作热情，相信你会越写越好！"相信通过这样的评语，在给学生提供反馈与指导的同时，能激发学生的写作兴趣。

5. 关注家校联系，鼓励亲子互动

家校共育是幼儿园和小学教育工作的重要内容，学生从幼儿园进入小学，需要家长、幼儿园和小学的三方面共同努力。

鼓励家长进行亲子阅读，在潜移默化中帮助孩子培养观察能力、识字能力。平时家长带着孩子一起阅读绘本、听故事、进行角色扮演游戏，和孩子多交流，引导孩子把话说清楚。

周末可以带孩子去公园、博物馆、科技馆等，引导孩子自己说说看到的，想到的，帮助孩子更好地适应小学生活，看图写话能力也会更强。

综上所述，看图写话在幼小衔接中发挥着至关重要的作用。应加强教师联合教研，让衔接顺利过渡；加强教师培训，丰富教学模式；精准分析学情，拓展学生思维；使用有效评语，激励写作热情；关注家校联系，鼓励亲子互动，以更好地培养小学低年级学生看图写话能力，让幼小衔接更自然。

第八章　梳理与探究：从"观察"到"思考"的过渡

一、读图

在幼小衔接阶段，读图对儿童成长具有重要作用，是儿童思维启蒙的基石。首先，图像是儿童认知世界的重要途径，能够帮助他们直观理解复杂概念，培养观察力和想象力。正如爱因斯坦所说："想象力比知识更重要，因为知识是有限的，而想象力概括着世界的一切。"通过读图,儿童能够更好地表达情感,提升语言能力,为未来的阅读和写作打下基础。其次,读图还能激发儿童的创造力和逻辑思维,帮助他们建立空间感和时间感,促进大脑发育。此外,图像阅读还能增强儿童的专注力和审美能力,为他们的全面发展提供支持。总之,读图不仅是儿童学习的重要工具,更是他们探索世界、表达自我的桥梁。

(一)概念明晰

幼儿读图能力指的是在阅读和理解不同类型的图书时,通过观察画面的背景、色彩和人物神态来理解不同图画之间的关联,进而获得图书中内容的一种能力。这种能力不仅指的是视觉上的感知,还包括对理解图像所传达的信息。幼儿借助这种能力可以认识到不同图画之间存在的关系,并形成一定的逻辑思维。此外,幼儿天生具备解读图画的能力。从新生儿开始,他们就可以感知不同的色彩形状,随着年龄的增长,幼儿的视觉能力和认知能力也在不断地发展,可以准确地描述空间关系,理解实际物体的大小,再根据有限的信息构建不同的图形,这些都为幼儿读图能力的发展提供了良好的基础。

小学语文读图能力是小学生在语文学习中对图像进行有效认知和解读的能力。它包括观察图片细节,如人物动作、景物特征等;理解图片所传达的信息和意义,如故事内容、情感倾向等;分析图片中各元素的关系,如人物与场景的联系等;并能用恰当的语言表达对图片的理解和感受,如进行描述、创编故事等。

(二)内容解读

幼儿园阶段的读图能力主要是以让幼儿熟悉图上的内容为主的,但是小学低阶段的读图内容则是为了可以更好地分析课文和图画之间的关系,两者在观察重点、理解深度以及表达要求方面都有所不同,具体内容划分如下表:

表 2-26

幼儿园阶段(5—6 岁)读图教学内容	小学一、二年级读图教学内容
1. 认识各种基本形状、颜色和简单的常见事物。 2. 观察图片中的颜色和形状,区分不同色彩和几何图形等。 3. 初步理解简单的图片情节。 4. 感受图片中一些基本的情感氛围。	1. 观察认识图片中的事物、人物、场景等。 2. 理解图片所传达的信息,包括情节、情感等。 3. 用语言描述图片、锻炼口语表达能力,用完整的语言描述图片的主要内容。 4. 学习将图片与简单文本相结合,关注对文字和图片的理解与运用能力。

结合上表,在观察细致程度上:幼儿园读图教学内容观察较为简单、直观,注重整体画面的感受,例如在观看《好饿的毛毛虫》绘本时,主要关注毛毛虫的外形很可爱,颜色很鲜艳等。小学低年级语文在教学观察插图时更细致,注意图片中的细节,如在教学《雪地里的小画家》观察插图时,教师会引导学生关注到不同动物的脚印形状。

在理解深度上：幼儿园的理解较为浅显，学生只要能说出图片上有什么东西在做什么。如教学《小熊宝宝》绘本时，学生只需知道小熊在睡觉、吃饭等即可。而小学低年级语文教学时更关注理解图片背后的含义和逻辑关系。例如在教学《曹冲称象》的插图时，教师会引导学生理解石头和大象在船上的水位相同来称出大象重量的方法。

在表达要求上：幼儿园只需简单的词语或不完整的句子描述图片，比如在教学《我爸爸》绘本时，小朋友体会、会说"爸爸厉害"即可。而小学低年级却更注重引导学生用完整、通顺的句子表达，还强调一些修饰语的加入，比如在教学《秋天》一课插图的观察时，教师就会引导学生尽可能表达："秋天到了，树叶变黄了，从树上飘落下来。"

（三）目标梳理

幼儿园阶段读图教学目标主要是从《3—6岁儿童学习与发展指南》中提炼的，小学阶段读图教学目标主要是根据《义务教育语文课程标准（2022年版）》整理的。具体目标内容如下表：

表 2-27

幼儿园阶段（5—6岁）读图教学目标	小学一、二年级读图教学目标
1. 能够认识图片中的各种事物，丰富学生认知经验。 2. 能用简单的语言描述图片内容，培养学生的语言表达能力。 3. 感受不同风格图片所传达的情感氛围，培养情感认知，丰富情感体验。	1. 能够仔细观察图片，理解图片所传达的信息和意义。 2. 能够用完整、通顺的语言描述图片内容，并与他人交流分享。 3. 能够通过图片进行联想和想象，拓展思维能力。

幼儿园阶段目标主要是：1.初步建立对图画的认知理解能力，重点在于认识图画中的事物、简单理解画面表达的内容。比如要求幼儿能看懂画面，说出图中有什么、发生了什么事等，认知较为直观、简单，处于基础的启蒙阶段。2.侧重于培养幼儿的语言表达能力和初步的阅读理解能力，通过读图让幼儿学会用简单的语言描述图片内容，感受阅读的乐趣，为后续的学习打下基础。比如鼓励幼儿用口头语言说说对于图画书内容的理解，获得口头语言与书面语言对应关系的认识。3.注重培养幼儿对阅读的兴趣和积极的情感体验，帮助幼儿感受图片中的情感氛围，培养简单的情感认知。例如让幼儿在阅读中体会到快乐、温馨等情感，引导幼儿形成良好的阅读习惯和态度。

小学阶段的读图目标：1.更注重对图片信息的深入理解和分析。学生需要理解图片所表达的深层含义、逻辑关系以及背后的文化内涵等。比如在语文课本中《雪孩子》的插图教学时，教师会引导学生想象雪孩子和小兔之间的对话，体会他们之间的友谊，同时引导学生思考雪孩子牺牲自己救小兔所体现的人物价值。2.描述图片内容要求更加完整、通顺、有条理，并且能够根据图片进行一定的拓展和联想,语言表达能力要求更高。例如看到一幅春天景色的图片,学生要能说出"春天来了,小草绿了,花儿开了,小鸟在枝头欢快地唱歌"这样较为完整、生动的语句,还可以联想到春天里人们的活动,如"小朋友们在公园里放风筝,大人们在草地上野餐"等。3. 在培养观察力和想象力的同时,着重培养学生的思维能力和表达能力,包括逻辑思维、形象思维等。学生要能够根据图片进行思考、分析和判断,并将自己的想法准确地表达出来。比如在学习《坐井观天》的课文时,结合插图,学生要理解青蛙和小鸟对天空大小的不同看法,分析产生这种差异的原因,培养思维能力和对文本的理解能力。

(四) 差异分析

基于对幼儿园及小学一、二年级读图教学目标的分析,二者的相同点在于都关注到了读图能力在教学中的理解作用,激发学生学习兴趣,培养学习能力。二者的不同之处主要集中在以下几点:

表 2-28

	幼儿园阶段	小学一、二年级
目的不同	丰富认知经验、初步的语言表达、注重情感体验的启蒙。	对图片深度要有一定理解、语言表达能力要求更高,强调思维的发展。
途径不同	主要通过绘本阅读和简单的看图说话活动。	依托语文教材中的插图,专门的看图写话练习。
方法不同	以教师引导式的提问,引导幼儿大胆表达,游戏的方式进行读图活动。	引导学生分析图片细节、元素之间的关系等,进行小组讨论,让学生相互交流对图片的理解和看法。
评价不同	侧重于幼儿是否积极参与,能否大胆表达自己的想法,对语言的准确性要求不高。注重对幼儿情感体验的关注。	注重学生对图片的理解是否准确、语言表达是否完整通顺。考查学生的思维拓展能力。

基于上述分析,小学低年级的学生在读图能力的培养过程中可能会遇到如下的挑战与困难:

1. 认知转变困难。从幼儿园以认识简单事物为主到小学低年级要求深度理解图片信息和意义,学生可能难以快速适应这种认知层次的提升,难以准确把握图片所传达的深层内涵。

2. 语言表达提升困难。学生从用幼儿园阶段简单语言描述到小学完整通顺地表达,学生可能在组织语言时出现逻辑混乱、语句不连贯等问题,难以满足更高的语言表达要求。同时词汇量有限可能导致无法精准描述图片内容,使表达不够丰富生动。

3. 提升思维拓展困难。习惯了幼儿园较为感性的情感体验,在小学低年级进行联想和想象拓展思维时,可能受固有思维模式影响,难以大胆创新。分析图片细节和元素关系时,可能因缺乏方法和经验而出现理解不准确或不全面的情况,影响思维拓展。

4. 教学方法适应困难。对于小学低年级教师引导分析图片细节和进行小组讨论的教学方法,学生可能需要时间来适应新的学习方式和互动模式。从幼儿园以游戏为主的读图活动到小学低年级更注重知识学习和思维训练的方式转变,可能会让部分学生感到学习压力增大,降低学习兴趣。

（五）策略支持

1. 转变认知,提升理解

（1）**循序渐进引导**。教师在教学中从简单图片入手,逐步增加图片的复杂性和深度。例如,先展示一幅只有一个简单物体的图片,如一个苹果,让学生描述其特征。然后逐渐过渡到有场景的图片,如小朋友在果园里摘苹果,引导学生理解图片所传达的活动和情境。例如:在学习《秋天》一课时,先展示一幅只有一片落叶的图片,让学生认识落叶,再展示一幅有很多落叶和小朋友在捡落叶的图片,引导学生理解秋天的特征和人们在秋天的活动。

（2）**多维度解读**。教师可以通过提问、讨论等方式,从不同角度解读图片,帮助学生拓展思维,加深对图片的理解。比如,对于一幅风景图,可以问学生看到了什么景色、这些景色给人什么感觉、可能会发生什么故事等。

2. 丰富语言,提升表达

（1）**丰富词汇积累**。在日常教学中注重词汇的积累,通过阅读、背诵等方式增加学生的词汇量。同时,教师可以在日常教学中通过图片展示新的词汇,并让学生用这些词汇描述图片,提高表达的生动性和准确性。例如,展示一幅美丽的花园图片,教学生"五颜六色""鲜艳""芬芳"等词汇,然后让学生用这些词汇描述花园。

（2）**强化语言逻辑训练**。教师可以通过提问引导学生组织语言,如"先看到了什么？ 然后呢？ 最后呢？"让学生按照一定的逻辑顺序描述图片。例如:学习《小蝌蚪找妈妈》的插图时,教师可以先教学生"大大的脑袋""黑灰色的身子""长长的尾巴"等词汇,然后让学生用这些词汇描述小蝌蚪的样子,并按照小蝌蚪找妈妈的过程描述图片内容。

（3）**增加语言训练活动**。在日常学习生活中可以开展专门的语言表达训练活动,如看图说话比赛、故事续写等,让学生在实践中提高语言组织能力。教师可以给予及时的反馈和指导,帮助学生纠正逻辑混乱和语句不连贯的问题。

3. 运用方法,拓展思维

（1）**创意激发,启发式提问**。鼓励学生大胆创新,进行创意性的联想和想象。可以通过设置开放性的问题、开展创意绘画等活动,激发学生的创造力。例如,让学生根据图片内容设计一个新的故事结局,或者画出自己想象中的场景。

（2）**推进方法指导**。教授学生分析图片细节和元素关系的方法，如从整体到局部、对比观察等。通过具体的例子进行示范，让学生在实践中掌握这些方法，提高理解的准确性和全面性。例如教师教学时可以展示两幅相似但又不同的图片，让学生分析图片的细节和元素关系，培养学生的观察力和思维能力。在学习《黄山奇石》的插图时，教师可以展示不同形状的黄山奇石图片，让学生对比分析这些石头像什么，并想象如果自己是一块黄山奇石会有怎样的故事。

4. 循序渐进，适应教学方法

（1）**安排过渡**。例如，先从简单的游戏式读图开始，逐渐增加分析图片细节和小组讨论的环节，让学生逐步熟悉新的学习方式。

（2）**保持趣味性**。结合游戏、故事等元素，缓解学生的学习压力。例如，在小组讨论中可以设置一些游戏环节，增加学生的参与度和积极性。同时，关注学生的学习兴趣和需求，及时调整教学方法，提高教学效果。

（3）**建立奖励制度**。教师可以通过奖励机制、小组竞赛等方式激发学生的学习兴趣，减轻学习压力。例如：在学习《动物儿歌》时，先通过动物图片游戏让学生认识各种动物，然后逐步引导学生观察图片中的动物活动，进行小组讨论，描述动物的生活习性，并对表现好的小组进行奖励。

二、非连续性文本阅读

在幼小衔接阶段，非连续性文本阅读对儿童成长至关重要。正如苏霍姆林斯基所说："让学生变聪明的方法，不是补课，不是增加作业量，而是阅读、阅读、再阅读。"

非连续性文本如图表、说明书、地图等，具有直观、简洁的特点。它能培养儿童提取关键信息的能力，比如让孩子从列车时刻表中找到出发时间，提升其观察力和专注力。同时，有助于锻炼逻辑思维，儿童在整合不同信息时，能学会分析、比较、归纳等方法。非连续性文本阅读还与生活紧密相连，可增强儿童对生活的认知，使其更好地理解生活中的各种信息，为适应小学生活和未来社会做好准备，让孩子在阅读中不断成长，成为善于思考和解决问题的小能手。

（一）概念明晰

1. 非连续性文本的概念

非连续性文本又称为"间断性文本"，是相对于具有叙事性、文学性的连续性文本而言的一种阅读文本形式，是指信息并非以连续的语言形式呈现的文本，而是围绕一个事物或主题，按照一定逻辑顺序提供多维度的诸如数据表格、图表、曲线图、图解文字、凭证单、说明书、广告、地图、清单、时刻表、目录、索引等多种形式的阅读材料。这些材料单独看可能是完整的，但合在一起又必须综合地表达意义。

2. 非连续性文本的特点

由于非连续性文本在结构和语言上不具有完整的故事性，因此它比叙事性文本更能够直观地表达编者传递的基本信息,具有以下特点。

（1）丰富性和多样性。非连续性文本包含的内容丰富,呈现的形式多样,包括图表、图片、视频等,这些元素相互补充、相互关联,共同构成完整的文本信息,可以更加直观地展示信息。

（2）直观性和概括性。非连续性文本在结构和语言上不具有完整的故事性,因此它比叙事性文本更能够直观地表达编者传递的基本信息。

（3）互动性和整合性。非连续性文本强调信息之间的互动性和整合性,读者需要整合不同形式的信息,并从中提取出关键信息。

因此,相对于连续性文本,非连续性文本能够简洁系统地呈现文本的关键信息,其阅读具有"短、简、快"的特点,能够大大缩减阅读的时间,提高阅读的效率。

（二）内容解读

由于年龄不同,3 到 6 岁的幼儿园儿童和小学一、二年级儿童的阅读需求和能力特点也是不同的,因此他们所阅读的非连续性文本的内容和形式也是有区别的。现就幼儿园阶段和小学一、二年级阶段教材中遇到的非连续性文本的内容和形式进行梳理。

1. 幼儿园阶段非连续性文本内容

幼儿园非连续性文本的内容丰富多样,以常见的生活标记、生活图表、日常广告、说明书、漫画等形式呈现。

表 2-29

类别	文本形式	具 体 内 容
生活标记	交通标志	包括红绿灯、禁止通行、限速等标志,帮助幼儿了解交通规则,增强安全意识。
	安全标识	如防火标志、禁止触摸等,教育幼儿识别生活中的安全隐患,学会自我保护。
	日常用品标识	如餐具、玩具等的使用说明和警告标识,引导幼儿正确使用物品,避免意外发生。
生活图表	时间表	如一日生活安排表,帮助幼儿了解一天中的各个活动环节,培养时间观念。
	步骤图	展示某项活动或任务的详细步骤,如洗手、穿衣服等,引导幼儿按步骤操作,培养自理能力。
	统计图表	简单的柱状图、饼图等,用于展示数据对比或变化趋势,培养幼儿的观察和分析能力。
	地图	如幼儿园平面图,帮助幼儿熟悉幼儿园环境,增强空间认知能力;城市地图,引导幼儿了解城市的地理布局和交通路线,培养方向感和空间感。

类别	文本形式	具 体 内 容
日常广告	产品广告	选取适合幼儿年龄段的产品广告,如儿童食品、玩具等,引导幼儿了解产品特点,同时培养批判性思维,识别广告中的真实信息。
	公益广告	如环保、健康等主题的公益广告,教育幼儿关注社会问题,培养社会责任感和环保意识。
说明书	玩具说明书	提供玩具的组装、使用和维护说明,引导幼儿正确使用玩具,同时培养他们的动手能力和解决问题的能力。
	日常用品说明书	如儿童牙刷、水杯等的使用说明,帮助幼儿了解日常用品的正确使用方法,培养良好的生活习惯。
漫画	教育漫画	以幽默、夸张的方式呈现教育内容,如安全知识、行为习惯等,吸引幼儿的注意力,提高阅读兴趣
	故事漫画	选取适合幼儿阅读的简短故事漫画,引导幼儿理解故事情节和人物关系,培养想象力和语言表达能力。

可见,幼儿园非连续性文本的内容紧紧环绕儿童生活的各个方面和场景,以直观、简明的方式呈现信息,有助于幼儿在阅读过程中获得知识、培养能力和形成良好的行为习惯。

2. 小学第一学段(1—2 年级)

为了更加直观、更加系统地梳理小学第一学段统编语文教材中的非连续性文本,对教材中大量出现的插图以外其他形式的非连续性文本进行了整理,主要内容如下表所示。

表 2-30

年级	册数	所在单元	内 容	形 式
一年级	上册	第一单元	快乐读书吧《读书真快乐》	四幅场景图示及提示语
		第二单元	《语文园地二》识字加油站	拼音本封面
		第三单元	《语文园地三》识字加油站	课程表
		第八单元	口语交际《我会想办法》	看图补白编故事
		第八单元	《语文园地八》字词句运用	新年卡片祝福语
	下册	第一单元	口语交际《听故事 讲故事》	漫画《小猫种鱼》
		第六单元	《语文园地六》展示台	食品包装袋
		第七单元	《动物王国开大会》课后练习	通知

年级	册数	所在单元	内　　容	形　　式
二年级	上册	第一单元	《小蝌蚪找妈妈》课后练习	课文插图(流程图)
		第三单元	《曹冲称象》课后练习	文字提示(排序)
		第四单元	《语文园地四》识字加油站	火车票
			《语文园地四》写话	留言条
		第七单元	口语交际《看图讲故事》	漫画《父与子》
	下册	第一单元	《语文园地一》识字加油站	公园导览图
			快乐读书吧《读读儿童故事》	书本目录
		第二单元	《千人糕》课文插图和课后练习	课文插图(流程图)
		第三单元	《语文园地三》写话	表格
		第四单元	《中国美食》课文	菜谱(图文结合)
		第七单元	《蜘蛛开店》课后练习	示意图(文字)
			《小毛虫》课后练习	文字提示(变化流程)
		第八单元	《羿射九日》课后练习	表格
			《皇帝的传说》课后练习	文字提示

从上表中能直观地感受到,在统编教材一、二年级语文中,非连续性文本阅读的内容虽然不如高年级那样丰富和复杂,但仍然以多种形式融入教材中,旨在培养学生的观察力、信息提取能力和综合阅读能力。

对表中的内容进行进一步梳理后可归纳为如下几个类别。

(1)课文插图与图示

一、二年级的语文教材中,几乎每篇课文都配有精美的插图。这些插图不仅增强了课文的可读性和趣味性,还以直观的方式展示了课文内容,帮助学生更好地理解文字信息。插图作为非连续性文本的一种形式,对于培养学生的观察力和想象力具有重要作用。

(2)漫画

绘本和图画书是低年级学生重要的课外阅读材料之一。一、二年级的语文教材中,也出现了大量的漫画形式的非连续性文本,如口语交际中的《小猫种鱼》《我会想办法》《父与子》等,通常以图画为主、文字为辅的形式呈现,其中也包含了一定数量的非连续性文本元素(如说明、标题、序号等)。通过阅读,学生可以接触到更多样化的非连续性文本形式,并进一步提高自己的阅读能力和综合素养。

（3）生活图表

在一年级上册《语文园地二》识字加油站中出现了课程表，二年级下册《语文园地一》识字加油站中出现了公园导览图。除了这两类图表外，在一下《语文园地六》展示台中出现了食品包装袋，《语文园地四》识字加油站中出现了火车票，都属于真实生活中常遇到的图表类的非连续性文本，借助此类生活图表，学生在进行归类识字的同时，提取有关关键信息，并能根据关键字进行相关信息的索引。

（4）目录与索引

除了每册语文书的目录部分，在二年级下册第一单元的快乐读书吧《读读儿童故事》中出现了"目录"，二下第四单元的《中国美食》则直接以"菜谱"的形式呈现，目录与索引形式的非连续性文本，以提纲挈领的方式呈现了教材和文本的结构和内容，有助于学生快速定位所需信息，通过引导学生阅读目录，培养他们的信息检索能力和纵向思维能力。

（5）图表与数据

虽然在一、二年级的语文教材中直接出现的图表和数据较少，但在课后练习中出现了不少提示、流程图、表格形式的非连续性阅读材料，尤其在二年级第二学期后半段，如《蜘蛛开店》《羿射九日》《黄帝的传说》等根据表格等提示讲清故事的练习明显增多。教师可以通过补充课后练习中的阅读材料，设计相关的教学活动来引入非连续文本的阅读教学。

（6）实践活动与任务单

在一些综合实践活动中，教师可能会设计包含非连续性文本元素的任务单或活动手册。这些材料可能包括步骤图、流程图、任务清单等，例如二年级下册的《千人糕》《中国美食》，旨在引导学生按照指示完成活动任务。通过参与这些活动，学生可以锻炼自己的动手能力和解决问题的能力。

综上所述，一、二年级统编语文教材中的非连续性文本阅读内容主题形式更多样。这些内容以多种形式融入教材中，旨在培养学生的观察力、信息提取能力和综合阅读能力。

（三）目标梳理

非连续性文本阅读因其直观性和简明性，在培养学生阅读能力和综合素质方面具有重要意义。然而，在幼儿园和小学第一学段，对于非连续性文本阅读的教学目标存在着显著的差异。

1. 幼儿园目标

《3—6 岁儿童发展与学习指南》从健康、语言、社会、科学、艺术五个领域，描述幼儿的学习与发展。由于《指南》中没有直接指向非连续性文本阅读的教学的目标，根据非连续性文本的内涵和特征，从《指南》中语言领域的"阅读与书写准备"和科学领域的"科学探究"两个维度中,梳理出与非连续性文本阅读紧密关系的目标,即喜欢看图书,具有初步的阅读理解能力,具有书面表达的愿望和初步技能,并且具有初步的探究能力,以及对应的分年龄目标。

表 2-31

目标	3—4 岁	4—5 岁	5—6 岁
喜欢看图书	1. 主动要求成人讲故事、读图书。 2. 爱护图书,不乱撕、乱扔。	1. 反复看自己喜欢的图书。 2. 喜欢把听过的故事或看过的图书讲给别人听。 3. 对生活中常见的标识、符号感兴趣,知道它们表示一定的意义。	1. 专注地阅读图书。 2. 喜欢与他人一起谈论图书和故事的有关内容。 3. 对图书和生活情境中的文字符号感兴趣,知道文字表示一定的意义。
具有初步的阅读理解能力	1. 会看画面,能根据画面说出图中有什么,发生了什么事等。 2. 能理解图书上的文字是和画面对应的,是用来表达画面意义的。	1. 能根据连续画面提供的信息,大致说出故事的情节。 2. 能随着作品的展开产生喜悦、担忧等相应的情绪反应,体会作品所表达的情绪情感。	1. 能说出所阅读的幼儿文学作品的主要内容。 2. 能根据故事的部分情节或图书画面的线索猜想故事情节的发展,或续编、创编故事。 3. 对看过的图书、听过的故事能说出自己的看法。
具有书面表达的愿望和初步技能	1. 喜欢用涂涂画画表达一定的意思。	1. 愿意用图画和符号表达自己的愿望和想法。	1. 愿意用图画和符号表现事物或故事。
具有初步的探究能力	1. 对感兴趣的事物能仔细观察,发现其明显特征。	1. 能对事物或现象进行观察比较,发现其相同与不同。 2. 能通过简单的调查收集信息。 3. 能用图画或其他符号进行记录。	1. 能通过观察、比较与分析,发现并描述不同种类物体的特征或某个事物前后的变化。 2. 在成人的帮助下能制定简单的调查计划并执行。 3. 能用数字、图画、图表或其他符号记录。 4. 探究中能与他人合作与交流。

2. 小学第一学段目标

《义务教育语文课程标准(2022 年版)》总目标中明确:要学会运用多种阅读方法,具有独立阅读能力。能阅读日常的书报杂志,初步鉴赏文学作品,能借助工具书阅读浅易的文言文。能根据需要,用书面语言具体明确、文从字顺地表达自己的见闻、体验和想法;乐于探索,勤于思考,初步掌握比较、分析、概括、推理等思维方法,辩证地思考问题,有理有据、负责任地表达自己的观点,养成实事求是、崇尚真知的态度。

而在第一学段(1—2 年级)"阅读与鉴赏"和"梳理与探究"两个方面也有具体的要求和目标,如下表。

表 2-32

阅读与鉴赏	1. **喜欢阅读,感受阅读的乐趣。** 2. 结合上下文和生活实际了解课文中词句的意思,在阅读中积累词语。**借助读物中的图画阅读。** 3. 阅读浅近的童话、寓言、故事,向往美好的情境,关心自然和生命,**对感兴趣的人物和事件有自己的感受和想法,并乐于与他人交流。** 4. **尝试阅读整本书,用自己喜欢的方式向他人介绍读过的书。养成爱护图书的习惯。**
梳理与探究	1. 观察字形,体会汉字部件之间的关系。**梳理学过的字,感知汉字与生活的联系。** 2. 观察大自然,热心参加校园、社区活动,积累活动体验。**结合语文学习,用口头或图文等方式整理、表达自己在活动中的见闻和想法。** 3. 对周围事物有好奇心,能就感兴趣的内容提出问题,**结合其他学科的学习和生活经验交流讨论,尝试提出自己的看法。**

以此为依据的基础上,为了进一步细化一、二年级分级段的目标,对教材中的非连续性文本的教学内容的目标进行梳理如下表。

表 2-33

年级	册数	内容	目标
一年级	上册	快乐读书吧《读书真快乐》场景图及提示语	1. 了解课外阅读的方式和基本途径。 2. 参与亲子阅读、师生或生生共度,在互动中增强阅读体验。 3. 体会阅读的快乐,产生阅读的期待,乐于和大家分享课外阅读成果。
		《语文园地二》拼音本封面	1. 借助拼音本封面认识 8 个生字,会写 2 个字和 1 个笔画。 2. 结合封面图片,了解拼音本封面上需要填写的信息。 3. 树立活中学语文的意识。
		《语文园地三》识字加油站课程表	1. 认识各课程名称,用颜色或图形区分不同课程。 2. 学会 5 个生字,重点认识 4 门课程,会写 2 个字。 3. 进行识字与说话练习,感受语文与生活的联系。
		口语交际《我会想办法》漫画	1. 读懂图意,明白图中大问号的意思。 2. 大胆想象运南瓜的方法,积极参与讨论,选出自己喜欢的方法,并能说出理由。
		《语文园地八》字词句运用写祝福语	1. 阅读图片,了解贺卡的基本内容和格式。 2. 参照图示上的贺卡书写格式,把想说的祝福写下来。

续表

年级	册数	内　容	目　标
一年级	下册	口语交际《听故事　讲故事》漫画	1. 能认真听老师讲故事,并借助图片,听懂故事内容,记住故事的主要情节。 2. 能借助图片讲故事,讲出故事的主要内容,声音响亮。 3. 有当众讲话的勇气和信心。
		《语文园地六》食品包装展示台	1. 通过食品包装认识汉字。 2. 拓展生字识字的途径。
		《动物王国开大会》课后练习通知	1. 从"通知"中提取相关信息,了解关键要素。 2. 根据要素的提示,找到关键信息说一说。
二年级	上册	《小蝌蚪找妈妈》课后练习	1. 借助图片,按顺序说清楚蝌蚪成长的变化过程。 2. 看图讲小蝌蚪找妈妈的故事。
		《曹冲称象》课后练习	1. 借助排序提示,说说曹冲称象的过程。
		《语文园地四》识字加油站火车票	1. 借助火车票上的信息认识生字。 2. 了解火车票上包含的信息要素。 3. 增强在生活中主动识字的意识。
		《语文园地四》留言条	1. 阅读示例和批注,了解留言条的基本内容和格式。 2. 能根据实际情况写留言条。
		口语交际:看图讲故事	1. 了解图意,按顺序讲清楚图意。 2. 发挥想象,与同学交流故事的结局。
	下册	《语文园地一》公园导览图	1. 借助公园导览图认读词语,学习生字。 2. 知道游玩时注意看游览图,产生主动识字的意识,养成生活中识字的习惯。
		快乐读书吧《读读儿童故事》	1. 产生阅读儿童故事的兴趣,能自主阅读喜欢的故事,了解故事的主要内容。 2. 初步学会看书的目录,能从目录中了解书里主要写了什么,要读的内容从哪一页开始。 3. 能简单说出目录的作用,了解目录可以帮助选择图书、做读书计划。
		《千人糕》课文插图和课后练习	1. 能借助图画,说出米糕是经过哪些劳动才做成的。
		《语文园地三》写话	1. 阅读表格,根据提示说说朋友的特点。
		《中国美食》课文	1. 认识生字,读准多音字,会写 10 个字和 6 个词语。 2. 能用部首查字法查汉字,发现偏旁的联系。 3. 说出用"炒、烤、爆"等方法制作的美食。 (实践活动:说说自己家乡的美食)

续表

年级	册数	内 容	目 标
二年级	下册	《蜘蛛开店》课后练习	1. 能根据示意图讲故事。 2. 能展开想象,续编故事。
		《小毛虫》课后练习	1. 能借助提示用自己的话完整讲故事。
		《羿射九日》课后练习	2. 根据表格提示的内容讲故事。
		《黄帝的传说》课后练习	3. 借助提示讲故事

由此初步梳理出小学一、二年级非连续性文本阅读的教学目标。

表 2-34

目 标	一年级	二年级
喜欢阅读,感受阅读的乐趣	1. 了解课外阅读的方式和基本途径。 2. 参与亲子阅读、师生或生生共度,在互动中增强阅读体验。 3. 体会阅读的快乐,产生阅读的期待,乐于和大家分享课外阅读成果。	1. 产生阅读儿童故事的兴趣,能自主阅读喜欢的故事,了解故事的主要内容。 2. 初步学会看书的目录,能从目录中了解书里主要写了什么,要读的内容从哪一页开始。 3. 能简单说出目录的作用,了解目录可以帮助选择图书、做读书计划。 4. 尝试阅读整本书,用自己喜欢的方式向他人介绍读过的书。 5. 养成爱护图书的习惯。
具有一定的阅读理解能力	1. 借助读物中的图画阅读,读懂故事。 2. 在阅读中识字,感受语文和生活的关系,产生主动识字的意识,养成生活中识字的习惯。 3. 用自己喜欢的方式讲故事。	1. 借助图示、提示等进行阅读,能够在材料中提取信息。 2. 在阅读中识字、理解和积累词语。 3. 能够借助提示,讲清楚一件事情。
具备简单的非连续性文本的撰写的愿望和能力	1. 了解贺卡的基本内容和格式。 2. 参照图示上的贺卡书写格式,把想说的祝福写下来。	1. 阅读示例和批注,了解留言条的基本内容和格式。 2. 结合实际情况,会写通知。
具有一定的探究能力	1. 梳理学过的字,感知汉字与生活的联系。	1. 结合语文学习,用口头或图文等方式整理、表达自己在活动中的见闻和想法。 2. 结合其他学科的学习和生活经验交流讨论,尝试提出自己的看法。

(四)差异分析

1. 内容差异分析

幼儿园和小学一、二年级在非连续性文本内容方面存在显著差异,这些差异主要体现在文本的难度、呈现形式上。

（1）文本难度提升

幼儿园阶段的非连续性文本内容相对简单,多以直观、易懂的图形、符号为主,如单幅图画、标识、交通标志等。这些文本主要用于帮助幼儿理解日常生活中的基本规则和常识。文本的信息量较少,逻辑关系不复杂,便于幼儿理解和记忆。

随着学生认知能力和阅读能力的提升,小学一、二年级非连续性文本的内容逐渐复杂化。文本可能包含更多的信息点,逻辑关系也更为紧密。文本形式除了图形、符号外,还可能包括简单的表格、图表等,需要学生具备一定的数据解读能力。

（2）呈现形式多样

幼儿园阶段非连续性文本主要以生活中的实物、图片、标识等形式呈现,贴近幼儿的实际生活,易于引起他们的兴趣和注意。文本设计注重趣味性和直观性,旨在通过生动的视觉元素帮助幼儿理解和记忆。

小学一、二年级文本呈现形式更加多样化,包括图文结合的材料、简单的数据统计图表等。这些形式有助于培养学生的逻辑思维能力和数据分析能力。随着年级的升高,文本中的文字量逐渐增加,对学生的阅读理解能力提出了更高的要求。

2. 目标差异分析

幼儿园和小学一、二年级在非连续性文本阅读目标上确实存在显著的差异。这些差异主要体现在学生的认知发展与兴趣培养、生活常识与规则意识等方面。

（1）认知发展与兴趣培养

幼儿园阶段侧重于培养幼儿对非连续性文本的基本认知和阅读兴趣。通过直观材料引导幼儿观察、识别和理解文本中的基本信息,注重激发幼儿的好奇心和阅读意愿。

小学一、二年级注重学生认知能力的提升和阅读技能的进一步发展,强调通过阅读非连续性文本来培养学生的逻辑思维和问题解决能力。当然,兴趣培养仍然重要,但更多的是在提升阅读能力和理解力的过程中自然形成。

（2）生活常识与规则意识

幼儿园阶段通过阅读生活中的实物标识、交通标志等非连续性文本,帮助幼儿建立基本的生活常识和规则意识,强调文本与幼儿实际生活的紧密联系,培养安全意识和自我保护能力。

小学一、二年级虽然仍然关注生活常识和规则意识的培养,但更多的是通过更复杂的文本形式（如图表、数据表格等）来呈现这些信息,强调将文本知识与实际生活相结合,形成综合的知识体系。

（3）阅读技能与信息处理能力

幼儿园阶段培养幼儿初步的观察力和理解能力,让他们能够识别文本中的关键元素并理解基本信息。阅读技能的培养主要集中在简单的文本识别和初步理解上。

小学一、二年级注重学生阅读技能的全面提升,包括快速准确地提取关键信息、理解文本之间的逻辑关系等,强调信息筛选和处理能力的培养,学会从复杂文本中识别有用信息并进行有效整合。

（4）逻辑思维与问题解决能力

幼儿园阶段通过非连续性文本的阅读,初步培养幼儿的逻辑思维和问题解决能力,主要集中在简单的逻辑推理和问题解决上。

小学一、二年级强调通过非连续性文本的阅读来进一步培养学生的逻辑思维和问题解决能力,要求学生能够根据文本中的信息进行分析、推理和判断,并解决实际问题。

综上所述,幼儿园和小学一、二年级在非连续性文本阅读目标上存在显著差异。幼儿园阶段更注重认知发展与兴趣培养、生活常识与规则意识的建立以及初步的阅读技能和信息处理能力;而小学一、二年级则更加注重阅读技能的全面提升、信息筛选与处理能力的培养以及逻辑思维与问题解决能力的进一步发展。

（五）现状审视

结合以上梳理的幼小衔接阶段非连续性文本的阅读内容和目标上的差异,儿童在非连续性文本阅读中可能遇到以下挑战:

1. 认知能力的限制

认知能力的限制是儿童在幼小衔接阶段面临的第一大挑战,在非连续性文本的阅读能力上首先可能会出现信息处理能力不足。非连续性文本通常包含大量的图表、符号和简短文字,儿童难以快速准确地处理这些信息,尤其是在信息量大且复杂的情况下。其次可能出现逻辑思维能力欠缺。非连续性文本往往需要读者进行逻辑推理和判断,而幼小衔接阶段的儿童在逻辑思维方面可能还不够成熟,难以形成完整的逻辑链条。

2. 阅读经验的缺乏

阅读经验的缺乏表现在对文本形式不熟悉和阅读方法不恰当两个方面。儿童在幼儿园阶段接触的非连续性文本较少,因此在进入小学后面对大量的图表、说明书等文本形式时会感到陌生和无所适从。由于缺乏阅读经验,儿童可能找不到恰当的阅读方法,不知道如何有效地阅读非连续性文本,比如不知道如何快速定位关键信息、如何对比不同数据等。

3. 语言理解和表达能力的限制

幼小衔接阶段的儿童的词汇量有限,并且表达能力不足。连续性文本中可能包含一些专业词汇或抽象概念,儿童由于词汇量有限,可能无法理解这些词汇或概念的含义。即使儿童理解了文本内容,也可能由于表达能力不足而无法准确地表达自己的理解或观点。

4. 家庭和学校教育的影响

家庭教育的不足和学校教育的不适应同样可能使儿童在非连续性文本阅读上面临一定困难。家长可能忽视了对儿童非连续性文本阅读能力的培养，没有提供足够的阅读材料或指导方法。学校教育可能过于注重连续性文本的教学而忽视了非连续性文本的重要性，或者没有针对幼小衔接阶段儿童的特点制定有效的教学策略。

（六）策略支持

针对这些可能出现的挑战，家长、教师和学校可以采取以下措施来帮助儿童提升非连续性文本的阅读能力。

1. 提供多样的阅读材料，增加儿童的接触机会

（1）丰富材料选择

在推荐阅读书目中，有意识地加入非连续性文本的阅读书目，突破学科界限，丰富阅读材料选择，帮助儿童接触和理解不同类型的非连续性文本。

（2）鼓励定期阅读

鼓励学生定期阅读非连续性文本，如每天阅读一篇新闻报道、每周阅读一份产品说明书等，培养阅读习惯和自主学习能力。

（3）创建阅读氛围

建立班级图书角，设立非连续性文本图书栏，提供绘本以外，例如商场促销单、公园导游图、天气预报等阅读材料，按难度分低、中、高三个等第，满足不同阅读水平的儿童需求。

开设非连续性文本分享栏，提供一个分享主动寻找到的非连续性文本的平台，巩固自主阅读习惯，激发不断探究精神的形成。

2. 指导有效的阅读方法，提升儿童的阅读能力

（1）创设真实的阅读情境

活动设计时，创设与学生生活相关的非连续性文本的阅读情境，激发学生的阅读兴趣，使他们更加积极地参与到非连续性文本的阅读中来。

（2）指导有效的阅读方法

教学过程中，需重点指导学生快速浏览与定位、信息筛选与整合、图表解读与分析等方法。

（3）组织有趣的学习方式

活动实施时，注重组织学生进行小组讨论、角色扮演等适合一、二年级学生的学习方式。

3. 实施适切的评价方式，激励儿童积极参与

通过有效的评价方式，可以极大地鼓励学生积极参与非连续性文本的阅读和

表达。

（1）明确评价标准

注意评价的多元化，即评价内容应涵盖多个方面，包括阅读理解能力、信息提取能力、批判性思维能力、表达能力、阅读态度和阅读兴趣，合作精神等。同时注意评价的客观性和激励性等原则。

（2）多元评价方式

既要实施过程性评价，例如阅读过程中的及时反馈，观察记录和表现性评价等，同时采用结果性评价，除了纸笔之外，也要鼓励学生将阅读非连续性文本后的心得、体会或创意以作品的形式展示出来，如海报、PPT、小论文等。通过作品展示，评价学生的表达能力、创新思维和综合能力。

（3）构建积极的评价氛围

要构建积极的评价氛围，包括鼓励式语言、个性化评价和家校合作多元评价等。

4. 加强家校合作，营造良好阅读氛围

家校合作在为学生提供良好的非连续性文本阅读氛围方面起着至关重要的作用。

（1）学校组织实践活动过程中引入非连续性文本的阅读任务

除了在课堂上积极引入非连续性文本的教学，帮助儿童理解和掌握非连续性文本的阅读技巧，学校可以在组织各种课外活动，如参观博物馆、科技馆中，设计相关的实践任务，引导儿童观察和理解展览中的非连续性文本，如图表、说明牌等。

（2）家长参与亲子活动过程中重视非连续性文本阅读任务

设计需要亲子合作的与非连续性文本相关的长作业，如根据家庭账单制定消费计划、根据地图规划出行路线等，既能够锻炼儿童的阅读能力，又能培养他们的实际应用能力。这需要家长引起重视，密切配合，积极参与。

以上措施，结合及时开展对应的评价活动，使儿童不但增加接触机会，丰富知识面和阅历，还将课堂中习得的技巧和能力得以运用，并在激励中保持阅读的兴趣和信心。

第三部分:行于实

"行于实",蕴含着深刻的哲理,尤其在小学语文幼小衔接这一领域,凸显出行动与实践的至关重要性。

思考与研究是探索的起点,它们为我们提供方向和理论依据。在小学语文幼小衔接的探索中,我们会思考如何让幼儿平稳过渡到小学,研究儿童心理和认知发展规律,寻找最适合的教学方法和内容。但这些都只是停留在理论层面,若不"行于实",一切都只是空中楼阁。

进入课堂是"行于实"的关键一步。课堂是教育的主阵地,只有身处其中,才能真切感受到幼小衔接教学的实际情况。在课堂上观察儿童学习,是了解教学效果的直接途径。我们可以看到孩子们对知识的接受程度,是积极参与还是面露困惑;观察他们的学习习惯,是注意力集中还是容易分散。这些观察结果能让我们直观地发现教学中存在的问题。

通过观察去思考改进的方向,进而验证思考的实效,这是一个不断循环、螺旋上升的过程。比如,我们思考采用游戏化教学能提高幼儿兴趣,当在课堂实践中观察到孩子们在游戏环节热情高涨、知识掌握更好,就验证了这一思考的正确性;反之,若发现问题,便可以据此调整教学策略,再次投入实践检验。只有"行于实",将思考与研究成果付诸行动,在实践中不断打磨,小学语文幼小衔接工作才能真正做到扎实有效,帮助孩子们顺利开启小学学习之旅。

课堂观察是教师专业成长的重要途径,也是提升教学质量的有效手段。在小学语文幼小衔接阶段,课堂观察的意义尤为突出。这一阶段的学生正处于从幼儿园到小学的过渡期,他们的学习习惯、认知能力和情感发展都在发生显著变化。如何帮助学生在语文学习中顺利过渡,如何激发他们的学习兴趣,如何培养他们的语言表达能力,是每一位语文教师需要深入思考的问题。

在传统的课堂观察中,教师往往更关注整体的教学流程和课堂氛围,而对个体学生的学习历程缺乏细致入微的观察与分析。然而,每个学生都是独特的个体,他们的学习方式、思维特点和情感体验各不相同。只有通过聚焦具体学生的学习历程,才能真正了解他们的学习状态,发现他们的学习需求,从而提供更有针对性的教学支持。

基于这一理念,我们在课堂观察中更关注对焦点学生的观察。这种方法强调以个别学生为观察对象,重点关注他们在课堂中的学习行为、思维过程以及情感变化。通过对焦点学生学习历程的细致记录与分析,教师能够更清晰地看到教学对学生的影响,也能够更敏锐地捕捉到学生在学习过程中遇到的困难与挑战。这种观察方式不仅帮助教师更好地理解学生,也为教学改进提供了切实可行的依据。

在"课堂观察案例"板块中,我们呈现了一系列基于焦点学生的观察案例。这些案例来源于真实的课堂情境,记录了教师对幼小衔接阶段个体学生的细致观察、对教学问题的深入思考以及对改进策略的积极探索。每一个案例都像一面镜子,映照出低年段儿童在课堂中的真实表现,也折射出教师在教学中的困惑与成长。

通过这些案例,我们看到了一个个鲜活的儿童形象:有的学生在课堂上表现出强烈的学习兴趣,却因为缺乏有效的学习方法而陷入困境;有的学生看似安静听话,实则对学习内容缺乏深入理解;还有的学生在课堂上表现出焦虑或逃避的情绪,需要教师给予更多的情感支持。这些真实的案例让我们意识到,教学不仅仅是知识的传递,更是对学生学习过程的引导与支持。

同时,这些案例也引发了教师对自身教学的深刻反思。例如,如何在课堂上更好地激发学生的学习兴趣?如何设计更有层次的教学活动,满足不同学生的学习需求?如何在关注知识传授的同时,兼顾学生的情感发展?这些问题在案例中得到了充分的探讨,也为教师提供了改进教学的方向。

我们希望通过这些案例的分享,能够激发更多教师对课堂观察的重视,并鼓励大家在日常教学中尝试焦点学生观察法。通过观察学生、理解学生,我们能够更好地设计教学、改进教学,最终实现学生的全面发展。课堂观察不仅是一种研究方法,更是一种教育情怀。它让我们看到每一个学生的独特性,也让我们在教育的道路上不断前行。

让我们一起用观察的眼睛发现学生,用思考的心灵改进教学,用行动的力量推动教育的进步。

第九章　儿童如何进入"汉字王国"

案例一

爱"动嘴"的小彭

——以一年级《ai ei ui》一课中的焦点学生小彭的观察为例

学校:江桥小学	班级:一(2)班	课题:《ai ei ui》
焦点学生:小彭	执教教师:李淑凤	观察教师:凌华佳

一、课例描述

（一）教学目标和内容分析

《ai ei ui》是部编版小学一年级语文上册第四单元的第一课。本单元安排了 5 课拼音和 1 个语文园地，学习内容包括 8 个复韵母、1 个特殊韵母、9 个鼻韵母、6 个整体认读音节、相关的音节拼读练习以及音节词的书写，还穿插安排了词语、识字和儿歌。《ai ei ui》是复韵母教学的起始课，教材继续借助情境图帮助学生学习拼音，提出充分利用学生生活经验，在帮助学生学习相关韵母的同时，培养学生的观察能力和口语表达能力；在真实的语境中学拼音、用拼音，体会拼音学习的价值这两个语文要素。

根据单元语文要素，教师将"充分利用学生生活经验，在帮助学生学习相关韵母的同时，培养学生的观察能力和口语表达能力；在真实的语境中学拼音、用拼音，体会拼音学习的价值"作为单元核心目标分解于单课目标中。《ai ei ui》一课的具体目标为：

1. 正确认读 ai、ei、ui 和它们的四声，读准音，认清形。

2. 正确拼读由 ai、ei、ui 组成的带调音节。了解复韵母的标调规则。能在四线格中正确书写音节词"pái duì"。

3. 借助拼音，正确认读"萝卜、白菜"等词语，认识"白、菜"等生字。

4. 正确朗读儿歌《洗手歌》。

本课是学生第一次接触复韵母，根据学生年龄特点，《ai ei ui》一课共安排三课时的教学，教师进一步分解课时目标，本课作为第一课时，具体目标如下：

1. 观察情境图借助音节词，正确认读复韵母 ai、ei、ui 和它们的四声调，读准音，记清形。

2. 梳理巩固复韵母的标调规则。

3. 运用学习工具拉拉卡，正确拼读声母与复韵母 ai、ei、ui 组成的音节。

结合教学目标，教师设计了"观察情境图，引出学习任务认识复韵母 ai、ei、ui""观看视频，梳理巩固复韵母的标调规则""结合公园里老奶奶讲故事的情境图学习声母和复韵母 ai、ei、ui 的拼读"和"情境图串联，学习儿歌"四个教学环节，其中环节二、三对应重点目标 2、3，是本课学生学习目标达成的关键，围绕重点环节，教师安排了"游戏活动：运用拉拉卡，练读复韵母 ai、ei、ui 四声调""放大镜情境呈现：观察秋日公园图，音节练读、识记生字，最后以捡落叶游戏重回情境图"两个主要驱动性任务。

从教学目标和教学内容来看，教师能够从单元到单课再到课时进行整体性的设计，实现了目标和内容的一一对应，并以"正确认读 ai、ei、ui 和它们的四声及组成的带调音节"为主线，通过引导学生仔细观察、会说图片上的内容、在交流中学习

3 个复韵母的发音以及回顾拼读旧知，拼读本课音节等系列学习活动中，帮助学生梳理出适合个体发展的拼音学习路径，即"利用生活经验——仔细观察插图——在情境任务中正确拼读、识字"。

（二）教学中的幼小衔接要点分析

汉语拼音是语文学习的重要组成部分。为了让学生有更充裕的时间和更好的拼读体验来把汉语拼音学扎实，2024 年秋季新投入使用的统编教材将原来的两个汉语拼音单元拆分成三个，放慢了教学节奏。尽管如此，汉语拼音教学的过程中依旧面临着一些普遍的问题与挑战：一是根据刚入学学生的年龄特点，他们学习拼音的可持续时间短，往往一个拼音读上一两遍后，就失去了兴趣；二是汉语拼音的学习内容中包含着一些规则、概念，依据学生的认知水平，教学时不适合理性表述，而需采用浅显易懂的方式引导他们学习，使其形成理性认识。

由于本课的教学安排在一年级第一学期的期中阶段，学生只有两个月左右的小学语文课堂学习经历，处于幼小衔接过程的起步，大部分学生对于倾听规则、口语表达等方面的能力仅停留在引导其初步建立的过程。从本单元和单课的重难点目标及内容出发，来梳理学生从幼儿园到一年级在语文学习上的衔接要点，主要有以下几点：

1. 倾听习惯层面：学龄前儿童口语表达目标主要侧重于习惯养成和兴趣培养，在"听"的方面，由学龄前阶段的"能听懂和结合情境理解一些相对复杂的句子"向小学低段的"了解讲话的主要内容、能复述大意和自己感兴趣的情节"转变，即由兴趣向简单技能的转变；这里"努力了解讲话主要内容"的"倾听"对学生提出了更高的要求，即：需要主动倾听、能通过长时间的倾听参与课堂活动并达成理解。

2. 口语表达层面：在"说"的方面，由学龄前"愿意讲话并能清楚地表达"向小学地段的"能较完整地讲述小故事，能简要讲述自己感兴趣的见闻"转变。与学龄前相比，小学低年段要求儿童不仅要有表达的兴趣，还要具有一定的筛选语言信息的能力，这是更高层次的要求。

学龄前要求儿童"敢于说"，小学阶段则提出了"听故事、看音像作品""参加校园、社区活动""自信表达"的要求，更加强调口语表达与儿童生活的结合，在真实的交际情境中完成有价值的口语表达，这也是本课的重点目标之一。

3. 阅读书写层面：《3—6 岁儿童学习与发展指南》中指出，要培养学龄前儿童喜欢听故事，看图书，要求 5—6 岁儿童要做到专注地阅读图书；喜欢与他人一起谈论图书和故事的有关内容；对图书和生活情境中的文字符号感兴趣，知道文字表示一定的意义，《指南》对学龄前儿童在"阅读书写准备"目标（一）更多地停留在感兴趣的层面。小学低年段对阅读和书写提出了更高的要求，学生要在感受阅读的乐趣的同时，还能"结合上下文和生活实际了解课文中词句的意思，在阅读中积累词语；诵读儿歌展开想象"等，说明低年段学生的阅读不只是图片，还有文字。但就拼音单元而言，能仔细观察图片，通过阅读图片，找到学生学习拼音的方法之一，也是阅读书写层面幼小衔接的一个主要落脚点。

目标侧重点的不同，意味着教学重点的不同。基于此，学生在学习本课《ai ei ui》时，指向倾听与表达的关键衔接点有三条：一是能根据老师课上的指令要求，借助插图、复韵母标调规则视频等，正确认读复韵母 ai、ei、ui 和它们的四声调；二是能够在观察插图和情境中学习声母和复韵母 ai、ei、ui 的拼读；三是找出不同人物角色的不同表现，能初步读懂句子的意思，理解和判断喜鹊是勤劳的、寒号鸟是懒惰的；三是在游戏活动和真实生活中运用拼音。而本单元要求学生能够"体会拼音的价值"，就需要教师进一步在第二、三课时以及后续的拼音教学中，帮助学生在"日常生活经验"和"拼音学习"之间架起桥梁，学会在真实的生活情境中学以致用，从而真正达成目标。

二、关键事件描述

关键事件一：他竟然是一个爱吹泡泡的男孩

上课伊始，小彭同学表现出惊人的"活力"，前后左右摆动，和同桌不停地窃窃私语，不过最令我感到惊讶的是，他有一个秘密课堂玩具——木制吹泡泡工具，而且对吹泡泡非常热衷，完全没有理会老师上课前的复习任务。

关键事件二：原来学四声是用舌头舔的

正确认读复韵母和他们的四声调是本课学习的一个重难点，李老师先让学生观看复习了学四声视频，再用上顺口溜、手动滑板车等方法让学生去复习并练习。可能这种视频加调动四肢的小互动对大多数一年级学生来说，会比较感兴趣。但是，好像丝毫没有调动起小彭的兴趣。在后来的观察中我才发现，原来教学的内容对于他而言过于简单，没有刺激性和挑战意义，因此他学四声的全程都用舌头代替了手、眼和嘴。

关键事件三：能允许我来回答吗？

在"出示情景图小朋友一角——练读 sāi 等拼音"环节，小朋友突然显示出一定的兴趣，但可惜的是李老师没有察觉到，依然沉浸在自己的讲课中。小彭同学内心很沮丧，表现在肢体上的动作就开始了，手舞足蹈，嘴里发出各种各样的声音，想引起老师的注意，最后他成功了吗？

关键事件四：我也想听老奶奶讲故事

"秋天到了，有一位白头发的老奶奶，坐在大树下给小朋友讲故事"，老师的话音还未落下，小彭激动地脱口而出："我也想听老奶奶讲故事！"可惜，李老师似乎没有听明白他的言下之意，只用了一句"不要插嘴"来回应小彭突如其来的"热情"表现。接着，小彭再次沉浸在自己的各种玩具之中，不能自拔。

关键事件五:其实,我是会的!

"拉拉卡"和"捡树叶"游戏应该是小彭同学整节课的个人高光时刻。一直以为他什么都不会,单韵母、四声对他来说可能是"天书",没想到最激动人心的情境式游戏检验学习成果的环节中,小彭同学一改常态,不仅改变了调动嘴、腿、头等身体部位来应付学习的状态,还学会了积极举手发言,在最后拼读环节中,他竟然全拼了出来,还是一口气完成的。回答完问题后,还喃喃自语一下:"这些,我早就会了!这个拉拉卡,我喜欢。"

三、基于观察的思考

(一) 亮点分析

1. 链接生活巧识记,自制学具玩中学

本节课中小彭的高光时刻同样也是李老师的灵光时刻,和前半节课的沉闷和无序相比,学生在玩拉拉卡巩固所学的环节表现得非常出色。提高拼音学习的趣味性,让学生更愿意去学拼音很重要。

李老师在这一环节结合情景图和学生生活经验,将拼音、识字和生活经历相链接,让拼读不单单只是机械拼读,更回归他本身的功能——识字的工具。同时,李老师巧妙地设计了学习工具——拉拉卡,通过两次同桌合作活动,运用拉拉卡,展开四声调认读和音节拼读。巧借工具,让课堂环节更紧凑,让课堂形式更有趣,让学生在玩中学,也让像小彭一样的"超前"学生得以高光绽放。

2."量身剪裁"定任务,科学归并"化"难点

根据班级一个多月来幼小衔接的学情分析,学生对直观的图片、视频有较强的兴趣,能更好地投入,李老师在教案的设计中,将任务一正确认读复韵母快速处理,并通过视频学习复韵母标调规则,完成任务二。接着,将本课的重难点放在复韵母四声调的打乱顺序练读和音节拼读中。基于真实学情,使学生的拼音学习更高效。

《ai ei ui》是复韵母教学的第一课,相较于声母和单韵母而言,学生的学习存在一定的困难。教材在编制过程中考虑到幼小衔接的难点,拼音单元中,每一课均用两页展示板块式的学习内容。每一课均包括"声母/整体认读音节教学""拼读教学""书写教学""字词教学"和"儿歌教学"五个板块。教师在课堂教学中,可将这五个板块整体打通,让情境贯穿整个学习过程,使一年级学生在真实生动的情境中开展拼音学习。

3. 任务驱动真学习,情境教学"活"课堂

一年级学生在拼音的拼读练习中,容易产生疲惫、倦怠。老师通过多种方式,调动学生的拼读积极性,让他们对拼读的过程始终充满期待、充满热情。创设整体情境,设置情境任务,将拼读音节融入其中,这是唤起一年级学生拼读积极性最有效的一种方式。例如本课教学时,李老师紧抓课文情境图,以"秋日公园"贯穿整堂课,引导学生观察情境图,并从带有复韵母的相关音节词中逐渐剥离出复韵母。在音节拼读环节,以情景图中的老奶奶和小朋友一角,进行音节连读、识记生字。最后以捡落叶的小游戏回到情景图,以自编儿歌结束整堂课,是引导学生在真实经历中学习,学习又回归到真实生活的一种尝试。

(二) 改进建议

1. 整体设计突破常规

根据对本课教材中幼小衔接要点的分析,发现对一年级学生进行零散式的拼音学习,容易引起学生混淆与短暂性记忆。因此,教师在教学设计时把拼音的所有教学内容作为一个大单元,分为三个阶段:第一阶段快速学习声韵母,初步学习音节拼读规则和方法。第二阶段着重要求学生基本掌握音节拼读,逐步巩固形近、音近等易混淆的声韵母,提升学生的音节拼读语感。第三阶段主要借助整册书中课文的朗读巩固和熟练音节拼读,查漏补缺,这样一个统整性的单元教学方式,能更好地规避由年龄特点,记忆方式所引起的教学目标达成度不理想的情况。

2. 自主探究激发学趣

《义务教育课程标准(2022 年版)》设定了识字与写字、阅读与鉴赏、表达与交流、梳理与探究四大课程目标。即使是小学生,也可以进行梳理探究活动,甚至应该成为语文学习的最重要的方法。在教学中,我们应尽量避免过早,过多地直接传授知识,最后导致的往往是遗忘和机械学习。

小学低年段的学生活泼好动,注意力集中时间比较短暂。对此,教师要设置一些特定的学习活动,充分调动学生的各种感官,让他们动手动脑,全身心投入学习,帮助学生集中学习注意力,提升学习效率。这节课的教案设计中,虽然用上顺口溜编儿歌等手段帮助学生学习四声标调,但实际结果就是学生在"滑板车"游戏中很投入,却在最后的拼读检验环节差强人意。这样的真实情况说明要求动和自主动有着明显的区别,只有落实在真实情境下的学习才能记忆长久,才是真实学习。

反观本节课,教师还是可以通过创设问题情境,让学生带着问题去探究知识的答案,通过自主思考、合作探索等方式在潜移默化中形成自主学习能力。例如,在学习区分单韵母和复韵母时,教师可以带有四声调的复韵母卡片发给每个学生,让学生根据听到的不同教师指令,分别组成不同的队形,最后根据不同的卡片,编一则韵母故事。这样的设计,不仅训练了学生的注意力、倾听力,还在真实的情境中提升了口语表达能力,在真实生活中的学习经历不仅能激发其学习兴趣,还能记忆长久。

3. "生活化"元素融入教学

基于陶行知先生生活教育理论的汉语拼音生活化教学,将教学实践与小学低段学生的日常生活相联系,以引导学生有意识地从生活中发掘识字资源,积极地进行识字活动,从而在识用结合中提升学习兴趣的教学方法。《义务教育语文课程标准(2022 年版)》也明确指出:"义务教育语文课程实施从学生语文生活实际出发,创设丰富多样的学习情境,设计富有挑战的学习任务。"同时,新课程标准对课程资源的开发与利用提出了新的要求,强调要"调动多元主体,丰富汉语拼音课堂学习任务的设计"。

（1）基于生活化情景的自选任务设计

汉语拼音是低年级教师教学的重要内容,也是学生自己进行阅读和习作的重要前提。在"双减"政策下,一二年级没有书面作业,教师可以设计相应的培养习惯,整合生活化的各项汉语拼音学习任务。而"自选超市"形式的任务,为学生自主学习提供了一个重要的途径。学生能够根据自己的情况,进行自主选择并自主完成,甚至可以自主设计生活化学习任务,实现了本课"在真实的语境中学拼音、用拼音,体会拼音学习的价值"重点学习目标的分解落实。

学生自主完成任务后,在课堂中通过小组合作、全班分享等形式的活动,反馈自身的学习效果、巩固课堂所学,又提升了自身的语文素养。正如陶行知先生提到的,"教育的根本意义在于生活之变化,生活无时不变即生活无时不含有教育的意味。"因此,基于生活化、游戏化、直观化的汉语拼音生活化教学是提升课堂教学质量的重要方式。

《ai ei ui》一课基于生活化情景的自选任务设计表

序号	内　　容	自主勾选
1	观察身边的物品,说说你发现了哪些隐藏在生活中的复韵母	
2	巧用生活中的物品,摆一摆今天学过的拼音字母,拍照分享	
3	善用你灵活的小手指,编一编复韵母学习操	
4	设计一项拼音学习任务并完成	

（2）整合资源背景下的跨学科实践活动设计

对于语文学习活动的组织,《义务教育课程标准(2022 年版)》还明确指出:"以语文实践活动为主线,以学习主题为引领,以学习任务为载体。"同时,新课标也指出:"设立'跨学科'主题学习活动,加强学科间相互关联,带动课程综合化实施,强化实践性要求。"增强了教与学的主动性,改变了教学主体被动的形态,而形成教师引导下师生互动与合作、共同进行教学的图景。所以,教师可以尝试设计跨学科的生活化实践活动,促进课堂教学质量的提升。

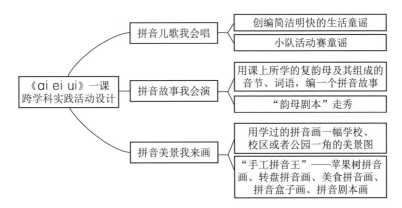

《ai ei ui》一课跨学科实践活动设计图

点评：

　　"爱'动嘴'的小彭"展现了其对一年级学生幼小衔接问题的敏锐洞察和深刻反思。通过细致的课堂观察，凌老师捕捉到小彭同学课堂行为的异常，并深入分析了其背后的原因：教学内容过于简单，缺乏挑战性，导致小彭注意力分散，转而寻求其他刺激。案例不仅揭示了小彭同学的学习困境，更引发了对一年级拼音教学策略的思考。她提出的"链接生活巧识记，自制学具玩中学"的策略，通过将拼音学习与生活经验相结合，设计趣味性的学习工具，有效提升了学生的学习兴趣和参与度。此外，凌老师还强调了"量身剪裁"定任务和"任务驱动真学习"的重要性，建议教师根据学生的学情和兴趣，设计个性化的学习任务，并创设真实情境，让学生在解决问题的过程中学习拼音，体会拼音学习的价值。案例为一年级拼音教学提供了宝贵的启示，提醒我们，拼音教学不仅要关注知识的传授，更要关注学生的学习体验和情感需求。教师应积极探索多元化的教学策略，激发学生的学习兴趣，培养学生的自主学习能力，让拼音学习成为一件快乐而有意义的事情。

案例二
拼音舞台上的别样"演出"记
—— 以一年级《zh ch sh r》一课中对焦点学生欣怡的观察为例

学校：上海同济黄渡小学	班级：一(8)班	课题：《zh ch sh r》
焦点学生：欣怡	执教教师：吕莉莉	观察教师：金珏

一、课例描述
(一) 教学目标和内容分析
　　《zh ch sh r》一课位于统编教材一年级上册第三单元。本课围绕"zh ch sh r"

编排了 5 部分内容,第 1 部分由 4 个翘舌音声母 zh ch sh r 及其整体认读音节和一幅森林学校课间休息的情境图组成;第 2 部分是 zh ch sh r 组成的带调二拼音节、带调三拼音节和带调整体认读音节;第 3 部分是 zh ch sh r 在四线格中的位置以及 r 的笔顺;第 4 部分是 3 个词语和 3 幅插图;第 5 部分是"读一读"《绕口令》,各部分关系紧密,逐级提升。

本单元的教学重点是拼音字母的学习和拼读的练习,激发学生对拼音学习的兴趣,达成学生对拼音的学以致用。教师在教学时,要充分调动学生的学习积极性,建立起拼音学习和学生生活的联结,引导学生在多形式的拼读中巩固所学拼音。

本次观察的课堂为第一课时,课时目标如下:

1. 正确认读声母 zh、ch、sh、r,读准音,认清形,能正确书写。

2. 正确认读带调的整体认读音节 zhi、chi、shi、ri。

3. 在游戏化的活动中,感受学习的乐趣。

基于目标,教师将本课的教学内容设置为"创设情境,识记声母""借助微课,学写声母"以及"结合游戏,认读整体认读音节"三个环节,分别针对"zh ch sh r"的音、形、书写以及对应的整体认读音节认读,很好地将教学内容与目标紧密联系。

(二) 教学中的幼小衔接要点分析

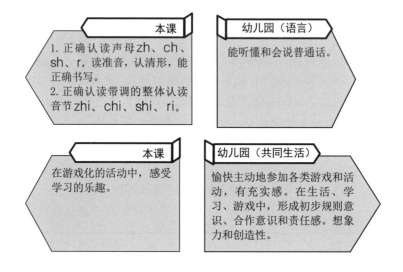

本课为拼音课,教师在课堂教学中采取以孩童乐于接受和参与的活动和游戏来组织汉语拼音学习的方式,也是基于幼儿园游戏活动中所提及的要"创造一个自由、宽松的语言交往环境,支持、鼓励、吸引幼儿与教师、同伴或其他人交谈,体验语言交流的乐趣,学习使用适当的、礼貌的语言交往"。

首先，教学中情景教学的迁移。在幼儿园阶段，孩子们常通过故事来学习知识。因此，教师通过情境教学，让学生在特定的情境中构建出对拼音符号的认知编码，同时利用情境化教学，让学生在熟悉的情境下学习汉语拼音，使学生产生了求知欲，也增强了学生的拼音应用能力。在本课教学时，可延续这种方式。同时，幼儿园教育中提及"语言能力是在运用的过程中发展起来的，发展幼儿语言的关键是创设一个能使他们想说、敢说、喜欢说、有机会说并能得到积极应答的环境"。教师在开展拼音教学时，把拼音同生活实际相联系，让学生自己编一编声母儿歌，将拼音教学生活化，从而拉近拼音学习与学生生活的关系，收到了良好的成效。例如，讲述"猴子织毛衣"的"zh"、"刺猬吃果子"的"ch"、"小狮子"的"sh"、"长颈鹿值日"的"r"等，将"zh ch sh r"融入生动的角色中，像幼儿园故事教学一样先吸引孩子们的注意力，引发他们对这几个拼音字母的好奇与兴趣，同时也与幼儿园的故事学习模式相衔接，让孩子们更容易接受新知识。

其次，教学中游戏教学法的升级。幼儿园常用游戏的方式引导孩子学习知识，在本课教学中教师也进行游戏升级。比如"砸金蛋"游戏，教师让孩子们在翻到整体认读音节卡片时，不仅要读出，还要说出一个包含该拼音的词语或短语，如翻到"zh"，要说"竹子"，这样既延续了游戏教学的趣味性，又提升了游戏的挑战性，符合幼小衔接阶段对教学方法的要求。

再次，教学中学习习惯培养的衔接。幼儿园孩子注意力集中时间短，小学课堂则要求更长时间专注。在本课教学中，教师采用循序渐进的方式训练注意力。从一开始的观察图片，到圈一圈找一找声母，再到儿歌口令的引领，在培养孩子们适应小学课堂的注意力集中能力，尝试实现从幼儿园到小学注意力训练的平稳过渡。另外，幼儿园对孩子的书写并没有具体要求，拼音单元的学习中，就要求学生要规范书写习惯。从入学适应期时，先教孩子们正确的握笔姿势和坐姿，到现在详细讲解"zh ch sh r"在四线三格中的位置，老师继续通过儿歌、示范等方式，如"老大老二对对齐，老三后面来帮忙，老四老五往里藏"的握笔儿歌。还有微课中，教师在拼音格中的示范书写，孩子们先在手心比画，感受书写笔顺，再在书本上书写，从随意涂写到规范书写，逐步养成良好的书写习惯，衔接幼儿园与小学的书写要求差异。

二、关键事件描述

1. 欣怡给我的初步印象

我一进入班级，这一个很外向的女孩子，就不怕生得和我打招呼，向她做介绍之后，她乐意我坐在她旁边，参与整节课的学习。她用端正的坐姿和响亮的声音回应我，显然她对自己的学习能力很有信心。

2. 欣怡的三次"边缘参与"

在老师发布低难度任务时，欣怡表现出明显的兴趣缺乏，如坐姿随意、听课习惯不佳。当要求她借助插图交流时,她并未积极参与,只是被动地听同桌回答。在编儿歌识记声母的任务中,欣怡同样未主动投入,直到老师提到要邀请有能力的小朋友领读时,她才勉强参与。在展示自学成果环节,欣怡渴望被老师选中,但未被选中后,她表现出明显的不耐烦和无聊,甚至开始摇晃椅子。此时,课堂时间已经过去了 10 多分钟,然而,对于这个孩子来说,她都会,但是基本没有参与课堂学习之中。

3. 欣怡的"高光时刻"与"回归边缘"

在认识新声母字形阶段,欣怡快速准确地找到了"zh"声母,并表现出自豪和自信。在同桌合作学习时,她也积极主动地交流自己的发现。然而,这种良好的学习姿态并未持续,她很快又回到了"神游"状态。在写字母时,欣怡表现出极高的专注度和积极性,但当老师选择其他小朋友作为范例展示时,她又回到了之前的状态。在游戏环节,欣怡越读越激动,甚至站起来大声读,但被老师提醒坐坐好后,虽然有些泄气,但整体能保持端正坐姿。

三、基于观察的思考

课后在和欣怡的交谈中,她很自信地告诉我,今天这堂课的内容她早就在暑托班上过了,她很想要向大家展示自己的学习成果,虽然总是轮不到她,她也有点失落,但是她仍旧很乐观地说:"反正我都会了!"后来,我又和吕老师交流,她也知道欣怡在进入小学前就已经学完拼音,还有硬笔书法班、英语自然拼读等课程,并且欣怡本身拼音基础掌握得还不错,但对于她上课的状态,吕老师也提及可能课堂上并没有完全顾及,总想着让拼音基础更弱一些的孩子能在课堂上真正地从"不会"到"会"。从课堂观察中看,欣怡因为一年级入学前的幼小衔接学习,整个拼音阶段的学习对她而言,难度都不高,对于她而言,更关注的是自己学会了没有,所以她对自己的上课状态并没有很关注,加上老师也没有在课堂上强化上课的规则,也就导致了欣怡整堂课都处于身心较为放松的状态,但从她和同桌的互动情况来看,欣怡的学习能力还是相当不错的,哪怕有一段时间并没有全身心投入到课堂中,可当她回过神来,还是能了解学习的要求,并参与其中的。

(一) 亮点分析

1. 对比迁移,攻克发音难点

平舌音与翘舌音的区分是一年级拼音教学的重点与难点。吕老师在课堂伊始,便巧妙地引导学生回顾上节课所学的平舌音,通过对比二者的相似之处,自然流畅地过渡到翘舌音的学习。这种以旧带新的方式,不仅强化了学生对旧知识的巩固,更在联系中降低了新知识的学习难度。课堂实践证明,相较于直接引入翘舌音"zh、ch、sh、r",此方法能显著提升学生的接受度与理解深度。为了进一步加深学生对翘舌音的感知,吕老师充分考虑一年级学生的心理特点与认知规律,将生活经验融入教学。他引导学生为声母"ch"创编儿歌,孩子们踊跃参与,"吃苹果,ch ch ch""吃东西,ch ch ch"等充满童趣的儿歌应运而生。这一过程不仅激发了学生的学习兴趣,还在潜移默化中加深了他们对声母发音的记忆。

同时,吕老师运用形象化的手部动作,帮助学生直观感受舌头发音时的位置变化。他将舌头比作平摊的手,舌尖比作手指,生动地演示了发音时舌头的"卷起"动作。通过这种分步骤的引导,学生们能够更加准确地掌握舌头的摆放位置与翘舌技巧,有效攻克了发音难点。

2.插图巧用,衔接学习内容

统编版语文教科书的插图具有直观、贴近学生生活的特点,是一年级教学中不可或缺的宝贵资源。吕老师在课堂上充分发挥插图的作用,不仅引导学生仔细观察,还鼓励他们依据图片讲述故事。这一举措在锻炼学生观察与表达能力的同时,巧妙地将拼音学习与口语训练有机结合。

在教学过程中,吕老师以书中插图为线索,与学生共同编织故事,使学生在情境中自然地完成了从具体事物到抽象拼音的学习过程。例如,从"织"到"zh",从"吃"到"ch",从"狮"到"sh",从"日"到"r",这一转化将拼音教学化难为易,极大地提高了学生的学习效率。

3.游戏激趣,打造趣味课堂

在一年级的教学情境中,学生常常因年龄尚小而缺乏明确的学习目标与内在动力,这一现象在拼音学习阶段尤为突出。传统的教学方式往往难以长时间吸引学生的注意力,导致学习效果不尽如人意。然而,本堂课中,吕老师创新性地引入了"砸金蛋"游戏。在游戏准备阶段,教师精心设计了一系列带有整体认读音节的卡片,并将它们分别藏在虚拟的"金蛋"背后,这些"金蛋"以生动形象的图片展示在课堂多媒体屏幕上。游戏开始时,学生们的目光被这些色彩鲜艳、充满神秘感的"金蛋"所吸引,个个跃跃欲试,包括欣怡,出现了整堂课中最为积极的一个场面。通过巧妙运用游戏化教学策略,不仅有效减少了学习过程中的乏味感,还显著提升了学生的课堂参与度。

(二)改进建议

1.明确观察目的,引导有序观察

《义务教育语文课程标准》(2022年版)指出:"注意幼小衔接,减缓坡度,降低难度,增强学习的趣味性和吸引力。"统编版教师教学用书的单元说明中也提到:"拼音的学习,要以趣为先,以读为主。"这就要求教师在教学中要从儿童视角出发,尽量巧妙利用教材资源,如借助插图和儿歌等方式让学习变得更有趣,激发儿童学习兴趣。

本堂课,吕老师能很好地使用插图,倘若在课堂一开始,老师引导学生观察图片时就能明确观察插图的目的,如了解插图场景、人物和动作等。同时,提醒学生还要按照一定顺序观察,如从上到下、从左到右等,以逐步培养学生遵循一定规律观察的习惯,更可以提升学生的语言表达能力。当然我们也可以在相同的拼音教学环节中,适当地"变一变",增添学生的新鲜感,提升他们的学习兴趣。比如,本堂课中出现了两个声母组合而成的新声母,在教学中,让学生"动动手"用自己喜欢的颜色涂一涂找到的字母形状,加深他们对于 zh、ch、sh、r 字形的认知,知道两个字母之间没有存在空隙,是紧密挨在一起的,那么孩子们在书写时也能牢牢记住这一要求,大大降低书写时的错误率。

2. 紧扣教学目标,创设游戏活动

进入拼音学习阶段的一年级孩子,还未彻底养成良好的上课习惯,孩子具有好动、好奇心强和好胜心强的特点,对自我约束的能力偏低。当老师在设计游戏环节时,也应该紧扣教学目标,"有序而为"。在激发学生的学习兴趣和积极性的同时,教师应该清楚地意识到游戏教学并不是一味地做游戏,而是通过游戏围绕教学目标来调动课堂氛围,以及通过创设情境使学生在游戏中识得并掌握知识。例如,本堂课中,当老师砸开金蛋出现"zhi"这个音节时,吕老师可以说:"我请举手姿势最标准的小朋友来读。"此时,被选上的孩子也要习惯用固定的表达内容:"请跟我一起读,zhi,一只的只。"同学们则齐声跟读:"zhi,一只的只。"这样的方式让学生在轻松愉快的氛围中对整体认读音节有了更深刻的记忆。当孩子们跃跃欲试,过于激动时,老师也可以及时跟进评价:"我请刚才跟读最认真的小朋友来读下一个金蛋的整体认读音节。"这样就可以引导孩子规范自己的课堂表现。而且,为了增加游戏的趣味性和挑战性,还可以奖励坐姿最端正的孩子上台代替老师砸金蛋,这样运用游戏教学法来实施教学既能将游戏与教学合理科学的融合起来,又将学生上课的习惯与游戏的参与相结合,这样才能真正实现游戏教学的有效性。

3. 设计差异化任务,满足不同层次需求

通过课堂观察我们会发现,学生在入学前,对汉语拼音接触的情况以及对汉语拼音难度的认知程度,是存在着差异性的。接触过汉语拼音的学生已经掌握一部分知识,词汇量、语法和表达能力方面的知识储备会更加丰富,未接触过汉语拼音的学生面对陌生的拼音字母,需要更多的时间来发展和巩固基本的语言技能,会需要一个适应过程。因此,像欣怡这类有了一定的拼音基础的孩子,在课堂上的需求度相比而言就会更高,当他们的需求没有满足时,有时就会影响他们学习的投入度、专注度、倾听能力、任务意识和学习品质。针对欣怡等类似学生的特点,老师可以设计一些具有挑战性的任务,以激发他们的学习兴趣和参与度,或者老师可以尝试在课堂上设立"拼音啄木鸟""拼音小助教"等岗位,引导孩子倾听别人的同时,更进一步巩固自己的拼音学习能力。同时,也要关注那些对低难度任务表现出兴趣缺乏的学生,为他们提供更具吸引力的学习内容和方式。

欣怡这一出拼音舞台上的别样"演出"记，引发我们对拼音教学中的差异性孩子的课堂学习的思考：在拼音教学中，教师要充分考虑学生的差异性，采用多样化的教学策略、调整教学方法以适应不同学习风格的孩子；同时合理设计教学内容与游戏，能够让每个孩子都在拼音学习中有所收获，为他们今后的语文学习奠定坚实的基础，促进全体学生的全面发展。

点评：

金老师的观察案例聚焦于一年级拼音教学中学生的课堂表现，生动呈现了幼小衔接阶段儿童的学习状态。欣怡作为焦点学生，一方面，她因学前基础较好而对课堂内容兴趣不足，表现出"边缘参与"的状态；另一方面，她在特定环节中又能迅速投入并表现出色。这种矛盾状态反映了幼小衔接儿童在学习起点、兴趣激发和课堂参与上的差异性。

案例中，吕老师通过情境教学、游戏化活动等方式，较好地衔接了幼儿园与小学的学习方式，激发了学生的学习兴趣，但在面对不同层次学生时，教学设计仍有待优化。例如，对于像欣怡这样基础较好的学生，教师可以设计更具挑战性的任务，如"拼音小助教"角色，让他们在课堂中发挥更大作用；而对于基础较弱的学生，则可通过分层任务和个性化指导，增强其学习信心。

金老师的案例提醒一线教师，在幼小衔接阶段，学生的学习背景和能力差异较大，教师需敏锐捕捉学生的学习需求，灵活调整教学策略，设计差异化任务，让每个孩子都能在课堂中获得成就感，真正实现幼小衔接的平稳过渡。

案例三

士别三日当刮目相看

——以一年级上册汉语拼音《bpmf》一课中对焦点学生小 M 的观察为例

学校：上海市嘉定区实验小学北水湾分校	班级：一（5）班	课题：《bpmf》
焦点学生：小 M	执教教师：钟慧璟	观察教师：严皓琦

一、课例描述

（一）教学目标和内容分析

《bpmf》是部编版小学语文一年级上册第二单元"汉语拼音"的第三课，从部编教材的拼音教学安排来看，本课是学生开启声母教学的第一课，从这一课开始，学生要开始尝试用声母带单韵母进行拼读练习，为后面的声母带复韵母、三拼音节等拼读练习做铺垫，所以本课在"汉语拼音"单元中起到了承前启后的关键作用。

本单元的语文要素是:1.学生自主观察情境图,在书中插图上发现拼音的音、形元素。2.根据图片编故事,激发学生学习拼音的兴趣。3.认识单韵母、声母,进行拼读练习并能正确书写,从特定的词语中选择一两个说话。

本单元的单元要素落实:1.拼音训练要素。(1)认识单韵母、声母,通过观察情境图,在图画中发现拼音的音和形之间的联系,鼓励学生在读拼音的游戏和活动中复习巩固。(2)正确拼读音节。只有学生正确掌握了声调,才会准确无误地拼读出音节。学生要清楚地了解声调符号的形状和四声的读法,可以借助课文中小汽车的行驶路线图学会,并利用滑板车手势加以巩固。(3)认识四线格并正确书写单韵母和声母。养成正确的执笔方法、写字姿势以及良好的书写习惯。2.识字训练要素。本单元是拼音单元,没有写字的要求,识字训练要素是"借助拼音认读词语"。能运用一两个词语来说话。

基于此,教师将"观察书中插图并发现拼音的音、形元素,根据图片编故事;认识单韵母、声母,进行拼读练习并能正确书写单韵母、声母"作为单元核心目标分解于单课目标中,《bpmf》一课的目标具体为:

1. 正确认读声母 b、p、m、f,读准音,会区分声母 b、p,并能正确书写四个声母。

2. 正确拼读 b、p、m、f 和单韵母 a、o、e、i、u 组成的带调音节,初步学习两拼音节的拼读方法。

3. 借助拼音,正确认读词语"爸爸、妈妈",认识生字"爸、妈"。

根据一年级学生学情及教学规划,《bpmf》一课共安排三课时的精读教学,教师进一步分解了课时目标,本课作为第一课时,具体目标如下:

1. 正确认读声母 b、p、m、f,读准音,会区分声母 b、p。

2. 能在四线格中正确书写声母 b 和 p。

根据教学目标,教师设计了"复习导入,揭示课题""情境驱动,学习声母""教师示范,指导书写"和"回顾总结,布置作业"四个环节,其中环节二和环节三是对本课教学目标达成的关键,分别对应了三个学习活动:一是创设情境,尝试用"谁在干什么"说一说插图内容,并利用课文插图圈出声母 b、p、m 和 f 的形;二是借助扭扭棒来摆一摆声母 b、p、m 和 f 的形状,重点区分声母 b、p,并用口诀来识记四个声母的音;三是找到声母 b、p 在四线三格中的相同与不同之处,并在教师示范下学会正确书写声母 b、p。

从教学目标和教学内容来看,教师能够从单元到单课再到课时进行整体性的设计,目标和内容一一对应,并以"认识声母 b、p、m 和 f 并学会发音,区分声母 b、p 的音、形"为主线,通过教学帮助学生形成了:根据插图练习说话编故事——发现插图中拼音的形——正确发出拼音的音——尝试练习声母带单韵母拼读练习——拼读正确书写拼音的拼音学习路径。

（二）教学中的幼小衔接要点分析

由于本课的教学安排在一年级第一学期的初期拼音教学阶段，学生固然已有了一个月的小学语文课堂学习经历，但幼小衔接的过程还处于初期，还需要教师和学生共同努力，帮助学生尽快转换角色。因此，虽然大部分学生对于倾听习惯、举手发言规则、写字姿势等方面的能力有初步建立，但仍需进一步加强。从本单元和单课的重难点目标及内容出发，本课在语文学习上的衔接要点，主要有以下几点：

1. 倾听习惯：《幼儿园教育指导纲要》中未明确提及"倾听能力"的具体培养目标，只是在语言领域的目标中包含了相关要求：乐意与人交谈，讲话礼貌；注意倾听对方讲话，能理解日常用语；能清楚地说出自己想说的事；喜欢听故事、看图书；能听懂和会说普通话。《义务教育语文课程标准（2022 年版）》中低年级（一二年级）关于倾听能力培养的目标主要为：能认真听他人讲话，努力了解讲话的主要内容。幼儿园的目标是小学倾听能力发展的前置，两者有着高度的一致性，都主要指向两个能力目标：认真倾听和听得明白。不仅是对教师的教学要求听清楚，即要求学生认真听课；也是要求学生对同伴的回答有耐心倾听的习惯，听懂别人说什么，并能做出评价回应。

2. 讲故事：《3—6 岁儿童学习与发展指南》（5—6 岁）中指出，能有序、连贯、清楚地讲述一件事情。也就是说，在幼儿园阶段，讲故事是通过简单的语言和情节描述，以及角色扮演来表达想象力和情感的一种方式。《义务教育语文课程标准（2022 年版）》中低年级（一二年级）关于讲故事培养的目标主要为：听故事、看影视作品，能复述大意和自己感兴趣的情节。能较完整地讲述小故事，能简要讲述自己感兴趣的见闻。与他人交谈，态度自然大方，有礼貌。积极参加讨论，敢于发表自己的意见。可见，幼小衔接是一个由简单讲故事到简要复述，由讲故事到复述叙事性作品的过程，呈现螺旋上升的趋势。本课虽是拼音单元教学的课文，但是课文的插图是要求学生进行编故事讲故事的，教学中，教师需要注重让学生先从简单句开始，再连贯地完整地说一说，让学生慢慢过渡，注重初期阶段对说话的兴趣，也能为激发学习拼音铺垫，要多鼓励学生说。

3. 拼音认读层面：《义务教育语文课程标准（2022 年版）》中低年级（一二年级）在语言文字积累与梳理中提到，认读拼音字母，拼读音节，认识声调，借助汉语拼音认读汉字，学习音序检字法；在日常交际情境中学习汉语拼音和普通话。而幼儿园没有明确的拼音认读学习要求。因为学生学情不同，从幼儿园升上一年级后，有的学过，有的零基础，教师应托底全部学生，一步步教学拼音，对于已有拼音拼读基础的学生，教师可关注其发音的准确性，比如韵母发音应做到响而长，而声母发音则应做到轻而短。

4. 写字层面：《3—6 岁儿童学习与发展指南》（5—6 岁）写字教学目标是：愿意

用图画和符号表现事物或故事,会正确书写自己的名字,写画时姿势正确。《义务教育语文课程标准(2022 年版)》中低年级(一二年级)在写字教学目标是:掌握汉字的基本笔画和常用的偏旁部首,能按基本的笔顺规则用硬笔写字,注意间架结构;努力养成良好的写字习惯,写字姿势正确,书写规范、端正、整洁;初步感受汉字的形体美。二者的相同点在于都关注到了书写时的姿势正确。在第二单元拼音教学阶段,学生主要学习拼音字母,在幼小阶段过渡的初期,教师更应重视学生写字姿势的正确性,书写拼音之前,有意识诵读写字儿歌,以此帮助学生纠正写字姿势,从思想上高度重视,才能转化为动笔写字时的正确姿势。

综上,对于拼音拼读的要求从幼儿园至小学是一脉相承又螺旋上升的,学生要从幼儿园毕业时的各项指标发展到小学一年级的标准,是需要做好过渡衔接的。尤其是对于社会普遍关注、家长又极为担忧的拼音拼读,教师更应放慢节奏,让零基础的学生不仅在行为习惯上逐步适应课堂学习,更在学习习惯上建立良好的基础,为今后的语文学习打下坚实的根基。基于此,学生在学习本课《bpmf》时指向基础性任务群"语言文字积累"的关键衔接点有三条:一是能仔细观察课文中插图,借助教师的句式先简单说一说,再用自己的语言连贯完整地编故事;二是能够在课文插图中找到声母 b、p、m 和 f 的形,理解并区分这四个声母,能用以往学习单韵母的教学经历来创编口诀识记它们的音,重点区分出声母 b 与 p,两者在发音上气流大小的不同,两者还在半圆位置不同的形,即右下半圆与左上半圆;三是能借助这节课之前学习并得出的口诀,在四线三格中正确书写声母 b、p。而重点区分声母 b 与 p 的形,可以借助已有的学习经历利用扭扭棒来摆一摆,而区分声母 b 与 p 的音,可以借助手掌的感官来感知,以此来共同达成教学目标。

二、关键事件描述
关键事件一:个别倾听　得到肯定

上课 1 分钟后,老师在导入声母拼音教学时,引导学生观察图片,她请小朋友回答"图片上有谁? 他在干什么?"全班举手积极,小 M 也高高举手回应,身体坐得笔直,但是没有被请到回答问题。在邀请两位小朋友个别回答后,老师让全班同桌之间完整地说一说图片的内容。

同桌交流时,老师特别关注了小 M,倾听了她讲故事的内容,小 M 不仅身体坐得更直,还很认真说清了图片的内容,老师随即表扬道:"你说得棒,看来刚才听课很认真,等下老师请你来回答。"得到老师的肯定后,小 M 的脸上洋溢着开心的笑容。等全班交流时,小 M 把手举得特别高,期待老师会点她名字,可惜老师并没有兑现承诺。她没有什么表情波澜,继续跟着老师进行下面的教学环节学习。

从图片上的"谁在干什么"开始说,到图片整体回归"图片上的人分别在干什么"完整地说;从一句话到几句话,教师对学生语言组织是有坡度进阶提高,训练学生根据图片讲故事也是有进阶展开,逐步帮助学生在幼小衔接中"讲故事"的过渡,更为从图片中找到声母并认读声母打下了基础。

关键事件二:玩弄学具　反复失神

上课第 15 分钟开始以后的十分钟内,小 M 因为学具扭扭棒的出现,开始反复失神,手里时不时要摆弄玩耍扭扭棒。虽然整体有在听课,其间也举手回应过老师,但是显然此时的小 M 已然没有上课前十分钟那般专注投入。

反复失神的表现主要有以下几个:

第一次,上课至 15 分钟时,为了帮助小朋友分清声母 b 和 p,老师请同桌利用扭扭棒摆一摆这两个声母的形状,并用口诀互相读一读这两个声母。小朋友们都很积极动起手来,并能利用口诀区分声母 b 和 p 的音、形,课堂气氛达到一个小高潮。小 M 一边和同桌摆放声母,一边识记口诀,学习热情很高涨,但两个人在一起读声母时,有明显的拖沓现象。

第二次,老师请同桌在希沃台上展示摆放的声母 b、p,并用口诀带领全班学生读一读。小 M 和同桌都举手想要上台,可是,经过几次努力,老师都没有请到他们。小 M 明显很失落,当老师要求学生结合插图,仔细观察声母 m、f 的形状,给它们编编口诀时,小 M 不再举手,只顾玩自己的扭扭棒。

第三次,在接下去的十分钟里,小 M 一边玩弄扭扭棒,一边听课,其间因为发现扭扭棒会脱毛还叫同桌一起看,两个人不由自主地笑出了声。此时,老师也注意到他们两个人的开小差,在教学声母 m 的发音时,老师特意走到小 M 身旁,用眼神示意她和全班一起摸摸自己的小脸,小 M 的注意力又成功被老师吸引了过去,也因为和老师有了互动,她很开心地笑了笑,晃了晃身体,很是得意。

第四次,上课至 25 分钟时,刚回神的小 M,因为没有被邀请到"送信"游戏,又开始继续玩弄扭扭棒,噘着小嘴,带有明显的不开心。

关键事件三:认真修改　刮目相看

课堂至最后的十分钟,老师教学声母 b 和 p 的书写,她先让学生观察两个声母的位置以及书写的注意事项,再在四线三格中示范写,有效达成了教学目标"能在四线格中正确书写声母 b 和 p"。

在进入学生自己写字前,老师先让全班一起诵读了写字儿歌,"写字准备"——"准备写字。头正身直脚放平"。老师一边听学生说,一边提醒学生身体摆正,在全班学生的带领下,小 M 扔掉手里的扭扭棒,跟着一起动起来,回神了。老师继续提醒——一尺——一寸——一拳——记心间,全班学生跟着一起做。随后开始认真写字,老师也一直在巡视提醒,小 M 写得很仔细。老师随机挑选了一位学生的语文书投屏在屏幕上,让学生评价写得如何后,再次提醒学生要把声母 b、p 的半圆写得饱满。听到老师的评价后,小 M 拿起橡皮进行修改,比之前更仔细,两只小眼睛紧紧盯着自己写的声母上。看到她的样子,老师给了她两颗五角星,她笑容满面坐直了身体。这时,打铃下课,小 M 收拾好文具学习用品,礼貌和老师说再见后回教室。

三、基于观察的思考

课后,我找到钟老师,表示小 M 这一个月的表现可谓是"士别三日当刮目相看"。还记得第一次我去钟老师班级听课时,也坐在小 M 身旁,当时钟老师在上课 2 分钟后提问,小 M 因为没有被请到发言,自此后一节课都在自顾自发脾气,钟老师来个别关心了几次无果后,只能先带领班级其他学生上课,课后再找小 M 单独交流。而今天,小 M 虽然有 15 分钟左右的时间在反复失神中听课,但是相对于开学初的上课行规来看,已经是有了很大的进步。

经过沟通,我了解到小 M 其实心智各方面发育都属于正常状态,但是由于她整个幼儿园阶段都是外婆一手拉大,很少和父母在一起,父母对她的幼儿园生活几乎也是不过问,导致她行规偏差,一有不顺心就会发脾气甚至大打出手。今天《bpmf》第一课时的学习,对于有拼音认读基础的她来说,并不难,所以她整个上课的状态很积极,也一直在举手回应老师,有了一定的上课规则意识,学习习惯也在逐步培养,学习兴趣浓厚,书写的声母 b、p 也是正确、美观。老师也特别关注了她 3 次,请她回答问题 1 次,跟着小火车读声母 p 1 次,可以说她的行为一直在老师的"眼皮子"底下活动,小 M 对本节课的教学目标达成度还是比较高的。

(一) 亮点分析

1. 情境创设,关注倾听,提供了学生讲故事的"沃土"

班级里有小 M 这样行规偏差的学生,老师对她的"学习习惯"是最为关注的地方,衔接点主要聚焦于:认真听讲,能接受自己没有被请到发言而不乱发脾气——尽可能关注到小 M 的情绪,但也会为了她一个人而放任其他学生。上课伊始,老师以有趣的学习乐园地图导入,吉祥物贝贝的出现一下吸引了小 M 的注意力,她能认真倾听,运用老师的句式进行讲故事。在课堂开始的 1 分钟后,老师特地走到小 M 身边耐心倾听她的讲故事(关键事件一),并给予了小 M 充分的肯定,得到表扬的小 M 明显坐得笔直,心情愉悦。随后的教学中,老师也能关注到分神游走的小 M,及时走到她身边用眼神提醒她,帮助她拉回了注意力,同时保护了小 M 的自尊心,让她觉得自己一直被老师关注着,即使没有被请到回答问题,但她一直在倾听的前提下参与课堂互动。因为老师的关注,创设有趣的情境能吸引小 M,她能提高倾听的效率,听得认真仔细,自然也能根据老师的要求进行编故事、讲故事,这一点做得非常好。

2. 寓教于"玩",调动感官,探索声母的音与形

低年级的孩子喜欢在玩的过程中探索知识的奥秘,老师在课堂中巧妙借助扭扭棒来动手摆放声母 b、p、m、f 的形,又引导学生观察纸张的变化来直观发音的

变化,最后用送信游戏巩固所学的知识。

整堂课正是老师精心的课堂设计,调动了学生的感官,让他们能积极参与到课堂互动中。对于小 M 来说,她有一定的拼音认读基础,怎样"玩"出不同的新意,让她能坐定这节课,是关键。通过观察发现,小 M 虽然注意力出现分散,但是她一直在跟着老师探索声母的音、形(关键事件二)。首先是观察纸张的变化,用眼睛看发声母 b、p 的区别,小 M 觉得很是新奇,迫不及待与同桌求证,得到相同的答案后,连连点头表示肯定;随后,借助扭扭棒摆放声母 b、p 的形,获得同样成功的经历后,心中不免得意,促进了她更积极地举手回应老师,也让小 M 进一步分辨了声母 b、p 的音、形,有效达成了本节课拼音教学的目标,牢固掌握了"右下半圆 bbb"和"右上半圆 ppp"的口诀。这样生动的实践操作比生硬的教师教授更能让低年级的学生熟记于心中,有效推动教学的有序进行。

3. 不断强调,共念儿歌,养成良好的写字习惯

在课堂最后的 10 分钟时间里,老师进行了声母 b、p 的书写教学。她先请学生观察并交流共同之处和不同之处,在指名回答几次补充后,激起了小 M 学习的斗志,她不再分神,又回到课堂认真参与互动。特别是老师在请学生写字之前集体共念写字儿歌,小 M 一板一眼跟着老师做动作,已然回神。这样的反复强调,不仅是对全班学生写字姿势的纠正提醒,更是一次唤回关注的"招数"——显然,对小 M 是有效的,她认真倾听,在听到老师评价其他学生写的声母 b、p 需要修改的地方时,她认真审视自己的语文书,也能跟着一起修改。这是很好的写字习惯的养成,也做到了写字姿势正确,书写规范、端正、整洁。

(二)改进建议

1. 持续关注特殊学生的心理需求,以养成良好的学习习惯

从小 M 的发言来看,她只有一次被老师请到回答问题,读了声母 b 的发音,老师表扬她读得很准确,但是对于已经有拼音认读基础的她来说,这个问题无疑是很简单的,这节课的几个高阶思维的问题,她都没有被请到回答,只是和同桌交流时,老师有个别倾听并给予了肯定、表扬。她的积极性在一次次举手被拒后慢慢消磨,对于她来说,可能是让她分心玩扭扭棒的原因之一。对于这样一个需要老师特别关注情绪,特别希望得到老师的肯定的学生来说,老师在仅有的一次回答评价中,不仅要回应小 M 的发音准确,更应肯定她今天的课堂表现,给予她精神上的鼓励,让她能更持续在课堂学习之中。比如,当小 M 出现反复玩扭扭棒分神之际,老师有关注她并能走到她身旁用眼神提醒她。老师在这里不如和小 M 亲密互动,互相摸一下手,给予她多一次上课发言的机会,或许她回神的状态会更好。

除了关注个别评价,老师也可以调动生生互相评价,以养成学生上课认真倾听的好习惯。本节课,除了最后书写拼音环节,老师有让学生对被展示学生的书写做

出评价外,再没有其他学生之间的评价。老师每一次对个别学生做出评价时,会习惯性走到或靠近该生附近,这样也会忽视其他学生的上课情况。老师可以站在前面,关注所有学生,有意识引导学生对学生的回答做出评价,再小结,这样也能让像小 M 走神的学生保持相对注意力高度集中的持久度,让他们能积极参与课堂。

2. 纠正学生的拼音认读发音,以达成良好的拼音教学

本节课是开启声母拼音教学的第一课时,对于声母和韵母的发音,老师也在课堂上做了提示说明——韵母发音响而长,声母发音轻而短。在指名读、开小火车读声母的过程中,还是能听到学生有意识做到读声母轻而短,但到了集体朗读时,明显就有拖音。小 M 的表现更是如此,对于她来说,读声母是小菜一碟,好不容易得到表现的机会,她在集体朗读的声音中就特别响,发音也明显不如她和同桌读的时候那般干脆。

老师在几次集体读声母的环节中,都没有及时纠正学生这种错误的发音,也没有有效制止他们有点尖叫的朗读,虽然学生的学习热情很是高涨,但是这样的学习氛围不利于学生养成良好的学习习惯,老师就应该停下脚步,进行点评纠正,明确告诉学生应该怎么做。这对于第一课时的声母拼音教学来说非常重要。

点评:

严老师的观察案例生动地呈现了幼小衔接阶段儿童在拼音学习中的状态,小 M 的行为表现揭示了这一阶段学生的特点。案例中,钟老师通过情境创设、动手操作、游戏互动等方式,较好地激发了学生的学习兴趣,但在关注特殊学生心理需求方面仍有提升空间。例如,对于小 M 这样渴望关注的学生,教师可以提供更多展示机会,给予更具体的鼓励,以增强其学习动力和课堂参与度。此外,教师在拼音教学中应更注重发音的准确性,及时纠正学生的错误发音,帮助学生养成良好的学习习惯。

严老师的案例提醒一线教师,在幼小衔接的拼音教学中,要充分考虑学生的心理需求和学习特点,通过多样化的教学方法和个性化的关注,让每个孩子都能在课堂上找到学习的乐趣,逐步适应小学的学习生活。

案例四

课堂中的"化学反应":一个男孩在"发光"

——以一年级《an、en、in、un、ün》一课中对焦点学生小 W 的观察为例

学校:普通小学	班级:一(3)班	课题:《an、en、in、un、ün》
焦点学生:小 W	执教教师:左逸凡	观察教师:徐楚

一、课例描述

（一）教学目标和内容分析

《an、en、in、un、ün》一课是一年级上册第二个拼音单元的第四课。本单元安排了 5 课时拼音和一个语文园地，内容包括八个复韵母、一个特殊韵母、九个鼻韵母和六个整体认读音节，其中还穿插了儿歌、词语以及认读字。本单元的主要任务是汉语拼音的认识、学习和使用。本单元是拼音教学的最后一个单元，在教学中仍然需要让学生认识拼音字母的正确认读、如何书写和怎样运用拼音字母，以提高学生使用汉语拼音的能力，并指导学生借助汉语拼音和联系生活实际识字、读文。本单元的语文要素如下：

语 文 要 素
1. 认识复韵母和对应的整体认读音节。
2. 正确拼读由声母和复韵母组成的音节。
3. 正确书写复韵母及其组成的音节，控制好音节中字母之间及音节之间的距离。
4. 联系生活识字。

基于以上内容，本课教学目标确定如下：

1. 正确认读前鼻韵母 an、en、in、un、ün 和整体认读音节 yuan、yin、yun 及其四声，读准音，认清形。

2. 正确拼读由 an、en、in、un、ün 组成的带调音节，能在四线格中正确书写音节词"lún chuán"。

3. 借助拼音，正确认读"蓝天、白云、草原、森林"4 个词语。正确朗读儿歌《家》。

4. 认识"白、草、家、是"4 个生字。

根据一年级学情及教学规划，《an、en、in、un、ün》一课共安排两课时的教学，教师进一步分解课时目标，本课为第一课时，具体目标如下：

1. 认读前鼻韵母 an、en、in、un、ün 和整体认读音节 yuan、yin、yun，读准音，认清形。

2. 正确拼读声母和 an、en、in、un、ün 组成的音节。

根据教学目标，教师设计了"复习导入，引出课题""观察图片，学习韵母和整体认读音节""巩固新知，练习拼音""指导书写"等四个环节。其中环节二和环节三是教学重难点达成的关键。

从教学目标和教学内容来看，教师对拼音单元的整体认知比较全面，教学目标和教学内容互相呼应，能帮助学生提高拼读能力。

（二）教学中的幼小衔接要点分析

拼音,是小学起始阶段语文学习的重要内容之一。《义务教育语文课程标准（2022 年版）》中提出"能借助汉语拼音认读汉字",定位了拼音是学习汉字的工具,十分重要。

本课在学生刚进小学两个月左右的时间进行教学,属于幼小衔接的初始阶段,学生从思维方式、学习习惯等方面都还在转化过程中。

1. **教学方式的差异**:幼儿园教育和小学教育在教育目的、目标、课程设置等方面各有不同之处,这也是导致一年级新生入学不适应的主要原因。从整体角度来看,导致学生不能适应的最基本因素是幼、小课程理念与课程结构的不同。幼儿园教育与小学教育的教师在教学方式及习惯上也存在一定差异,幼儿园教学内容具有生活化、情境化的特点,更容易激发学生的兴趣。小学教育更注重知识的传授,学生需要改变学习模式进行学习。

2. **学习习惯的差异**:对于刚入学的一年级新生来说,部分学生会因为不适应,出现上课注意力不集中,甚至不认真听讲的现象。在作业完成度上,更是出现由于不习惯用笔导致的"脏、乱、差"的情况,作业本很脏;还有些学生无法理解老师的作业要求,不能按照老师的要求完成作业。此外,还有些学生在课堂中坐姿不端正,手脚随意摆放,以上问题需要教师及时纠正,帮助学生更快适应小学学习。

3. **集体意识须提高**:刚进小学的学生的集体意识缺乏。在合作学习中,可能偏题,讨论与学习任务和要求无关的事情,还会出现不参与讨论的现象。当有一项任务要求团队合作时,部分学生不服从指令,随心所欲,没有积极完成老师上课时的学习要求。

4. **加强幼儿园、小学和家庭的协作**:"幼小衔接"时期儿童心理发展的整体性特质与幼儿园和小学之间的"坡度"决定了"幼小衔接"中课程组织应统整化。这意味着需要加强幼儿园、小学和家庭之间的协作力度,共同为儿童的拼音学习提供支持。

基于以上内容,学生在学习本课《an、en、in、un、ün》时关键衔接点为:一适应小学上课模式,更好地投入课堂;二改正不良学习习惯,逐步养成"坐端正,认真听,大声读"的好习惯,把知识牢记于心;三加强幼儿园、小学和家庭之间的协作,为学生学习提供支持。

二、关键事件描述

观察焦点学生的上课情况,相较之前课堂上我们更关注教师如何教是有很大不同的,换一个角度看课堂有令人惊喜的收获。

我观察的焦点学生是一位名叫小 W 的刚进一年级的男生。课堂一开始老师组织大家一起进行"吃豆豆"游戏回顾旧知,他注意力十分集中,眼睛紧紧盯着屏幕,和其他同学一起认真拼读。接着,老师又和大家玩起了"吹泡泡"游戏,辨别容易混淆的韵母,他将目光汇聚于学习的韵母上。来到上课的第 8 分钟,读完韵母以后他开始坐不住了，出现了打哈欠，摸耳朵的行为，而且还转向后面看了听课老师。但是当老师发出指令"男生一起读"后，他马上坐正开始读起来。到上课的第 12 分钟，还在学习韵母，他渐渐坐不正了，趴在了桌上，打了个哈欠，摸摸脑袋，大概有 5 秒钟看向窗外走廊。

上课第 14 分钟时，老师拿出拼音卡片，邀请到的同学要站起来读卡片上的韵母，这无疑救了这个已经开始走神的孩子，他被邀请到读拼音卡片，马上站起来，大声读好并坐下。但是坐下以后还是手不停在动。第 17 分钟，老师将联系生活的图片展示在课件上，帮助学生朗读韵母的四声，这些图片激起了小 W 的兴趣，他抬起头看着图片。接着，老师让同桌一起读来巩固这些拼音，但是小 W 的同桌没有向他转身，他看看同桌对他无动于衷，于是自己和自己玩了起来，渐渐又趴了下去。

上课第 22 分钟时，老师说了一个拼音儿歌"小云朵，找妈妈，拼音 yun，要记牢，前鼻音，轻轻念，找到妈妈笑哈哈。"小 W 身体稍稍抬起，跟着同学们一起笑起来，从原来不专注的状态变为倾听状态。上课第 27 分钟，老师开小火车请学生回顾本课学习的拼音，小 W 所在的小组被请到了，他认真参与了游戏。在课堂的尾声，老师最后进行了一个送信游戏，小 W 被请到"送信"，特别兴奋地起立，并将信送了出去，并且注意力集中地看着其他同学"送信"。

三、基于观察的思考

下课后，我咨询了老师小 W 的平时学习情况，左老师告诉我："小 W 上课不认真，注意力不大集中，已经和家长交流过这个问题了。"其实从课堂伊始我选择小 W 进行观察已经有预感他的注意力不是很集中，但是听到老师的评价以后，我觉得小 W 的上课状况并没有老师说的那么糟糕。他其实是比较符合一年级新生的特点，对感兴趣的内容专注度较高，对不感兴趣的内容显得专注度较弱。其实很大部分原因可能是对于小学的学习状态他还没有适应，他还需要调整他上课的学习习惯。从整堂课他的学习情况来说，我觉得在需要学会的知识方面他是掌握的，而且对于很多环节他表现得很积极，只是做不到全程"坐端正"。对于这样的学生需要我们有更多的耐心去提醒和纠正，使其养成良好的学习习惯。这堂课上，小 W 是如何被吸引，产生了"化学反应"，上课能保持比较认真的状态的呢？

（一）亮点分析

教师在教学过程中运用了游戏、儿歌、图片、多种朗读方式来吸引学生的注意力，不停地用不同的方式练读。通过这些方式，学生更投入于课堂了，而且这些方式对于学习目标的达成有促进作用。这节课的主要亮点在于教学方法的创新性上。

（1）利用插图进行直观教学

课本中的情境图是教学的重要辅助工具，能够以生动的形象吸引学生的注意力，并帮助学生通过事物记忆字母的发音和字形。在学习五个前鼻韵母和三个整体认读音节时，通过书上家庭生活情境图引入。如图中"天安门"的"安"提示 an 的音,"门"提示 en 的音,"饮料"的"饮"提示 in 和 yin 的音,"条纹"的"纹"提示 un 的音,"云"提示 ün 和 yun 的音,足球"圆圆的"提示 yuan 的音。

教师通过引导学生观察情境图,并展开想象看图说话,不仅能锻炼学生的表达能力,还能帮助学生明晰所学字母的发音和字形。

（2）生活化教学

拼音教学与生活紧密结合,让学生结合与实际生活相关的图片记忆音节的读音,强化音节记忆。用"鸳鸯、桂圆、遥远的小路、院子"等图片,引导学生读好 yuan 的四声;用"阴天、银手镯、蚯蚓、脚印"等图片,引导学生读好 yin 的四声;用"晕倒、白云、陨石、运动"等的图片,引导学生读好 yun 的四声;用"轮子,军人"的图片引导学生正确拼读 lun、jun 并学习 qun、xun 的拼读。

这种方法使学生感受到拼音不是独立于生活之外的一套符号,而是与每个人的生活都息息相关的语音系统。

（3）游戏化教学

采用游戏的形式进行拼音教学,如吃豆豆、吹泡泡、送信等,能够激发学生的学习兴趣,使他们在游戏中巩固知识。在复习韵母时,老师用一个"吃豆豆"的游戏激起学生的兴趣,在吃掉一个又一个韵母的过程中复习旧知识。然后用"吹泡泡"的游戏辨别容易混淆的韵母"ei、ie、iu、ui"。最后在学完本课需要学习的五个前鼻韵母和三个整体认读音节后,用"送信"游戏巩固本课所学知识。

游戏化教学符合学生的年龄特点,能够使枯燥、重复的复习课变得生动、有趣。

（4）儿歌融入教学

通过儿歌进行拼音教学是一种非常有效的教学方法。它能够激发孩子们的学习兴趣,帮助他们记忆拼音、培养语感和节奏感,同时实现寓教于乐的目的。在学习整体认读音节 yun 时,老师编了儿歌"小云朵,找妈妈,拼音 yun,要记牢,前鼻音,轻轻念,找到妈妈笑哈哈。"学生对于 yun 这个整理认读音节的拼读记忆更牢了。

因此,在拼音教学中,我们应该充分利用儿歌这一教学资源,为孩子们创造一个轻松愉快的学习环境。

（5）朗读促进教学

运用多种朗读方式学习拼音具有诸多好处,能够激发学生的学习兴趣和参与度,促进拼音发音和记忆,培养语感和节奏感,锻炼口语表达和听力理解,以及营造积极的学习氛围。本课教学中不仅有集体读,还有开火车读,借助拼音卡片读,男生女生读,充分调动学生的朗读兴趣。因此,在拼音教学中,教师应该灵活运用多种朗读方式,以提高学生的拼音学习效果。

综上所述,拼音教学中的亮点主要体现在教学方法的创新性上。这些亮点使得本堂课的拼音教学更加生动有趣、易于理解且效果显著。

(二) 改进建议

这堂课中小 W 唯一没有产生"化学反应"的地方在同桌合作朗读中。同学之间合作朗读应该是一个非常好的形式,但是在这节课上这个环节没有起到用处。

一年级学生刚进小学对这种学习方式还不适应,集体意识比较弱,可以在合作开始前请两位同学进行演示,然后再让同学合作,学生会更明确合作的形式和目的;在合作过程中老师一定要强调每个人必须合作发言,教师进行巡视;合作后要进行一个合作展学的环节,让同桌之间展示成果,表扬配合好的同桌。

相信这样的话,合作朗读不管是形式还是效果都会有提升。

点评:

徐老师的观察案例生动地呈现了幼小衔接阶段儿童在拼音学习中的真实状态。小 W 的表现典型地反映了这一阶段学生在课堂上的注意力波动和学习习惯的不稳定性。通过细致的观察,徐老师捕捉到小 W 在游戏、儿歌、图片等多样教学方法的刺激下能够迅速集中注意力,但在常规教学环节中则容易走神。这一发现揭示了幼小衔接儿童对趣味性和互动性教学方式的高度敏感性,同时也暴露了他们在集体学习中合作意识和规则意识的薄弱。

案例中的教学亮点在于教师运用了丰富多样的教学方法,有效激发了学生的兴趣和参与度。然而,小 W 在同桌合作环节的"失灵"也提醒我们,幼小衔接阶段的学生需要更明确地指导和规范来适应小学的学习方式。教师在设计合作学习环节时,应提前示范合作流程,明确分工,并在过程中加强巡视指导,以帮助学生逐步建立合作意识和规则意识。

徐老师的观察案例为一线教师提供了宝贵的启示:在拼音教学中,教师应充分考虑学生的心理特点和学习习惯,通过创新教学方法吸引学生注意力,同时注重培养学生的课堂规则意识和合作能力,帮助他们更好地适应小学学习生活。

第十章 儿童如何获得读书的"魔法钥匙"

案例五

一只"小猴子"的雪地之旅
——以一年级《雪地里的小画家》一课中对焦点学生小 L 的观察为例

学校:上海市民办桃李园实验学校	班级:一(4)班	课题:《雪地里的小画家》
焦点学生:小 L	执教教师:刘媛媛	观察教师:邵伊琳

一、课例描述

（一）教学目标和内容分析

《雪地里的小画家》一课是一年级上册第五单元的第三篇课文,本课以儿歌的形式,设置下雪的环境,采用拟人的手法,运用形象的比喻,根据几种小动物踩在雪地上的脚印来介绍它们脚印的形状特征;又用设问的形式,指出青蛙没有参加"绘画"的原因,介绍青蛙需要冬眠的知识。语言活泼,富有童趣,读起来朗朗上口。除了本课外,本单元以"四季之美"为主题,还编排了《秋天》《江南》《四季》三篇精读课文,"和大人一起读"篇目为《拔萝卜》。从统编教材的整体安排来看,本单元是学生在经过识字单元和拼音单元教学的基础后,由浅入深过渡到小学阶段的第一个阅读单元,从单元主题出发,结合低年级语文教学任务提出了需要落实的语文要素:借助拼音正确朗读课文。

《雪地里的小画家》一课的目标具体为:

1. 在语境中识记"的、家、鸡、竹、牙、用、几、步、没、参、加"11 个生字,在田字格里会写"竹、牙、马、用、几"5 个字、穴宝盖和竖折折勾、横折弯钩和横折钩 3 个笔画。

2. 借助拼音正确、流利地朗读课文,背诵课文,感受"小画家"雪地里作画的快乐。

3. 提取信息,结合插图,知道小动物脚印的不同形状。了解青蛙冬眠的特点。

根据一年级学生学情及教学规划,《雪地里的小画家》一课共安排两课时的精读教学,教师进一步分解了课时目标,本课作为第一课时,具体目标如下:

1. 能在语境中正确认读"的、家、鸡、竹、牙"5 个生字,能在田字格中正确书写"马""竹""牙"3 个生字。

2. 借助拼音正确、流利地朗读课文,读准轻声,读出感叹句的语气,读出儿歌的节奏。尝试背诵课文前三句。

3. 结合插图,了解"小画家"画了什么。知道小动物脚印的不同形状和画之间的关联。进一步感受大自然的奇妙,学习认真观察。

根据教学目标,教师设计了"创设情境,感悟快乐""初读课文,整体感知""图文结合,随文识字""根据板书,读读背背"和"观察生字,指导书写"五个环节,其中环节三和环节四是重难点目标 2、3 达成的关键,分别对应了三个学习活动:一是运用"找朋友、加一加"等多种识字方法认识读准生字;二是借助图片观察小动物的脚印和画作之间的相似之处,感受大自然的奇妙;三是通过多种形式的诵读课文并借助板书背诵课文前三句。

（二）教学中的幼小衔接要点分析

本课教学安排在一年级第一学期的期中阶段,学生虽然经过了两个多月的小学语文课堂学习经历，但是小学阶段的适应度还是有所欠缺，而从本单元和单课的重难点目标及内容出发，来梳理学生从幼儿园到一年级在语文学习上的衔接要点，主要有以下几点：

1. 读图能力层面：从幼儿园直观感知、兴趣导向的简单读图，过渡到小学一年级语文学科有目的、具深度的读图。要点包括从关注画面趣味性转为挖掘图文联系，借图理解课文内容与生字；从自由想象画面情节到依据教学要求提取关键信息；从单纯欣赏画面到借图拓展思维并辅助口语与书面表达，逐步构建系统读图能力服务语文学习。

2. 朗读能力层面：小学一年级第一学期朗读能力是基于幼儿园学习经验的基础上，螺旋上升为学习用普通话正确、流利，有感情地朗读课文。"正确"是指朗读的内容和课文的文字内容一模一样，不加字、不漏字、不改字。"流利"是指要读通顺、读连贯、不磕磕绊绊、不读破句子。"有感情"是指要读出作品所蕴含的情感。

3. 识字写字层面：识字要进一步关注生字在词语、句子或者课文语境中的认读，写字要养成正确的写字姿势和握笔方法，能够按笔顺规则书写硬笔字。特别是从识字角度看，幼儿没有具体的识字量要求；一年级上册教材的识字量为 280 字。梳理《上海市幼儿园办园质量评价指南》和《义务教育语文课程标准》，针对学生的识字与写字能力的要求有这样的描述：

幼儿园识字与写字目标（部分）		小学第一学段识字与写字目标（部分）	
识 字	写 字	识 字	写 字
4—5岁，对生活中常见的标识、符号感兴趣，知道它们表示一定的意义。 5—6岁，在阅读图书和生活情境中对文字符号感兴趣，知道文字表示一定的意义。	5—6岁 1. 愿意用图画和符号表现事物或故事。 2. 会正确书写自己的名字。 3. 写画时姿势正确。	1. 喜欢学习汉字，有主动识字、写字的愿望。认识常用汉字1600个左右，其中800个左右会写。 2. 能借助汉语拼音、图画等认读汉字。 3. 学会用音序检字法和部首检字法查字典。	1. 掌握汉字的基本笔画和常用偏旁部首。 2. 能按笔顺规则用硬笔写字。 3. 注意间架结构，初步感受汉字的形体美。 4. 努力养成良好的写字习惯，写字姿势正确，书写规范、端正、整洁。

由此可见，小学阶段识字写字教学目标清晰严谨。两阶段的要求完全不同，势必会造成学生在识字写字上的学习不适应。基于目标差异，一年级第一学期总识字量须达到 280 字，尽管很多生字是生活口语常用字，但对于零基础的一年级学生来说，在短时间内认识这些生字是有一定难度的，进一步加强两阶段之间的衔接是很重要的。而统编版小学语文一年级教材中将识字教学在单元上设置，识字教学内容、识字量等方面进行了调整，既在拼音单元中识字，在阅读单元中随文识字，也通过专门的识字单元和语文园地中专设的栏目"识字加油站"进行集中识字。识字

单元的编排,穿插在拼音单元、阅读单元之间,与拼音、阅读整合设计、同步进行,体现了识字与拼音学习、课文阅读相融合的关系。而本单元作为小学阶段的第一个阅读单元,强调识字与课文教学的结合。基于此,学生在学习《雪地里的小画家》这一课指向识字与写字的关键衔接点:一能在语境中认识生字笔画和偏旁;二能在田字格里观察生字字形结构;三能注意生字书写规范整洁。

二、关键事件描述

关键事件一:东看西摸,"小猴子"现雪地

课前准备时,当其他小朋友认真等待老师指令时,小 L 左手克制地横放在桌子上,右手则拿起了铅笔,玩起来了笔尖,当小老师带领大家开始诵读课前儿歌时,似乎给小 L 提了个醒,他立刻放下了铅笔,跟着大家拍起手来诵读儿歌,但随着一首儿歌的结束他马上又摸起了自己的笔,显然对自己的铅笔情有独钟,同时当课堂正式开始时,小 L 仍然念念不忘自己的笔,并拿起了自己的笔在课桌肚里进行地下"手部运动"。

3 分钟左右,老师在指导生字"家"的教学时,引导小朋友复习巩固了三拼音节,认读了生字"家"同时通过生字卡片,联系生活实际了解到了宝盖头的意思并指导书写。起先小 L 还是能够跟着老师一起大声认读笔画:宝盖头,读了三遍后,新知识已经无法吸引他,他开始往周边环视,小手也开始试探性地摸课本、摸鼻子、揉眼睛,当老师带领所有同学书空宝盖头时,小 L 开始跟不上节奏,手指一直停留在书空的左手上。

关键事件二:积极"小猴子",课堂留"脚印"

在课堂开始后的 8 分钟左右,老师拓展学习"一群"这个数量词的时候,引导学生回顾了《秋天》一课中如何形容大雁的数量词,带着大家一起背诵课文时,一直抓耳挠腮的小 L 也张开了小嘴巴,大声地跟着老师一起流利背诵,坐姿也很端正。

在拓展数量词"一群"的积累后的 2 分钟左右,小朋友们进入自由朗读课文时,小 L 能够听清楚老师的要求借助拼音流利地朗读课文,做到了左手按,右手指读,读书姿势很正确。并且快速完成老师的任务:圈出课文中有几句句子。因为速度太快,小 L 一开始圈了四句句子,把感叹号和问号的句子遗漏了,但很快他发现了自己的遗漏,还未等到老师核对就马上修改过来了。

在 16 分钟左右,课程进行到第三环节时,老师让小朋友们观察 PPT 上小鸡的脚,引导思考其像什么? 老师的问题刚问完,小 L 马上举起手来直接回答:小鸡的脚像竹叶的形状,老师当场肯定了他的答案,并表扬他回答得很完整,这时候,小 L 坐下来的时候背挺得很直,坐姿非常端正。

关键事件三:"小猴子"电力耗尽,持续休息中

在课堂进行到最后一个环节时,老师引导学生认识"马、竹和牙"的书写时,起先小 L 还是很积极地举起右手跟着老师一起书空"竹",但当写完第一个"竹"的时候,小 L 就像跑完了长跑,一下子就像泄了气的皮球,趴下来了,虽然嘴巴还是跟着老师在动,但明显是没有走心地在读。等到老师再写"牙"和"马"的时候,他的背再也没有挺直过,右手摸着嘴巴并开始打哈欠,等到老师完成示范书写后,他快速地拿起铅笔就在书上把三个生字描红书写好,笔顺都是正确的,但是老师强调的笔画位置小朋友没有注意到,马的下半部分竖折折勾和横写得过大,牙的撇写得较短,完成书写练习后小 L 笔就放下开始放空发呆,等到老师投屏学生书写的生字时他一直趴在桌子上,在这个环节再也没有给予老师积极的回应。

三、基于观察的思考

课前和刘老师交流过,小 L 是一个课堂上比较好动的学生,但有一定的学前学习基础。结合课堂观察也可以了解到小 L 是有一定的语文基础的,在拓展背诵课文、朗读课文、回答问题以及书写生字时都能表现出相应的能力,但从整堂课呈现的状态可以看出他学习状态起伏较大,呈现出不稳定的特点。受本身学习基础的影响,本堂课对小 L 而言接受度尚可,并没有什么难点,但是受注意力的影响,他的识字与写字仍停留在自己原有的基础水平上,课堂上老师强调的写字规范仍没有重视,学习的专注性有待提高,对于本课在识字与写字目标的达成上还是有所欠缺。以下,就从小 L 的课堂表现出发,再来审视本节课在设计与实施中的得与失。

(一)亮点分析

1. 结合旧知联系新知。在《雪地里的小画家》教学中,老师巧妙关联旧知与新知,显著增强学习动力。于数量词教学时,回顾《秋天》里形容大雁的数量词"一群",通过引导学生背诵相关课文段落,自然迁移至新知识的学习情境。这种方式不仅助力学生快速理解新知识,且让他们感知知识的连贯性,构建更完整知识体系,激发主动学习热情。生字"家"的教学环节中,因为刚结束拼音单元,所以老师借助"家"的三拼音节复习巩固旧有拼音知识,为生字学习筑牢基础,降低学习难度,使小 L 在熟悉感中顺利接纳新知识,提升学习自信与成就感,为深入学习课文内容提供有力支撑。

2. 插入图画引导观察。以精美图画为媒介,有效引导学生观察与思考。展示小动物脚印图片并与生活中对应事物图片相联系,如小鸡脚印与竹叶、小狗脚印与梅花等。此直观呈现方式,极大激发学生好奇心与探索欲,使其注意力迅速聚焦课堂。引导学生观察相似之处过程中,有效训练观察力与想象力,让他们深刻体悟自然与生活的奇妙联系,深化对课文内容理解,同时为后续识字写字教学铺垫情境基础,提升学习兴趣与效果。

(二)改进建议

1. 书写教学:趣规交融,精准塑形。在书写指导方面,当前教学趣味性与规范性有所欠缺。建议在书写指导"马、牙、竹"等字时,充分挖掘汉字文化内涵,引入象形字观察环节,如展示"马"字的象形演变,让学生感受汉字的奇妙。同时,编制朗朗上口的小儿歌,如"马头瘦瘦高高扬,马身长长健步强,马尾大大随风荡",辅助学生记忆笔画特征。教师还需进一步细化笔画教学,借助多媒体或田字格教具,详细讲解每个笔画在田字格中的起笔、行笔与收笔位置,通过示范与练习相结合,让学生逐步形成规范的书写意识与良好的书写习惯,提升书写质量。

2. 课堂互动:多元活动,激活氛围。课堂互动性有待提升,为避免课程单调,教师可适时插入趣味性活动操。例如,在讲解课文段落间隙,组织简单的手指操或韵律操,让学生在短暂的活动中放松身心,重新集中注意力。也可设计小组竞赛活动,如识字接龙、背诵比拼等,激发学生的好胜心与参与热情。增加师生间的互动提问环节,鼓励学生积极思考、主动发言,教师及时给予反馈与鼓励,形成良好的课堂互动循环,使课堂氛围更加活跃,学习效果显著增强。

3. 思维拓展:句式精研,诗韵创编。课堂的思维深度还需加强,可加入句式进行语言的规范训练。教师可选取课文中的典型句式,进行专项分析与仿写练习,如"(什么动物)画(什么)"或者"雪地里来了(　　)、(　　)(　　)和(　　)"的句式,让学生在模仿中掌握句式结构与表达逻辑。进一步拓展思维训练,鼓励学生发挥想象力,生活中还有哪些小动物的脚印像什么,创编属于自己的小诗。以课文为蓝本,引导学生观察生活中的事物,尝试用诗歌的形式描绘出来,培养学生的创新思维与文学表达能力,提升语文综合素养。

点评:

　　邵老师的观察案例生动地呈现了一年级学生小 L 在《雪地里的小画家》课堂上的学习状态。小 L 好动、注意力易分散,但同时具有一定的学习基础和积极性。案例中,刘老师通过联系旧知、插入图画引导观察等方式,较好地激发了学生的学习兴趣,帮助小 L 在课堂上有所收获。然而,随着课堂时间的推移,小 L 的注意力逐渐下降,这提示教师在设计教学活动时,需要更加关注学生的注意力特点和学习节奏。例如,可以适当增加课堂互动的频率,设计更多趣味性的活动,如手指操、小组竞赛等,以帮助学生保持注意力和学习兴趣。同时,教师在书写指导时,可以结合趣味性的教学方法,如编儿歌、展示象形字演变等,帮助学生更好地掌握书写规范。

　　通过课堂观察,邵老师捕捉到小 L 学习过程中的典型事件,揭示了幼小衔接阶段学生在注意力、学习兴趣和习惯上的不稳定性。在幼小衔接阶段,教师不仅要关注学生的知识基础,更要关注他们的注意力和学习兴趣。通过多样化的教学方法和活动设计,教师可以有效提升学生的课堂参与度和学习效果。同时,教师应持续关注学生的个体差异,及时调整教学策略,以满足不同学生的学习需求。

案例六

藏在《对韵歌》课堂中的密码
——以一年级《对韵歌》一课中对焦点学生小 L 的观察为例

学校：上海华旭双语学校	班级：一（2）班	课题：《对韵歌》
焦点学生：小 L	执教教师：刘红	观察教师：徐嘉乐

一、课例描述

（一）教学目标和内容分析

《对韵歌》一课是义务教育教科书小学语文一年级上册第六单元识字单元的第一课，是在传统蒙学读物《声律启蒙》和《笠翁对韵》的基础上改编而成的韵文，音韵和谐，朗朗上口。课文以自然景物为题材，借助对韵歌的形式，让学生在识字的同时初步感受汉语的音韵、节奏，产生学习语文的兴趣。

《对韵歌》作为本单元的开篇之作，以传统的对韵形式引入，让学生初步感受到汉字的韵律美，培养他们的语感，为后续的学习打下坚实的基础。通过朗读和背诵，学生能够在潜移默化中积累语言，提升对汉字的认知和兴趣。

基于此，教师将"趣味识字，快乐成长"作为单元核心目标分解于单课目标中，《对韵歌》一课的目标具体为：

1. 认识"对、歌"等生字和偏旁"绞丝旁"，会写"云、雨"等字和笔画"提"。

2. 正确朗读课文，背诵课文，感受语言的韵律美和节奏感。辨析易混淆的音节，读准平舌音、翘舌音、鼻音和边音。

3. 借助图片、联系生活、表演等多种方法识字，提高自主识字的能力。

4. 学习用多种方式朗读课文，培养语感。发现汉字的构字规律，如会意字的构字特点、偏旁表义的规律等，提高识字的效率和质量。

5. 通过《对韵歌》等内容的学习，让学生初步感受中华传统文化的魅力，如对对子的奇妙之处，增强对传统文化的认同感。

根据一年级学生学情及教学规划，《对韵歌》一课共安排两课时的精读教学，教师进一步分解了课时目标，本课作为第一课时，具体目标如下：

1. 通过听读、看图联想、字理识字等方法，认识"对、云、雨、风、花、鸟、虫"7 个生字。

2. 会写"虫、云、山"3 个生字和"提、撇折、竖折"3 个基本笔画。

3. 能正确、流利地朗读课文并背诵课文。

4. 通过合作、闯关等多种形式反复诵读，初步感受对子的韵律美和趣味。

根据教学目标，教师设计了"导入环节""合作识字""初读课文""理解课文""再读课文""练习写字"六个环节。其中"合作识字"环节对应学习重点 1、2，教师安排了学生自主学习和讨论,让学生形成了一些识字的方法,如看图认字、加一加识字等;同时"初读课文""理解课文""再读课文"是难点目标 3、4 达成的关键,教师安排了几项学习环节:示范朗读、问题讨论、小组朗读比赛。

从教学目标和教学内容来看,教师能够从单元到单课再到课时进行整体性的设计,目标和内容一一对应。以"识字"为主线,通过学生自主学习和讨论,教师引导的方法,让学生通过字形、字义等方式识记汉字,为之后的学习奠定一定的认字基础。

(二) 教学中的幼小衔接要点分析

由于本课的教学安排在一年级第一学期的第六单元,已经属于一年级期中以后的课程单元。学生已经经过了有效衔接的学习准备期,因此,大部分学生完成拼音学习,对聆听、表达的课堂规范已经基本了解,对课堂讨论、小组讨论、作业规范等要求也在慢慢建立。从本单元和单课的重难点目标及内容出发,梳理学生从幼儿园到一年级在语文学习上的衔接要点,主要有以下几点:

1. 倾听习惯层面:从"被动接受"向"主动理解"过渡

幼儿园阶段以短时倾听为主(如听故事片段),而一年级需逐步延长专注时间。《对韵歌》教学可通过配乐诵读、师生对答等形式,引导学生专注倾听 3—5 分钟的完整内容,并辅以"听韵文找图片""听上句接下半句"等互动任务,增强倾听的主动性。

区别于幼儿园的"听懂大意",一年级学生需初步建立"听中提取关键信息"的能力。例如,听教师范读后提问:"韵歌里提到了哪些自然景物?"或"哪两个字是相对的?",帮助学生从语音输入转向内容理解。

通过"倾听三步骤"(安静听、用眼看、用心记)的课堂指令,强化"倾听时保持安静、不随意打断他人"的规则意识,逐步适应小学课堂规范。

2. 识字写字层面:从"具象感知"向"系统识记"进阶

(1) 象形识字衔接生活经验

《对韵歌》中的"云、雨、风"等字多为象形字,教师可借助实物图片、动态视频(如云朵飘动、雨滴下落)激活幼儿已有的自然认知,建立字形与意义的直观联系。

对比幼儿园"前识字"阶段的图画感知,小学起始年级需强化字形分析。例如,通过"雨"字四点像雨滴、"风"字撇画像风吹动等形象化讲解,帮助学生记忆。

(2) 写字习惯的规范化启蒙

首次接触田字格书写时,可沿用幼儿园"画图形"(如画圆圈、直线)的经验,通过"观察虚线描红—独立书写"的梯度练习,掌握"对、云"等简单字的笔顺与占格规则。注重握笔姿势与坐姿的纠正,结合儿歌口诀(如"一指二指捏着,三指四指托着")强化肌肉记忆,避免幼儿阶段随意涂画的习惯延续。

3. 阅读表达层面:从"零散描述"向"结构化输出"发展

（1）韵律感知与语言积累

幼儿园儿歌侧重节奏跟读,小学需初步感知对仗规律。例如,通过师生合作读（师读"天对地",生读"雨对风"）、拍手打节奏读,引导学生发现"字数相同、内容相关"的特点,体会汉语音韵美。

（2）图文结合促进表达完整

借助课文插图提问:"图中画了什么? 能用韵歌里的句子说一说吗?",帮助学生在观察中建立图文对应关系,从幼儿园的"看图说词"过渡到"看图说句"。

（3）生活迁移与简单创作

链接幼儿经验,设计"对对子"活动。如出示"苹果"图片,学生尝试对"香蕉";或结合季节提问:"春天对什么? 红花对什么?",鼓励用单字或词语回应,为后续完整表达奠基。

（4）情感体验与自信表达

通过配乐诵读、小组赛读等形式,营造轻松的表达氛围,允许学生用肢体动作辅助表演（如读到"风"时做吹气动作）,延续幼儿园"玩中学"特点,增强表达兴趣。

二、关键事件描述

关键事件一:小组合作,共享识字乐趣

新课导入环节结束后,教师安排了小组合作学习生字环节,小 L 主动与小组成员分享自己预习时认识生字的方法。"你们看这个雨字,"小 L 用铅笔尖指着课本上的方块字,声音清亮如清晨的鸟鸣,"里面有四个点,就像天上落下来的雨滴,我就是这样记住这个字的。"小 L 表述清晰,眼睛发光,脸上洋溢着自信的光芒。小组的同学被他吸引,点头表示赞同。几位同学在小 L 之后开始积极发表意见。"这个'鸟'字,上面是鸟的头,这边是鸟的身体,这是鸟的翅膀。我是这样记住这个字的。"有一位学生发言。小 L 身体转向这位同学,眼神专注地倾听他人发言,并能表达自己的赞同:"对的,我也是这么记住'鸟'字的。"同学在他的肯定下露出了笑容。另一位学生发言:"这个'云'字,也可以把这个字想象成一朵云,但是下面的部分……"这位同学欲言又止,小 L 及时补充:"下面的部分可以想象成一阵风吹来,把原来一层层的云吹得卷了起来。""可以可以。"同学开心地笑起来。小组讨论氛围热烈。小组中因为小 L 的参与,其他学生的学习兴趣也被调动。

关键事件二:朗读成长,从生疏到流利

上课第 10 分钟左右,课堂进入了文本学习。教师示范朗读课文,接着让学生自由朗读一遍课文。小 L 低头开始朗读,对比之前小组讨论时的音量和自信度,有了明显的变化。他的声音变小了,在读到"雪""秀""柳""绿"这些比较难的字时,需要借助拼音拼读之后才能将字读出来,再连成句子,这就影响了他的朗读速度。所

以当好一些同学都读完拍手坐端正时,小 L 还没读完,他匆匆把最后一句读完成后,跟上了大部队,但是小脸上露出了一丝不快。

经过了课堂问答环节,老师带领学生领悟了课文内容,初步体会了对子的特点之后,老师又安排了学生齐读、小组朗读、男女生朗读等环节。只见小 L 坐直了身体,眼睛盯着书本,十分认真地一遍遍练习,之后还摇头晃脑起来,显然已经陶醉在文本的韵律之中。在老师安排了小组朗读比赛时,小 L 的热情更加高涨,甚至扯着嗓子读起来。之后,老师点名个别朗读,小 L 自信地把小手举得高高的。虽然没有被点到名,但是小 L 小脸上自信的光芒又回归了。

关键事件三:问题思考,逐步深入理解

上课 15 分钟左右,在学生初读课文之后,进入了理解课文重点问题环节,教师提出问题:"为什么'山清'的好朋友是'水秀',不能是'桃红'呢?"小 L 起初眉头紧皱,思考片刻后举手回答:"因为'山'和'水'比较好,'山'和'桃'不是一起的。"小 L 的回答语言组织不太流畅,表达不够完整,但能说出大致意思。教师给予肯定和鼓励,并引导其他同学进行补充。有学生对课文进行了充分的预习,回答道:"这篇文章是对对子,要同类的词放在一起。'山'和'水'是一类的。'桃'和'柳'都是植物,是同类的。"小 L 仔细地聆听,但依然皱着眉头。老师根据学生的回答,把对应的词语一对一对贴到黑板上,进一步给学生讲解:"课文中'云'和'雨'都是大自然的现象,'雪'和'风'也是大自然的现象,'花'和'树'都是植物,'鸟'和'虫'都是动物。这样一对一对来写,就叫对对子。"小 L 的眼睛始终跟着老师,看得出来他在努力理解,也在思考中。老师刚说完,小 L 就举手了:"老师,'云'、'雨'、'雪'、'风'都是自然现象,那'云'对'风';'雨'对'雪'可不可以呢?"老师听了小 L 的提问,不仅没有生气,反而表扬了小 L:"L 同学提的问题很好,说明他在动脑筋。大家说可以吗?"课堂骚动起来,有的孩子摇头,有的孩子点头。小 L 又皱起眉头来。老师问了几位同学意见后,又提问了小 L:"你认为呢?"小 L:"我觉得可以,这几个字都是自然现象,是同一类的。"老师笑着点点头,说:"老师同意你的意见。"老师接着引导:"同学们,语文学习是非常灵活的,需要同学们有很多的思考和创造。小 L 给我们做了很好的示范。"听了老师的表扬,小 L 的小脸放松下来,更加积极地投入后面的学习中去。

关键事件四:书写认真,习惯助力学习

上课 25 分钟左右,课堂进入书写生字环节,老师引导学生念起了写字歌"身坐正,脚放平,眼离纸面一尺远,手离笔尖一寸间。胸离桌边一拳宽,一笔一画写端正。"小 L 边念边调整了坐姿,坐直了身体,开始认真书写,对不满意的字,还会擦掉重写。凑近看,他书本上的作业干净整洁。写了一会儿后,老师展示其他学生的优秀作业,小 L 小眼睛看向了投影,又低头看看自己的作业,显然是在做对比。老师让学生观察"云"字中撇折和"山"字中竖折的区别,有学生说这两个笔画中夹角大小不同,得到了老师的肯定。老师用红色的粉笔重点标注了两个笔画,并让学生关注笔画起笔的位置。小 L 看看黑板再看看自己的作业,几次对比后,用橡皮擦掉自己不满意的字,进行修改。

三、基于观察的思考

在听课后,我与这个班级的语文老师也是这个班级的班主任刘老师进行了沟通,了解到小 L 是这个班级中的资优生,学习习惯较好,平时热爱学习,情绪稳定,也乐意接受他人的意见。就一上语文识字单元《对韵歌》的教学内容而言,对于小 L 有比较容易接受的内容,比如识字部分;也有比较难的教学内容,比如"对子"的理解和文本韵律的把握。因此,这节课的课堂内容对于这样的孩子是较为合适的,既有可以发挥能力的平台,又有富有挑战的学习最近发展区。观察这节课的表现,小 L 在课堂上有享受、有思考、有获得。从小 L 的课堂表现,分析这节课,有以下一些看法:

（一）亮点分析

1. 合作学习激发主动性与创造力

在小组合作环节中,学生通过形象化联想自主分享识字方法,展现了极高的学习热情与创造力。例如,小 L 通过"雨"字的四个点联想雨滴,生动地帮助同伴理解字形;其他学生受其感染,主动拆分"鸟"字结构、补充"云"字想象,形成了思维碰撞的良性循环。这一过程中,小 L 专注倾听,及时补充的行为,如解释"云"字被风吹卷的细节,既营造了包容互助的讨论氛围,也通过同伴互动深化了记忆。该设计凸显"以学生为中心"的理念,将传统"教师灌输"转化为"同伴共学",不仅培养表达能力,更通过协作构建了"学习共同体",符合新课标倡导的自主探究精神,也凸显了学校教育区别于其他学习方式的优势。

2. 分层朗读设计助力能力进阶

教师通过"自由朗读—齐读—小组赛读—男女分读"的递进式设计,兼顾了不同能力学生的需求。例如,小 L 初读时因生字卡顿,如"雪""柳"需借助拼音拼读,导致速度落后,但在后续多样化朗读活动中,通过反复练习逐步提升流利度,甚至"摇头晃脑"投入文本韵律,最终重拾信心举手展示。这一过程体现了分层教学的实效性:自由朗读允许个体查漏补缺,竞赛式活动激发内在动力,而教师示范与集体共读则强化了语言感知。这种设计既尊重个体差异,又通过螺旋上升的任务难度实现能力进阶,有效化解了"一刀切"教学的弊端。

3. 问题链驱动深度思考

教师以开放性问题"为何'山清'对'水秀'"切入,引导学生从表层记忆走向逻辑推理。小 L 起初回答语言零散,如"'山'和'水'比较好",但在教师追问和同伴补充,如"同类词相对"规则后,逐步理解对对子的本质,甚至提出创新性问题:"'云'对'风'是否可行?"这一过程体现了"试错—反思—修正"的思维进阶:教师通过板书归类将零散举例结构化,帮助学生进行知识构建。

与此同时,教师对待学生对知识的质疑的态度,给到了学生正向的引导。在小L提出"云对风"设想时,一定是老师在备课以外的一个课堂挑战。老师及时调整,不仅没有忽略学生的质疑,反而用开放的态度,给到学生共同思考的机会,既保护了学生探究欲,又渗透了"语文学习需灵活创造"的价值观。此类问题链设计,将知识传授转化为思维训练,符合高阶思维能力培养的要求。

4. 书写习惯与细节指导并重

书写环节中,教师将行为规范与美学教育有机结合。一方面,通过朗朗上口的"写字歌"口诀,如"眼离纸面一尺远",引导学生调整坐姿、握笔姿势,强化书写习惯;另一方面,以对比观察,如"云"字撇折与"山"字竖钩的夹角差异和动态示范,红笔标注笔画细节,帮助学生突破书写难点。例如,小L多次擦改不满意的字,并通过对比投影范例主动修正笔画,展现了"精益求精"的态度。这种教学策略既落实了"规范书写"的基础目标,又通过细节指导渗透汉字的结构美与艺术性,实现了工具性与人文性的统一。

(二) 改进建议

1. 优化小组合作的公平性与深度

小组讨论中,小L等活跃学生的突出表现可能导致部分学生被动旁观。例如,当小L连续补充"云"字想象时,其他学生可能因表达机会不足而逐渐沉默。社会建构主义理论(Vygotsky)表明,合作学习能借助"最近发展区"内的同伴互动,推动认知发展。而角色分工与教师干预可确保所有学生参与"社会协商",防止能力强的学生代替能力弱的学生思考。积极互赖理论(Johnson & Johnson)指出,角色分工能创造任务互赖性,让学生认识到个人贡献对集体成果的重要性,进而增强责任感与参与度。

在小组合作前,教师可以明确为学生分配"记录员""发言员""时间管理员"等角色,并规定每个角色在 3—5 分钟内轮换一次。比如在识字环节,让"记录员"用彩色笔将组员对"云"字的想象画成思维气泡图,再由"发言员"向全班展示。教师在巡回指导时,若发现小组存在"一言堂"现象,如小L连续发言,就可以用引导语激活沉默学生,如"××同学,你同意小L对'鸟'字的看法吗? 你还有其他方法吗?"或者进行指向性提问:"你们组还有谁没分享过? 请用 30 秒说说你的想法。"此外,教师还应要求每组最终提交的识字方法必须包含所有组员的贡献,比如用贴纸标注每位学生的创意,并评选"最佳协作小组"。

2. 差异化支持朗读困难学生

小L初读时因生字障碍产生挫败感,反映出自由朗读环节缺乏分层支持。例如,当其他学生快速完成朗读时,小L因拼读生字被迫"匆匆收尾",可能导致焦虑情绪。差异化教学理论中强调根据学生的准备度调整任务难度与支持方式，避免"一刀切"导致的能力抑制或焦虑情绪。与此同时，学习时间理论认为，预读环节能够通过缩短"所需学习时间"，如攻克难点字，帮助困难学生达到与其他同学相近的"实际学习时间"。

在自由朗读前，教师可以利用 3 分钟开展"生字闯关"活动。通过 PPT 动态呈现易错字，如"柳"，拆分"木"与"卯"部件，并配以柳枝摆动动画，实现视觉强化；让学生书空"绿"字笔顺，同时齐声拼读"l-ù→lǜ"，进行多感官记忆；开展"生字闪电战"游戏，教师快速指字，学生抢答读音，对错误率高的字，如"秀"，重复 3 遍，以巩固记忆。此外，教师要进行弹性任务分层，为基础层学生提供标拼音的课文段落，目标是"读准字音，不漏字"；为提高层学生去除拼音，要求"流利朗读，停顿合理"；为挑战层学生发放节奏图谱，如用"▲"标注重音，引导"有感情诵读，突出对仗韵律"。对于朗读速度慢的学生，教师允许他们课后通过"录音打卡"提交练习，并在次日给予针对性反馈。

3. 强化知识结构化与迁移应用

学生对"对对子"规则的理解仍停留在具体案例层面，如山—水、云—雨，未形成系统性认知。例如，小 L 提问"云对风"时，部分学生因缺乏分类框架而困惑。认知结构理论提出，通过分类归纳能够帮助学生建立"对对子"的图式，促进信息从短时记忆向长时记忆迁移。迁移学习理论表明，结构化知识框架，如分类规则，能够提升学生在新情境，如创编对子中调用知识的能力。

教师在板书课文对子后，可以引导学生进行双维度分类。横向归纳时，用不同颜色磁贴分类，如蓝色代表自然现象"云、雨"，绿色代表植物"花、树"，红色代表动物"鸟、虫"；纵向拓展时，补充课外对子，如"天—地""春—秋"，并讨论分类依据是否一致，以此渗透"类别可多维度划分"的思维。在迁移任务设计方面，教师提供半开放模板"对，因为它们都是_____"，让学生为"桃红"配对，如"柳绿""菊黄"；呈现"山清对桃红"的错误案例，让学生辨析并修正，强化规则应用。教师还可以使用思维导图将"同类相对""字数相等""结构相似"三大规则可视化，作为学生创编对子的"检查清单"。

4. 提升书写指导的精准度

小 L 反复擦改字迹却仍存偏差，暴露了自主修正的局限性。例如，他通过肉眼对比"云"字笔画，可能难以捕捉起笔角度等细微差异。多媒体认知理论认为，动态演示结合口头讲解，符合"双通道编码"原则，能够提升笔画细节的记忆效果。精细动作发展理论指出，触觉描摹与空中书写通过多感官联动，有助于促进小学生手部肌肉控制与空间定位能力的发展。

教师运用多媒体辅助，如用汉字书写 APP"汉字笔顺"演示"云"字书写，慢放展示"撇折"的 45 度夹角与"提"笔的轻顿,实现动态化笔画示范;让学生在砂纸汉字上描摹,感受笔画走向的摩擦力差异,强化触觉体验。在纠错方面,针对共性错误,如撇折夹角过小的问题,教师录制 1 分钟微课,对比正确与错误案例,如图 1 夹角饱满和图 2 夹角尖锐;批改作业时,在问题笔画旁画"↑"表示"起笔太高",画"○"表示"弧度不足",让学生根据符号自主修正;开展"火眼金睛找笔画"活动,让学生用放大镜观察同伴作业,对照字帖标记差异点,建立同伴互评机制。此外,教师每日课前安排 2 分钟进行"空中书写"练习,让学生跟随教师手势在空中书写易错字,强化肌肉记忆。

小 L 是语文课堂中的一位普通的学生,但也就是对这样一位学生的课堂观察,让我发现了藏在课堂中的教学密码。这样的一次特殊的课堂观察与分析,提醒作为语文老师的我,不要忽略学生在课堂表现中的任何微小反馈,老师对此的反应都有可能为学生未来的学习带来影响。

点评:

这一观察案例聚焦于一年级学生小 L 在《对韵歌》课堂上的表现,生动展现了幼小衔接阶段学生的学习状态和成长过程。案例中详细记录了小 L 在小组合作、朗读练习、问题思考和书写环节中的表现,从主动分享识字方法到逐步克服朗读困难,再到积极参与问题讨论和认真书写的全过程。这一过程不仅体现了小 L 的学习能力,也反映了教师在课堂设计中的亮点,如合作学习激发主动性、分层朗读助力能力提升、问题链驱动深度思考以及书写指导的精准性。徐老师通过对小 L 的观察,揭示了幼小衔接阶段学生的学习需求和心理特点,为一线教师提供了宝贵的经验。教师应关注学生个体差异,通过多样化的教学策略和精准的指导,帮助学生在课堂上实现从被动接受到主动学习的转变,从而更好地适应小学阶段的学习生活。

案例七

葡萄沟之旅的一波三折
——以二年级《葡萄沟》一课中对焦点学生小 Z 的观察为例

学校:上海市嘉定新城实验第二小学	班级:二(4)班	课题:《葡萄沟》
焦点学生:小 Z	执教教师:陆凯捷	观察教师:赵晓英

一、课例描述

(一)教学目标和内容分析

《葡萄沟》一课是二年级上册第四单元的课文。通过学习,让学生充分理解词句，感受葡萄沟的美景以及维吾尔族的风土人情，并激发学生对祖国大好河山的热爱之情。除了本课外，本单元以"家乡"为主题，还编排了《登鹳雀楼》《望庐山瀑布》两首古诗和《黄山奇石》《日月潭》《葡萄沟》三篇课文。除此之外，语文园地四安排了"识字加油站、字词句运用、我的发现、日积月累"等六个板块，"阅读"编排了写景散文《画家乡》，"写话"安排了学写留言条。

"联系上下文和生活经验，了解词句的意思"和"学习课文的语言表达，积累语言"是本单元的两个重点，是对一年级下册"联系上下文，了解词语的意思""积累词语和古诗、词句的积累和运用、仿说仿写句子"这些训练点的巩固和提升。本单元将在三篇课文和两首古诗的教学中进行具体指导，并在园地相关板块等加以运用。

基于此，教师将"联系上下文和生活经验，了解词句的意思"和"学习课文的语言表达，积累语言"作为单元核心目标分解于单课目标中，《葡萄沟》一课的目标具体为：

1. 认识"沟、产"等 16 个生字；**理解并积累"五光十色、展开"等 12 个词语**；在语言环境中读准"好、分、干"3 个多音字；能在田字格中正确书写"坡、枝"等 10 个字。

2. 正确流利有感情地朗读课文，**品读词句，感受葡萄沟是个好地方；模仿句式，将句子说具体讲完整**；能借助提示，说出葡萄干的制作过程。

3. 感受葡萄沟的风土人情，产生对葡萄沟的向往和对维吾尔族老乡的喜爱之情。

根据二年级学生学情及教学规划，《葡萄沟》一课共安排两课时的精读教学，教师进一步分解了课时目标，本课作为第一课时，具体目标如下：

1. 认识"沟、产、梨、份、枝、搭、淡、够"8 个生字；**理解并积累"五光十色、展开"等 9 个词语**；读准"好"这个多音字；正确书写"坡"和"枝"。

2. 正确流利有感情地朗读课文，**品读词句，了解葡萄沟葡萄品种多、长势好，感受葡萄沟是个好地方**。

3. 感受葡萄沟的风土人情，产生对葡萄沟的向往。

根据教学目标，教师设计了"情境导入，开启葡萄沟之旅""整体感知，初识葡萄沟之好""细读品悟，探寻葡萄沟之美""写字指导，记录葡萄沟之趣"和"布置作业，静待葡萄干之行"五个环节。其中**"整体感知，初识葡萄沟之好"和"细读品悟，探寻葡萄沟之美"**这两个环节是重难点目标达成的关键，分别对应了两个学习活动：一是**理解词语，探寻人们最喜爱葡萄的原因**；二是**学习语言表达，称赞葡萄沟是个好地方**。

从教学目标和教学内容来看，教师能够从单元到单课再到课时进行整体性设计，目标和内容一一对应。为了使学生通过本单元的学习，深入感受到祖国的辽阔，教师将本单元的教学活动统整创设成**"纵横祖国游"**的旅游情境，在每篇课文第一课时的导入环节,通过演示地图上的旅行路线回顾学习过程,激发、维持学生学习新课的兴趣和热情,使学生在统一和完整的旅游情境中,深刻感受祖国的辽阔。教师又以**"葡萄沟真是个好地方"**为主线贯穿全文,紧抓"为什么说葡萄沟是个好地方"这个核心问题,设计板书,结合多种方法理解词语基础上指导朗读,通过逐级深入的导引,促进学生语言的积累和表达。

(二) 教学中的幼小衔接要点分析

本课的教学安排在二年级第一学期的期中阶段,学生已经有了一年又两个月的小学语文课堂学习经历,幼小衔接的过程基本进入下半程。与本课语文学习要素对应的倾听能力、阅读理解和表达能力已经基本建立。简要分析幼儿园、一年级再到二年级语文学习上的衔接要点如下:

1. 倾听习惯:幼小衔接阶段要求学生要从幼儿园第三阶段"在集体中能专注地听老师或其他人讲话"过渡到二年级的"能认真听他人讲话,努力了解讲话的主要内容",主要区别体现在专注时长增加,环境更复杂,关键信息把握方式变化,逻辑关系理解也更深入。

2. 词句理解方法:从词句理解角度看,幼儿园阶段在"倾听能力"部分要求"结合情境理解相对复杂的句子",而在小学一二年级阶段,对词句理解的方法要求也呈螺旋上升要求。在一年级下册第三单元,学生已经学习了"联系上下文理解词语的意思",在一年级下册第六单元又学习了"联系生活实际了解词语的意思"的方法。在二年级上册第四单元,学生要学习"联系上下文和生活经验,了解词句的意思"。理解的对象从"词语"延伸到"词句",是对一年级已习得的理解词语方法的巩固与提升,需要教师重点基于学生原有的学习经验、生活经验等推进识记和理解。

3. 阅读表达能力:梳理《上海市幼儿园办园质量评价指南》和《义务教育语文课程标准》,针对学生的阅读能力的要求有这样的描述:

幼儿园/语言与交流领域"前阅读与前书写"维度/水平 5(部分)	小学/课程目标/第一学段 "阅读与鉴赏"(部分)
1. 阅读图书及听故事后能发表自己对作品的看法。 2. 能初步感受文学作品中的语言美。	1. 结合上下文和生活实际了解课文中词句的意思,在阅读中积累词语。 2. 阅读浅近的童话、寓言、故事,向往美好的情境,关心自然和生命,对感兴趣的人物和事件有自己的感受和想法,并乐于与他人交流。 3. 诵读儿歌、儿童诗和浅近的古诗,展开想象,获得初步的情感体验。

可见,为实现学生阅读表达方面,从幼儿园毕业时的水平 5 发展至第一学段的标准,还需要进一步做好过渡衔接。在一年级下册第三和第四单元,出现了**"积累**

词语和古诗、词句的积累和运用"的要求。在一年级下册第六单元出现了**"仿说仿写句子"**的要求。到二年级,积累的对象从**"词语、句子"**延展为**"语言"**,训练的要求和方法从**"仿说仿写"**到**"学习表达"**,显然范围和要求也有了明显提升。

二、关键事件描述

关键事件一:开启新旅程,他热情专注,情绪高涨

课堂开始的前 15 分钟左右,小 Z 同学能够认真倾听,积极完成任务,尤其是能够在教师与其他学生的互动关注过程中,捕获关键信息,及时调整,自信补充,在得到教师的肯定和表扬后,专注度和热情度能继续保持。

1. 课前两分钟,学生们跟随教师创设的"纵横祖国游"情境,一同回顾本单元已学习的课文,进行相关语段的朗读和背诵,坐姿端正,声音响亮。小 Z 腰杆笔直,声音响亮,眼中有光。看得出,他对"纵横祖国游"充满兴趣,无比期待"葡萄沟之旅"。

2. 教师要求读文后"找出文中直接赞美葡萄沟的句子"。小 Z 朗读课文时依旧身体挺直,声音响亮,但拿起笔划线时比较犹豫,迟迟未下笔。教师巡视中及时发现部分学生未明确问题要求,提示寻找"直接"赞美葡萄沟的句子,小 Z 听懂要求,迅速找到课文最后一个自然段划线,击掌示意完成学习任务,并坐端正。

3. 面对新的学习任务"再读课文,圈出课文从哪几个方面写出了葡萄沟的好",小 Z 边读边圈,有时揉眼睛,有时摸鼻子,任务进展缓慢。当开始交流时,小 Z 脊背弯曲,没有抬头正视教师,也没有举手,显然对自己的答案不确定。教师点名一位学生回答,引导学生在第一自然段中圈出"水果",而非"五月有桑葚,六月有杏子、无花果"等具体描述性语句的过程中,小 Z 认真倾听教师与同学的互动,迅速理解了应该圈画概括性词语,及时将原本圈画的描写性的长句擦掉,在第二自然段中圈出"葡萄",在第三自然段中圈出"葡萄干"等,自信地举手,学着老师的样子用精练的语言概括了"我在第二自然段发现了葡萄沟的葡萄也很好"。在得到教师组织全班对他的表扬后,他面露微笑,挺直身体,坐姿端正。

关键事件二:一段小挫折,他失望游离,情绪滑坡

在学习第一自然段的过程中,小 Z 一直积极地完成任务并举手发言。但在课堂的中间的 10 分钟左右时间里,小 Z 的热情度和专注度不那么高了。尤其在进入第二自然段的学习后,他的学习热情出现了明显滑坡。

1. 由于几次举手没有被老师关注到,在没有学习任务的情况下,小 Z 不再像课堂前半段时那般,认真倾听老师和同学的交流,及时提笔调整自己的答案,及时圈画记录笔记,及时铅笔归位坐端正,而是变成长时间握笔却无所事事,连坐姿也不如前半段那般端正笔挺,时而一手托着腮帮子,时而双手撑着桌子听课,甚至有时小手伸进课桌里悄悄玩一下笔袋。

2.遇到会回答的问题时,他也不再兴奋地举起自己的小手积极争取回答问题的机会。理解"茂密"一词的意思时,小 Z 能够借助图片一下子明白"茂密"指叶子很多,在座位上自言自语说出了正确的答案,却不愿意举手发言,而是略微歪着脑袋看着同学起来回答问题。

3.当教师提出学习任务"再读读描写葡萄枝叶的句子,找一找哪个词语可以帮助进一步理解'茂密'的意思"时,小 Z 不再像原先那般大声地指读句子,认真找答案,而是拿着铅笔在书本上漫无目的地圈画。

关键事件三:遇到新任务,他连续挑度,重涨热情

在最后 15 分钟左右,课堂上的教学活动再次引起了他的兴趣,使他重拾课堂伊始的热情,连续挑战成功。

1.教师在指导学生进一步理解"茂密"时,拿出制作精美的"枝叶"板贴贴在黑板上,吸引了小 Z 的注意力。教师要求学生和同桌搭一搭,演一演,用手模拟枝叶和同桌一起搭"凉棚"。小 Z 兴奋地和同桌研究枝叶该怎么搭才能搭起凉棚。他们用了两种方式"搭凉棚",一种是四手平放,搭成一片宽"枝叶",另一种是四掌根对齐,"一片一片"上叠,表现出枝叶层层叠叠,向不同方向生长的样子。当教师喊停的时候,仍意犹未尽地想继续尝试第三种"搭"法。在充分的动手实践后,较为深刻地理解了"茂密""四面展开"的意思,对于教师提出的"炎日的夏天,你走进这样绿色的棚子,会有什么感受"这一问题,小 Z 给出了答案"我会感觉很凉爽,因为茂密的枝叶把阳光全部挡住了",可见,他充分理解了课文将枝叶比作凉棚的原因。

2."五光十色"这个词比较难理解,尤其在进行"五光十色""五颜六色"两个词的对比理解时,小 Z 紧盯教师,皱眉思考,当其他同学回答时,身体不自觉地转向同学的方向,侧耳认真倾听,努力寻找答案。教师出示各种水分饱满的、阳光照耀下的葡萄。小 Z 仔细观察,马上高高举手,迫不及待地答道:"我知道了,当阳光照在葡萄上的时候,葡萄会发光。所以五光十色不仅是颜色多的意思,还有有光泽的意思。"教师立马组织学生一起夸奖他并表扬他平时一定是位善于观察生活的孩子。小 Z 在表扬下露出笑容,胸背挺直,双手叠放,回到最端正的坐姿。

3.当教师提问"给家人寄明信片,你会写些什么?"时,小 Z 经过充分思考,能够借助板书,结合情境,将葡萄沟三个好的方面介绍完整,并提及邀请家人一起去葡萄沟玩,可见,基本达成了本课的学习目标。

三、基于观察的思考

通过课堂观察,可以发现到小 Z 在课堂上的整体表现属于比较积极的,思维也比较活跃,具备一定的学习能力,在遇到学习困难时,他会等待老师的帮助或者等待同学的提示,不会主动提出自己的诉求。另外,他的注意力集中时间不长,如果他举手几次，得不到老师的关注，慢慢地就会注意力不集中，手伸到抽屉里玩东西。

执教的陆老师既是二(4)班的语文老师，也是这个班的班主任。通过和陆老师课后的沟通后了解到，小Z是个性格开朗的男孩子，平时很喜欢看书，特别是一些关于大自然的，尤其和动植物有关的科普类书籍，知识储备较为丰富。因此，很多有思维度的问题可能一开始回答不出来，但只要老师一提示，给他看一些图片、视频，他马上能联系自己已有的知识反映出答案。

结合老师的介绍和课堂观察来看，小Z具备一定的阅读兴趣、阅读习惯和阅读能力，知识储备较丰富，思维活跃，能够在老师的提示下，及时调整自己的思路和方法，有质量地完成学习任务，但由于专注度持续时间不够的原因，影响了课堂上的学习效果。

因此，就本节《葡萄沟》第一课时的学科教学内容而言，对小Z而言难度不高，在保持专注的情况下，课堂上的难点他能较顺利突破。之所以能够达到预期的学习目标，是因为教师创设了有趣的情境，及时关注不同学生的特点和需求，用积极的评价互动等抓住了学生学习的兴趣，用多样的教学方法实现了学生从"阅读"到"理解"再到"表达"的过程。

（一）亮点分析

教师基于学情，关注本单元"爱祖国、爱家乡"人文主题，在统整的情境创设下，实施单元教学，聚焦语文要素，以学生思维为中心，以多元朗读为抓手，入情入境，在品词赏句中提升学生对词句的理解感悟，在板书的引导下，指导学生把句子讲完整说具体，促进语言的积累和表达。

1. 创设情境，实现教学的单元统整

从课前2分钟开始的十分钟里，小Z的专注度十分高。从他的眼神中能够感受到，教师创设的"纵横祖国游"的单元情境，紧密联系了小Z的生活经验，使其迅速融情入境。

本单元的课文围绕"爱祖国、爱家乡"的人文主题进行选文。为了使学生通过本单元的学习，深入感到祖国的辽阔，教师将本单元的教学活动统整创设成"纵横祖国游"的旅游情境，将本单元课文学习的景点在中国地图上标注，规划"旅游路线"，开展单元教学篇，并在每课文第一课时的导入环节，通过演示地图上的旅行路线回顾学习过程。

在《葡萄沟》的第一课时中，教师同样精心实施了导入环节，展示了本单元已经游览过的四个地点，结合文本中的重点语句和段落进行朗读和背诵，不仅温故旧知，还激发、维持学生学习新课的兴趣和热情，使学生在统一和完整的旅游情境中，对整个单元的学习一直保持较为高涨的学习兴趣和热情，深刻感受祖国的辽阔。

2. 多元朗读，提升词句的理解感悟

新疆对于该班级小 Z 一样的学生而言，是一个遥远的地方，学生会觉得陌生但又充满好奇。因此，对于课文中的重点词语和语句的正确理解和感悟是本课的重点也是难点之一。教师基于学情，以朗读的指导为推手，抓住重点词语，指导学生联系生活经验和联系上下文进行理解，逐步从感知，到理解，最终实现感悟。

以理解感悟"五光十色"为例，教师先以"人们为什么最喜爱葡萄"这一问题为引导，学生通过自主学习找到描写葡萄果实的句子。这是一句长句子，教师组织学生先集体朗读完整句子，借助图片，联系生活，发现葡萄沟的"一大串一大串"是葡萄串又大又多的意思，指导读好前半句，为后续理解"五光十色"做铺垫。通过板贴，将"一大串一大串"具象地呈现在黑板上，学生进一步发现每串葡萄的颜色都不一样。在教师板贴，学生朗读的过程中，学生自然地读好了顿号的停顿。在多远朗读中充分理解前半句后，追问"五颜六色"能否替换"五光十色"，学生进一步联系上下文理解"五光十色"不仅仅指颜色多，而且还指有光泽，在想象七月的阳光照耀在葡萄上，闪闪发光的样子，进行整个长句的朗读，提升词句的理解。

可见，教师以朗读为推手，灵活多样的方法去实现单元"联系生活经验和联系上下文"这一目标时，使小 Z 的专注度在十分钟左右的下降后重新有了提升，从他的表情中我们能感受到他对新疆已不仅仅是好奇，而是向往。

3. 思维导引，促进语言的积累表达

纵观小 Z 在整堂课中的表现，能够判断出他具备的语文学科的学习能力已处于班级中上游水平，遇到太简单的他会失去兴趣，遇到太难的，他也会出现一定畏难，需要老师及时搭把手。课堂中的大部分孩子都会出现这样的现象。

陆老师《葡萄沟》一课在思维引导方面就处理得比较出色。整堂课课文以"葡萄沟真是个好地方"为主线贯穿全文。教师紧抓"为什么说葡萄沟是个好地方"这个核心问题，设计板书。通过逐级深入的导引，促进学生语言的积累和表达，充分照顾到了大部分孩子的学习特征。

在整体感知环节，学生读文后找到直接赞美葡萄沟的句子"葡萄沟真是个好地方"后，质疑"为什么说葡萄沟是个好地方"。围绕这个问题，学生通过阅读文本，简单归纳出"出产水果""葡萄""维吾尔族老乡"和"葡萄干"这几个方面。通过追问"到底有多好"，点拨学生与文本深度对话，找到支撑自己理由的关键词句进一步释疑。学习第二自然段时，重点关注学生质疑的能力，"为什么这个地方叫葡萄沟？""为什么人们最喜爱葡萄沟？"伴随着层层深入地品读感悟，学生每一次对"为什么说葡萄沟是个好地方"的表达都是一次语言的积累。

通过一步步的思维引导，一个个的语言支架的帮助，在回顾总结环节，小 Z 就能够在板书的导引下，抓住重点词语，梳理重组自己的语言，将"葡萄沟为什么是个好地方"讲完整、说具体。

（二）改进建议

1. 结合评价，加强朗读指导的针对性

在多元朗读的过程中，需要更加注重对每个学生的朗读指导，课堂中除了齐读，还需设计更多形式的朗读，如小组读、男女生比赛读、开火车接龙读等，让课堂活动的参与面更广。针对他们的发音、语调、停顿等方面进行具体的纠正和提升，使更多的孩子能够被及时关注到。同时，还可以利用课后服务等时间组织朗读比赛、角色扮演等活动，激发学生的学习兴趣，提高他们的朗读能力。

2. 关注兴趣，丰富情境创设的形式

在情境创设方面，可以尝试采用更多的形式，如视频、音频等，而不局限于图片的展示，让学生更加直观地感受葡萄沟的美景和风情。此外，情境创设并不仅仅只能依靠多媒体设备的图片、视频，作为语文教师，教师的课堂语言实际也能够帮助进行情境创设，需不断打磨。

如在教学"五光十色"一词时，仅通过观察图片，仍有许多学生发现"五光十色"不仅指颜色多，还指有光泽，如果能够辅以优美的语言，引导学生通过想象、联想等方式，说一说完全成熟的、水分饱满的葡萄在七月份阳光的照耀下就像——闪闪发光的宝石，将课文中的文字转化为生动的画面和场景，学生的理解就会更到位。还比如在教学描写葡萄枝叶的句子时，让学生们用手搭一搭凉棚，学生觉得这个环节很有意思，都搭得很兴奋，但没有抓住这个机会。实际上，学生们搭的方式各不相同，有人平放着手掌搭成一大片，有人不断将"枝叶"向上堆叠，如果能将同学们请上台，用上更多的方式一起搭，就能在实践中进一步理解"茂密""四面展开"的意思，真正落实这一情境环节的作用。

3. 聚焦问题，强化思维导引和语言表达

在思维引导的运用上，未能及时引导学生对课文进行深入的质疑和探究，导致学生的思维深度和广度没有得到充分的拓展。可以设计一些具有启发性的问题，引导学生思考"为什么这个地方叫葡萄沟""为什么人们最喜爱葡萄沟"等问题，并鼓励他们通过小组合作、讨论等方式，找到问题的答案。同时，还需要针对学生在语言表达上发现的优点和存在的困难，及时进行有效的反馈和评价，帮助他们不断完善自己的语言表达和思维逻辑。

点评：

赵老师对《葡萄沟》第一课时中小 Z 同学的观察过程全面且细致，从课例描述到关键事件呈现,再到深入思考分析,环环相扣,不仅详细梳理了教学目标、内容以及幼小衔接要点,还精准记录小 Z 在课堂上的不同表现,为后续分析提供了充足依据。

在思考部分,对小 Z 的学习能力、兴趣特点把握准确,亮点分析和改进建议针对性强。亮点分析中,肯定了教师情境创设、多元朗读和思维导引的教学方法,符合语文教学规律。改进建议围绕朗读指导、情境创设和思维引导提出,切实可行,有助于提升教学质量。整体来看,该观察案例为教师优化教学、关注学生个体差异提供了有益参考,对教学实践具有较强的指导意义。

案例八
一个"不完美"男孩的成长
—— 以一年级《雪地里的小画家》一课中对焦点学生小 Y 的观察为例

学校:嘉定区德富路小学	班级:一(1)班	课题:《雪地里的小画家》
焦点学生:小 Y	执教教师:魏玉梅	观察教师:黄婷婷

一、课例描述

本课例选取了一年级上册第五单元阅读单元中的第三课《雪地里的小画家》一课的第一课时作为观察课例,旨在通过课堂观察,分析幼小衔接背景下的某一学生在语文课堂上的表现与成长。本次观察对象为一名一年级的学生,记为学生小 Y。该学生语言组织、表达能力比较欠缺,说话慢吞吞的,甚至有点结巴,注意力集中时间较短,但在老师的鼓励以及指导下,该生后面能积极举手发言。虽然发言、上台活动有成功也有失败,但还是能感受到他的成长。观察教师详细记录了学生在课堂上的各项表现。

(一) 教学目标和内容分析

《雪地里的小画家》是一年级上册第五单元阅读单元的第三篇课文,是一首儿歌,描写了雪地里一群"小画家"画画的场景。儿歌语言浅显易懂,既充满儿童情趣,又融汇了科普知识。本单元围绕"四季之美"这个主题编排了《秋天》《江南》《雪地里的小画家》《四季》四篇课文。虽同为"四季"主题,又各有侧重。四篇课文题材丰富,体裁各异,有散文、古诗和儿歌。本单元的语文要素是:借助拼音正确朗读课文。"正确朗读"指的是能读准字音,读出变调、轻声、儿化等,不丢字、添字,能连词读,不唱读。这是低年段教学的重要任务,也是本单元的学习重点和难点。作为本册教材的第一个课文单元,从一开始就要重视学生朗读基本功的训练,提醒学生用普通话朗读,读准字音。教学时,引导学生借助拼音,自主练习,这既是对拼音学习的巩固和运用,也是进行自主朗读训练的一种有效方法。还要重视教师的范读作用,采用多种方式引导学生充分朗读,通过倾听、模仿和比较,不断提高学生的朗读能力。

基于此,教师将"借助拼音正确、流利地朗读课文"作为单元核心目标分解于单课目标中,《雪地里的小画家》一课的目标具体为:

1. 在语言环境中认读"的、家、鸡、竹、牙、用、几、步、没、参、加"11 个生字,能在田字格中正确书写"竹、马、牙、用、几"5 个汉字,识记"竖折折钩""竖折""横折钩"3 个新笔画,识记偏旁"宝盖头"。

2. 借助汉语拼音正确、流利地朗读课文,感受小动物们在雪地里作画的快乐心情。背诵课文。

3. 知道小鸡、小鸭、小狗、小马的爪(蹄)子的形状;了解青蛙冬眠的特点。

本课一共安排了两课时的教学,教师进一步分解了课时目标,其中第一课时的具体目标如下:

1. 在语言环境中认读"的、家、鸡、竹、牙"5 个生字,能在田字格中正确书写"竹、马、牙",识记新笔画"竖折折钩""竖折"。

2. 借助汉语拼音正确、流利朗读课文,做到不加字、不漏字、不改字,感受小动物们在雪地里作画的快乐心情。

3. 知道小鸡、小鸭、小狗、小马的爪(蹄)子的形状,尝试背诵课文第 1—3 句。

这是整个小学阶段的第一个课文单元,重点学习目标除了包括在语境中学习识字外,还包括学习运用普通话正确、流利地朗读课文。因此,教师设计了"谈话导入,揭示课题""初读课文,整体感知""再读课文,学习第 3、4 句"和"指导写字"四个环节。其中环节二和环节三是本课重点目标 2 达成的关键。教师引导学生在识字教学中巩固学生的拼音学习,与此同时引导学生在课文中学习朗读,掌握最基本的朗读技巧,为后续的语文学习打下基础。

(二)教学中的幼小衔接要点分析

本单元是学生刚学完拼音后的第一个单元,是整个小学阶段的第一个课文阅读单元,孩子们刚进入一年级阶段才两个多月,因此,大部分学生对于朗读、口语表达和面对错误的态度等方面的能力还比较欠缺。从本单元和单课的重难点目标及内容出发,来梳理学生从幼儿园到小学一年级在语文学习上的衔接要点,主要有以下几点:

1. 朗读层面:幼儿园阶段是以幼儿听、模仿别人朗读为主,从而感受文学语言的美。但是到了小学阶段,是要靠自己诵读来获得相应的情感体验和美的感受。指向了在习得朗读的这一项阅读能力的基础上,通过朗读来理解这一更高层次的能力要求。梳理《3—6 岁儿童学习与发展指南》和《义务教育语文课程标准(2022年版)》,针对学生的朗读能力的要求有这样的描述:

幼儿园大班与小学低年段口语表达目标对比表

版块	《3—6 岁儿童学习与发展指南》 的相关目标(5—6 岁)	《义务教育语文课程标准(2022 年版)》 第一学段(1—2 年级)语文学科要求
朗读	目标一　喜欢听故事,看图书 ① 专注地阅读图书 ② 喜欢与他人一起谈论图书和故事的 　　有关内容 ③ 对图书和生活情境中的文字符号感 　　兴趣,知道文字表示一定的意义 目标二　具有初步的阅读理解能力 ④ 能说出所阅读的幼儿文学作品的主 　　要内容 ⑤ 能根据故事的部分情节或图书画面 　　的线索猜想故事情节的发展,或续 　　编、创编故事 ⑥ 对看过的图书、听过的故事能说出自 　　己的看法 ⑦ 能初步感受文学语言的美	目标一　朗读兴趣 ① 喜欢阅读,感受阅读的乐趣 ② 阅读浅近的童话、寓言、故事,向往美好的 　　情境,关心自然和生命,对感兴趣的人物 　　和事件有自己的感受和想法,并且乐于与 　　他人交流 目标二　朗读能力 ③ 用普通话正确、流利,有感情地朗读课文 ④ 结合上下文和生活实际了解课文中词句 　　的意思,在阅读中积累词语。认识课文中 　　出现的常用标点符号,在阅读中体会问 　　号、句号、感叹号所表达的不同语气 ⑤ 诵读儿歌、儿童诗和浅近的古诗,展开想 　　象,获得初步的情感体验感受语言的优美

　　通过梳理可知,小学第一学段对于朗读兴趣的培养与幼儿园阶段一脉相承。在能力的要求上是螺旋上升的。幼儿园阶段也注重培养学生具有初步的阅读理解能力,这些目标与小学第一学段朗读能力的培养的目标是具有连续性的,为小学第一学段朗读目标的达成奠定了基础。

　　基于此,学生在学习本课《雪地里的小画家》时指向朗读的关键衔接点有两个方面:一是能够借助拼音读准字音,读出轻声,不丢字、添字,能连词读,不唱读。老师要提醒学生用普通话朗读,读准字音。还要重视教师的范读作用,采用多种方式引导学生充分朗读。二是学生能在读中了解四种动物的脚印的不同形状及青蛙冬眠的特点。

　　2. 口语表达层面:在幼儿园阶段,学生的语言表达往往较为简单且口语化,而在小学阶段,则要求学生能够使用更为规范、完整的语言进行表达。这包括能够准确运用词汇、语法结构,以及流畅地组织语言进行口头和书面的交流。在幼小衔接的过程中,语文教学应注重培养学生的语言表达能力,引导他们逐渐掌握更为规范和精确的语言表达方式。幼、小两阶段对于学生"说"的目标要求存在差异性(见上表)。从表中,我们发现小学低段的"说"则进入到一个相对规范、准确的阶段:会运用学到的词语,学习使用几种常见的标点符号,扩展为完整的句子,最后形成富有逻辑的表达。

　　《雪地里的小画家》第一课时中关于表达的衔接点主要体现在两处句式训练上"下雪了,雪地里来了一群小画家,它们是(　)、(　)、(　)和(　)"和"(　)在雪地里跑,雪上留下了(　)的脚印。(　)的脚印像(　)。"这两处表达训练需要教师重点基于学生原有的学习经验,以文本语言为例子,给出语言支架,让学生在句式变化中发现语言文字的特点和运用规律。这样既能引导学生规范、完整地表达，又能关注学生思维能力的发展。

3. 面对错误的态度层面：在语文学科的学习中，学生难免会遇到错误和困难。从幼儿园阶段到小学阶段，学生应逐渐学会正确面对错误，具备自我纠正的能力。这要求语文教学在注重知识传授的同时，也要培养学生的批判性思维和自我反思能力。当学生出现错误时，教师应引导学生正确认识错误，鼓励他们勇于承认并改正错误。同时，教师还应教授学生一些有效的纠正错误的方法，如查阅资料、请教他人等，以提升学生的自我纠正能力和自主学习能力。本节课，老师对于小Y学习上有错时，没有直接指出来或者无视，而是采用"同伴说服"的方式来引导小Y认识错误并改正错误。

二、关键事件描述

关键事件一：课堂初体验，"不完美"男孩略显羞涩

课前两分钟念儿歌时，小Y能跟着小干部一起念儿歌，一起背古诗，虽然语速较慢，念起来磕磕巴巴的，但也能跟着。只是时不时要抠抠手指，有时还要把头转向后面看看别人。

在本节课的开始，魏老师用温柔生动的语言和形象的图片将学生们引入了一个引人入胜的下雪的情境，老师提出第一个问题"你在雪地里做过什么？"小Y眼神跟随教师，身体不由自主地前倾，眼中闪烁着兴奋的光芒，嘴角扬起一抹微笑表现出对老师问题的兴趣，想参与谈话，但可能怕自己说不好，手举起放下，经过几次还是举手想要分享自己的雪中经历。但是老师几次都未请该生回答。看得出来，没能回答这个问题，小Y还是有点失落的。随后，他便有点心不在焉，自顾自地玩起自己的直尺。

关键事件二：朗读小挑战，声音渐响亮

在课堂的第2至5分钟，魏老师揭示课题后，课件上出示了课题，请同学读一读课题。小Y主动举手要朗读课题。这是本节课老师第一次请小Y回答。小Y站得有点歪，身体也倚靠着座位，声音很小，而且他是把课题"雪地里的小画家"七个拼音都拼读了一下，并未直接读出课题。这里花费的时间比较久，但老师没有打断他，而是耐心地听他拼完所有音节。之后，老师让小Y跟着她读了一遍课题，同时老师提醒他回答问题时要站得像棵小松树，身体要站正。在老师的引导下，虽然小Y朗读课题的声音还是很轻，朗读的速度也比较慢，但是他能模仿老师的发音直接读出了课题，尤其是课题中的"的"也读得轻轻短短的。

在课堂的第20分钟时，老师请小朋友们将课文的第一、二句话连起来读一读。小Y自己在座位上开始尝试朗读，但是朗读声音较小，读得磕磕巴巴。读的时候，手也拉着桌边，显得紧张局促。老师巡视后，进行了几次范读。魏老师的几次范读都是站在他旁边，他也逐渐跟随老师节奏，尝试模仿老师的发音和语调。经过几次朗读练习,他的朗读语速与别的孩子相比还是偏慢的,但是与之前自己的练习相比,一次比一次流畅了,声音越来越响亮,脸上的表情也越来越自信。当然,在别人回答问题或者老师讲解时,他还是会时不时地转头看向别人或者别处。

关键事件三:勇敢去展示,错误也是成长

在课堂进行到第 27 分钟时,这是小 Y 整节课最兴奋的时候,他主动参与课堂活动,到黑板上摆放小鸡和其对应的脚印形状板贴图。当老师将"竹叶"板贴递给他并邀请他上台摆放时,他特别兴奋,跑到讲台上,一边念念有词一边动手摆放。但他摆放板贴时显得犹豫,最终摆放错误。当其他小朋友指出他摆放位置错误时,他表情尴尬,低头不语。

老师请别的同学帮助纠正板贴位置后,问他:"你现在接受别人的修改意见吗?"他果断地说出三个字:"不接受"。老师此刻并没有忽视他的感受,而是请之前修改的同学说出理由来说服他。后来在老师和同学的耐心解释下,他逐渐接受并改正了错误。表情也从抗拒转为接受。上课的魏老师课后也感慨:"当他说出我接受他的意见时,我的内心还是很欣喜的。说明这个孩子还是认可同学的理由,也认可我的这一做法的。"这一过程中,小 Y 不仅深化了对课文内容的理解,还学会了如何与他人进行积极的互动和对话,学会了如何面对错误。

三、基于观察的思考

通过与小 Y 的谈话以及课后与他的语文老师和班主任老师的交流,我得知该生语言组织、表达能力都比较欠缺,说话、做事都慢吞吞的,注意力集中时间也较短,课堂上经常会走神,做小动作。这些特点在课堂观察中也能明显发现。可就是这样一个"不完美"甚至"问题"还不少的学生在本次《雪地里的小画家》的课堂中,他在整个课堂中的变化还是比较明显的。从一开始的羞涩、不自信,到后来的积极参与、自信上台,可以看出他在课堂上获得了成长。

(一) 亮点分析

1. 教师对"小"处的关注,巧范读,做榜样,促进学生朗读能力的提高

课堂中,魏老师能关注"小"处,如"的"字的轻声。一开始小 Y 连课题都不能借助拼音正确读出来,而是一个拼音一个拼音去拼读的,读得断断续续(关键事件二)。老师便停下来带着小 Y 读一读,对孩子们说:"听老师读一读"。这种直观的范读,就像及时雨一样滋润着小 Y 的心灵,冲击着他的听觉,他在模仿中培养了语感,提升了朗读能力。再如一个"啦"字和一个感叹号中所藏着的喜悦之情。老师也是通过各种形式的朗读:请读得好的同学示范读;老师自己范读;师生合作朗读……落实了本单元的重点目标——借助汉语拼音正确朗读课文。这种适时地范读也体现出老师是抓住了一年级学生的学习特点,是基于儿童幼儿园朗读经验的教学方法,帮助学生达成小学阶段"学习用普通话正确、流利,有感情地朗读课文。"这一更高层级的朗读目标的要求。当然,老师对"小"处的关注还体现在她的"察言

观色"中。当她看到小 Y 因为自己没请他回答问题便有点心不在焉，开始玩直尺时（关键事件一），便在小 Y 下次一举手时就立刻请他回答问题了。即使有了小 Y 第一次"失败"的朗读，老师仍然给予小 Y 回答的机会，不慌不忙帮助他一步步成长。

2. 教师着眼"大"处，提供句式，为学生的口语表达提供支架，促进学生口语表达能力的提升

揭示课题后，魏老师重点引导学生学习儿歌的前三句话，在充分朗读的基础上，学习字词，理解句子，尝试表达。整个教学过程环环相扣，层层递进，既关注幼小衔接阶段的学生语文学习习惯的养成，又给予学生充分的时间，为学生提供了两个句式支架，让学生在阅读中学习表达，在表达中学会思考，从而理解课文的内容。为了让学生理解"一群小画家"时，老师提供了句式"下雪了，雪地里来了一群小画家，它们是（ ）、（ ）、（ ）和（ ）。"而让学生理解"为什么小鸡画竹叶？"时，老师再次提供了句式"（ ）在雪地里跑，雪上留下了（ ）的脚印。（ ）的脚印像（ ）。"从这两处表达训练看得出来，教师是基于学生原有的学习经验，以文本语言为例子，给出语言支架的，让学生在句式变化中发现语言文字的特点和运用规律。这两个句式的训练，尤其是第二个句式对于小 Y 来说是有挺大的难度的。老师有效地利用了课堂互动，鼓励小 Y 不断尝试，当他说错时及时的反馈和纠正，帮助他逐步建立了规范的语言表达习惯。这种教学方法不仅提升了小 Y 的语言表达能力，还增强了他的自信心和学习动力。

3. "趣"字贯穿始终，引导学生正视错误，培养学生的抗挫折能力

在让学生上台贴一贴生动有趣的板贴动手实践环节中，小 Y 出现了错误。但教师没有立即否定或批评，而是请他的同桌帮帮他。（关键事件三）一开始，小 Y 完全不接受同桌的建议，不肯承认自己的错误。老师还是没有批评他，充分尊重他的自我感受。老师耐心地请他的同桌说理由说服他。这样的形式也让课堂变得有趣，同时引导小 Y 认识错误，接受错误并改正错误。活动的有趣，评价语言的有趣，给学生创设了一种轻松的学习氛围。这一过程不仅锻炼了学生小 Y 的抗挫折能力，还教会了他如何面对错误，如何积极改正。这种教学方式有助于学生在未来的学习和生活中更好地应对挑战和困难。

（二）改进建议

1. 针对一年级学生的评价可以更加多元，激发学生的朗读兴趣

这里的多元评价包括评价主体的多元和评价方式的多元。通过多元的评价，激发小朋友朗读的兴趣。这节课中，更多体现的是教师的评价。一年级学生，对老师很膜拜，老师的积极评价，的确会给孩子带来很大的信心和学习的热情。课堂中，当老师表扬小 Y："你将'的'读得轻短了，真棒！"小 Y 听完老师的表扬明显自信一些了，后面举手朗读的次数也有所增加了。教师的评价不仅要善于发现学生闪光点，也要指出学生的不足之处，给学生一个正面的反馈，让学生知道自己错在哪

里。比如,当小 Y 第一次读课题时不是在读课题而是在拼读每一个字的音节时,老师就可以指出:"你的拼音学得很扎实,都拼读正确了,但是老师现在是想请你直接读出这个课题。你可以再试一试吗?"这样,小 Y 再读课题时,是不是就知道要直接读不用拼了呢?对于小 Y 这样平常比较羞涩,朗读水平一般的学生,在他偶尔举手朗读后,教师可以着重对他的学习态度进行鼓励性评价,让他获得朗读的快乐和成就感,从而乐于参与课堂朗读。此外,课堂中也可以让学生进行评价。同学的肯定,也会带给学生很大的成就感,并且,可以让每个人都参与到课堂中来,让学生更加具有课堂的主人翁意识。但是因为是一年级的学生,老师要给出相应的评价标准,才会让学生的评价更聚焦和有方向性。例如,在请学生读课文第一句时,老师可以让学生互评对方的朗读。当然这时老师可以适时给出评价标准:字音读正确;连词读,不加字,不漏字;读出高兴的心情。这样为学生的评价就搭建了支架,让学生的评价更聚焦。当然,课堂上还可以给出评价标准,让学生自己说说自己读得怎么样,提升学生的元认知能力。

2. 增强语言表达训练的针对性,句式训练能更聚焦学情

为了进一步提升幼小衔接阶段学生的语言表达能力,教师需要在教学中更加注重训练的针对性。可以设计更多与学生生活紧密相关、富有趣味性的语言实践活动,如角色扮演、情景对话等,以激发学生的学习兴趣和参与度。同时,对于表达困难的学生,教师应给予更多的关注和耐心指导,在设计训练点时要充分考虑学生的学情,训练的难度可以降低一些。让学生能够在这过程中逐渐理解与表达,帮助他们逐步克服表达障碍。比如,本课中老师提供的第二个句式"( )在雪地里跑,雪上留下了( )的脚印。( )的脚印像( )。"这样的句式对于说话本就慢吞吞、磕磕巴巴的小 Y 来说是有难度的。一个训练点是有两个句子的。教师可以将这个训练点分解,分成两部分,先让表达有困难的学生借助课文内容或者黑板上的板贴图片说:"( )在雪地里跑,雪上留下了( )的脚印。"等他们能清楚表达了,再借助插图说一说:"( )的脚印像( )。"最后再连起来说一说。这样是不是就可以降低表达的难度,让学生说起来更容易一些?

对于像小 Y 这样说话做事都"慢慢的"孩子,注意力容易分散的孩子,想要表现却又羞涩的孩子,我们在教学设计时,要充分考虑学情,给予他们极大的关注和耐心,以教材内容为载体,用他们喜闻乐见的形式进行教学,从而提高他们的语文核心素养。

点评:

黄老师的观察案例生动地呈现了一个"不完美"男孩在学习中的成长历程。小 Y 在课堂上的表现典型地反映了这一阶段学生的特点:语言表达能力欠缺、注意力集中

时间短,但又渴望参与课堂活动。通过课堂观察,黄老师捕捉到小 Y 从最初的羞涩、不自信,到后来积极参与、勇敢面对错误的成长过程。这一过程不仅展现了小 Y 的进步,也揭示了幼小衔接阶段学生在学习习惯、语言表达和心理适应上的挑战。

案例中,魏老师的教学方法为小 Y 的成长提供了重要支持。通过范读、句式支架和耐心引导,魏老师帮助小 Y 逐步克服了朗读和表达的困难,增强了自信心。这种教学方法不仅关注了学生的个体差异,还体现了从幼儿园到小学的平稳过渡,为小 Y 的语文学习奠定了基础。黄老师的案例再一次提醒我们每个学生都有成长的潜力,教师的耐心和引导是他们成长的关键。

案例九
一个"小透明"是怎么从主动朗读走向被动朗读的
——以二年级《雾在哪里》一课中对焦点学生小 X 的观察为例

学校:嘉定区城中路小学	班级:二(9)班	课题:《雾在哪里》
焦点学生:小 X	执教教师:顾正琰	观察教师:姚虹

一、课例描述

(一) 教学目标和内容分析

《雾在哪里》一课是二年级上册第七单元的第二篇课文,本单元围绕"想象"这个主题编排了《古诗二首》《雾在哪里》《雪孩子》这三篇课文。这是继一年级上册第六单元后又一个以"想象"为主题的单元,本单元课文侧重体现想象之美,单元语文要素是"展开想象,获得初步的情感体验"。

《雾在哪里》是一个童话故事,充满了神奇的想象。课文运用拟人的手法,将"雾"这一人们熟悉的自然现象,描述成淘气的孩子,讲述了它和世界捉迷藏的故事。作者赋予雾以孩子似的语言,把大雾笼罩称作"雾藏起了一切",把云开雾散称作"雾藏起了自己"。

依据单元语文要素,课文内容和学生的学情,将本课的教学目标确定为:

1. 在语境中认读"雾、淘"等 12 个生字;在语境中理解并积累"孩子、于是"等 13 个词语,正确书写"于、论"等 11 个汉字。

2. 正确朗读课文,读好雾说话时淘气的语气。能模仿课文例句,说说雾来时候景色的变化和雾把自己藏起来之后景色的变化。

3. 展开想象,描述自己眼中的雾,体会其中所蕴含的生活情趣。

根据二年级学生学情及教学规划,《雾在哪里》一课共安排两课时的精读教学,教师进一步分解了课时目标,本课作为第一课时,具体目标如下:

1. 能在语境中认读"雾、岸"等 10 个生字,在语境中理解并积累"淘气、于是"等词语,能在田字格中正确书写"屋"字。

2. 正确朗读课文,读好雾说话时淘气的语气。尝试模仿课文例句,说说雾来时候景色的变化。

3. 能理解雾和景物变化之间的关联,展开想象,体会自然景物中所蕴含的生活情趣。

本单元语文要素"展开想象,获得初步的情感体验"的落实,有一个前提的条件,即需要学生在阅读文本内容,理解文本内容的基础上"展开想象,获得初步的情感体验"。而在本单元之前,学生学习的阅读方式都是"朗读",从本单元的最后一篇课文《雪孩子》开始,学生才开始接触默读。因此,在《雾在哪里》一课的第一课时中,学生要先学习朗读,即"正确朗读课文,读好雾说话时淘气的语气",再通过朗读来理解课文内容"能理解雾和景物变化之间的关联,展开想象,体会自然景物中所蕴含的生活情趣",从而达成单元语文要素在本课的教学目标。

依据教材内容和学生学情,本课教师设计了五大环节和三大学习任务以及若干个学习活动来循序渐进地达成相关教学目标。

五大环节包括:一、趣味导入,揭示课题;二、初读课文,感知淘气;三、精读课文,感受变化;四、指导书写,落实评价;五、课堂小结,布置作业。

三大学习任务中共计 9 项学习活动,都是引导学生通过朗读,走向理解。即通过朗读,知道雾说了什么,做了什么,所到之处景色的变化,感知雾的淘气。

在此基础上,教师引导学生合作朗读学过的段落,发现文章的写法,小组合作,想象说话,从而落实单元语文要素在本课的教学目标,即"正确朗读课文,读好雾说话时淘气的语气",以及"理解雾和景物变化之间的关联,展开想象,体会自然景物中所蕴含的生活情趣"。

(二) 教学中的幼小衔接要点分析

基于研读《3—6 岁儿童学习与发展指南》,笔者对和朗读相关的幼儿园(大班 5—6 岁)的目标做了梳理:

幼儿园(大班 5—6 岁)和朗读相关的教学目标	
目标一: 喜欢听故事, 看图书	1. 专注地阅读图书。 2. 喜欢与他人一起谈论图书和故事的有关内容。 3. 对图书和生活情境中的文字符号感兴趣,知道文字表示一定的意义。
目标二: 具有初步的 阅读理解能力	1. 能说出所阅读的幼儿文学作品的主要内容。 2. 能根据故事的部分情节或图书画面的线索猜想故事情节的发展,或续编、创编故事。 3. 对看过的图书、听过的故事能说出自己的看法。 4. 能初步感受文学语言的美。

基于研读《义务教育语文课程标准(2022 年版)》,笔者对第一学段(1—2 年级)和朗读相关的目标做了梳理:

小学第一学段(1—2 年级)和朗读相关的目标	
目标一: 朗读兴趣	1. 喜欢阅读,感受阅读的乐趣。 2. 阅读浅近的童话、寓言、故事,向往美好的情境,关心自然和生命,对感兴趣的人物和事件有自己的感受和想法,并且乐于和他人交流。
目标二: 朗读能力	1. 学习用普通话正确、流利,有感情地朗读课文。 2. 结合上下文和生活实际了解课文中词语的意思,在阅读中积累词语。认识课文中出现的常用的标点符号,在阅读中体会问号、句号、感叹号所表达的不同语气。 3. 诵读儿歌、儿童诗和浅近的古诗,展开想象,获得初步的情感体验和美的感受。

基于幼儿园大班以及小学第一学段(1—2 年级)和朗读相关的学习目标,本课衔接的要点有朗读的兴趣的延续,包括"喜欢阅读,感受阅读的乐趣",朗读的能力的衔接"学习用普通话正确、流利,有感情地朗读课文",和"诵读儿歌、儿童诗和浅近的古诗,展开想象,获得初步的情感体验和美的感受"。

此时的小朋友,已经有了一年三个多月的学习经验,在朗读学习上,基本能够做到正确、流利地朗读,也具备一定的自主朗读的能力。但朗读的兴趣还需要持续激发,在有感情朗读和运用朗读走向理解的能力目标上,还需要进一步学习。具体到本课教学目标的落实上,就是"正确朗读课文,读好雾说话时淘气的语气"和"能理解雾和景物变化之间的关联,展开想象,体会自然景物中所蕴含的生活情趣"。

二、关键事件描述

(一) 举手朗读,积极主动

在本课前 3 分钟"一、趣味导入,揭示课题"的环节,小 X 两次积极举手。第一次举手是找出"雷、霞、露、雪、霜"有什么相同之处。第二次是积极举手想要朗读课题。老师创设了情景:"水妈妈着急地说:'咦?怎么少了一个孩子?'她会问——"相机出示课题板贴,指名小朋友朗读。她的眼睛亮晶晶的,身体坐得很端正,老师问题一抛出来,立刻举手了,积极主动地想读给大家听,朗读兴致高涨。

本环节,虽然老师没有请小 X 发言,但从小 X 的眼神、动作,回应老师问题的积极程度来看,她是很投入的,具有朗读的兴趣,并且能够在老师的引导下,达成本环节的教学目标。

(二) 投入朗读,感知淘气

在本课 4 到 8 分钟的"二、初读课文,感知淘气"的环节,小 X 根据老师出示的

学习任务一:

学习任务(一)

1. 读一读:自读课文,读准字音,
读通句子,并标上自然段号。

2. 圈一圈:圈出雾去了哪些地方。

她能自主认真朗读全文,做到读准字音,读通句子,并能正确标上自然段的序号,顺利完成第一项学习活动。第 2 项学习活动,圈一圈雾去了哪里,她圈出了"海上""岸边",遗漏了"城市的上空"。但在后期的交流反馈环节,能根据同学的交流反馈,边听边自主补充圈画"城市的上空"。

在交流反馈的过程中,也积极举手两次:1.积极举手,想上台指一指"岸"在哪里。2.举手借助梳理的内容,尝试运用句式说话,说出雾的淘气。

至此,虽然都没有被叫到举手发言,但学习状态都非常投入。她能够跟着老师的教学路径主动朗读、思考、圈画,顺利完成学习任务一。能在老师的引导下,通过朗读,来理解课文,感知"雾"的淘气。

(三) 指名朗读,迎来高光

在本节课 9 到 12 分钟"三、精读课文、感受变化"的环节,在学习任务二中能够在老师的引导下,认真朗读,完整圈画,积极举手,并且两次被老师叫起来回答问题,都答对了,迎来了本节课的高光时刻。

在学习任务二的学习过程中:

学习任务(二)

1. 读一读:轻声读课文2到6自然段。借助拼音,读准字音,读通句子。

2. 画一画:用"~~~~"画出雾说了什么。

3. 想一想:雾想做什么事。

小 X 能够在规定的时间内自主完成学习任务二中的 3 个学习活动,做到正确朗读,圈画完整。边读边想,雾想做什么。此外,在交流环节,两次举手,一次是找到雾最喜欢干什么,老师叫她回答,她答对了之后,老师让学生一起表扬她,她露出了得意洋洋的表情。还有一次,老师创设情境,引导学生体会雾说话时候的心情,读出雾说话时候的语气,她举手,又被老师叫到了,然后,她能够根据文本语境和老师创设的情景,说雾看到宽大的海面,觉得很兴奋,然后带着笑眯眯的表情,尝试读出了雾说:"我要把大海藏起来。"时的兴奋的心情。老师又表扬了她,她坐下之后,坐得更端正了,听讲也更专注了。

(四) 懒散朗读,被动接受

在"三、精读课文、感受变化"的环节,在本课 20 分钟左右的时候,学习任务三发布了之后:

学习任务（三）

1. 读一读：自读课文2到6自然段。

2. 画一画：用"——"画出景物的变化。

3. 想一想：雾所到之处景色发生变化的相同之处。

小 X 在自主读、画、想的环节,她的动作已经有点慢了,边读边抠笔,在规定时间内,并没有画完整。而是在交流环节,补齐了描写景物变化的句子的圈画。在边听边玩中,基本完成了学习任务三的要求。

在 25 分钟左右学习生字"暗、街、梁"的时候,她并未像之前一样积极主动举手。运用"无论……还是……都……"说话的时候,她已经开始打哈欠了。

(五) 合作朗读,嘴巴动动

 说   做

"我要把大海藏起来。"于是,他把大海藏了起来。无论是海水、船只,还是蓝色的远方,都看不见了。

变化

"现在我要把天空连同太阳一起藏起来。"于是,他把天空连同太阳一起藏了起来。霎时,四周变暗了,无论是天空,还是天空中的太阳,都看不见了。

"现在我要把海岸藏起来。"雾把海岸藏了起来,同时也把城市藏了起来。房屋、街道、树木、桥梁,甚至行人和小黑猫,雾把一切都藏了起来,什么都看不见了。

师生合作读第 3、4 和第 6 自然段,教师引导学生通过朗读,发现文章的布局,即先写了雾"说了什么",再写了雾"做了什么",最后写雾"所到之处景物的变化"。当老师和男生读的时候,她坐在座位上扭动,四处张望,当轮到女生读的时候,她嘴巴就上下张合,发出微弱的声音。而在读完,老师问:"有没有小朋友发现了什么?"众多小朋友举手,她并未举手,依然在扭动张望。而在小朋友站起来回答时,她依旧是边听边玩。但依据之前她的学习能力,能感觉到她在听的过程中,是被动接受,习得了文章的写作手法。

当本课上到 28 分钟时,在小组合作,想象说话环节,她没有和同桌进行合作,而是坐在那里扣衣服,打哈欠。后续也没有再举手。

三、基于观察的思考

美国世界著名的心理学家、教育家布鲁纳的"发现学习"理论指出:"发现学习是学生通过自己再发现知识形成的步骤,以获取知识并发展探究性思维的一种学习方式。与接受学习相对。""发现学习"强调的是学习过程,教师教学的主要目的,就是要学生亲自参与所学知识的体系建构,自己去思考,自己去发现知识。布鲁纳认为,只有学生自己亲自发现的知识才是真正属于他自己的东西。这与《义务教育语文课程标准(2022 年版)》中所提到的"增强课程实施的情境性和实践性,促进学生学习方式的变革,促进学生自主、合作、探究学习"不谋而合。

因此,教师的教学设计和课堂引导,如果能够调动学生积极主动地参与各项朗读学习活动,不仅能够更好地达成本课的核心学习任务,即"正确朗读课文,读好雾说话时淘气的语气。尝试模仿课文例句,说说雾来时候景色的变化"和"能理解雾和景物变化之间的关联,展开想象,体会自然景物中所蕴含的生活情趣",还能够习得朗读的方法,提升学生包含语文核心素养在内的综合素养。

通过课堂观察以及和小 X 班主任顾老师的课后交流可知,小 X 是班级里中等水平的学生,既不拔尖,课堂上不会冒出精彩绝伦的想法,也不拖班级后腿。平常乖巧文静,上课从来不影响其他孩子,下课也和别的孩子没有大的冲突。

本节课,共有三大主要学习任务,五大学习环节,将近 20 个学习活动。超时 3 分钟,共 38 分钟。小 X 只在第三环节反馈学习任务二的 3 分钟内,被两次集中指名发言。并且,后续她学习状态发生了变化,老师也没有发现。可见,教师对她的课堂学习状态关注度较低。但像小 X 这一类"小透明",他们其实是班级里的一个大群体。教师应关注到这一类学生群体在课堂上的学习状态,让他们保持主动建构的状态。

反观整节课,小 X 同学从主动朗读走向被动朗读,既有教师整体教学设计和课堂引导和评价的问题,同时,又有教师对于"小透明"这一群体学生关注度较低的问题。

（一）亮点分析

小 X 前 20 分钟，主动朗读，顺利完成学习任务一和学习任务二的学习活动，顺利达成本课"正确朗读课文，读好雾说话时淘气的语气"的教学目标，得力于本节课的教学设计：

1. 聚焦核心任务，设计朗读活动，明晰主动朗读的方向

依据《义务教育语文课程标准（2022 年版）》梳理出来的小学第一学段（1—2 年级）和朗读相关的朗读能力目标来看：

小学第一学段（1—2 年级）和朗读相关的目标	
目标一：朗读兴趣	1. 喜欢阅读，感受阅读的乐趣。 2. 阅读浅近的童话、寓言、故事，向往美好的情境，关心自然和生命，对感兴趣的人物和事件有自己的感受和想法，并且乐于和他人交流。
目标二：朗读能力	1. 学习用普通话正确、流利，有感情地朗读课文。 2. 结合上下文和生活实际了解课文中词语的意思，在阅读中积累词语。认识课文中出现的常用的标点符号，在阅读中体会问号、句号、感叹号所表达的不同语气。 3. 诵读儿歌、儿童诗和浅近的古诗，展开想象，获得初步的情感体验和美的感受。

"学习用普通话正确、流利，有感情地朗读课文"是学生要习得的朗读能力。"诵读儿歌、儿童诗和浅近的古诗，展开想象，获得初步的情感体验和美的感受"指向学生通过朗读，达成理解，而在这里，朗读又是一种学习的方式。

依据课标的要求，本单元的单元语文要素，聚焦本课的核心任务，即"正确朗读课文，读好雾说话时淘气的语气。尝试模仿课文例句，说说雾来时候景色的变化"和"能理解雾和景物变化之间的关联，展开想象，体会自然景物中所蕴含的生活情趣"来设计学习活动。

本课三个学习任务中的 9 项学习活动，分别指向学生通过朗读，知道雾去了哪里，说了什么，做了什么，所到之处景色的变化，从而感知雾的淘气，理解雾和景物变化之间的关系。都是运用朗读这种阅读方式来理解课文，分步达成核心任务。

在完成三个学习任务后，教师引导学生合作朗读学过的段落，发现文章的写作手法：先写了"雾说什么"，再写"雾做什么"，最后写"景物的变化"，也是通过朗读，走向理解。在此基础上，小组合作，想象说话，最终完全达成本课的核心任务。

2. 明确朗读活动要求，呈现学习路径，搭建主动朗读的支架

在本课的朗读教学过程中，教师所设计的指向本课核心任务达成的每一次的

朗读活动要求都非常明确,帮助学生捋清了学习的路径,呈现得也很清晰。以学习任务一的朗读活动要求为例:

学习任务(一)

1. 读一读:自读课文,读准字音,读通句子,并标上自然段号。

2. 圈一圈:圈出雾去了哪些地方。

不仅告诉学生要怎么朗读,即"自读课文,读准字音,读通句子",还清楚地告诉学生在朗读的过程中具体要做什么,即"标上自然段的序号""圈出雾去了哪些地方"。

同时朗读活动的呈现也非常清晰有序。标好了序号,提炼了学习活动的主要动作,即"读一读"、"圈一圈",还用蓝色进行了凸显。学生看到了这样的活动要求,就很清楚自己要做什么,怎么做。

这就为低年级学生的主动朗读提供了学习支架,有助于小 X 在学习任务一和学习任务二中,主动参与朗读活动,顺利达成"正确朗读课文,读好雾说话时淘气的语气"的教学目标。

3. 联系生活实际,创设朗读情境,激发主动朗读的热情

课堂上,小 X 在读课题时积极举手朗读,虽然没有被指名朗读,但是可以看出她的朗读热情高涨。在教师指名读雾说的话"我要把大海藏起来"时,又一次积极举手,朗读热情持续。这两次,教师都创设了生动的情景,激发了学生的学习兴趣,让学生兴致盎然地参与到朗读中来。同时,朗读情境的创设还帮助学生更好地体会到了文本的情感,让学生有读好的信心。

在引导学生朗读课题环节,顾老师通过多媒体出示了"雷、霞、露、雪、霜",让学生找有什么相同之处。之后,立刻用语言描述创设了情景:"水妈妈着急地说:'咦?怎么少了一个孩子?'她会问——"相机出示课题板贴,指名请小朋友朗读,引导小朋友读出水妈妈的疑惑。老师问题一抛出来,小 X 立刻举手了,积极主动地想读给大家听,朗读兴致高涨。虽然老师没有叫到她,但观察者可以从她亮晶晶的眼神和笔直的坐姿中可以感受到学习的投入和朗读的热情。当别的同学朗读的时候,她也听得津津有味。

第二次,顾老师综合运用多媒体技术和语言联系生活创设情境,她出示了如下大海的图片,让孩子们身临其境:

"我要把大海藏起来。"

并用语言描述："现在，你就是雾孩子，你来到了海上，你看到了怎样的大海？"小朋友有的回答："我看到了宽广的大海。"有的回答："我看到了无边无际的大海。"还有的回答："我看到了深蓝的大海。"老师又问："你看到了这样无边无际的大海，你的心情怎么样？"小X立刻举手："兴奋。"顾老师："兴奋的雾孩子，请你来读好这句话。"小X大声地朗读出来。顾老师立刻表扬她："你的声音很响亮，让我感受到了雾孩子的兴奋和淘气。"

正是这样贴近学生生活实际的学习情境，吸引了小X积极主动地参与到课堂的朗读学习活动中来。同样也是这样贴近学生生活实际的情境，充分调动了学生的情感体验，让学生能够读出课题疑问的语气，能够读出雾在说"我要把大海藏起来"这句话时的兴奋、激动，从而更深层次地理解雾既淘气又可爱的形象，达成本课"正确朗读课文，读好雾说话时淘气的语气"的学习目标。

（二）改进建议

在整节课过了15分钟之后，小X的注意力已经不是像之前一样集中，学习状态也由主动思考变为被动接受。但因为她坐在教室的最后一排，并未影响其他同学，也没有什么出格的举动，所以没被老师发现，这种被动和不专注的学习状态一直延续到下课。

思考背后的原因，自然是有低年级学生注意力集中时间本身就有限的缘由，此外，还有课堂不够生动，朗读活动形式单一，教师未关注到学生学习状态的变化，评价未及时跟进等原因。老师在教学的过程中，还可以从以下几方面，进行改进，延长学生的学习兴致和主动学习的时间。

1. 基于学生年段特点，声情并茂地教学，增强课堂的感染力，营造让学生主动朗读的氛围

整节课，小顾老师在引导和评价学生的时候，语气平缓，表情平淡。从始至终，没有什么大的语音语调和表情上的变动。

基于低年级的学生喜欢游戏、表演,喜欢夸张事物的特点,教师上课的过程中声音要抑扬顿挫,随着学习内容的变化,调整自己的语音语调、面部表情、肢体动作,调动学生的学习积极性。

而朗读,更是用情感唤醒情感,用声音唤醒声音的学习活动,教师在引导的过程中,更应该用声情并茂的语言、表情和动作来吸引学生的持续注意和主动朗读的热情。

2. 丰富朗读活动的形式,引入小组合作,让学生有新的学习体验,从伙伴处获得持续主动朗读的动力

反观小 X 整节课的学习状态,她在学习任务一和学习任务二的学习中,一直是主动建构的,而在学习任务三的学习过程中,开始走向懒散被动。回看教师关于三次学习任务中相关朗读活动的设计,都是先自读,再圈画,最后再想,形式非常单一,以学生个体学习为主,到学习任务三的时候,学生已经觉得没有新意,感到疲倦了。

如果将学习任务三改成小组合作的学习形式,引入伙伴的合作和讨论,如:

学习任务三:

1. 读一读:四人小组用组内成员喜欢的方式朗读 2—6 自然段。

2. 画一画:用"——"画出景物的变化。

3. 议一议:讨论雾所到之处景色发生的相同变化。

既符合《义务教育语文课程标准(2022 年版)》中提到的:"义务教育语文课程实施从学生语文生活实际出发,创设丰富多样的学习情境,设计富有挑战性的学习任务,激发学生的好奇心、想象力、求知欲,促进学生自主、合作、探究学习"的内容,又能区别于前两个学习任务的单人自主学习,给学生带来新的学习体验。学习伙伴间的竞争和新的活动形式,可能会延长小 X 主动朗读和建构的时间。如果小 X 走神了,组内小伙伴可以及时将她拉回课堂中。

3. 关注个体学生学习状态的变化,通过指名回答等方式引起学生的有意注意,延长学生主动朗读的时间

对于既不是拔尖活跃的孩子,又不是一直惹是生非的中间段的孩子,教师在课堂上也要用鹰一样的眼睛,持续地关注到他们。

在布置第三个学习任务之后,小 X 的学习状态已经发生了变化,由积极主动变为被动接受,后续的想象说话也没有再举手发言。因此,本课"能理解雾和景物变化之间的关联,展开想象,体会自然景物中所蕴含的生活情趣"核心任务的后半部分"展开想象,体会自然景物中所蕴含的生活情趣"并不能确定小 X 是否达成。

如果顾老师及时地关注到了小 X 学习状态的前后变化,通过指名让她回答雾所到之处景色的变化,将小 X 及时拉回来,将有助于她后续继续积极主动地通过

朗读,习得本文的写法,想象说话。从而达成"能理解雾和景物变化之间的关联,展开想象,体会自然景物中所蕴含的生活情趣"的教学目标。

4. 多元评价伴随课堂,持续激发每一位学生主动朗读的兴趣

整节课,教师的评价方式比较单一,以教师语言评价为主,但教师对每一位学生的关注和评价有限。此外,还有少数几次的生生互评,即"让我们把掌声送给她",这也是教师视野关注到的学生才得到的评价。

一方面,教师要及时地关注到更多的学生,适时评价。

另一方面,课堂上评价方式和评价主体要更加多元。让学生有自我评价和组内互评的机会,通过学生自身元认知的调控和组内伙伴的评价监督,让评价伴随整节课,调控每一位学生的课堂学习状态。此外,还可以开展小组争夺赛,用实物奖励等多种评价方式,激发学生持续主动朗读的热情。

反观一个"小透明"在一节课上从主动朗读走向被动朗读的学习过程可知:幼小衔接视域下的低年级语文朗读教学,教师应当聚焦核心任务,设计朗读活动,明晰主动朗读的方向;明确朗读活动要求,呈现学习路径,搭建主动朗读的支架,让学生知道要学什么,学到什么程度,怎么学;丰富朗读活动的形式,让学生自主、合作、探究地学习,丰富学生的学习体验;联系生活实际,创设朗读情境,充分激发学生主动的朗读兴趣,调动朗读情绪;不仅要让学生习得朗读这一项技能,同时,让学生在课堂上运用朗读这一种阅读方式,理解课文的内涵,提升思维的品质。此外,教师要充分关注每一位个体学生的学习状态,及时将学习状态发生变化的孩子拉回来;进行多元评价,让评价关注到每个孩子,贯穿整节课的始终;运用抑扬顿挫的课堂语言和相应的肢体动作进行教学,让课堂更有感染力;从而延长每一位学生主动学习的时间,让课堂上的"小透明"们也能戴上闪闪发亮的"王冠",成为课堂的"小主人"。

点评:

姚老师的观察案例生动地呈现了一个"小透明"学生在二年级语文课堂上的学习历程。小X从最初的积极主动朗读,到后来逐渐变得被动,这一过程反映了低年级学生在课堂上注意力和参与度的变化,也揭示了幼小衔接阶段学生在学习习惯和兴趣维持上的挑战。

案例中,教师通过创设情境、明确朗读要求、联系生活实际等方式,成功激发了学生的学习兴趣,并为学生提供了清晰的学习路径和支架。这些教学方法在前半节课中有效地促进了小X的主动参与,帮助她达成了朗读和理解课文的目标。然而,随着课堂活动形式的单一化以及教师对学生个体状态关注的不足,小X的学习热情逐渐消退,最终走向被动接受。

这一案例为一线教师提供了重要启示:在幼小衔接的语文教学中,教师不仅要关注教学内容的呈现和学生兴趣的激发,更要持续关注学生的学习状态变化,及时调整教学策略。小 X 的学习历程提醒我们,关注每一个学生的学习状态,尤其是那些容易被忽视的"小透明",是实现有效教学的关键。

第十一章　儿童如何从"小喇叭"成为"小作家"

案例十

从边缘到中心

——以一年级《用多大的声音说话》一课中对焦点学生小 M 的观察为例

学校:上海市嘉定区南翔小学	班级:一(6)	课题:《用多大的声音说话》
焦点学生:小 M	执教教师:周林果	观察教师:孙烨

一、课例描述

(一)教学目标和内容分析

《用多大的声音说话》一课是一年级上册第三次口语交际,在"说"的要求上有了进一步的提升,让学生明白不是所有的场合都需要大声说,要根据不同的场合,选用不同的音量说话,这是对初步的场合意识的具体化引导与培养。

教材以问题的形式引发学生思考,到底什么时候该大声说话,什么时候该小声说话。通过三个具有代表性的场景图,引发学生具体感知所处的场合不同,说话的音量要不同。小贴士的交际提示,明确提出说话的音量要依场合而定,顾及别人的感受。

根据不同的场合和谈话对象,控制自己的音量是一种社交礼仪,也是一种必备的交往能力。这对一年级学生来说是比较缺乏的,需要引导示范,学会在不同的场合,用合适的音量与人交谈。

基于此,教师将小贴士中的"大声说,让别人听清楚;小声说,不影响其他人"分解于教学目标中,层次性地引导学生明晰道理,具体教学目标如下:

1. 能根据具体的情境判断什么时候要大声说话,什么时候要小声说话。

2. 学习根据具体场合,用合适的音量与人交流。

3. 知道根据场合,用合适的音量与人交流是文明、有礼貌的表现。

4. 在交流与表达的过程中提高口语表达的能力。

根据教学目标,教师设计了四个任务:游戏式热身,引发探索音量的兴趣;具象化感知,发现音量的奥秘;沉浸式演练,感知音量背后的文明;串联式整合,打通课堂内外的探索。这四个任务体现了"实用性阅读与交流"学习任务群的情境性、实践性和互动性。

(二) 教学中的幼小衔接要点分析

《用多大的声音说话》一课的教学进度基本在学生进入小学三个月后,此时,孩子们已经初步适应了小学生活,对于课堂规则和社交礼仪有了基本的认识。梳理《上海市幼儿园办园质量评价指南》和《义务教育语文课程标准(2022 年版)》,针对学生的倾听、口语表达、人际交往能力的要求有这样的描述:

内　容		5—6 岁阶段 发展目标	小学第一阶段(1—2 年级) 口语交际目标
倾听		认真听并能听懂常用语言: 1. 在集体中能注意听老师或其他人讲话。 2. 听不懂或有疑问时能主动提问。 3. 能结合情境理解一些表示因果、假设等相对复杂的句子。	1. 别人说话时要认真听,努力了解讲话的主要内容。
表达(交际态度)		具有文明的语言习惯: 1. 别人讲话时能积极主动地回应。 2. 能根据谈话对象和需要,调整说话的语气。 3. 懂得按次序轮流讲话,不随意打断别人。 4. 能依据所处情境使用恰当的语言。如在别人难过时会用恰当的语言表示安慰。	1. 与别人交谈,态度自然大方,有礼貌,并能根据交际环境的不同调整音量的大小。 2. 有表达的自信心。积极参加讨论,敢于发表自己的意见。
人际交往	能与同伴友好相处	1. 活动时能与同伴分工合作,遇到困难能一起克服。 2. 与同伴发生冲突时能自己协商解决。 3. 知道别人的想法有时和自己不一样,能倾听和接受别人的意见,不能接受时会说明理由。	
	具有自尊、自信、自主的表现	1. 能主动发起活动或在活动中出主意,想办法。 2. 做了好事或取得了成功后还想做得更好。 3. 与别人的看法不同时,敢于坚持自己的意见并说出理由。	

表中可见,小学生的倾听能力需要从幼儿园的"在集体中能注意听老师或其他人讲话。"逐渐向"能认真倾听他人讲话,努力了解讲话的主要内容"过渡。这里"努力了解讲话主要内容"就需要学生主动倾听、能通过长时间的倾听参与课堂活动并达成理解。

小学和幼儿园都强调与人交往时要态度自然大方,积极参与讨论,敢于发表自己的意见。不过,幼儿的人际交往更多倾向于对象意识,而小学阶段在关注对象外,还注重学习如何在不同的交际环境中恰当表达自己,掌握语言分寸和音量,学会尊重别人。基于此,教师在设计教学活动时,需要创设不同情境,让学生在具体生活场景中,增强社会适应能力和人际交往能力。

二、关键事件描述

关键事件一:匆忙课前准备,"老师请等等我"

预备铃声响起,小 M 和同学们蜂拥跑回教室,小脸上洋溢着期待,快速坐回自己的座位上(位于教室第一排靠窗边)。教师开始与孩子进行"我说你做"和"我说你学"的互动小游戏。小 M 一开始很投入,当老师说"举起你的双手""拍拍你的脑袋"等口令时,他都能迅速并正确地做出动作。

但随着游戏进行,小 M 可能猛然意识到自己的课堂准备还没有做好,他神情紧张,看了一眼老师,似乎在对老师说,"怎么办,我还没拿出语文书。老师等等我啊!"紧接着,他立马身子下倾,双手在课桌里翻找自己的语文书,好不容易把语文书放在桌角,发现文具还没准备好,于是又匆忙转身从书包里拿出铅笔盒,又掩饰着、摸索着将铅笔盒中的铅笔和橡皮放到了课桌上。这时,他才舒了一口气,重新投入到课堂互动中,而此时正式铃已经响起。教师看到小 M 的动作,微微一笑,估计知道这是他常有的小插曲。

关键事件二:漫漫上课路,"老师请看看我"

在上课开始后的 5—15 分钟时间内,老师主要结合课本中的三幅图,和孩子们探讨"应该用多大的声音说话"这一问题,孩子们跟随主人公小新一起步入教室、图书馆、老师办公室三个场景,思考要大声说话还是小声说话。起初,小 M 眼神明亮,积极参与,当老师问"早上,小新走进教室,你们猜猜看,他在讲台上干什么呢?"小 M 端正地举起了手,迫不及待地想要分享自己的猜想,可是老师没有叫他回答,他似乎内心没什么波澜;随后,老师又问"为什么在图书馆小新要小声说呢?"小 M 再次举手,这次他的手高高举着,估计心里想着"老师,往我这儿看,叫我叫我!",可没想到老师走到了教室第二排到第三排的位置,选择了后排的孩子回答了这个问题。只见,小 M 转着身,看着老师的背影,仍然认真听她讲话,但从他小脸蛋上流露出的失望和坚定交织的神情,可以看出他的内心其实是多么渴望被关注和认可。但小 M 并没有因此放弃,他调整了坐姿,依然专注听课。第三次,老师问"同学们,那么在老师的办公室,小新又应该用怎样的声音说话呢?"这次,小 M 再一次举手了,可最终老师还是没有叫他。在这 10 分钟时间内,小 M 没有被点名回答问题,听课的参与度并不理想。在这期间,他偶尔会有轻微的肢体动作,如抖抖脚、咬咬手指,但从他的反应和神情中感觉他基本上还是能参与的。

关键事件三:沉浸式演练,"老师表扬了我"

在上课 20—33 分钟这段时间,老师构思了"调音师训练营"的一系列挑战类闯关活动。第一关是辨一辨，孩子们依据校园生活场景图，通过手势来表达"大声"或"小声"。这项互动教学活动要求全体学生参与，小 M 眼神中闪烁着期待，思想高度集中。当老师说，"运动会上给运动员加油；早上在教室里问同学收作业；校门口和值日老师问好；午睡时问同学借一支笔"，他每听到一个场景，都很迅速地兴致勃勃地用手势，而且他坐在第一排，丝毫不犹豫不回头看别人的答案，很快地做出自己的判断。当老师说"放串鞭炮表扬自己"时，小 M 随着口令表扬了自己，脸上绽放出高兴的笑容。当老师问"难道声音只有大声和小声之分吗？"，小 M 这回没有举手，但感觉他心里是在思考这个问题的。

第二关要求孩子们说一说，在校园外的不同场合下，如何恰当地调整同一句话的音量。当教师提出问题："为什么同一句话在不同的情境下音量会有所不同？"小 M 第一个举手，这回老师终于叫到他了，他回答说："因为在电影院大声说话会影响到其他观众。"教师随即表扬他："回答得真好，你考虑到了他人的感受，展现了良好的礼貌。"受到这种激励性评价后，小 M 咧着嘴，脸上露出了自豪的笑容，他的背也挺得更直了，感觉自己是整个班级的中心。

第三关让孩子们进行角色扮演，提供了三个场景"小领队组织队伍""高铁上的闲聊"以及"小孙子向长辈拜年"。小 M 和他的同桌迅速进入状态，只见小 M 占主导地位，率先对同桌说"我们扮演小孙子给长辈拜年，我来演小孙子，好不好？"小 M 的同桌点头同意，两人开始投入地演绎起来。小 M 俯身行礼，声音大声、清脆地说："祝奶奶身体健康，万事如意！"他的表演自然流畅。到了汇报演出环节，他激动地高举双手，还时不时转头看看同桌有没有一起举手，迫切想要表现自己。最终，他如愿上台表演，台下小评委们也对他在这个场景中能大声向长辈拜年而表示赞扬，他一蹦一跳地回到座位，更加专注地听课。

三、基于观察的思考

从课堂观察以及与老师的交流来看，小 M 在班级中属于比较调皮、机灵、外向的男孩，希望得到老师的关注和同伴的认可，小 M 在交流中也能比较准确地表达自己的想法。

（一）亮点分析

1. 针对低年段学生特点，设计参与率高的学习活动，促进持续学习

其实小 M 在上课 15—20 分钟后，课堂专注力是有所下降的，所幸老师设计了一系列参与率高的学习活动（事件三），让他的课堂参与度和学习兴趣再一次被激发起来。

（1）集体游戏

集体游戏作为一种有效的教学策略，能够让学生在轻松愉快的环境中掌握新知识。在本节课中，教师通过设计用手势来表示音量大小的游戏，他和其他学生一

样,注意力被有效吸引。此外,在统一的游戏动作中,教师能够迅速识别出需要特别关注和引导的学生。

(2)小组合作任务

小组合作任务不仅可以培养学生的团队合作精神和解决问题的能力,更能让学生积极参与其中,通过互相交流、讨论,他们能够取长补短,共同进步。本节课上,教师安排了同桌合作,选择一个场景演一演,学生们在表演中模拟交流,这不仅增强了他们的表达能力,也让他们在实践中学会倾听与理解,体会到用合适的音量与人交流是一种礼貌和文明。这个环节不仅丰富了课堂氛围,还吸引学生参与其中,让他们感受到了学习的乐趣,从而有效提升了学生的学习效果。

(3)闯关类活动

闯关类活动可以激发学生的学习兴趣和挑战精神。本堂课上,教师设计了"调音师训练营"的闯关活动,当小 M 听到是闯关类活动时,一下子增强了他的好奇心和参与欲望。他热情高涨,纷纷投入到这个充满趣味和挑战的"调音师训练营"活动中。在这个过程中,教师密切关注每位学生的表现,适时给予指导和鼓励,使得整个课堂洋溢着积极向上的气氛。

因此,在一年级的课堂,学生们在多样化的互动中提升了交际能力,小 M 更是因为这些活动而找回了专注,持续投入到课堂的乐趣中。

2. 关注学生思维的发展,设计具有层次的教学环节,促进深度学习

维果斯基指出教学应着眼于学生的"最近发展区",为学生提供带有难度的内容,调动学生的积极性,发挥其潜能,超越其最近发展区而达到下一发展阶段的水平。小学低年段的课堂教学活动的设计应贴合这一理念,将难度定位于孩子们能够独立思考、协作探究的范围内。在这种模式下,教师不仅仅是知识的传递者,更是学生探索问题的引导者。教师可以设置一些具有挑战性的学习任务,让学生不断思考和探索,也可以将教学内容分为几个层次,从简单到复杂,逐步深入。

在本节课上,教师通过课前的两分钟小游戏,帮助学生复习旧知识,并认识到大声发言的好处。随后,游戏中的矛盾冲突引出了适当音量交流的重要性。这种教学设计巧妙地引导学生进入初步的思考阶段,即什么时候应大声发言,什么时候应小声交流。当小 M 认为自己已经掌握了这一点时,教师提出了一个新的问题"音量是否只有大声和小声之分?",小 M 明显进入了更进一步的思考(事件三)。随后,老师引导学生对校内四个不同场景所需的音量进行排序,从而理解音量的多样性,并意识到需要根据场合和对象来调整声音的大小。当学生再次认为自己理解了这一概念时,教师又将情境扩展到校外,让学生探讨为何同一句话在不同场合下需要使用不同的音量。通过这种方式,教师引导学生认识到在公共场合小声说话是一种文明和礼貌的行为。随着教师递进式教学的深入,小 M 和同学们都跃跃

欲试,渴望亲自尝试表演,通过实践来领悟在不同社交场合中使用适当音量的重要性。这不仅加深了他们对学习内容的理解,还在不知不觉中培养了他们的社交技巧和公共道德意识。

(二) 优化

从课堂观察中也发现,小M在教师的引导下,逐渐掌握了在不同的社交场合中运用适当音量的技巧。但是,他在听课过程中也呈现出了一些小问题,需要教师在后续课堂中进一步关注。

1. 关注个体评价反馈,保护学生学习热情

在幼小衔接的背景下,小学低年段的学生在认知、情感和社会性发展方面存在显著差异。因此,教师在教学过程中需要关注每个学生的个体差异,并采用适当的评价反馈策略,以促进学生的持续学习。

小M在课堂前20分钟,虽然多次举手,但未被老师点名回答问题(事件二)。虽然老师可能比较了解他良好的学习基础和开朗的性格,倾向于把更多机会留给难得举手的学生。然而,如果老师持续忽略他的举手,这可能会削弱他举手的积极性。建议,教师在课堂上可以这样回应:"我一直在关注你,我知道你有能力回答这些问题,做得很好! 请继续保持这种积极的态度,下次我会再次邀请你回答问题,你觉得如何?"这样的反馈不仅能够提升学生的自信心,还能鼓励他们保持积极的学习态度。同时,老师在授课时应尽量避免过多地在学生中走动,以免让前排学生感到被忽视。

当然,对于那些在课堂上比较内向的学生,教师应当积极地为他们创造发言的机会,并在他们给出正确答案或展现出进步时,慷慨地给予赞扬和肯定,让他们感受到自己的价值和受到鼓励,进而提升学习的积极性;对于那些上课时专注力不足的学生,教师可以采取一系列策略来吸引他们的注意力。例如,教师可以运用点名提问"哪位坐得最正的小朋友来说一说"、组织全员互动游戏或开展小组讨论等方法,以提升学生的参与感。此外,教师还可以通过设定小目标或引入奖励机制来激发学生集中注意力。

2. 关注习惯养成,促进学生主动参与

观察中,小M由于没有及时做好课前准备,因此没能及时投入上课状态(事件一)。教师应耐心教授学生学会看课程表,在课间要准备好下一节课需要用到的书本和学具,形成良好的学习习惯。在课前两分钟内,可以通过小老师领读儿歌、花样诵读古诗、观看相关视频、玩游戏等多种形式,帮助学生逐步适应课堂节奏,快速进入学习状态。

3. 把握课堂节奏,避免问答式教学

观察显示,由于课堂前20分钟,课堂主要是师生问答式教学,学生参与面比较

少,连一向善于表现的小 M 也会出现疲惫、开小差的现象(事件二)。对于低年段的学生来讲,这种模式可能会导致部分学生的注意力不集中。

教师可以根据学生学习的状态,加入一些课堂的口令,如"泉水叮咚——叮咚叮咚""小雨沙沙——沙沙沙沙"等师生互动口令,帮助学生及时关注自己的行为,快速调整到课堂的节奏中来;也可以长期设立小奖励机制,激励学生上课认真听讲,积极举手表达自己的想法。

此外,教师可以设计短暂的课中"休息",通过轻松的活动或简短的互动,帮助学生放松身心,重新集中注意力。例如,本节课在课中时,教师可以安排做一做"音量操",学生在"小猫走路轻轻,大象走路噔噔"的唱唱玩玩中,放松身心,又能加深对音量控制的理解。

每个孩子都需要被关注。在实施这些策略时,重要的是要考虑到学生的年龄特点、兴趣和需求,有效地支持学生在幼小衔接阶段的持续学习。

点评:

孙老师展现了其对低年级学生,尤其是边缘学生的关注与思考,为一线教师提供了宝贵的启示。首先要关注个体差异,激发学习热情:孙老师敏锐地捕捉到小 M 渴望被关注和认可的心理,并通过分析指出,教师应通过积极的评价反馈,保护学生的学习热情,并根据学生特点,设计多样化的教学活动,让每个孩子都参与到学习中来。其次要关注思维发展,促进深度学习:孙老师深入分析了教学环节的设计,指出教师应遵循维果斯基的"最近发展区"理论,设计具有层次的教学环节,引导学生逐步深入思考,并通过实践加深理解。

总而言之,孙老师的观察案例为一线教师提供了宝贵的经验和启示。关注学生个体差异,设计多样化的教学活动,引导学生深度思考,是促进每个学生持续学习的关键。

案例十一

坚持到底,谁会"胜利"?
——以一年级《两件宝》一课中对焦点学生小 T、小 D 的观察为例

学校:嘉定区实验小学	班级:一 4 班	课题:《两件宝》
焦点学生:小 T、小 D	执教教师:周逸	观察教师:吴可雯

一、课例描述

(一) 教学目标和内容分析

《两件宝》是部编版小学语文教材一年级上册第七单元的一篇课文。本单元围

绕"儿童生活"这个主题,编排了《小小的船》《影子》《两件宝》三首儿歌。这些课文题材丰富,从不同角度体现了儿童生活的情趣。三首儿歌充满童趣,朗朗上口,能激发学生的想象力和对生活的感悟。

本课改编自陶行知的《手脑相长歌》,是一首富有童趣、朗朗上口的儿童诗。全文共十行,五句话。第一句直接点明了双手和大脑是人的"两件宝";第二句讲述了双手擅长劳作,大脑则负责思考;第三至第五句通过对比手法,先从反面论述仅依赖双手而不运用大脑,或反之,都会导致事情无法圆满完成,随后从正面肯定,唯有手脑并用,方能激发创造力,这也是儿歌想表达的核心意义。整首儿歌内容通俗易懂,符合儿童的口语习惯,适合儿童诵读。课文配有一幅"老师指导学生做手工"的情境图,展示了学生动手又动脑的日常生活画面,蕴藏着手脑并用,在"做中学"的深意。

本单元的语文要素是"初步学习寻找明显的信息"。"明显的信息"指的是可以从课文的相关词句中直接获取的信息,一般不需要通过分析和推理获得。《两件宝》的课后题围绕这个语文要素,要求学生读后能说出课文中的两件宝能做什么,为什么要"用手又用脑",旨在培养学生寻找明显信息的能力。

基于课文内容及单元语文要素的落实,教师将《两件宝》一课的教学目标定为以下几点:

1. 在语境中认读"件、有"等 10 个生字,能在田字格中正确书写"和、也"等 4 个字;联系语言环境解释"思考、创造"等词语的意思。

2. 借助汉语拼音正确朗读课文,做到不加字、不漏字、不改字。

3. 初步学习提取文中明显的信息,能说清两件宝能做什么以及"用手又用脑"的原因,意识到手脑并用的重要性。

根据教学计划,《两件宝》共安排两课时的精读教学。教师进一步分解了课时目标,本课作为第一课时,具体目标如下:

1. 在语境中认读"件、有、和、做"4 个生字,能在田字格中正确书写"和";联系语言环境解释"思考、做工"的意思。

2. 借助汉语拼音正确朗读课文,借助停顿符号尝试读好停顿。

3. 初步学习提取文中明显的信息,说清两件宝是什么以及能做什么。

基于以上目标,教师主要针对识字、朗读、理解课文内容这几部分设计了相应的教学活动。在识字教学方面,教师引导学生借助已学的识字方法随文识字,并通过自理识字、联系生活、造句等方式加深学生对生字词的理解;在老师的范写指导下观察生字的关键笔画位置,了解书写要点,课堂上练写生字。在朗读教学中,教师通过引导学生反复诵读,发现儿歌的韵脚"ao";在老师的范读指导下,借助停顿符号尝试读好停顿,掌握读的速度,感受儿歌节奏性强、朗朗上口的特点,并背诵儿歌。在课文内容的教学中,教师引导学生读文后寻找明显信息,并通过圈画关键词句呈现结果;在了解了"两件宝"分别指什么、能做什么的基础上,联系生活实际读懂课文想表达的意思,感受手脑并用能创造美好生活的深层含义。

(二)教学中的幼小衔接要点分析

1. 朗读

在幼小衔接阶段,幼儿园与小学低年段在朗读教学的目标和要求呈现出明显的差异性,这些差异不仅体现在学生的兴趣培养上,还体现在能力要求上。幼儿园阶段,朗读教学更侧重于培养学生对阅读的兴趣,如专注阅读图书、喜欢讨论故事内容,以及对文字符号的兴趣。而到了小学第一学段,朗读教学则更加注重学生朗读兴趣的延续和深化,同时要求学生能够使用普通话正确、流利、有感情地朗读课文。

在能力培养上,幼儿园阶段的目标是培养学生具有初步的阅读理解能力,而小学第一学段则在此基础上提出了更高层次的要求,如正确、流利、有感情地朗读课文,以及诵读儿歌、儿童诗和古诗。这种能力要求的螺旋上升,要求教师在教学中不仅要唤醒学生幼儿园阶段的学习经验,还要在此基础上提升学生的朗读能力。

面对这些差异,小学第一学段的朗读教学策略需要精心设计。教师可以通过范读的方式,为学生树立正确的朗读榜样,帮助他们学习用普通话正确、流利、有感情地朗读课文。指读法可以帮助学生提高朗读的准确性,通过手、眼、口、脑的协同运作,减少加字、漏字、改字的错误。同时,可以利用标点符号和停顿符号引导学生正确停顿,提高朗读的流利性和节奏感。通过创设相应的情境,可以调动学生的情感体验,让学生在理解文本情感的基础上,读出相应的感情。多元评价的实施,比如教师评价、生生互评,以及语言评价、实物奖励和表现性评价等可以有效地激发学生的朗读兴趣,提高他们的学习积极性。

2. 倾听习惯

在幼儿园和小学低年段,倾听能力的目标虽有连续性,但也存在明显的差异。在幼儿园阶段,倾听能力的培养更侧重于基础的交流意识和简单语言的理解能力。在幼儿园的最后阶段,孩子们需要在集体中专注地听老师或其他人讲话,不懂或有疑问时能主动提问,理解一些表示因果、假设等相对复杂的句子。这些目标不仅培养了孩子们的倾听意识,而且促进了他们的思考和表达能力,为小学阶段的学习打下了基础。然而,小学低年段的倾听目标则更加注重学生提取关键信息的能力,要求学生能认真听他人讲话,并努力了解讲话的主要内容。这不仅要求学生集中注意力,排除外界干扰,还要求他们能够识别讲述的顺序、理解因果关系,并提取出重点词汇或概念。这种能力的提升对于学生未来的学习生涯和人际交往都至关重要。

　　幼升小阶段的倾听活动组织形式需要从游戏化为主向半游戏半学习化转变，增加一些有趣的活动，让孩子在动一动的过程中主动倾听。此外，关注倾听的目的性和纪律性要求，设计一些课堂小口令，让孩子明白在小学课堂上倾听是为了获取知识，需要更加专注和有秩序。最后，明确目标指向，基于课程目标设计教学环节，关注孩子逻辑思维和信息提取能力的培养，并建立符合幼升小特点的倾听评价标准，注重培养孩子的自信心。

　　3. 思维能力

　　在幼小衔接阶段，思维能力的培养是帮助儿童顺利过渡到小学生活、提升学习能力的重要环节。在幼儿园，思维能力的培养更侧重于基础认知和初步逻辑思维的建立。老师通过游戏和日常活动鼓励儿童探索环境，发现问题，提出疑问，从而激发他们的好奇心和探索欲。同时，通过故事、艺术和建构活动，儿童的想象力和创造力得到激发。在简单的推理活动中，儿童开始理解基本的因果关系和逻辑联系。

　　在小学低年段，思维能力的培养则更加注重系统性和逻辑性。不仅要培养学生从形象思维到抽象思维的转变，还开始涉及更复杂的推理能力、批判性思维和问题解决能力。以阅读教学为例，通过课堂讲授、小组讨论等形式，引导儿童理解文本的意思，分析课文内容，评估观点，并在此基础上初步形成自己的思考和见解。

　　二、关键事件描述

　　本次课堂观察的对象是一对同桌，而这节课的授课教师是借班上课，对本班学生的学习基础并不了解。当我在这对同桌正前方坐下时，两个孩子的眼神不约而同地打量起这个课堂的"闯入者"。小 T 好奇地看着我手中的教案和课堂观察表，小眼珠在我的随身物品上不停打转；小 D 则把小手摆得端端正正后拘谨地瞥了我几眼，神情严肃，如临大敌一般。根据班主任老师的描述，小 T 的学习基础较好，思维比较活跃；小 D 的学习基础一般，上课时默默聆听。就这样，两个性格迥异、学习基础不同的小男孩开始了同一节语文课的学习，35 分钟的学习中，谁能打赢这场注意力大战的"胜仗"，谁又将摘得知识的"硕果"？带着好奇，我开始了课堂观察。

　　1. 注意力大战——一马当先还是渐入佳境？

　　在课堂伊始，两个孩子的注意力都比较集中，双手交叠放在课桌上，背也挺得直直的。偶尔偷瞄一眼听课的老师，仿佛为了能给客人老师留下好印象，一直认真参与着课堂活动，没有小动作或开小差。比起小 D，小 T 似乎更早进入了上课状态，对课堂活动更加感兴趣，多次举手，展现出想要回答问题的强烈愿望。小 D 则是和班主任老师说的一样，默默听课，仅参与拍手、表扬同学等活动。看来，这场注意力大战，将由性格活泼、思维活跃的小 T 赢得初步胜利了，我这样猜想着。

果不其然,状态不错的小 T 果然首先获得了一次发言机会。在上课 10 分钟后,老师在一次"开火车"游戏进行生字的朗读时,请了小 T 作为火车头。小 T 顺利完成自己的任务,可谓"首战告捷",坐下后非常自豪,背挺得更直了,小手也摆得很好,脸上露出了满意的微笑。在那之后的几分钟,小 T 的眼神一直紧盯老师。小 D 虽然没有轮到当火车头,但也没有表现得很气馁,继续正常听课。不过比起刚开始上课时,小 D 显得比之前的状态更投入一些,会和其他同学一起大声回应老师的话。两个孩子的注意力都比之前有所提升,尤其是小 T。两个孩子会这样一直保持良好的状态吗? 小 D 能否渐入佳境实现超越? 根据我自己带班上课的经验,此时下定论还为时尚早,还得继续观察。

上课 20 分钟后,老师又进行了一次"开火车"游戏,这次两人都没轮到当火车头,但是两个孩子的状态却悄然发生了变化。小 T 在放下手后有些失落,对课堂活动兴致缺缺,开始摆弄面前的铅笔和尺。三分钟后,又有一次"开火车"游戏,小 D 对这次游戏比较自信,高举小手,屁股也有些离开座位,虽然没有获得老师的注意,但他反而更专注了,一直紧盯老师。此时的小 T 则不再参与课堂活动,对老师讲授的内容和其他同学的回答都失去了兴趣。

因接连几次的游戏都没有参与到,小 T 的注意力彻底转换到文具上,游离于课堂之外。下一个课堂活动时,老师要求用直线画出"两件宝分别能干什么",这也是本节课的教学重点内容之一。小 D 将老师的要求听得很明白,自信地画起线来,不一会儿就完成了学习任务。而小 T 没有听到要求,不知道该画什么,于是偷看了一眼同桌,被同桌发现后十分尴尬,但聪明的他眼珠一转立马想出了一个缓解自己尴尬的方法:假装自己知道答案,倒打一耙说同桌偷看他的答案。只见他夸张地用手遮住了书本,告诫同桌别看他的答案,趁别人不注意又悄悄把线画上了。在其他同学交流答案时,小 D 认真核对,并倾听着其他同学的分享,继续参与课堂活动。小 T 则是被这个小插曲影响了状态,自顾自擦去自己画的线,重新修改,改完后又继续摆弄铅笔,直到之后电脑屏幕上出现了图片,他才放下铅笔继续参与课堂,注意力有所回升。

2. 状态回升有妙招——眼、口、手、脑动一动

在课堂的第 25 分钟,老师进行了一次说话训练:说说自己的双手能做什么。小 D 思考后举起了手,但没有获得回答问题的机会。小 T 则是依然游离在外,没有倾听老师和同学们说的内容。

紧接着,老师出示了图片,再一次进行了说话训练:观察图片,说一说图中谁在用双手干什么。图片中是医生做手术、摄影师照相等学生感兴趣的内容,因此举手的学生很多。此时,这对同桌和大多数同学一样,都被图片的内容所吸引,眼睛紧紧盯着屏幕并开始了思考。小 D 很快想好了答案,一直高举小手,等待获得发言机

会。在没有被邀请到时，小 D 依然专注地听着其他同学的回答和老师的点评。小 T 也被图片内容吸引，停止摆弄文具，在后桌同学回答有困难时，还转过去提醒同学。之后的几分钟里，小 T 的思绪也回到了课堂中，开始参与起课堂活动来。无论是"助人为乐"的小 T，还是"默默吸收"的小 D，这一次的课堂活动都让两个孩子对"谁在用双手干什么"这一句式进行了认真的思考，并尝试向同伴展示自己的思考成果。

在上课的第 30 分钟，老师要求边做动作边背诵课文，并进行了"叫号游戏"。学生既要看老师的动作或电脑屏幕的文字，又要学做动作，同时回忆课文内容或拍手，手脑并用的同时还要大声说、大声背，有趣味又需要注意力高度的集中。因而这对同桌非常投入，在整个环节中，都紧盯老师的动作，声音响亮地回应，结束活动时也很开心，露出了灿烂的笑容。在之后的书写生字环节，两位同学都能积极参与活动，认真观察生字的关键笔画并进行书写。

下课铃声打响，这场没有硝烟的"战争"结束了，两个孩子喜笑颜开地与老师问好，结束了整节课的学习。看到两个孩子是带着自信和笑容结束课堂的，我总算松了口气。虽然小 T 的状态有所起伏，小 D 一次发言的机会都没有得到，但在课堂的最后两个环节，两个孩子都以高度集中的状态完成了相应训练，巩固了本课课文内容和需要学习的生字。不过，两个孩子对于学习习惯、学习兴趣的养成和本课知识点的达成情况却不能即时呈现，最终谁取得了"胜利"，仍是一个未知数。

三、基于观察的思考

（一）亮点分析

1. 教学活动形式多样，不断激发学习兴趣

幼小衔接阶段的学生正处于好奇心旺盛、注意力易分散的阶段。这篇课文的内容很简短，只有五句话。授课教师在教授这样一首内容简短的儿歌时，如果只是讲授生字或是引导朗读，难免很快就会让学生感到枯燥无趣。因此，使用多样的教学手段，不断变化活动形式，合理利用多媒体和游戏环节，刺激学生的感官，激发学生的兴趣是非常必要的。

多样化的教学活动形式能够锻炼学生的观察力、记忆力、想象力和创造力。通过参与各种教学活动，学生可以体验到成功的喜悦和失败的挫折，从而学会如何面对情绪、调整心态，促进情感健康发展。在一个 40 多人的班级中，教师集体授课不能兼顾到每个学生。但多样化的教学活动使每个学生都能找到适合自己的学习方式和能够激发自己学习热情的兴趣点。这样不仅可以提高学生的学习效率，还能让他们在轻松愉快的氛围中掌握知识。此外，多样化的教学活动能够增加师生、生生之间的互动机会，使课堂氛围更加活跃，师生关系更和谐。

2. 圈画辅助,思维可视化

这篇课文的教学重点有"在文中找出明显信息"和"读好儿歌,感受儿歌的韵律"。授课教师在完成这两个目标时,都采取了用笔圈画辅助——标注停顿符号和画出句子。

这首儿歌虽然简短又押韵,但是学生不一定能读得整齐又有节奏。通过标注停顿符号,能够将需要停顿的地方直观展示给学生看,使学生对朗读的停顿有了依据。同时,也为之后指导朗读古诗的停顿和长句的停顿奠定了基础。

圈画关键词句则是一种有效的阅读策略,也是一种自主学习的策略。它能够帮助学生更好地理解文本内容,逐渐掌握阅读的方法和技巧,提高他们的自主学习能力。通过圈画,学生可以识别出文本中的关键信息,从而更准确地把握文章的主旨和要点。这种策略的运用,不仅提高了阅读速度,还增强了对文本内容的理解和记忆。在圈画关键词句的过程中,学生需要分析文本的结构和逻辑关系。他们需要判断哪些词句是关键的,哪些词句能够概括文章的主题或段落大意。这种分析过程有助于幼小衔接阶段的儿童形成清晰的逻辑思维框架,提高他们的逻辑思维能力。

3. 注重朗读,发挥儿歌的语言魅力

本课课文是一首改编的儿歌。对于幼小衔接阶段的学生而言,儿歌是他们最喜欢的文学作品形式之一。儿歌语句简短,结构简单,内容生动,富有情趣,充满韵律。儿歌能够激发学生的语言学习兴趣,使他们在语言学习中获得乐趣,从而增强他们接触语言、学习语言的主动性。儿歌的教学可以让学生学习正确的语言发音,丰富词汇。因其使用的词汇与孩子们的日常生活息息相关,孩子在诵读的同时不知不觉积累了大量的词汇,到一定程度,语言能力的发展自然得到了提高。

在这篇课文的教学中,教师也关注到了朗读的指导,并按照教学目标,通过挑战赛、结合板书等方式完成了背诵的要求。在教学中,教师着重引导学生在反复的朗读中发现了儿歌句式轻快简短的特点,并通过引导关注每行最后一个字的拼音,发现儿歌的押韵规律。教师又通过借助停顿符号、拍手等方式帮助学生在读准字音,读通句子的基础上,读出节奏,感受诗韵。这些朗读儿歌的技巧也将成为学生的学习经验,在下一篇课文《影子》以及之后遇到儿歌时都可以迁移运用,对学生语感的培养也有一定作用。

(二) 改进建议

1. 关注学生差异,满足不同需求

本次课堂观察的对象正好是学习基础不同的两个孩子,其参与课堂的情况,注意力波动的情况也不相同。对比两个孩子的课堂表现,发现基础较好的小 T 课堂开始时注意力集中,在被老师关注后注意力达到顶峰,得不到老师的关注后,注意力持续分散，直到有外部刺激，才重新专注于课堂活动。而基础较弱的小 D 一开始对课堂活动没有太大的兴趣，但渐入佳境，在集中注意力听讲后，自信心有了提高，课堂活动的参与度也相应提高，很好地达成了学习目标。

在幼小衔接阶段，教师应关注儿童的情感体验和心理需求。小 T 需要的是持续不断的关注和感官的刺激，小 D 则需要自信心的建立。面对基础不同的学生的不同需求，教师首先应该关注到这些差异，掌握学生的不同需求，努力通过引导语、评价、教学活动等予以满足，以保证大部分学生的学习兴趣和参与度。在教学活动中，可以针对不同学习基础的学生设计相应难度的任务。例如，增加同桌互动或小组活动环节，布置不同的学习任务，确保让不同层次的学生都有适合自己的学习任务，从而获得积极的情感体验。

2. 指令配合评价，培养倾听习惯

在课堂观察的过程中，授课教师非常关注对学生表达的规范性、准确性的训练和评价，但是鲜少听到对学生学习习惯的评价。本次的观察对象都是学习习惯相对来说较好的学生，没有出现整节课游离在外或是扰乱课堂秩序的情况。但是对于幼小衔接阶段的儿童来说，注意力集中时间大约是他们的年龄乘以 2—4，也就是 14—28 分钟左右。因此，大多数学生都会或多或少地出现注意力不集中的情况，这就需要教师进行干预。

除了知识的达成度以外，低年段的教师更应该关注和培养学生倾听的习惯。在表扬发言好的学生的同时，对认真倾听、深入思考的学生同样要给予肯定，以此来促进倾听与表达的平等性。在一段话时间的教学活动后，应有意识地下达学习习惯相关的指令，通过指令达成条件反射，提醒学生坐姿端正，眼睛看老师，将文具放到指定位置不乱动等。评价学生时，适时树立榜样，引导学生关注并养成良好的学习习惯。

点评：

吴老师她通过对一年级学生小 T 和小 D 在课堂上的表现进行细致观察，生动展现了两个性格和学习基础不同的学生在课堂上的注意力变化、参与度以及学习习惯的养成过程。案例中不仅详细描述了教学活动的实施，还深入分析了学生在不同教学环节中的反应，体现了教师在幼小衔接阶段教学中需要关注学生个体差异、激发学习兴趣、培养倾听习惯和思维能力的重要性。吴老师还提出了针对性的改进建议，如关注学生差异、满足不同需求、通过指令和评价培养倾听习惯等，为一线教师在教学实践中提供了宝贵的参考。这个案例提醒教师在教学中要更加敏锐地捕捉学生的学习状态，灵活调整教学策略，以更好地促进每个学生的成长与发展。

案例十二

从"糟糕透了"到"精彩极了"

——以一年级《江南》一课中对焦点学生小 M 的观察为例

学校:上海市嘉定区江桥小学	班级:一(5)班	课题:《江南》
焦点学生:小 M	执教教师:黄欣慧	观察教师:刘彤彤

一、课例描述

(一) 教学目标和内容分析

《江南》一课是一年级上册第五单元的第二篇课文,这是一首采莲诗,反映了采莲时的光景和采莲人欢乐的心情。除本课以外,本单元围绕"思维方法"这一主题,还编排了《秋天》《雪地里的小画家》《四季》三篇精读课文。本单元的语文要素是"借助拼音正确朗读课文",这也是第一学段语文教学的重要任务。作为教材的第一个课文单元,教师将指导学生正确、流利地朗读课文作为重要任务。《江南》一课的目标具体为:

1. 在语境中正确认读"江、南"等 9 个生字,会正确认读"三点水、草字头"2 个偏旁。能在田字格中正确书写"可、叶、东、西"4 个字和"竖钩、竖弯"2 个笔画。解释"莲叶何田田"等句子的意思。
2. 借助拼音正确、流利地朗读课文,背诵课文。
3. 能结合插图,展开想象,说说江南水乡的美丽景色。

根据一年级学生学情及教学规划,《江南》一课共安排两课时的精读教学,教师进一步分解了课时目标,本课作为第一课时,具体目标如下:

1. 在语境中正确认读"江、南"等 5 个生字,会正确认读"三点水、草字头"2 个偏旁。能在田字格中正确书写"可、叶"2 个字和"竖钩"1 个笔画。解释"莲叶何田田"等句子的意思。
2. 借助拼音正确、流利地朗读课文,背诵第一句。
3. 能结合插图,展开想象,说说江南水乡人们采莲的情景。

根据教学目标,教师设计了"创设情境,初识江南""初读课文,整体感知""理解诗歌,感受莲趣"和"指导书写,练习写字"四个环节,其中环节二和环节三是重难点目标 2 达成的关键,分别对应了两个学习活动:一是引导学生通过听录音、自主朗读、发挥教师范读的作用,把学生带入古诗的"境"、学习的"场",激活学生的想象,激发学生学习古诗文的欲望。二是引导学生初步理解诗句的意思,紧扣"莲"字,一方面引导学生识字,了解"莲",另一方面又通过读诗文、看插图、联系生活、展开想象等,引导学生走进江南的美丽画卷,交流江南水乡人们采莲的情景。

从教学目标和教学内容来看,教师能够从单元到单课再到课时进行整体性的设计,目标和内容一一对应,并十分重视朗读基本功训练。从提醒并鼓励学生借助拼音正确朗读,读准字音。到教师范读引读,读出节奏。再到品读想象,背诵古诗。整节课,教师能在学生掌握拼音的基础上,引导学生正确流利地朗读课文,既能对拼音学习进行巩固和运用,又能采用多种方式引导学生充分朗读,通过倾听、模仿、比较,不断提高学生的朗读能力。教师引导学生带着无限的期待与向往走进江南的采莲现场,在读中深切地感受江南的独特风光。

(二) 教学中的幼小衔接要点分析

1. 关于拼音与识字。本课是一年级孩子刚刚学完所有拼音之后的第二篇课文,也是本册出现的第一首古诗,运用拼音是识好字、读好文的基础,运用拼音识好字,读好字词句仍然是学习的重点。这对于大部分学生来说会比较容易和熟练,但是对于本课中的前鼻音“南”、后鼻音“东”、三拼音节“莲、间”等,在教学中仍然需要不断地强化。关于本课要认识的两个偏旁“三点水”“草字头”有明显表意特点,需让学生建立形旁与字义的关系。然后运用借助图片、联系生活等多种方法帮助学生识记字形,理解意思。

2. 关于朗读。对于读诗,有些孩子在学前阶段就已经读过,读古诗对他们来说能表现出极大的兴趣,基于研读《义务教育语文课程标准(2022 年版)》,对第一学段(1—2 年级)和朗读相关的目标做了梳理:

小学第一学段(1—2 年级)和朗读相关的目标	
目标一: 朗读兴趣	1. 喜欢阅读,感受阅读的乐趣。 2. 阅读浅近的童话、寓言、故事,向往美好的情境,关心自然和生命,对感兴趣的人物和事件有自己的感受和想法,并且乐于和他人交流。
目标二: 朗读能力	1. 学习用普通话正确、流利,有感情地朗读课文。 2. 结合上下文和生活实际了解课文中词语的意思,在阅读中积累词语。认识课文中出现的常用的标点符号,在阅读中体会问号、句号、感叹号所表达的不同语气。 3. 诵读儿歌、儿童诗和浅近的古诗,展开想象,获得初步的情感体验和美的感受。

可见,这一学段,注重激发学生的朗读兴趣,靠自己诵读来获得相应的情感体验和美的感受。但大部分一年级学生会忽略掉诗中的停顿。要指导学生关注标点,借助停顿符号读出节奏,读懂句意。指向了在习得朗读的这一项阅读能力的基础上,通过读出节奏引发学生学习诗歌的热情。

3. 关于表达。孩子的语言理解能力进一步提高,能够在具体的情境中理解具有一定逻辑关系的复杂语句。低年级学生的形象思维占优势,其学习和记忆通常表现为"情节"记忆,依赖极富个性色彩的经验世界和想象世界而存在。而"情节"和情境密不可分。活动情境伴随着活动教学的全过程,是推动活动教学的必要保证。因此,通过创设积极的语言环境,提供丰富的语言学习机会,并且能在多样化的语言环境中提高学生的表达能力。

二、关键事件描述

事件一:寻寻觅觅未选中,怎一个"愁"字了得

他是班级里唯一一个没有按照学校要求着校服的孩子,从一进课堂他就总撇着嘴角,一副气鼓鼓的样子。他成功吸引了我。

教师在黑板上写完板书后,笑眯眯地问道:"谁能借助拼音把题目读好呀?"只见小 M"嗖"地一下举起了手,那手势标准得就像接受检阅的小士兵。不仅如此,他的右脚都已经迫不及待地跨出了座位小半边,仿佛在说:"老师,选我,选我呀!"可结果呢,老师并没有叫到他。小 M 就像个泄了气的皮球,胳膊一甩,发出了"切——"的一声,那小脸蛋上写满了失望,就差没把"不开心"三个字直接贴在脑门上了。

事件二:不知"停顿"为何物,直叫人不知所措

紧接着,教师把"借助拼音正确朗读课文"作为教学重点,引导学生跟着录音读准字音、读通句子。在这个环节,那个小 M 动作幅度很大,他伸出右手,像个小小的指挥家一样指着课文,眼睛一会儿看看书本,一会儿看看老师和周围的同学,还在没被选中的情绪中不能自拔。紧接着教师让学生借助拼音自由朗读课文。小 M 一下子就像打了鸡血似的,满脸自信,那神态就像在说:"朗读这事儿,我可拿手了!"看得出来,从跟着读到自己读这个过程中,他心里就像燃起了一团小火苗,充满了诵读的激情和热情。教师随机请同学们诵读课文。小 M 并没有举起手来,刚开始静静地坐在那儿,后来,他的脑袋就像个小拨浪鼓似的,不停地上下点头。接着,教师重点关注了学生读好古诗的停顿。教师范读,让学生听读时在诗句上划出停顿,自由朗读后再全班交流。小 M 慢慢悠悠地拿起一支笔,可那小眼神,就像没头的苍蝇一样,在书上漫无目的地画着。很明显,这小 M 对"停顿"这个概念就像丈二和尚摸不着头脑。他开始左瞅瞅右看看,那小模样就像在寻找救星一样。最后呀,他干脆拿着笔,直接把同桌的答案当成自己的了,就像个小机灵鬼在耍小聪明。

事件三:人自伤心水自流,今日拼读多烦忧

教师出示字卡,引导学生认读"莲"字和偏旁"草字头"。师:我们知道了"采"其实就和摘的意思一样,这里他采了这么多东西,我们古诗中他采的是什么?(生:莲花)你瞧,"莲"它有一顶帽子,就是今天要学习的新偏旁,谁能借助拼音来拼一拼。教师引导学生借助拼音进行拼读,他仔细观察,自主尝试拼读,只见那小 M 眼珠滴

溜溜地转,仔细地瞅着拼音,然后开始自己尝试着拼读起来。这拼读的路上似乎不太顺利呀,小脸蛋上渐渐浮现出疑惑的神情,这时候,他的双手不自觉地举了起来,慢慢靠近额头,那小模样就像个小猴子在挠痒痒似的,两只小手轻轻地挠着,眼睛里透着一股若有所思的劲儿,可始终就是没发出拼读的声音。这个词组里面的"草"藏着复韵母"ao","头"字里面藏着复韵母"ou"。猜测小M很可能对复韵母ao和ou的读音不够确定。他想用双手把自己不会这件事儿给掩盖起来,好像这样就能躲过这个小"尴尬",他撅着嘴,也没有倾听别人的回答,一直抖着脚,甩着笔。这时,老师突然严肃地点了他的名,他立刻将双手平放桌上,但嘴角向下,比较失落,听到别人的回答,也没有主动去夸赞别人,此刻的心情可谓糟糕透了。

事件四:小"莲"才露尖尖角,早有答案立心头

本课有些生字的字音不容易读准,如前鼻音"南、莲、间"、后鼻音"江、东",教师在初读时就指导学生进行了归类。引导学生读准字音,还特别注意"南、莲"的读音,提示学生区别鼻音与边音。这节课要求学生认识的两个偏旁"三点水""草字头"都是形旁,有明显的表意特点,教师引导学生建立形旁和字义之间的联系,知道带有"三点水"的字一般与水有关,带有"草字头"的字一般与植物有关。同时联系生活实际,让学生结合生活想一想在哪里还见过这些字,结合语境进行识记。观察中的小M,他先是高高地举起了自己的小手,可刚举起来没多久,他又犹豫地把手放了下去,不过这次小M可没就此罢休,从他的表情中可以看出,手虽然放下了,但是思考没有停止。突然,那小手就像火箭发射似的,又高高地举了起来,而且举得比之前还高呢。就在这个时候,老师刚好转身,一眼就瞧见了他那举得高高的小手,老师笑着请他起来回答问题。小M,可真是又惊又喜,没想到自己还能得到这个发言的机会呢。只见他站得直直的,声音就像敲响了一面小铜锣,大声回答道:"还有草莓的莓!",老师评价:"你想到了别人没想到的答案,真是了不起。"同学们都向小M投去了欣喜的目光,他也觉得自己的回答精彩极了,好一副神气的模样。

事件五:满心欢喜关不住,一抹微笑出堂来

教师引导:"我们要继续划着小船往前游览了,你放眼望去,看到了什么?"随着学生的回答继续引导学生发现"何田田"的意思就是莲叶非常茂密的样子。紧接着让学生观察图片,说出莲叶挨挨挤挤像什么,进行拓展练习。最后引导学生扮演莲叶。此时观察中的小M,双眼紧紧地闭着,身体随着音乐的节奏,恰似在微风里轻轻摆动自己的身躯,一脸陶醉的模样。

三、基于观察的思考

据了解小M是一个对周围环境和他人的反应较为敏感的孩子。也许是一句不经意的言语,或是同学们惊讶的回应等,都能轻易地引发他的怒火和消极的情绪。他总是叹着气,脸上很少有较明显的喜悦。通过本节课的观察,这个爱生气的

"气包子"也终于守得云开见日明,"多云转晴"迎来了自己的高光时刻。

(一) 亮点分析

1. 教什么? 确定了教学起点

《江南》是一年级上册第五单元的一首诗歌,这一单元是他们刚学习完拼音的第一个课文单元,作为小学的起始阶段,老师依据古诗的文体特点和本学段学生实际施教。对标《义务教育语文课程标准(2022 年版)》中将古诗作为"阅读与鉴赏"的一部分,将儿歌、儿童诗和古诗的教学相融合,提出了相应的教学要求:"诵读儿歌、儿童诗和浅近的古诗,展开想象,获得初步的情感体验,感受语言的优美。"教师定位准确,确定了教学的起点。

本单元的语文要素是"借助拼音正确朗读课文",这也是低年级语文教学的重要任务。为了完成本单元的重点教学内容,教师对于学生前备知识与能力从"已掌握"与"需巩固"、"需提高"几个方面进行分析。

单元重点教学内容	学情分析			
	所需前备知识		所需前备能力	
	已掌握	需巩固	已掌握	需提高
借助拼音正确朗读课文	能读准声母、韵母、声调和整体认读音节	能准确地拼读音节	能借助汉语拼音认读汉字,读通句子。	正确、流利地诵读诗歌。读好停顿,并展开想象,获得初步的情感体验。

根据学生的前备知识与能力,设计相应的学习活动。活动教学既蕴含丰富的学习内容,又蕴含生动形象的各类活动,能够使活动和学习和谐相融,能满足衔接阶段学生"学习"和"玩"的需要。此外,《纲要》指出游戏是幼儿的基本组织形式,而游戏是活动的类别之一,这节课的活动教学增强了课程实施的情境性和实践性,承接了幼儿园的教学方式,有利于调整幼儿园和小学阶段的课程落差,减轻学生语文学习的陌生感,促进学生的语文学习适应。

2. 怎么教? 在情境创设下主动学习

(1) 创设情境,让学生学得"有味"

为了和幼儿园语言领域活动情境相衔接,这节课在情境的创设中,与学生的生活和经验相链接,利用学生已有的经验开展活动。强调了情境创设的完整性、连贯性,能层层递进地贯穿在这一节课之中,不断丰富低年级学生的体验。例如黄老师从"江"字入手,引导学生在生活中识字,识记"三点水"后,再为"江"组词,自然引入"江南"。告知学生这节课就去看看江南的美丽景色,观察住在江南一带人们的有趣生活。通过情境的创设,激发了学生参与课堂活动的积极性,从事件一小 M 虽然第一次没有"被选中"，但从他迫不及待地跨出了座位小半边就能看出，情境的创设对于低年级孩子来说，是吸引他们注意力的好办法。本节课的情境创设还具备了趣味性，教师通过活动情境的创设激发了学生的学习兴趣，给学生积极的情感体验。

（2）读诗识字，让学生感受"诗味"

第一：整体感知，感受节奏美。

这一环节中，老师先提示了诗歌中易读错的生字读音，接着引导学生有节奏地诵读诗歌，其目的就是读准字音，读通诗句，读好节奏，为后面教学活动打好基础。听到朗读，小M一下子就像打了鸡血似的，满脸自信的小模样，那神态就像在说："朗读这事儿，我可拿手了！"虽然这一次也没有"被选中"，但能看得出来，教师平时十分注重对班级整体的朗读指导和关注，学生对朗读有极大的热情。对标《义务教育语文课程标准(2011年版)》指出："各个学段的阅读教学都要重视朗读和默读"。可见，朗读教学极其重要。尤其是小学第一学段的学生，他们正处于语言发展的黄金时期，但也处于语言学习的起步阶段，因此，借助朗读，加强其言语表达能力训练应是这一阶段语文教学的重中之重。根据事件观察，教师做到了"重在培养兴趣、语感和习惯。"

第二：随文识字，想象画面美。

在这一环节中，教师设计了两个教学活动。第一是想象丰收喜悦。黄老师将讲课的重点聚焦在"江南"水乡——"莲"上，借助莲的图片，音形义结合，引导学生了解莲的"草字头"大多和植物有关；接着，教师由"田田"入手，基于学生的体验，借助图片，引导学生体会何为"田田"，进而指导学生读出荷叶的"田田"之美。当老师提问"江南可采莲，莲叶何田田"中的"田田"是什么样子时，学生们给出了很多富有想象力的答案。有的学生说"田田就是莲叶像一个个大圆盘，挨挨挤挤的，好像一片绿色的海洋"；还有的学生把莲叶形容成绿色的雨伞，层层叠叠地在水面上铺开。这表明学生们能够根据自己的生活经验和对自然事物的感知，将古诗中的抽象描写具象化，展现出了他们在这个年龄段特有的丰富想象力。这种想象力不仅有助于他们理解古诗的意境，也是培养创新思维的重要基础。教师再播放视频，那一望无际的荷塘，那挨挨挤挤的荷叶，班里的大部分学生都能体会到：哦，这就是"莲叶何田田"！再由"莲叶何田田"想到莲花、莲子、莲蓬，学生在老师的带领下发现原来诗句中描写的正是"莲叶何田田"的时节，是采莲的好时候啊。小M在其中带着这份欣喜，读出了自己心中"江南可采莲，莲叶何田田"的美景。"仅仅只有美景吗？"教师将画面又聚焦到了人们采莲时的场景，并引导学生想象采莲人划着船，可以采到数不完的莲蓬，他们的心情一定非常愉快。这一环节的设置，让学生通过图片、视频等直观地感受到莲蓬的多和采莲人丰收的喜悦。班级绝大多数学生自然能读出诗的意境美。万亩荷塘的诗意之美,采莲人的喜悦之情,也为第二课时鱼儿们的欢乐之感做好了铺垫。

同时,在这一环节教师运用了多种方法帮助学生识记字形,理解字义。例如教师出示江水流动、采摘果实等图片,引导学生图文对照识记。对标《课程标准》,教师做到了"第一学段重视汉字学习规律,集中识字与随课文分散识字相结合,促进多种识字方法的综合运用。"该学段的识字教学,教师在系统把握教材内容的基础上,重视构形规律,给予了学生很多发言的机会,让他们都能有所收获。事件三中,小 M 本来的学习状态已经消极懈怠,注意力也不够集中了,但在这一环节他又能积极思考,并整理好失落的情绪再次振作进行举手。他举起的手又放下,是因为他想说的答案被别人说了。这次他再次举手,想到了别人没想到的内容,此刻,他也终于迎来了自己的高光时刻。可见教师将识字教学融入情境充分考虑到了学生的身心特点,遵循了汉字教学规律,采用多种形式把学生识字的主动性调动起来,能把像小 M 这一类已经注意力不集中的学生,再次拉回课堂中来,使班级的学生都能喜欢识字,感受到识字的乐趣。"识字不是小学语文教学的目的,而是发展书面语言的一种手段。"在语言环境中识字,教师能把识字与阅读结合起来,消除了孤立识字存在的弊端,提高了学生的阅读能力。还充分利用随课文分散识字的优势,使识字与书面语言的学习相互促进,借助规范、优美的书面语言材料帮助学生形成良好的语感。

第三:配乐朗诵,感受诗意美。

这一环节中,教师先通过赞美江南渲染气氛,再引导学生想象仿佛自己也背上了背篓来到了江南,带着这种感受,配乐加上动作诵读古诗。小 M 在事件四中,紧闭双眼,身体随着音乐的节奏轻轻摆动,一脸陶醉的模样。可见,教师借助采莲的图片和视频,让学生感受"莲叶何田田"的美景和人们采莲时的愉悦心情,加深了对课文的理解,帮助学生进入课文情境,激发学习的兴趣。教师恰当地运用多媒体课件从感官上和心理上激发学生的读文热情,并为理解诗文奠定必要的情感基础。极大程度地调动了学生的积极性与参与热情,也引导学生获得了感官上的体验与知识上的收获。让孩子们在充分地展现自我、释放自我中,在轻松愉快的氛围中进行高效、快乐地学习。

(二) 改进建议

一是做好示范引领事半功倍。在课堂初读环节,大部分学生能够准确读出"江南(jiāng nán)""莲叶(lián yè)""田田(tián tián)"等字词的读音。但仍有少数学生将"田田"读成一声或轻声,存在声调不准确的问题。在"鱼戏莲叶间(jiān)"一句中,有一名学生将"间"误读为"jiàn",混淆了"间"字在不同语境中的读音,教师并没有一一纠正。除了读准字音,注意停顿和节奏,是古诗朗读的教学重点。但教师在提出要求时，缺少可视化的过程性指导。读准字音，注意停顿和节奏，是古诗朗读的教学重点。这是学生第一次在课文中学习古诗，在读正确的基础上，教师采用了听录音跟读、教师范读、学生练读、同桌合作读等方式读古诗，但大多学生并不清楚如何画出停顿，用什么符号画出停顿，导致学生迷茫。正如事件一，小 M 在书上漫无目的地画着。很明显，小 M 对"停顿"这个概念不知。如果教师在学生迷茫之时，及时做出调整，示范在诗句上划出停顿，并说清停顿用右斜线表示，相信像小 M 一类的学生就能很快掌握一首诗的内在韵律，发现朗读时适当地停顿，能帮助我们读出节奏。如，"江南/可采莲，莲叶/何田田"。然后，教学中保证学生充分的时间进行朗读，再通过范读、合作读等多种形式进行朗读指导，在朗读中激发学生学习古诗的兴趣。另外在节奏把握方面，多数学生能够初步感知。在诵读时，基本能够按照"江南/可采莲，莲叶/何田田。鱼戏/莲叶间。鱼戏/莲叶东，鱼戏/莲叶西，鱼戏/莲叶南，鱼戏/莲叶北。"的节奏来读。然而，在具体的诵读过程中，有些学生节奏过快，没有体现出诗歌的韵律美；而有些学生则节奏过慢，拖音现象严重，影响了诗句的连贯性。教师也应该及时指出不足之处，采用多样化的诵读方式，如个别读、小组读、男女生对读、配乐读等。不同的诵读方式可以激发学生的兴趣，同时也能让学生在比较中不断改进自己的诵读水平。

二是拼音与识字教学要有效落实。在事件二中，教师引导学生借助拼音进行拼读，他仔细观察，自主尝试拼读，小 M 似乎在拼读中遇到了一些困难，面露疑惑，双手上举靠近额头，用两手轻轻挠着，若有所思。始终没有拼读发声，通过观察猜测很可能对复韵母 ao 和 ou 的读音不够确定。用双手掩盖自己不会的小尴尬。后面小 M 即便听到别人的正确回答，他因失落也无法注意力高度集中了，有了很消极的情绪。其实，在拼音的学习中，语文教材中的情境图始终在帮助学生学习与记忆。这些情境图大多直接以相应的事物提示韵母的读音，如，"海鸥"的"鸥"提示 ou 的读音，"海豹"的"豹"提示 ao 的读音。这些情境图就是充分利用学生生活经验，在帮助学生学习相关韵母，培养学生的观察能力和口语表达能力。所以在本课拼读的教学过程中，教师是可以不断唤醒学生的记忆，利用学生已知，帮助学生准确拼读音节，尤其还要预设到这部分有可能拼不上来的学生的难点和痛点在何处，给予充分的拼读时间或必要的提示与指导，从而巩固练习。或者引导学生在游戏活动中直接区分这些容易混淆的韵母和音节，做到及时巩固旧知，扎实推进教学。总之，只有不断练习和实践，学生才能更好地掌握。

三是将"读"有层次地贯穿始终。《毛诗·大序》说："诗者，志之所之也。在心为志，发言为诗。"诗中景物，诗中意象，都是诗人情感活动的外在表现。"落月摇情满江树"是情，"大漠孤烟直"是情，"枯藤老树昏鸦"是情，"莲叶何田田"也是情，"鱼戏莲叶间"还是情。那么，如何引导一年级的小朋友体味诗中情呢？最好的办法就是反复地"读"。

"读"一向是古诗教学的首要方法,第一学段更应如此。读不仅是本课的核心教法,更是本课的主旋律和灵魂。整堂课有很多形式的读,但对于学生来说,要求不够准确,目的不够清晰。应在不同阶段安排不同形式的读,层层递进,引导学生于琅琅的诵读中,体味景美、人欢。例如,教学中虽然设计了三个层次的朗读,但可以一步步地层层推进。第一个层次,教师由学生初读的"田田"入手,抓住学生学习的这一难点,教师示范朗读唤醒学生的想象。基于学生的体验,并借助图片,引导学生体会何为"田田",进而鼓励学生用自己的朗读来读出这种"田田"之美。再经过教师的渲染,学生在一次次的朗读中,体会到,原来,这就是"莲叶何田田"!原来,"莲叶何田田"的时节,也正是采莲的好时候啊。此时,带着这份欣喜,学生一定能够通过语调的抑扬顿挫、声音的轻重缓急来表现出诗歌的意境。以儿童视角解读文本,用儿童喜欢的方式朗读,既要有读的美,还要有诗情美,更要有童趣美。

四是全方位地关注学生,给予学生个性评价。在课堂互动环节,教师提出问题后,积极主动举手回答问题的学生占总人数的 60% 左右。这部分学生思维较为活跃,能够大胆地表达自己的观点。而剩余 40% 的学生则较为被动,需要教师进一步引导和鼓励才会参与到课堂讨论中来。小 M 在事件一中,因老师没有叫到自己而失落。在事件二中又发现自己的拼读有障碍,似乎有点自我怀疑,对自己不够满意。

从学生的角度来看,举手却未被点到名可能让他感到自己被忽视。这些学生往往是怀着积极的态度参与课堂、为了展示自己学习成果或者分享独特见解的热情举起手的。当这种热情被"冷落",他们内心的失落和生气是对自身价值未得到认可的一种本能反应。这可能影响到他们后续的课堂参与度,甚至会打击他们学习的积极性。

对于教师而言,课堂上学生众多,难以每次都准确地叫到每一个举手的同学。然而,这并不意味着可以忽视那些未被点到名的学生的情绪。教师需要意识到每次举手都是学生对知识的渴望和对课堂的尊重,应该尽可能地在后续给予他们机会,并在课堂管理中关注到这部分学生的情绪变化,通过适当的方式安抚和鼓励。

老师全方位的关注学生,观察学生的学习状态,指导点播有困难的学生。可以通过合作、探究的学习方式,设计更多练习、交流的机会,让不同的孩子都能有所收获。除了对于个体的评价外,还可以关注个体在集体之中的良性自我评价。教师在教学设计时加入班级的特色评价,都会对孩子产生深远的影响。解决这一问题需要师生双方的共同努力。教师要优化课堂提问的策略,提高互动的公平性与效率;而学生也要理解课堂的复杂性,学会用更积极健康的心态对待偶尔的"未被选中"。只有这样,才能让课堂成为真正促进学生全面发展、充满包容与关爱的学习场所。另外在课堂互动方面,教师还要更加关注那些较为被动的学生,采用多样化的提问方式和激励机制,提高他们的参与度,确保每个学生都能积极参与。

总之,整堂课教学内容精心组织,教学次序巧妙安排,极具匠心。起承转合,运转自如,峰回路转,曲径通幽,达于教学胜境,显示出老师日益成熟、精湛的教学艺术。

点评：

刘老师细致入微地记录了小学一年级学生小 M 在语文课堂上的学习状态和行为表现,并以此为切入点,深入分析了幼小衔接阶段语文教学的关键要点和改进建议,展现了刘老师敏锐的观察力和扎实的教育理论功底。案例中,刘老师通过五个关键事件的描述,生动刻画了小 M 从"糟糕透了"到"精彩极了"的情绪转变过程,并分析了造成这种转变的原因,即教师在教学过程中,通过创设情境、引导想象、多种方式识字、读诗等教学策略,有效地激发了学生的学习兴趣,帮助学生克服了学习障碍,建立了学习的自信心。同时,刘老师也指出了教学中存在的不足,例如教师示范引领不够充分,拼音与识字教学需要更加有效落实,朗读教学需要更加有层次地贯穿始终,以及需要更加关注学生的个性差异,给予个性化的评价等。针对这些不足,刘老师提出了相应的改进建议,例如加强教师示范,利用情境图帮助学生记忆拼音,设计不同层次的朗读活动,以及采用多样化的评价方式等,这些建议具有很强的针对性和可操作性,对于提升幼小衔接阶段的语文教学质量具有重要的参考价值。

第十二章　儿童如何在语言学习中获得思考密码

案例十三

"不一样"里探真知
——以一年级《江南》一课中对焦点学生小 Q 的观察为例

学校：嘉定区马陆小学	班级：一(7)班	课题：《江南》
焦点学生：男生小 Q	执教教师：陆雨婷	观察教师：朱怡迪

一、课例描述

《江南》是一首富有江南水乡韵味的古诗,对于一年级学生而言,在学习过程中会呈现出多个关键的学习事件。本文通过对班中小 Q 同学在第二课时学习的课堂观察,尝试剖析统编一年级语文《江南》教学过程中学生学习层面的关键事件,从学生对古诗中的重点字词理解、诗意感悟及基于感悟的口头表达等方面进行观察与分析,进一步了解学生的学习过程与需求,为优化低年级语文教学提供参考,助力教师精准把握学生学习动态,提升教学实效。

(一) 教学目标和内容分析

《江南》一课是一年级上册第五单元的第二篇课文,诗歌主要通过对莲叶和鱼儿的描述来表达人们采莲时的愉快心情。从教材的编排看,本单元是学生学习的第一个阅读单元,因此在强调单元语文要素"借助拼音正确朗读课文"的同时,特别指出:要采用多种方式引导学生充分朗读,借助资源帮助学生理解课文,运用多种方式帮助学生背诵积累。

《江南》一课的教学目标具体为:

1. 认识"江、南"等生字和偏旁三点水、草字头。会写"可、叶"等字和笔画竖钩、竖弯。

2. 正确朗读课文。背诵课文。

3. 结合插图,了解江南水乡人们采莲的情景,感受江南的美丽。

立足单元要素和教学目标,本课时的具体目标为:

1. 巩固学习"东、西、南、北"4 个方位词,理解"田田、鱼戏莲叶间"等词句的意思。会写"可"字,会写笔画竖钩。

2. 通过演一演等方式理解诗句。正确朗读课文,背诵课文。

3. 借助图片丰富对江南的认识,进一步感受江南的美丽。

其中,理解"田田、鱼戏莲叶间"等词句的意思,是本课较为核心的任务。

(二) 教学中的幼小衔接要点分析

由于本课时是《江南》的第二课时,生字的教学较多在第一课时已完成,因此第二课时引导学生理解诗中重点词语时需要借助图片、游戏等,并在此过程中体会诗中表达的情感,这对小学低年段学生的读图能力和口语表达能力提出了进一步要求。

1. 读图能力层面

《江南》一课在教材中的配图充满水墨画特色又富有童趣,且在教材版面中占篇幅较多,低年段的学生特别容易被吸引,是教学过程中的一大资源,也是帮助学生达成学习目标的重要途径,因此对于读图能力的培养和提升尤为重要。根据比对《3—6 岁儿童学习与发展指南》和《义务教育语文课程标准(2022 年版)》的能力要求来看,《江南》的配图是江南水乡采莲的场景,幼儿园阶段的读图能力体现在能观察到图中的主要事物,如莲叶、莲花、鱼儿等,而一年级学生要求能够仔细观察图片并理解图片所传达的信息和意义,如根据观察图片能区分莲叶、莲花、莲蓬并指出在植物的不同位置;其次是建立图文联系,比如看到图中的大片莲叶,就能对应诗中的"莲叶何田田",帮助理解诗句描绘的就是图中的景象,直观地感受诗歌内容,降低后续的背诵难度;另外,对于图片的细节观察也较为重要,教师需引导学生观察图片中鱼儿在莲叶间不同的姿态并体会鱼儿的欢快,如有的向上游、有的向下游,这和诗句"鱼戏莲叶东,鱼戏莲叶西,鱼戏莲叶南,鱼戏莲叶北"相呼应,因此需要借助图片提升学生对画面信息和文字信息综合理解的能力。

2. 口语表达层面

学龄前儿童口语表达能力主要聚焦于能够对自身的想法、要求以及观点进行较为清晰的表达,小学低年段口语表达在此基础上重在培养学生还能积极参与讨论,把自己的想法说清楚。《江南》一课在引导感受采莲之乐时,教师需利用相关的图片,让学生用正确的语言描述清楚"是什么"的基础上说清"怎么样",例如"我看到了很多莲叶,还有粉红的莲花",这有助于提升观察力和口语表达力;此外,诗中描绘了鱼儿在莲叶间嬉戏的场景,教师可借助情境启发孩子想象在莲叶间游玩会有怎样的感受,从而启发其乐于表达,比如"我是小鱼,在莲叶间游来游去,好开心呀,一会儿游到东边,一会儿游到西边",这不仅加深了对本课生字的理解,也激发了学生的想象力和创造性的口语表达能力。

二、关键事件描述

(一) 一个不一样的回答

教师在课堂伊始,播放江南水乡的优美视频,展示莲叶田田、鱼儿嬉戏的画面,并配以轻柔的古典音乐。小 Q 被眼前的美景深深吸引,可见直观的视听素材能够迅速抓住幼小衔接阶段学生的注意力,但视频播放大约半分钟后,小 Q 看上去没有旁边几位同学那样持续兴奋,可以说十分平静地看完了短视频。视频结束后,老师引导学生开始交流:你看到了什么。小 Q 的同桌举手回答道:"这些小鱼在水里很开心。"轮到小 Q,他一脸认真地问:"江南在哪里?"老师犹豫了片刻,出示"江"字,解释道:"这个字啊是我们上节课学习的生字,小 Q 可能记得不是很清楚,我们说啊,江南一般是长江往南的地方,我们从中国地图上看,你会发现江南水特别多,所以'江'字的左边代表水,好的谢谢小 Q,那我们回到刚才的视频再来接着说你看到了什么?"这个过程中可以观察到小 Q 表情历程:从好奇变得有些许尴尬,最后还是比较欣喜地坐了下来。就在他坐下来的同时,隐约听到小同桌提醒他:"老师问你看到视频里面的东西,你在瞎说。"小 Q 听了,扭了扭头不太高兴。

(二) 一个不一样的摆图

在通过视频简要回顾诗中描绘的景物后,陆老师出示了莲的生长过程图,包含莲叶、莲花、莲蓬和莲藕。在学习生字"莲"的时候,小 Q 能跟着老师一起拼读音节,也能跟着领读的同学说清字的结构和书空关键笔画,但是每个过程都比周边同学节奏上慢半拍,总体勉强跟得上。在学习生字和词语卡片后,陆老师在黑板上画了莲的简笔画,吸引了同学们,小 Q 坐直了身子听陆老师的学习任务:"谁能到黑板上来将配有图片的词语卡片'莲叶''莲花''莲蓬'的位置在图中摆一摆?"小Q想都没想就火速举手,陆老师有些吃惊,便热情邀请小Q上去摆了,可惜小Q虽然摆得特别快,但是把莲花摆到了一个花骨朵尖上去了,同学们立刻一片哗然,小Q红了脸有些不太好意思。此时陆老师请了另一位同学来纠正并简要说了理由,小Q回到座位后一直很严肃地看着另一位同学的摆法,在听清楚理由后也不自觉地点了点头,看来是意识到刚才的小错误了。陆老师也看向小Q表扬了他:"小Q虽然第一次摆错了,但是他今天很积极而且也认真听了其他同学说的话,希望下次小Q看图时要更加仔细哦!"小Q很认真地回应:"嗯!"

（三）一个不一样的评价

随后不久,陆老师课件播放鱼儿在莲叶间游来游去的特写情景,并引导学生发现诗的前四个字都是"鱼戏莲叶",不一样的几个字是表示方位并分别出示"东、西、南、北"的生字,学生复习巩固了上节课的生字并做起小鱼的动作游到各个方位。接着陆老师链接儿歌,小组讨论说一说,把"东、西、南、北"四个字的卡片贴到括号里,一会儿游到（　　　　）,一会儿游到（　　　　）,一会儿……小Q在识别教师方向指令时反应最快,与同桌合作得非常愉快,同桌还给他点了赞,两人笑得乐开了花。

学生们兴头正足时,陆老师顺势组织大家进行角色扮演:做一回自由自在的小鱼,摆起尾巴朝着喜欢的方向游起来。这个环节由几位女生两两组合手掌对碰当作莲叶,大家将教室想象成江南水乡的场景,被邀请到的学生分别扮演采莲人和小鱼。在这个过程中,小Q的同桌很幸运被邀请扮演小鱼,她动作逼真,尽情地在"莲叶"间穿梭。小Q虽然没有被邀请,但很专注地看着她的同桌表演,不过我注意到小Q中途用很着急的语气自言自语着,却听不清他在说什么。表演结束后,大家都热烈鼓掌。陆老师请了几位同学点评,前几位同学点评表演同学"他们的动作像真的一样""他们配合很好而且游起来的样子很开心",小Q一直举着手等待着点评,陆老师又一次给到了他机会,小Q这样点评他的同桌:"我觉得她错了,不能游到莲叶外面去。"小Q表达得比较直接,这让同桌面露不悦,小Q也很不服气,显然这个"不捧场"的评价让同桌两人的快乐值直线下降。陆老师表扬小Q的互评很细致后,小Q特别开心,坐下后坐姿显得神气十足。

三、基于观察的思考

根据课后翻阅小Q的语文书和练习册,我发现小Q在预习课文这项任务上不太认真,预习时不注重圈画生字和音序的标注,但他很喜欢在语文书上画小图片,看起来很像在模仿教师课件上的一些插图。后又根据陆老师的反馈,小Q学习能力属于尚可,但是学习习惯欠缺,导致在课堂表现有时不太稳定有时会注意力不集中,加上有些好动,课堂上有时动作较随意或和伙伴间的沟通不太礼貌。因此,就课堂表现来看,小Q有十分独到的见解也有令人跌破眼镜的回答,有和同桌融洽共学的时刻也有因表达直接而引发的尴尬。从他总体的学习情况来看,学习兴趣和读图分析能力随着教师的引导和鼓励一步步在提升,学习习惯也在身边同学的示范引领下略有改观,虽然学习目标的达成度属于比较好,但身为观察者确实有些替小 Q 捏一把汗,教师的及时关切和同伴的互助力量在其中为小 Q 注入了许多力量。

(一)亮点分析

1. 课堂生成助学习

小 Q 在课堂伊始其实有些心不在焉,没有迅速集中注意力专心倾听老师所说的观看视频时要思考的问题,因此在回答时给了一个与众不同的回答,在面对"江南在哪里"这个问题时,陆老师展现出了一定的教学智慧与应变能力,能迅速根据学生的提问灵活调整教学,借助直观的江南水乡的视频展示,及时将生字"江"字引出进行复习巩固,帮助学生进一步加深字形与字义的联系,也巧妙地化解了尴尬,并在书写指导上,采用了学生书空" 氵 "的方式,帮助学生辨析字形。从小 Q 当场的反应来看,他的疑问得到了教师的关注并及时解决,脸上表情是十分欣喜的。在课堂教学过程中,低年段的学生比较天真,思维比较积极不受限,当学生提出独特见解或令人意外的问题时,教师没有刻板地遵循预设的教学设计,而是顺势而为敏锐地捕捉到课堂上学生的即时反应,以学生的观点或问题为切入点,引导全体同学展开学习,巧妙地调整教学思路,让课堂充满了探索的氛围,还充分尊重了学生的主体地位,使教学内容更加贴合学生的学习需求与兴趣点。

2. 巧用图片助识记

于字词的识记层面而言,清晰直观的图片为抽象文字搭建具象认知桥梁,如莲叶图中莲叶田田的模样,像撑开绿伞铺于水面,对应了诗句"莲叶何田田",强化视觉记忆,帮助学生牢记"莲叶"模样及其繁茂提升生字词记忆效率;于词语辨析角度而言,教师的简笔画背景和用词语配图卡片辨别位置时,尤见巧思。将莲叶、莲花、莲蓬放一起,虽然小 Q 同学摆图时摆错了,但是很快在同学的示范下纠正了对词语的理解,可见利用图片鲜明的差异能帮助学生精准把握明晰词汇指代实物和词语所指实物的特征,进而理解诗句里描绘鱼儿在不同部位嬉戏的场景,加上简笔画错落分布的直观呈现,学生能一目了然地更科学地学好关键字词,这契合学生形象认知规律,使其读图能力在无形中得到了提升,对诗意领会更透彻。

3. 游戏体验促表达

由于生活经验有限,学生对"鱼戏莲叶东,鱼戏莲叶西"等诗句所描绘画面的理解可能难以在脑海中构建出完整的江南水乡鱼儿嬉戏的空间画面,也比较难以共情这一份喜悦。教师先借助多媒体动画展示鱼儿在莲叶间穿梭游动的场景,帮助学生直观理解诗句含义,同时引导学生通过角色扮演,如模仿鱼儿游动来加深对诗句的感受,学生在互动体验中对诗意的理解有了明显提升,但在表达自己对诗意的理解时,语言较为稚嫩、简单,需要进一步引导其丰富表述。于是,借助游戏的环节,学生们能够在穿梭间进一步将抽象的诗句具象化,深入理解诗句所描绘的场景与事物关系,进一步加深对古诗含义的理解。同时,在游戏互动中,学生们的社交能力和团队协作意识也得到了锻炼,他们学会了协商与配合,如采莲人和小鱼之间如何互动才能更好地展现古诗意境,也学会了大胆表达,如"我游到了莲叶东,我觉得好快乐!"等自然流露的口头表达在体验中水到渠成。

（二）改进建议

1. 重视预习,从一开始

从观察小 Q 的第一个与众不同的回答来看,他在预习课文中没有对生字进行初步的识记。在一年级的语文学习尤其本单元是第一个阅读单元的情况下,落细落实预习要求十分有必要。在一年级语文教学中,预习要求的落实对学生学习习惯的养成和知识的初步构建极为关键,以本课《江南》为例,预习时要求学生反复朗读全诗,凭借拼音攻克生字读音难关,在多次朗读中初步感知诗句的韵律与节奏,如"江南可采莲,莲叶何田田"的流畅诵读。标序号能使学生对诗歌结构有初步认识,明白简短的诗句也有其顺序。圈出"江、南、采"等要求会认的生字,强化识字意识。而思的方面,学生可结合课本中精美的江南水乡采莲图,思索诗中描绘的采莲场景,是鱼儿在莲叶间嬉戏,还是采莲人欢快的劳作,在脑海中勾勒出简单却充满童趣的画面。从一年级起落实像针对《江南》这样的预习要求,不仅助力学生更好地吸收课堂知识,同时也有利于教师教学活动的开展,了解学生预习情况后,教师可以更精准地把握教学重难点,根据学生预习中的问题和疑惑进行有针对性的讲解与引导,使教学更贴合学生实际需求,提升教学质量与效果,实现以学定教,更能逐步培育他们自主学习语文的能力与素养,为中高年级的语文学习之路奠定坚实的基石。

2. 游戏体验,指向理解

类似角色扮演这样的游戏体验有着独特且重要的意义,当学生们进行角色扮演时,他们并非仅仅是在进行一场有趣的模仿游戏,例如在模仿采莲人划船采莲的过程中,孩子们需要思考采莲人在莲叶间穿梭的路线、动作的幅度与节奏,这能让他们深切体会到"莲叶何田田"所描绘的荷叶茂密、层层叠叠的景象,从空间维度加深对诗句的理解。而在扮演小鱼游动时,他们会琢磨小鱼在东、西、南、北不同方位嬉戏的情境,从而深刻理解诗歌中方位词的运用以及所营造出的灵动画面感。这种深度的理解是单纯的朗读与讲解难以企及的,角色扮演促使孩子们主动地去探究诗歌的内涵。在上文提到的第三个关键事件中,小 Q 对同桌的评价是认为对方钻出了莲叶是不对的,说明小 Q 对诗的理解和关键字词的理解是准确的,但是建议陆老师还需要送学生走向深度理解的"最后一公里"，陆老师完全可以抓住机会，表扬小 Q 观察细致的同时进行进一步的教学指导，将关键字词的理解进行巩固，如让小 Q 说清楚到底小鱼应该怎么钻，或再邀请一组同学来进行游戏体验以及再次进行同学间的互评，这样更能使学生精准地把握诗歌所传达的意境与情感，真正让游戏发挥其促进准确且深度理解《江南》这首古诗的重要作用，不仅仅为了游戏而游戏，而旨在助推学生的深度学习。

3. 激活表达，激发想象

虽然本课是《江南》的第二课时，但是诗句的朗读尤其是对重音的把握和节奏上仍需要关注。从小 Q 和周边学生的朗读来看，虽然较好地理解了关键字词，但是教师在第二课时主抓理解感悟的同时，可反复巩固朗读。比如图片理解"田田"时，可用略带夸张的重音突出"莲叶何田田"的"田田"，再比如"鱼戏莲叶间"的"戏"，展现江南水乡的欢乐与莲叶繁茂，让学生模仿跟读，分组竞赛读，这样能激活课堂的组织形式，也让学生在比拼中体验表达的快乐。

在创设"我是小鱼游江南"的情境时，让学生在热情高涨的同时激发想象，描述自己在莲下、花间穿梭的感觉，比如："我在莲叶间嬉戏，看到莲叶像大绿伞一样，还闻到荷花的香气了。"这样使学生对诗意理解不仅停于字面。

最后，根据班情，教师还可以增加本节课学习后的互动讨论，回归诗的标题《江南》，针对"江南水乡美在哪"组织小组讨论，每组推选代表发言，分享对莲叶、莲花、采莲人画面想象，活跃氛围，提升表达自信。

很高兴能在一年级的语文课堂上看到一个时不时和同学们不太一样的小 Q，他看似不一样的回答、不一样的互动、不一样的评价背后，有许多真实的学习动态呈现，他很幸运生活在一个教师关切度较高、班级学习氛围较好的集体中。这使得一个原本不着边际的回答得到了回应，也能让教师对他的课前课后学习效度引起重视；这使得他的一个小错误得到了及时的纠正，并能在同伴互助中习得正确的学习方法。我想，如何在低年级就更好地重视处于班级中段的学生，如何把握课堂趣味性和思辨性，如何让学生更乐于表达等还值得后续继续思考实践，且观察且改进……

点评：

朱老师从课例描述切入，精准剖析教学目标、内容及幼小衔接要点，为理解小 Q 的课堂表现筑牢理论根基。关键事件记录详实，小 Q 与众不同的回答、摆图和评价，生动展现其学习状态的起伏变化，也凸显了他独到的思维和学习习惯的不足。

基于观察的思考全面深入，亮点分析肯定了教师课堂生成、巧用图片、游戏体验等教学方法的成效。改进建议围绕预习、游戏体验和激活表达展开,实用且具针对性,有助于提升教学质量和学生学习效果。整体而言,该案例通过对小 Q 的细致观察,为低年级语文教学提供了丰富的实践参考,对教师关注学生个体差异、优化教学策略意义重大,也为后续教学研究指明了方向。

案例十四

揭开沉默冰山之谜

——以二年级《坐井观天》一课中对焦点学生小 C 的观察为例

学校:嘉定区金鹤小学	班级:二(5)班	课题:《坐井观天》
焦点学生:小 C	执教教师:王金妹	观察教师:陆莉燕

一、课例描述

(一)教学目标和内容分析

《坐井观天》是二年级上册第五单元的第一篇课文,是根据《庄子·秋水》相关内容改写的寓言故事。小鸟为了找水喝,停在井沿上,与坐在井底的青蛙发生了关于"天究竟有多大"的争论。课文通过青蛙与小鸟的三组对话来展现故事内容,揭示了"认识事物不能目光短浅、固执己见,要学会接受别人的意见,全面地看问题"的道理。

本单元围绕"思维方法"这一主题,编排了《坐井观天》《寒号鸟》《我要的是葫芦》三篇精读课文及"我爱阅读"篇目《刻舟求剑》。本单元的教学重点之一是"初步体会课文讲述的道理",要求教师引导学生结合课文内容或联系实际生活进行思考,在交流讨论中初步体会其中的道理。教学重点之二是"初步感受课文语言的表达效果"。引导学生通过朗读,初步感受语气的表达作用;引导学生通过观察和想象,仿照例句把事物描写得更形象具体。

综合人文主题及语文要素,本单元定位于"思辨性阅读与表达"任务群。本单元的学习内容指向学生核心素养中的"思维能力""语言运用",引导学生在阅读理解的过程中针对问题,提取信息,由文本走向生活。

基于此,设计《坐井观天》一课的具体目标为:

1. 在语言环境中正确认读"沿、答"等 9 个生字,读准多音字"哪";在田字格中正确书写"井、观"等 10 个汉字,会写"坐井观天、井沿"等 8 个词语;理解"大话、无边无际"等词语的意思。

2. 能借助拼音正确、流利地朗读课文,分角色读好小鸟和青蛙的三组对话;借助课后提示,体会语言表达的多样性。

3. 能明确小鸟和青蛙争论的问题,知道它们说法不一致的原因,初步体会故事寓意：认识事物不能目光短浅，要学会接受别人的意见，全面地看问题。

根据二年级学生学情及教学计划，《坐井观天》一课安排两课时的精读教学，其中第一课时目标分解如下：

1. 在语言环境中正确认读"沿、答"等 8 个生字，读准多音字"哪"；在田字格中正确书写"井、观、渴、喝"4 个生字。

2. 能分角色朗读课文，读懂、读好小鸟和青蛙的前两次对话。

3. 在阅读中初步感受青蛙的自以为是，初步体会课文讲述的道理。

依据教学目标，教师可设计以下教学环节："揭示课题，质疑激趣"——"朗读课文，整体感知"——"理解内容，学习第一次对话"——"拓展思维，学习第二次对话"——"书写指导，写字评价"。其中，环节三和环节四对应了教学目标第二条及第三条，引导学生感受"天之大"，初步读懂青蛙的观点，感受它的自以为是、目光短浅。

（二）教学中的幼小衔接要点分析

学生进入二年级，意味着他们的认知能力开始增强，但在学习方法上仍需引导。经历了一年多的幼小衔接，大部分学生已养成良好的学习习惯，对语文学习兴趣浓厚，能主动识字、对阅读感兴趣。在单元整体视域下，依据《坐井观天》一课的教学目标及内容，梳理幼小衔接的要点如下：

1. 朗读：幼儿园阶段，没有对朗读提出明确的能力要求，但是小学第一学段非常清晰地指向了朗读的能力要求"学习用普通话正确、流利，有感情地朗读课文。"此外，幼儿园阶段是以幼儿听、模仿别人朗读为主，从而感受文学语言的美。但是到了小学第一学段，是要靠自己诵读来获得相应的情感体验和美的感受。本课除第一自然段外，全部是青蛙和小鸟的对话。教学本课，将朗读作为教学的主要任务和手段。引导学生读出一问一答两人交流的感觉，根据标点提示，读出不同角色的情感，从而体会青蛙和小鸟看待问题的不同态度。

2. 识字：《3—6 岁儿童学习与发展指南》提出"应在生活情境和阅读活动中培养幼儿对文字的兴趣"可见幼儿园对识字方面没有具体的要求，而是更加注重幼儿识字兴趣的培养。《义务教育语文课程标准（2022 年版）》中关于"识字与写字"第一学段要求为"喜欢学习汉字，有主动识字、写字的愿望。认识常用汉字 1600 个左右，其中 800 个左右会写。"其明确指出了识字是第一学段语文学科的教学重点。一二年级在识字方面的要求呈螺旋上升趋势：首先表现在识字量上，一年级下册的识字量为 400 字，二年级上册的识字量增至 450 字；其次，从二年级上册开始，语文书后附有词语表，对词语的理解提出了新的要求；另外，多音字的比例明显增加。本课中，"哪"为多音字，引导学生对比朗读，发现规律："哪"放在句末时读轻声。"大话、无边无际"等词都出现在课后词语表中，课堂上通过联系上下文、引发想象等方法,引导学生正确理解词意。

3. 阅读:梳理《3—6 岁儿童学习与发展指南》及《义务教育语文课程标准(2022年版)》中关于阅读的要求,不难发现:虽然幼儿园和小学第一学段在重视阅读兴趣及阅读习惯上存在一致,都强调幼小衔接的重要性。但小学第一学段更强调阅读技能的掌握,在阅读方式上也呈现多样化,从而引导学生感受阅读之美,提升阅读能力。

《3—6 岁儿童学习与发展指南》	《义务教育语文课程标准(2022 年版)》小学第一学段
1. 喜欢听故事看图书:专注地阅读图书,喜欢与他人一起谈论图书和故事的有关内容。	1. 喜欢阅读,感受阅读的乐趣。学习用普通话正确、流利、有感情地朗读课文。
	2. 结合上下文和生活实际了解课文中词句的意思,在阅读中积累词语。认识课文中出现的常用标点符号,在阅读中体会句号、问号、感叹号所表达的不同语气。
2. 具有初步的阅读理解能力:能说出所阅读的幼儿文学作品的主要内容;能根据故事情节或图书线索猜想故事情节的发展;对看过的图书和听过的故事发表看法;初步感受文学语言的美。	3. 阅读浅近的童话、寓言、故事,向往美好的情境,关心自然和生命,对感兴趣的人物和事件有自己的感受和想法,并乐于与他人交流。诵读儿歌、儿童诗和浅近的古诗,展开想象,获得初步的情感体验,感受语言的优美。

以本课为例,指向阅读的衔接点主要有以下三条:一、借助问号、感叹号,读好青蛙与小鸟的对话,读出不同语气。二、联系上下文理解"大话"的意思;结合生活实际,理解"无边无际"的意思,在阅读中积累"坐井观天、无边无际"等词语。三、关注青蛙说的话,体会它的想法,获得情感体验,感受它的目光短浅、自以为是,并与同学交流。本单元的教学重点之一是"初步体会课文讲述的道理",需要留有充分的时间让学生交流讨论,鼓励他们说出自己的想法。重点引导学生结合课文内容或生活实际来具体谈寓意,说体会,而不是将道理生硬地灌输给他们。

二、关键事件描述

关键事件一:坐姿端正,沉默寡言?

上课伊始,课代表带领大家有序诵读古诗。当个别学生还在陆续拿出语文书及学具时,后排中间的小 C 早已做好了课前准备。只见他坐姿笔挺,手上没有多余动作,跟着大家齐诵古诗。这该是个专心的好娃吧?我便把这节课的观察焦点对准了他。

课前,为了引出"寓言"这一内容,王老师精心设计了"寓言故事我来猜"的游戏,利用希沃媒体,邀请学生上台比拼。学生们都热情高涨,高举小手,但小 C 却没有举手,只是在一旁默默坐着。对于学生补充的几个寓言故事,如耳熟能详的《守株待兔》《叶公好龙》《龟兔赛跑》等,他并没有给予回应。我特意观察了他的神情,似有心事,眼神空洞。这不禁让我产生了疑问:原来,看似专注的小 C,实则并未真正参与课堂。这种情况会持续多久?

关键事件二:沉浸于自己的世界,游离于讨论之外?

进入精读课文环节,学生们在王老师的引导下不难发现:本文是以对话形式展开。王老师顺势出示学习任务:用直线划出青蛙说的话,用波浪线划出小鸟说的话。小 C 拿出了直尺,但却没有听清要求,并未区分二者标记的区别,而是一股脑儿将第二至第七自然段全部划了下来。因为急于求成,线被划得歪歪扭扭,页面看上去很不整洁。交流核对环节,王老师先请学生回答所划句子,并且强调复习:划一个人说的话,要找到引号里面的句子,外面的提示语不需要划。交流完毕,王老师又在媒体上分别用红色和蓝色标注了青蛙和小鸟说的话,请学生核对,当她问道"划对的小朋友请举手"时,几乎所有学生都举起了手,包括我身边的小 C。可事实是,他划的句子多半都是错的,不仅没有用直线和波浪线区分两者的对话,而且对于"提示语"似乎云里雾里。另外,在核对环节中,他并没有改正自己的答案,而是滥竽充数,以为自己是对的。这种学习状态令人担忧。

为帮助学生理解小鸟说的"我从天上来,飞了一百多里,口渴了,下来找点儿水喝。"王老师引导大家发挥想象,同桌讨论:小鸟可能会飞过哪些地方? 并出示练习:小鸟飞过了(   ),飞过了(   ),飞过了(   )。其他同桌都在大声讨论,小 C 的同桌也主动凑过来发言,但小 C 却没有回应,一言不发。等了几秒钟,同桌也觉得很无趣,无奈转向了后座同学,并加入他们的讨论。此时的小 C 依旧坐得笔直,神情有些黯然。当交流的孩子驰骋于广阔的想象空间,随着小鸟来到森林、高山时,小 C 却独守沉默,游离于课堂讨论之外。

关键事件三:主动举手,一言不发?

小 C 的第一次主动举手是在王老师引导大家区分"渴"和"喝"的区别,他小声地在座位上嘀咕"这两个字能互换部首",并且勇敢举起了手,但老师却没有请他回答。他立即缩回了小手,略感失望,继续呈坐正姿势。接着,老师请小 C 所在的小组开火车给"喝"找朋友,轮到小 C 时,他迟疑了一下,还是"迸"出了"喝牛奶"这个词。王老师及时鼓励"小 C 今天声音响亮,回答正确,表扬他。"同学们给小 C 送上了赞美的掌声。小 C 收获肯定后,原本紧绷的脸上闪现出一丝轻松。

随后,便进入"品读青蛙和小鸟的第一次对话"环节,老师请男女生分角色朗读,小 C 能参与其中,跟着男生进行齐读。自由展示环节,王老师准备了精美的头套,请学生上台表演,其他学生都跃跃欲试,小 C 却始终不敢举手。但看得出,他很羡慕上台的学生,一直盯着那几个精美的头饰。

在"学习青蛙和小鸟的第二次对话"时,老师发问:它们为什么事情而争论? 小 C 竟然主动举手,王老师发现了他,并满心期待地请他回答。但小 C 站起来后却一言不发。"是还没想好吗? 坐下再想想。"老师急于赶进度就没再多引导,小 C 神色恍惚,尴尬地坐下。或许他是明白意思,只是苦于不知如何表达。

关键事件四:身体始终保持坐正,思维却极度滞后?

品读完两次对话后,王老师继续引导学生交流对青蛙的看法,并联系生活实际,理解"无边无际"的意思。学生们发言踊跃,有的说"高高的井壁挡住了青蛙的视线,它目光短浅。"有的说"青蛙自以为是,听不进小鸟的劝告。"还有的说"青蛙说话的时候是笑着说的,说明它的自大,很固执。"小 C 对此始终保持沉默,他的身体虽然坐得笔直,但他的思维却迟迟没有跟上节奏,游离于课堂之外。对于老师讲的重点一知半解,甚至全然没有掌握。

三、基于观察的思考

听完课后,小 C 始终坐正的身影与实则游离的低效听课状态让我心疼,也促使我揭开这沉默冰山背后的谜底。经了解,小 C 从小父母离异,虽然跟着妈妈生活,但妈妈时常在外地出差,他的生活起居及学习都由年迈的外公照料。小 C 的家庭环境造成了他安全感的极度缺失,导致其学习表现缺乏自信,较少参与课堂,极少主动表达自己。另外,小 C 刚进入一年级的时候是零基础,缺乏早期家庭教育的引导和学习准备,有强烈的自卑心理,缺乏成功的体验,很容易放弃自我。

(一) 亮点分析

1. 识字方法巧妙。本堂课中,王老师巧妙运用多种方法,引导学生识字。如"渴、喝"比较容易混淆,但经观察,不难发现,这两个字可以互换部首(关键事件三中,基础薄弱的小 C 也看出来了)。可见,教师平时一直重视"换部首"这一识字方法的运用。但区分这两个生字,王老师不止于此,她形象地引导学生建立字形与字义之间的联系:"口渴"是一种状态,需要水,所以是三点水旁;"喝水"是一个动作,张嘴喝,要用口,因而是口字旁。除了借助顺口溜"口渴想要水,喝水要用嘴"记住外,王老师还通过一组"选字填空",帮助学生巩固二者的区别。

2. 朗读指导有效。读好青蛙和小鸟的对话是本课的教学重点。本课时涉及前两组对话。第一组对话,指导读好问句,"哪儿"一词读出上扬的语气。小鸟的回答中,重点落在"飞了一百多里",体会小鸟的辛劳,这也是它找水喝的原因。王老师在指导朗读第一组对话后,引导学生用"因为……所以……"的句式来说说小鸟落在井沿的原因。学生们逻辑清晰,能借助对话内容说清楚。所以,朗读的过程也是发展思维的过程。第二组对话的情感很强烈。青蛙的一叹一问,小鸟的一叹,不同角色的情感都融于小小的标点符号中。《义务教育语文课程标准(2022 年版)》小学第一学段明确提出:在阅读中体会句号、问号、感叹号所表达的不同语气。本课中,王老师对此要求进行了很好的落实。通过比较的方法,让学生在对比中体会语气语调的不同,如将反问句改为"天不过井口那么大,不用飞那么远。"在比较朗读中,能明显感受到原文的感叹句在语气上更加强烈,更能突出青蛙的自以为是、固执己见。

此外,王老师还通过分角色朗读对话、请学生上台展演对话等形式,加深学生对此内容的理解。练习过程中,一向沉默的小 C 也能主动加入分角色朗读的行列,至少那一刻他的积极性被成功激发。之后虽然没有勇气上台展演,但看得出,沉默寡言的小 C 对此是充满期待的。有效的朗读指导能加深学生对课文内容的理解,他们渴望走进角色,用朗读来表达心声。

3. 文本理解多样。本课中,王老师较好落实了"结合上下文和生活实际了解课文中词句的意思"。如"大话、无边无际"等词,都是放在语言环境中理解的,引导学生理解"大话"指的是哪句,让学生想象"无边无际"还可以用来形容什么。这样的理解不是割裂的,学生也比较容易回答。这一环节,小 C 虽然心不在焉,但他能在文中圈画这两个词,说明多少还是听了些。另外,王老师通过引导学生关注青蛙说的话及它的神情来体会青蛙的想法,感受道理。有了之前充分感受人物对话时的语气和想法,在了解内容的基础上谈对青蛙的看法,就水到渠成了,学生的表达也是多样的。这也为第二课时"续编结尾"奠定了基础,相信他们基于文本理解,会有更加个性化的表述。

(二) 改进建议

1. 关注沉默学生,打破弱势生心理定势。像小 C 这类课堂上默不作声的弱势学生,几乎每个班级都有。他们的存在感很低,常伴有强烈的自卑感。当他们在学习上遭遇困难,发出的求救信号没有得到及时回应时,便会逐渐丧失信心,产生自我放弃的想法。一些简单的问题,如组词等,老师可以让小 C 这些孩子回答,给予适时的鼓励,增强他们的自信。本节课中,如果老师在划对话环节中巡视并关注到了小 C 的困难,并及时引导,或许会把他重新拉回课堂。

要提升这些学生的学习能力,首先要打破他们认为自己不行的心理定势,做到充分倾听与尊重。如果老师在小 C 举起了手,站起来却一言不发时(关键事件三)不是匆匆让他坐下,而是引导"老师看到你勇敢地举起了手,一定是想跟大家分享,没事的,说出来,哪怕说错了也没关系,至少证明你在思考哦。"或许,小 C 就会大胆开口表达。如果老师能看到他的努力尝试,多给他一些回答的时间,兴许,他就会冲破心理弱势的原始状态,认为自己可以,在一次次的正向反馈中,开始相信自己的学习能力。

2. 让学习真实发生,改进课堂评价机制。从小 C 的身上,反思教学现状,有多少学习是真实发生了的？不少学生只是像小 C 一样，端端正正地坐着，但他们的思维并没有随着课堂节奏展开，"认真听课"只是一种表象。当我们的教学没有触碰到这类学生真正的问题点时，他们就很可能处于虚假学习和浅表学习的状态。要改变这种状态，关键在于老师对学生有一定的了解，并能用有效的学习设计及评价机制来触动学生学习的发生。本堂课中，王老师的教学设计可圈可点，但在面对不同的学生时，相应的课堂评价机制没有跟上。例如，可以和我校"小鹤成长足迹"的校本评价相融合，鼓励学生做善学善思的"好学鹤"。另外，"你真棒"的评价语过于单一，学生集体鼓掌有时难免沦为形式，面对小 C 的难得开口，一定要及时反馈，如"老师很高兴你开口了，看来你理解了老师刚才说的内容，也在积极思考了！"相信，收获了一次次的肯定后，小 C 一定会扬起学习的兴趣之帆。

沉默的小 C 犹如一座冰山，蕴藏着无限潜能，不断倾听和发现学生的学习需求，及时给予正向回应，促使其产生学习的动力，唤醒其潜在的能量，让学习真正发生！

点评：

陆老师以细腻的观察和深刻的思考，为我们呈现了一个典型的幼小衔接阶段学生的课堂表现案例。通过对小 C 的细致观察，陆老师不仅捕捉到了学生在课堂上沉默寡言、参与度低等外在表现，还深入分析了其背后的家庭环境、心理状态以及学习基础等多重因素，这种从表象到本质的剖析，为一线教师提供了重要的启示。

在幼小衔接阶段的课堂中，教师不仅要关注学生的学习行为，更要深入理解其背后的心理需求和成长背景。小 C 的案例提醒我们，每个学生都是独特的个体，他们的学习状态受到多种因素的综合影响。教师应通过细致的观察，及时发现学生的困难与需求，给予针对性的引导和支持。例如，对于像小 C 这样因家庭环境导致缺乏自信的学生，教师应更多地给予鼓励和肯定，帮助他们建立学习的自信心；对于学习基础薄弱的学生，教师可以通过设计分层教学活动，让他们在适合自己的学习节奏中逐步提升。

此外，陆老师还强调了教学设计和课堂评价的重要性。教师应根据学生的实际情况，灵活调整教学策略，让每个学生都能在课堂上有所收获。同时，多样化的课堂评价机制不仅能激发学生的学习积极性，还能帮助教师更好地了解学生的学习状态，从而实现教学相长。总之，陆老师的案例为我们提供了一个全面、深入的视角，让我们认识到幼小衔接阶段学生教育的复杂性和重要性，也为一线教师在教学实践中如何更好地关注学生个体差异、促进学生全面发展提供了宝贵的借鉴。

案例十五

打开学生思维的"黑匣子"

——以二年级《我要的是葫芦》一课中对焦点学生小 Z 的观察为例

学校：上海大学附属嘉定留云小学	班级：二(2)班	课题：《我要的是葫芦》
焦点学生：小 Z	执教教师：赵敏	观察教师：吉爽

一、课例描述

(一) 教学目标和内容分析

二年级上册第五单元围绕"思维方法"这个主题编排了《坐井观天》《寒号鸟》《我要的是葫芦》三篇课文，课文内容浅显，寓意深刻，要引导学生通过读寓言故事，联系生活实际，从而初步感悟故事中蕴含的哲理。本单元的教学重点之一是"初步体会课文讲述的道理"，指向学生核心素养中的"思维能力"。"体会道理，学会思维"作为一种重要的语文能力，贯穿了小学整个阶段。在低年段，主要是联系相关信息，做简要的信息推断，意在通过本单元的学习，让学生懂得生活中的一些基本道理，获得初步的思考问题的方法。本单元的另一个重要学习内容是"初步感受课文语言表达效果"。一是引导学生通过朗读，初步感受语气的表达作用。二是引导学生通过观察和想象，仿照例句把事物描写得更形象具体。

《我要的是葫芦》课文叙述简洁明了，细节的描写却不失生动细腻。例如，课文对葫芦生长过程的描写，"细长的葫芦藤""长满了绿叶""雪白的小花"等词语，在学生的脑海中勾勒出了一幅生机勃勃的画面，通过关键词句体会出种葫芦的人对小葫芦的喜爱之情，这也与后文"慢慢地变黄了""一个一个都落了"形成了鲜明的对比。种葫芦人与邻居对话的内容通俗易懂，却蕴含着深刻的哲理，这为学生提供了思考空间，能够启发他们去思考种葫芦失败的深层原因以及事物之间的相互关系。

《我要的是葫芦》一课共安排两课时的精读教学，本节课的教学目标为：

1. 能在语言环境中认读"葫、芦"等 8 个生字，在田字格正确书写"棵、次"等 3 个字，理解"细长"等词语的意思。

2. 能正确、流利地朗读课文，了解葫芦的样子，体会种葫芦的人对小葫芦的喜爱之情。

3. 学习课文第一、第四自然段，思考葫芦的变化，初步体会植物生长过程中枝、叶、果实之间的内在联系。

根据教学目标，教师设计了"动画激趣，揭示课题""初读课文，整体感知""对比学习，了解葫芦的变化""观察发现，指导书写"四个环节，其中环节三是目标 2、3 达成的关键，一是要通过第一自然的学习知道葫芦的样子，并通过关键字眼，感受种葫芦人对小葫芦的喜爱,将情感注入朗读中表现出来;其次是学习第四自然段,在两幅插图比较中,说清楚葫芦前后的变化,以及为什么发生这样的变化形成初步的思考。教学内容与教学目标关联较为紧密,在对比发现、情感朗读、语用训练、语言积累中落实单元的核心目标。

(二)教学中的幼小衔接要点分析

阅读理解的思维提升。幼儿园阶段,故事和儿歌是学生汲取知识的重要源泉,他们在这个过程中接触了丰富的词汇和实用的生活常识,这些知识为小学低年段的语言的拓展提供了素材。在阅读简单的文本时,他们能够凭借在幼儿园积累的词汇去理解句子的意思。然而,这一阶段的学习目标不止于此,更重要的是引导他们学会联系相关信息,尝试进行简要的信息推断。这一能力的培养,恰是幼小衔接阶段学生思维能力进阶的体现。如在本单元的学习中,要联系故事中的不同情节、人物的不同言行来推断故事的主题、人物的情感变化以及故事中所蕴含的道理,这一学习目标的达成标志着他们从简单的知识接收向复杂、多元的思维运用的转变,这为后续更深入的学习和更高层次的思维发展奠定了坚实的基础。

表达交流的形式转变。在幼儿园的快乐时光里,口语表达是孩子们与外界沟通的主要魔法棒,他们凭借着天真无邪的童言童语,自由地表达着内心的想法与感受。然而,随着小学学习进程的推进,他们开始接触并学习更为丰富多样、精准细腻的书面用语,开启了口语与书面用语并驾齐驱的新模式。比如,当描绘一个心爱的玩具时,随着学习经历的深入,要在"好玩""漂亮"等简单直白的口语词汇之上,从脑海中调取"精致""独特""栩栩如生"等充满文字魅力与表现力的书面表达,将其巧妙地融入自己的描述之中。这种表达交流方法的转变是幼小衔接中语言发展的重要体现,且对学生的语用能力和思维发展都有着深远影响。

二、关键事件描述

邂逅羞涩、拘谨的小 Z

课前 5 分钟,我提前走进教室,在向语文老师做了些"功课"前提下,寻找着我的目标,恰巧和主角小 Z 打了个照面,他见我走进教室,靠近我停住了,似乎想问我些什么,但出于对一个陌生的老师的羞涩,下意识地闪躲马上回到座位上整理书本。我委婉地表达了自己想坐在他旁边和他一起学习的意愿,他怔了一下,迟疑地点了点头。征得他的同意之后,我翻看了他的语文书,之前学过的课文页面上,虽有一些圈画的痕迹,但那些线条歪歪扭扭,显得十分潦草,仿佛是在匆忙中随意勾勒而成;而课后田字格中的生字,笔画松散,结构失衡,书写得并不美观。随后,我又翻看了今天要学习的课文,课文内页很干净,课后通道里的每个字上或是写下了偏旁或是写了拼音又或是组了一个词语,这让我有点摸不透老师预习作业的要求。我随即又看了一下他同桌的预习情况——有自然段落的标记,有词语表字词的圈画，有会认字的组词。相比较而言，我猜想到他是有预习意识的，只是对老师的预习作业降低了要求，草草了事。当我合上他的语文书时，他神情略显拘谨，似乎有些紧张。我摸了摸他的头，表示安抚。此时，预备铃已经响了，他调整了状态，挺背端坐，声音干脆地背着古诗。

关键事件一：那些主角光环的闪耀时刻

在课堂正式开始后，小 Z 的注意力时而集中，时而分散，经历完整的观察后，我发现他的主角光环集中表现为以下问题，完成以下问题时，无论是老师指名回答还是集体操练，他都表现出极高的积极性和参与度。

问题 1：请你读好"葫芦"这个词，注意轻声。

读好轻声词语，对于小 Z 来说较为容易，开火车朗读时，一改羞涩的模样，自信且声音洪亮。

问题 2：老师拓展轻声的词语，将"葡萄"等词读正确。

他积极主动地举手，虽没有叫到他，他仍小声地在座位上跟着其他同学读。

问题 3：手指点读，出声音读通课文。

自由朗读课文时，劲头儿很足。读得较为流利，只是在有生字"藤""赛"的两个句子中有卡顿现象。第一次朗读，他只读到第三自然段后就坐好了，看到同桌翻页之后，才想起来自己落了一个自然段，继续读完后，目视老师坐姿端正地坐好。

问题 4：数一数第一自然段有几句话。

问题 5：选一选小葫芦正确的生长过程。

数句子和选择小葫芦正确的生长过程，他都没有迟疑，立马举起手，当老师没有叫到他发言时，并没有表现出灰心丧气的消极状态，反倒也在默默聆听其他同学，对他人的正确回答默默点头，表示赞同，可见他对这两个知识性的问题掌握较为牢靠。

问题 6：读出"我"对小葫芦的喜爱。

最令我惊讶不已的是他的朗读，不仅注意到老师强调的"啊"的变音，还抓住了能突出表现种葫芦人对小葫芦喜爱之情的关键词，读出情感。

关键事件二：小 Z 踟蹰停滞时的分身术

除了上述的问题之外，小 Z 对老师提出的大部分问题并不"感冒"，没有积极思考，没有参与互动，而是呈现出端坐于座位上的身心游离状态。

课堂进行 11 分钟时，老师让学生用横线画出描写这棵葫芦的句子。他画的是"细长的葫芦藤上长满了绿叶，几朵雪白的小花"。一来没有用尺子画，二来句子也没有画完整。其他同学读出正确的句子后，他并没有意识到自己画错了，当然也没有在书上进行答案的修改。

继而 5 分钟后，来到了本节课的一个句式训练表达关键环节：仿照文中的句式,说说生活中其他藤类植物的样子。听着其他同学一个接一个地说着藤类植物,他不为所动,始终没有想出任何一个藤类植物,接着老师出示了黄瓜、扁豆、喇叭花的图片,仿照书中的句式来说一说这三个藤类植物的样子。老师请了举手的同桌,回答得准确又流利,接连又请了两位举手回答的同学,表达得也很清楚明白。赵老师和同学们都对这两位同学给予了夸赞。听了这三位同学的表达,小 Z 并没有被激发起试一试的动力,似乎是也猜透了老师不会叫他,手扙在椅子上,身体后仰,显得格外放松。

课已过半,在理解"谢"的意思时,小 Z 十分惊愕被老师提问到,不过他反应得很迅速,不假思索、脱口而出:"'谢'的意思是谢谢。"赵老师似乎也没有抱有太大的希望他会说对,给出的评价语是:"你再好好想想哦,请坐。"小 Z 坐下以后,开始左右环顾,即使是老师精美的花朵凋谢的动画,也没有引起他的关注。

关键事件三:学习伙伴的神助攻

(一) 独立表达,小 Z 很窘迫

借助填空,老师让学生自己说说葫芦的生长过程。小 Z 听到老师的要求后,迟疑了 10 秒钟,发现大家都开始练习时,他便将自己的嘴巴捂得紧紧的,声音小小的,似乎是怕我听到,和之前朗读惊艳到我的他判若两人。我稍微侧身凑近,勉强听到他磕磕绊绊地说着:"春天到了,细长的葫芦藤上……长出了……一个小葫芦。"就在这里卡顿了,接下去就不知道怎么说了。随着大家声音的减小,他虽然没有说完,但也下意识地拍了一下手,端正坐好。

老师请他来交流葫芦的生长过程。他起身说:"春天到了,细长的葫芦藤上长出了一个小葫芦",似乎比刚刚练习时说得顺畅了一些。话音刚落,其他同学"啊"了一声,他意识到自己说错了,低头赶紧看了一下语文书,在紧张中,他也没有找到文本中的句子。这时,赵老师指着 PPT 中的绿叶,引导他说:"细长的葫芦藤上长满了——""绿叶。""开出了——""开出了小葫芦。"这时,听到其他同学的提示音,他立马改口"开出了小花,花谢以后,结出了小葫芦。"虽然填得磕磕绊绊,老师还是表扬他填的内容是正确的。坐下来后,我观察到他的神情并没有太多的变化,学习状态没有受此影响,端端正正地听其他同学填完剩余内容。

(二) 伙伴共学,小 Z 很主动

和同桌再来借助图片,说一说葫芦的生长过程。老师话音刚落,小 Z 便先分配好各自的角色,他提议自己来说前两幅图片,同桌小 X 说后两幅图。我仔细地听着小 Z 的表达:"细长的葫芦藤上长满了绿叶,开出了几朵花,花谢以后,藤上挂了几个葫芦。"有了刚刚老师的指导后,他不仅表达顺畅了,内容也丰满了些。这时小 X 没有立即说后两幅图,而是指出:"我觉得你应该把小花的颜色说得更加清楚一些。""那我重新说一次。细长的葫芦藤上长满了绿叶,开出了几朵雪白的小花,花谢以后,藤上挂了几个小葫芦。"之后,小 X 流畅地说完了后面的图画内容。两个人再次交换内容,配合着说清楚了小葫芦的生长过程。

上课 27 分钟,老师让对比课文的两幅插图,围绕叶子颜色、生长情况、葫芦位置和同桌说说葫芦的变化。小 Z 兴致很高,他看着图片和同桌说:"我先来说吧,葫芦的叶子变黄了,还有些微微绿。"说到这儿,他停滞住了。同桌静静地听着没有打断他,迟疑 5 秒之后,小 Z 继续说:"小葫芦落到了地上"。同桌补充:"小葫芦的叶子被蚜虫咬了好多的洞,慢慢地变黄了,一个一个都落了。除了叶子颜色变黄了,你没发现叶子上还有许多小洞吗?"小 Z 盯着图片又看了看,说"蚜虫咬坏了叶子,叶子变黄了,葫芦也落下来了。"自己又再次说了一遍,两个人相视一笑。

上课最后 2 分钟,根据评价标准,同桌互评"谢"字,并用五角星标出来对方写得规范的字。小 Z 在课前就已经把字写完了,老师在讲写字要点时,他并没有听,而是把其余的空着的田字格都填满了。到互评环节,看着同桌书写美观的字,他没有说话,只是默默地打了两个五角星。到同桌点评他的字时:"你把字写对了,但是没有把字写规范,关键笔画的位置不对,中间的身要写得高一些,你可以擦掉再重新写一下。"小 Z 听完同桌的建议后,他立马擦掉重新写了两个,虽然笔画位置仍没有找准确,但是美观度有了些进步与提升。

三、基于观察的思考

(一) 亮点分析

学困生与学优生形成对话。透过关键事件二可以看出,小 Z 在深入思考方面的能力尚显不足,面对一些稍微超出他能力范围的问题,他无法独立完成求解,思绪便不自觉地慢慢飘向了远方。课堂中的他,看似正襟危坐,一副专注认真的模样,实则大脑陷入了停滞状态,沦为了学习进程中的沉默旁观者,陷入了虚假学习陷阱而不自知。

幸得赵老师的悉心洞察与巧妙安排,为小 Z 安排了一位优秀的学习伙伴。在与同桌的三次交流过程中,那些原本令小 Z 不知如何表达的问题逐渐有了清晰的思路。他们依据日常操练所积累的经验,合理分工,携手共进。小 Z 也展现出令人欣喜的特质,他乐于倾听,能敞开心扉去交流,同时不断地进行自我反思和自我修正,最终形成了自己对于问题的独特看法,实现了从困惑迷茫到豁然开朗的华丽转身。由此可见,拥有一个心怀热忱且能够放下自身优越心理来帮助他人的学习伙伴是至关重要的。有了合适的学习伙伴,还需要创造共同学习的契机。赵老师在课堂上就极为擅长敏锐地捕捉并抓住同伴相互学习的机会。当她察觉到小 Z 在描述"葫芦生长过程"时表意不清、词不达意时,便伺机而动,引导同桌之间就这一问题再次展开交流。在这种互助共学的良好氛围中,原本处于"灰色地带"的小 Z 重拾了信心,不仅能够正确表达,而且表述愈发完整流畅。

学困生与学优生有效地展开对话,能够使学习效果发挥出最大效能。要相信的是,学生和教师一样,其实是有能力将某些知识传授给同龄伙伴,而且相较于教师,更能体谅对方的处境与困难,能够站在同伴的视角为彼此考虑,并且能用更易于同伴理解和接受的方式进行沟通。借助并充分发挥同伴的力量,是学困生在课堂学习中实现自身权利、突破困境、收获成果所注入的一剂长效催化剂。

(二) 改进建议

1. 打破固有印象,显现教学机智

老师常常会在不经意间对学困生形成一种定式的否定,这种否定或许源于长期以来以成绩为单一衡量标准的教学评价体系,也可能是因为在快节奏的教学进程中,没有足够的时间和精力去深入了解每一个学困生的特点,他们往往因为理解速度较慢、知识储备不足或者学习方法不当等原因而跟不上老师的节奏。这时,老师可能会因为着急完成教学内容,忽视了这些学生的努力和潜力,将他们简单地贴上"学习困难"的标签,这种固有印象的否定对于处在幼小衔接过渡的学生来说是一种极大的打击,原本对学习充满好奇和热情的心也会渐渐冷却。

教学并非在于简单地评判与否定,而在于唤醒与激发。就如在本节课中所呈现的场景,小 Z 在理解"谢"的意思时,因种种缘由未能给出正确答案。他或许是由于被老师突然点名而心生紧张,导致思维瞬间短路;又或许是在课堂的嘈杂环境中未能清晰地聆听老师的问题,从而产生了误解;抑或是确实对相关的句意理解存在困难,尚未掌握正确的理解方法。如果这时老师放慢教学速度,不急于求答案,先引导小 Z 静下心来,认真地读一读课文中的句子,再鼓励他尝试用自己的语言去表达对句子的理解,给予他充分的思考空间与表达机会。若小 Z 仍然面露难色,无法准确地把握其含义,老师则可以适时地出示课件中花枯萎落下的动画,以直观形象的画面为辅助,帮助他建立起文字与实际情境之间的联系。我想他一定能自信满满且充满成就感地说出"凋谢"这一正确答案。

摘掉有色眼镜,平等对待学生,给予每个学生逆袭的机会,学生的学情会在老师的耐心倾听和俯身接纳中发生动态的变化。

2. 注重方法指导,让思维可视化

在赵老师的课堂上,呈现出一种看似平常却又值得深思的现象。近乎一半的学生像是一群积极的探索者,在这热闹的场景背后,还有另外一些学生默默地坐在自己的座位上,学习成效不得而知。

引得我深思的一个教学环节是聚焦于对课文语言的深度挖掘与运用。赵老师特别引导学生关注"细长的葫芦藤""雪白的小花"这几个短语,让学生感受到通过"细长的""雪白的"这些形容事物状态的词,能够把事物描写得更具体。针对这一要素,拓展设计了相应的练习,让学生用"_____ 长满了 _____,开出了 _____"这个句式，试着描述图片中其他藤类植物的样子。这一语用训练，赵老师分别请了三个举手积极的学生针对三个不同的藤类植物进行表达练习，学生表达流畅，一气呵成，但是教学目标的达成度能仅仅依靠这三名学生的表现来评判吗？其余众多同学在这一教学环节中的学习收获究竟如何呢？检测目标达成度的其中一个有效的途径是为学生提供思维工具——学习单，这是让学生思维外显的可视化工具，也是呈现学生学习成果的重要方式。根据学习单的完成过程和学习成果来对学生的学习进行细致的观察和分析，从而深刻理解学生的学习困境、问题，让每个学生都被看见，进而为后续的教学改进和个性化指导提供有力依据。如果将这个环节落实到学习单上，动笔写一写，那些在课堂上可能因害羞或紧张而不敢举手发言的学生，此时可以毫无顾虑地表达，每一个学生的想法都能被看见，这样一来，便能获取到关于全体学生学习情况更全面的反馈，而不再局限于少数积极发言的学生。巡视时，老师个性化的指导，无论是正向的积极反馈，还是困顿之处的点拨，都会增强学生的自信心和学习热情，发挥此环节训练的最大效能，扎扎实实向落实单元"初步感受课文语言表达效果"教学目标迈进了一大步。

从小 Z 的课堂学习经历来看，学生不假思索就可以回答正确的低阶问题恰似投入平静湖面的石子，瞬间激起千层浪，营造出一片热闹非凡的氛围。然而，当教学内容触及高阶思维的领域，类似于像小 Z 这样的学困生，便陷入了一片令人不安的沉寂之中，此时，无论是搭建学习支架显现思考历程，还是同伴互学促进深度学习的发生，都是帮助学生突破思维的瓶颈，打开思维的"黑匣子"有效策略。

点评：

这个案例通过观察焦点学生小 Z 在《我要的是葫芦》一课中的学习表现，深入探讨了幼小衔接阶段学生在语文学习中的思维发展和语言表达能力的变化。案例中，小 Z 的表现既有亮点，也暴露出一些问题，为教师提供了宝贵的教学反思和改进方向。

首先，案例展现了小 Z 在朗读和基础问题上的积极参与和自信表现，这表明小 Z 在语言感知和基础技能方面有一定的基础，能够通过课堂活动获得成就感。然而，当问题涉及高阶思维或需要深入理解时，小 Z 的表现则显得力不从心，表现出思维上的停滞和游离状态。这种反差揭示了幼小衔接阶段学生在思维深度和语言表达能力上的不足，需要教师通过更有针对性的教学策略加以引导。其次，案例中教师通过同伴互助的方式，帮助小 Z 突破学习困境，展现了合作学习在幼小衔接阶段的重要性。小 Z 在与同桌的互动中，逐渐理清了思路，完成了对葫芦生长过程的描述。这种同伴间的对话不仅帮助小 Z 解决了学习难题，也增强了他的学习信心。这表明，教师在课堂中应注重创造合作学习的机会，让学困生在与同伴的交流中获得支持和启发。

然而,案例也反映出教师在教学中对学困生的固有印象可能限制了他们的发展。教师需要打破对学困生的固有印象,给予他们更多的关注和支持,通过个性化的指导和鼓励,帮助他们逐步提升思维能力。

总体而言,这个案例通过细致的观察和分析,揭示了幼小衔接阶段学生在语文学习中的思维发展和语言表达能力的动态变化,为教师提供了宝贵的教学启示。教师应注重个性化指导、同伴互助和思维可视化工具的使用,帮助学生在语文学习中实现从知识接收向思维运用的转变。

第十三章　儿童行为习惯如何在语文课中的"破"与"立"

案例十六

听,小 M 在课堂"破土"的声音

——以一年级《四季》中对焦点学生小 M 的观察为例

学校:上海交通大学附属嘉定实验学校	班级:一(6)班	课题:《四季》
焦点学生:小 M	执教教师:金文曦	观察教师:钱曹倩

一、课例描述

(一) 教学目标和内容分析

《四季》是部编版语文一年级上册的一篇课文,是一首富有童趣的儿歌。作者通过对春天的草芽、夏天的荷叶、秋天的谷穗和冬天的雪人这四种有季节代表性事物的描述,表现了春、夏、秋、冬四季的不同特点,表达了对四季的喜爱之情。全文共四个小节,运用拟人化的写法,儿歌语言文字朗朗上口,结构句式相似,并且课文中有四幅代表性的插图,便于学生的观察和想象,是一篇适合朗读指导且体现新课标合作学习为主的,培养学生初步阅读能力、自主学习能力的教材。

本单元为拼音教学结束后的第一个课文学习单元,是整个小学阶段的第一个课文阅读学习单元,是真正意义上文本课堂阅读的开始。此外,学生刚刚结束对拼音的学习,已经能够借助拼音来认读课文,但一年级学生的生活经验较少,对四季的概念不清晰,只停留在天气、温度的变化这些比较表面的认知上,无法理解不同的季节有不同的代表事物,因此在课堂教学中应以读代讲,让学生通过反复地朗读来感悟四季的美景和变化。

基于以上分析,教师将《四季》这一课的总目标定为:

1. 能在语言环境中正确认读"尖、说"等十个生字;认识言字旁、虫字旁和折文

3个偏旁；读准多音字"地"的字音；能在田字格中正确书写"天、四、是"三个字。

2. 能借助汉语拼音正确朗读课文，背诵课文。

3. 初步了解四季的特征，感受四季的美丽。

4. 能模仿课文，说说自己喜欢的季节。

根据本单元的教学计划，《四季》一课共安排两个课时的精读教学，本课作为第一课时，具体目标定为：

1. 能在语言环境中正确认读"尖、说、春、青、蛙、夏、冬"6个生字；认识言字旁、虫字旁和折文3个偏旁；能在田字格中正确书写"天"和"四"2个汉字。

2. 能借助汉语拼音正确朗读课文；重点学习课文一、二小节，初步了解春、夏两季的特征；借助句式、插图尝试背诵课文，能模仿课文句式说话。

3. 通过多种形式朗读学习，感受春天、夏天的美好，体会对春天、夏天的喜爱之情。

根据本课的教学目标，教师设计了"创设情境，揭示课题""初读课文，整体感知""精读课文，品读词句""观察字形，指导书写""整体回归，布置作业"这五个主要的环节。其中环节三"精读课文，品读词句"为本课的重点及难点，教师围绕"每个季节都有一位季节发言人"这一情境，设计学习任务，确定具有内在逻辑联系的语言实践活动，设计不同类型的学习任务，安排以下连贯的语文实践活动：

（1）初读儿歌，找出四位"季节发言人"。

（2）争当"季节发言人"，感受季节的特点，读出语言的趣味。

（3）挑战"季节小诗人"，根据儿歌句式特点，拓展想象，仿说儿歌。

（二）教学中的幼小衔接要点分析

《四季》的教学安排在一年级第一学期拼音教学结束后的第一个课文学习单元，学生刚刚结束对拼音的学习，基本能够借助拼音来认读课文。本课是这一单元的最后一篇精读课文，学生刚刚有了两个多月的小学语文课堂学习经历，初步养成了良好的听课习惯，但对于课文教学的流程还不熟悉，教师如何运用适当的教学方法激起学生对课文的学习兴趣，养成良好的学习方法至关重要。

从本单元的重难点目标以及内容出发，梳理教学中的幼小衔接要点，主要有以下几点：

1. 习惯与兴趣的衔接

在学科学习的过程中，习惯与兴趣是基础。《上海市幼儿园办园质量评价指南》中强调了要关注幼儿的学习兴趣和参与度，通过多样化的活动激发幼儿的学习动机。一年级的学生刚刚进入小学，正处于对于新鲜事物充满好奇的阶段，《义务教育语文课程标准》也提到，要让孩子在活动中和生活中乐意运用语言进行交往，掌握语文基础知识和简单读写技能。这要求我们在幼小衔接阶段，注重激发孩子对语文学习的兴趣。

《四季》这一课的内容与学生日常生活的认知背景很贴近,教师用精美的图片引入,引导学生观察四季变化,唤醒学生对四季的感受,将课堂学习与现实生活相结合,培养观察力和好奇心,激发学生对大自然的喜爱之情。通过教师创设的"季节发言人"情境,让学生感受四季的不同的特点,培养对大自然的热爱之情。

2. 识字与写字的衔接

一年级上册的八个单元中,有两个识字单元,三个拼音单元和三个阅读单元,识字量为 280 字。教材采用先认字后学拼音的方式,先让学生首先对汉字本身的字形结构有全面的认识与理解,再系统学习拼音进行正音,随后再进入阅读单元的教学,这种编排方式有利于培养学生识字认字的兴趣,也便于日后对于课文的阅读理解。在识字教学起步阶段要鼓励学生运用各种方法记忆生字,如观察字形、联想事物、比较记忆等。

本课中的"夏""冬"两个生字可以引导学生观察字形,发现两个字中都有"折文"偏旁;教学"青""蛙"这两个生字时,教师可以结合图片,充分利用课文所提供的语境进行识字教学,做到"字不离词、词不离句、句不离篇章"。这种方法能够帮助学生更好地理解字义,提高识字效率。

3. 表达与交流的衔接

通过梳理《上海市幼儿园办园质量评价指南》和《义务教育语文课程标准》,在幼儿园/语言与交流领域:"理解与表达"维度/水平 5 中提到"乐于参与讨论问题,能在众人面前表达自己的想法""能用连贯、清楚的语言讲述自己的经历和见闻"。而到了小学阶段,则要求学生"能认真听他人讲话,努力了解讲话的内容""与他人交谈,态度自然大方,有礼貌""积极参加讨论,敢于发表自己意见"。可见对于学生表达的要求有所提高,需要教师在课堂教学中搭建支架,做好过渡和衔接。

课堂上鼓励学生用语言描述四季的变化,仿写诗歌,分享自己的感受和经历等,培养口语表达能力。通过组织"我是季节发言人"情境,开展小组讨论、角色扮演等活动,培养学生的合作精神和交流能力。

二、关键事件描述

(一)初识四季——习惯与兴趣的萌芽

事件描述:在课前两分钟的时间里,同学们都在小干部的带领下复习背诵田字格儿歌、写字歌等,做好了上课的准备。但是小 M 却一直没有意识到已经上课了,桌子歪歪扭扭,上面还摆放着上节课的书本,文具也都散乱地摆在桌面上。金老师走到他的身边给予提醒后他才不紧不慢地开始收拾。

课程开始,老师通过多媒体展示四季的图片,小 M 同学被色彩丰富的画面深深吸引,眼睛开始注视着屏幕,注意力高度集中。在老师引导下,他跟着一起复习拼音音节并尝试举手,能够用简单的词语描述自己最喜欢的季节,虽然用词有限,但兴趣盎然,坐下之后,小 M 同学明显坐得端正了,逐渐进入语文课的学习状态。

分析:小 M 对图片中展示出的四季美景产生了兴趣,对新知识的好奇心和初步的观察能力得到了激发,表现出良好的学习习惯和浓厚的学习兴趣。这与幼小衔接中培养学生主动学习、积极探究的习惯目标相契合。

核心学习任务衔接:通过多媒体图片的刺激激发学习兴趣,为后续的识字、阅读等学习任务打下良好的情感基础。

(二)识字乐园——识字与写字的初探

事件描述:在学习课文生字时,小 M 同学学习"春""夏""冬"这几个生字时,对于生字的读音和偏旁"折文",起初有些困难,老师开火车请小组拼读识字卡片生字"春"时,小 M 同学有明显的卡顿,坐下之后他的表情有些局促,但还是能继续跟着老师的教学内容认真听讲。

进入"夏"和"冬"字教学时,老师提问"观察这两个字,你发现了什么?"小 M 积极举手发言,回答:"这两个字都是季节。"显然这个答案老师并不满意,随即请他坐下换了别的同学回答。小 M 坐下后有些懵,在同学的提示下他才发现,这两个生字的偏旁都是"折文"。

后来在老师使用字卡游戏和重复朗读的方法下,他逐渐掌握了这些字的读音和写法。但在此之后的时间里,小 M 再也没有在识字教学环节举手,一边听课,一边时不时玩起手中的文具,注意力明显下降。

分析:小 M 同学在识字与写字方面和班里部分孩子相比存在一些差距,可能小 M 在进入小学前并没有掌握很多的识字方法,尽管在课堂上展现出了一定的学习能力和耐心,但还是碰到了一些困难,这很明显降低了小 M 的学习兴趣。

核心学习任务衔接:识字量的增加和识字方法的掌握能够帮助学生养成良好的识字和书写习惯,为阅读理解和书面表达提供了基础。

(三)四季之声——表达与交流的沉浸

事件描述:课堂进入到第十二分钟时,进入到第一个小高潮,老师请同学们"模仿草芽尖尖的样子,观察景物的特点,也来试着说一说。"话音刚落,小 M 就迫不及待地高举起手,但是站起来之后小 M 支支吾吾,回答:"花儿……开了",全班发出哄笑的声音,老师请他坐下再好好思考一下。

第十七分钟,教师开展"我是季节发言人"活动,请学生上台扮演小鸟,朗读第一小节。该学生再次主动举手,上台朗读时充满自信,声音很响亮。但是并没有读出小鸟的心情,也没有加上动作。金老师表扬了小 M 积极举手,但对于小 M 的发言并没有给予正面回应。回到座位后,老师又请了两位同学上台,发言都比小 M 精彩,金老师请全班鼓掌表扬发言的同学,小 M 明显有些局促,整个人躺在椅子上没有坐端正,没有认真倾听其他同学的表达,也没有再参与集体的朗读。

随后的第二小节教学,学生已经初步了解春天的季节发言人是小鸟,春天的特点是"草芽尖尖"。随后老师在第二小节的教学时请同桌两人合作,仿照第一小节的学习方法,练习说话。"( ),他对( )说:'我是夏天。'"在与同桌交流的过程中,小 M 同学一下子占据主动:"我来说我来说!"当其他同学想要发言时,他多次打断,同桌两人面对谁先说谁后说产生了分歧,讨论时间草草了事,并没有达到充分交流的目的。

分析:能够看得出,小 M 同学是个非常乐于表达的人,表达欲望比较强,希望得到老师的关注和认可。在参与讨论的过程中,乐于表达自己的想法,但往往缺乏深度的思考,语言组织略显稚嫩,表达和交流的能力还有待改进。

核心学习任务衔接:通过课堂上的表达和交流,小 M 同学能够锻炼自己的语言表达能力,能够说说夏天还有哪些特有的景物,既丰富了认知也充分感受到情感,感受到季节的美好,并且能够模仿课文句式说话。

三、基于观察的思考

经过与金老师的沟通,了解到小 M 同学是个实打实的"零基础宝宝"。刚入学时写自己的名字都歪歪扭扭的,更别提自己流利地朗读一句句子或一篇课文了。他平时在课堂上就是个"活跃分子",老师提的问题都很爱举手回答,但是往往都是老师的话音刚落,他的手就高高举起,并没有经过深思熟虑,站起来回答问题时脑袋一片空白,给出的答案往往让人"哭笑不得",这让金老师"又爱又恼",拿他没有办法。

从本堂课的课堂观察以及与老师的交流状况来看,小 M 虽然基础不算太好,但是学习能力比较强,乐于表达,性格也比较活泼。课堂的学习习惯、听课习惯以及和同伴合作学习的能力还有待加强。从他的发言情况来看,小 M 对于识字方面的问题兴趣不高,但是对于需要朗读或表达的环节展现出较高的兴趣。

(一)亮点分析

1. 教学中充分利用图片、视频、音频等多媒体资源,创设多样的学习情境,引导学生在语文实践活动中开展有意义的活动

一年级的语文课堂,如何抓住学生的眼球,激发学生的学习兴趣很重要。就本节《四季》第一课时的学科教学内容而言,教师创设了"我是季节发言人"这一情境,高度关注学生在课堂上从"理解"到"表达"的过程。在本堂课的 35 分钟时间里,金老师一共运用了四次图片、两次视频、三次音频,这些多媒体资源的使用几乎穿插在每一个教学环节。

例如在指导"草芽为什么说自己是春天的季节发言人"这一问题时,借助视频演示,学生直观感受到春天万物复苏,草芽从泥土里破土而出,向大家报告春天来了的好消息,将抽象的内容直观化、形象化,体会到草芽作为春天的发言人的自豪与喜悦。只要屏幕出现了视频或音频的声音,无论小 M 正在做什么,他都会敏锐

地抬起头，专注地盯着屏幕看，一定程度上让他更专注，帮助他在课堂上更高效地跟随老师的节奏开展教学活动。

作为低年级的学生而言，刚刚接触课文学习，需要借助图片、视频等多媒体来吸引学生的注意，从而让学生更专注于课堂，教学效果良好。

2. 整堂课教学环节层层递进，学生学得扎实有效

金老师是一位刚刚入职的年轻教师，但是能够很好地把控课堂，整堂课从教学第一小节"草芽尖尖"这个词中引导学生发现叠词的使用方法，仿说具有季节性代表事物的叠词，再到第二小节的教学中通过合作读、表演读等充分朗读训练的基础之上，请学生根据图片，发挥想象，模仿整个小节的内容，然后让学生对比第一和第二小节在句式上的相同之处，随即开展"我是季节小诗人"活动，请学生仿照诗歌特点来创作。这些教学环节的思维力度是层层递进的，思维含量也越来越高，需要学生透过文本，紧密结合自己的生活经验，独立思考，开拓思维，充分表达自己独特的感受和见解。小 M 在课堂学习的过程中状态虽有起伏，但是对于他这样乐于表达的学生而言，基本上能够跟随教师的节奏，教学环节层层递进，一切水到渠成，教学指导由"扶"到"放"，体现教师指导的深度和宽度。

3. 课堂教学评价多元，让课堂生动、有趣

针对低年级的特性，在指导朗读环节时，金老师在"我是季节发言人"这一教学环节时，设计了三星评价：

1	把句子读正确、读流利	★
2	能够读出草芽的心情	★
3	可以加上适当的动作	★

从三个不同的方面对学生进行评价，让学生明确知道自己要做什么，在完成任务时更有方向性，也更直观地感受到自己的进步和收获。小 M 在第一小节，"我是春天发言人"时第一个踊跃举手发言，课堂当中金老师邀请全体同学结合三星评价标准，用手势对台上表演的小 M 同学进行评价，并说说理由。大部分同学的手势都是一颗星，说明小 M 只是把句子读正确、读流利，并没有读出草芽的心情，也没有加上适当的动作。随后发言的两位同学在此基础上进一步改进，两人基本都得到了三颗星。学生借助这样的三星评价，潜意识里增加了挑战性，能够对自己的发言有更深度的思考，也更有方向性，将传统的师生评价转化为生生评价，实现评价主体的多元化，让学生更有参与感和积极性，课堂也变得更生动。

在课堂最后，金老师也注重设计分层任务，将最后的"我是季节小诗人"分成三层，同样以星级评价的方式出现，让学生自主选择能够达到的星级要求进行练习，

让学生成为学习的主人,用富于积极性的评价语言和鼓励方法,使学生感受到成功的愉悦,增强学生的学习兴趣。

(二) 改进建议

1. 教师评价应更有指向性

从整堂课的观察情况来看,小 M 同学虽然学习基础不太好,但学习能力较强,也乐于表达。但从小 M 的几次发言来看,教师的评价是比较单一的。例如关键事件(二)中,小 M 回答:"这两个字都是季节。"金老师的评价只是简单的:"是这样吗? 请坐,谁还有不同意见?"小 M 并不知道自己的答案错在哪里,所以坐下时表情有一些茫然。这在一定程度上打击了他的积极性。教师在进行个体评价时应更有指向性,不仅关注回答内容的正确性,更要关注对学生学习习惯的正确引导。可以说:"你发现了'夏''冬'的一个小秘密,如果能再观察这两个字的字形,也许能发现另一个秘密哦!"

2. 教师应培养学生倾听的习惯

在《义务教育语文课程标准》中关于"表达与交流"板块提到"能认真听他人讲话,努力了解讲话的主要内容"。这不仅有助于提升学生的课堂学习效率,还能促进学生社交和认知能力的发展。回顾整堂课,小 M 在课堂上有好几次在老师的要求还没说完的时候就高高举起双手,教师在课堂上并没有指出和纠正这一行为,到了课堂后半段老师明明看到小 M 举手了,也不再喊他回答,这很大程度上降低了小 M 的学习积极性,导致他接近十分钟都在摆弄文具,没有抬头。而在两次同桌讨论和小组讨论的环节中,小 M 都是"积极活跃分子",抢着发言,但表达都不太流畅,甚至和同桌产生了一些小矛盾,导致两人都不能很好地在课堂有限的时间内充分交流,思维比较受限。

教师在日常教学中应该明确倾听要求和回答问题的要求,树立倾听意识,引导学生把话听完,深思熟虑之后再举手发言,通过示范引导、评价指引、趣味练习等多种形式培养学生倾听的好习惯,基于课程目标,设计指向倾听能力培养的教学环节,关注孩子逻辑思维和信息提取能力的培养,这有助于幼小衔接的高效达成。

像小 M 这样起点较低的低年级学生而言,需要教师在语文课堂上更加关注学生的交流与表达,创造表达机会,激发表达欲望,关注个体差异,实施个性化教学,这样才能帮助他们提升表达能力,进一步促进思维的发展。

点评:

钱老师展现了其对幼小衔接阶段学生特点的敏锐洞察和细致分析。案例以小 M 同学为焦点,通过时间轴和关键事件描述,详细记录了小 M 同学在课堂上的行为表现,并结合其学习基础和学习能力进行分析,使读者能够清晰地了解其学习状态和问题所在。案例从习惯与兴趣、识字与写字、表达与交流三个方面，分析了幼小衔接阶段学生面临的主要挑战，并指出教学中的相应策略，例如利用多媒体资源激发兴趣，设计分层任务促进发展等。案例不仅分析了小 M 同学的学习特点，还结合教学设计进行了反思，例如评价的指向性、倾听习惯的培养等，为教师改进教学提供了参考。这一观察案例可以帮助我们更好地理解和关注幼小衔接阶段学生的学习特点，并为其提供有效的教学支持。

案例十七

别让好习惯在虚假学习中溜走了

——以一年级拼音单元《语文园地四》一课中对焦点学生小 Y 的观察为例

学校：新城实验小学	班级：一年级(3)班	课题：语文园地四
焦点学生：小 Y	执教教师：王乐岩	观察教师：陈怡隽

一、课例描述

（一）教学目标和内容分析

《语文园地四》这一课在教材中是整个拼音单元的最后一课，在本课中对先前学习的拼音内容进行了回顾总结。进一步巩固拼音的运用，以衔接即将开启的阅读单元。《语文园地四》安排了五个板块的内容，分别为："识字加油站""用拼音""字词句运用""日积月累"与"和大人一起读"。这五个板块可以根据板块内容按顺序教学，也可以根据班级学情灵活调整。《语文园地四》各板块的具体目标如下：

板　　块	目　　标
识字加油站	正确拼读 4 组表示时间的词语，认识 8 个生字和 2 个偏旁，会写 2 个生字和 1 个笔画。
用拼音	1. 正确区分读音相近的音节。 2. 辨别 ie 和 ei、iu 和 ui 两组形近的复韵母，拼读相关的音节词。 3. 正确拼读生活中常用物品的音节词。 4. 读记声母表、韵母表和整体认读音节表，区分声母、韵母和整体认读音节。知道自己的名字里有哪些声母和韵母。
字词句运用	1. 会读由"车"组成的 7 个词语。会说与"车"有关的词语。 2. 正确拼读 4 个音节词，并根据拼音写字。
日积月累	朗读、背诵《悯农》（其二）

本课主要学习了第二板块"用拼音"，其中安排了四项内容。第一项"读一读，把音节读准"是区分读音相近的音节的练习，五组音节中，既有两拼音节和整体认读音节的对比，也有前、后鼻韵母的对比，平、翘舌音的对比，还有带不同介母的音

相似音节的对比。这些都是学生最容易混淆、最容易出错的音节,通过集中比较拼读,可以提高学生拼读的准确性。

第二项"比一比,读一读"是区分形近复韵母 ie-ei 和 iu-ui 的练习。通过两组常见事物的音节词,引导学生在真实语境中复习形近复韵母。通过前两项内容的学习,以达到教学目标中的第一点"能区分读音相近的音节,读准音节。能辨别 ie 和 ei、iu 和 ui 这两组形近的复韵母,并正确拼读音节词"。

第三项学习内容"秋游的时候,你想带些什么?"教材呈现的是学生秋游时可能需要的 9 种物品,把音节拼读和学生的日常生活紧密结合在一起,提高学习拼音的兴趣,同时鼓励学生自主独立,自己的事情自己做。教师在教学时应充分联系学生的生活经验,以达成第二个教学目标"能正确拼读生活中常用物品的音节词"。

第四项学习内容"读一读,记一记,再说一说你的名字里有哪些声母和韵母"。教材以三种不同的色块呈现了学生学过的声母、韵母和整体认读音节,在整理、归类中帮助学生复习拼音,同时引导学生在字母表中找到自己名字里的声母和韵母,赋予字母表以新的功能,将拼音学习与学生生活紧密结合起来。其中,y、w 是隔音字母,教学时可把这两个字母当作声母处理,这里将 y、w 和声母放在一起,用括号作了标注,表示它们与其他声母的区别。以达成第三个教学目标"能读记声母表、韵母表,区分声母、韵母和整体认读音节,知道自己的名字里有哪些声母和韵母"。

(二) 教学中的幼小衔接要点分析

1. 拼音学习的衔接

作为一节拼音复习课,拼音是本课的重点。虽然在幼儿园"去小学化"的导向下,幼儿园并不教授拼音,但仍然有不少家长积极安排孩子通过各种教育类 APP、幼小衔接机构等途径提前接触拼音。以便于孩子进入小学以后能够在拼音学习中优先占据优势。

当学生踏入小学阶段,在一年级上半学期中,学生正式开始拼音学习。从第二单元一直到第四单元,为期三个单元的拼音的学习内容涵盖了认读拼音、音节组合、学习兴趣培养以及汉字学习等多个方面。在一年级阶段要求达到目标:学会汉语拼音包括能读准声母、韵母、声调和整体认读音节;能准确地拼读音节,正确书写声母、韵母和音节;认识大写字母,熟记《汉语拼音字母表》。

2. 倾听习惯的衔接

幼小衔接阶段,倾听习惯的培养是至关重要的一环,在本课中亦然,以下是关于倾听的幼儿园核心经验与小学语文核心素养的详细比较:

指标	幼儿园核心经验	小学低年段语文核心素养
倾听	认真听并能听懂常用语言。	能认真听他人讲话,努力了解讲话的主要内容。

相较于幼儿园阶段的"认真听并能听懂常用语言"，小学语文核心素养中的倾听要求更具有持续性，这与学生是否能在课堂中投入学习关系非常密切。倾听不仅是获取信息和知识的重要途径，也是学生参与课堂讨论、理解教师讲解和同伴发言的基础。在小学阶段，良好的倾听习惯能够帮助学生更加专注地听讲，减少分心现象，提高学习效率。同时，倾听习惯还关系到学生的沟通能力和合作能力，因为有效的倾听能够促进双方的理解和共识，为课堂交流和合作打下基础。

3. 表达习惯的衔接

对于孩子在幼儿园阶段的表达能力培养，在《3—6 岁儿童学习与发展指南》中有着明确的教学要求，与小学阶段的要求具体区分如下：

指标	幼儿园核心经验	小学低年段语文核心素养
表达	1. 别人讲话时能积极主动地回应。 2. 能根据谈话对象和需要，调整说话的语气。 3. 懂得按次序轮流讲话，不随意打断别人。 4. 能依据所处情境使用恰当的语言。如在别人难过时会用恰当的语言表示安慰。	听故事、看影视作品，能复述大意和自己感兴趣的情节。能较完整地讲述小故事，能简要讲述自己感兴趣的见闻。与他人交谈，态度自然大方，有礼貌。积极参加讨论，敢于发表自己的意见。

由上表可见，幼儿园阶段的核心经验较为生活化，主要指向孩子们的日常交流，在自然、轻松的环境中逐步发展语言表达能力。而小学阶段关于"表达"的要求更加系统、规范。

更高的表达要求需要创设更多的表达机会来达成，但是，幼儿园整班学习的人数从小班的 25 人，大班上升到 35 人，小学整班学习的人数则为 45 人。随着班级人数的上升，学生在课堂中表达的机会会相应减少。在幼儿园阶段，尤其是小班时，由于人数相对较少，每个孩子都有更多的机会在课堂上发言、参与讨论或进行角色扮演等活动。然而，随着孩子升入大班以及进入小学阶段，班级人数的增加使得每个学生获得单独表达的机会相应减少。

这种变化可能会对学生的表达能力产生一定影响。在人数较多的班级中，教师可能难以关注到每个学生的发言需求，导致部分学生因为缺乏表达机会而逐渐变得沉默寡言。因此创设同桌讨论、小组合作等多样的表达机会是非常重要的。

二、关键事件描述

关键事件一：课堂初启，只见兴致寥寥

初见小 Y 同学，只觉她是一个特别爱观察的小女孩，一双乌溜的大眼睛藏在一副粉紫色的眼镜后面，上下打量着前来观察的老师们。她不自觉地坐直了一些，本能地调整了一下自己的坐姿，并摆弄了一下桌角的语文书，准备迎接即将开始的语文课。

课前 2 分钟的诗歌朗诵中,她并没有带着那种即将上一节新课的新鲜感,拍手的节奏很缓慢,诗歌朗诵也只是附和着动动嘴唇,几乎没有声音。师生问候环节也呈现出这样一种兴致寥寥的状态,只是眼神不自觉地看向前来观察的老师,应付着做着所谓"应该做"的事情。

正式上课的第一分钟,老师布置了本课的第一个合作任务"和同桌合作练习拼读音节"。小 Y 同学的同桌是一个听课状态较为专注的女生,同桌在听清任务后主动询问了小 Y 同学,但是小 Y 同学并没有给出回应,眼神空洞地看向黑板,陷入了一种放空的状态。同桌的热情瞬间被浇灭了,四处张望,不再理睬小 Y 同学。老师没有发现这一情况,所以两人并没有进行合作任务,也没有对拼读的内容进行任何的练习。

3 分钟的练习过后,老师请同学们来展示自己的合作成果,在别的同学被指名进行拼读时,小 Y 依然陷入在自己的放空状态中,并没有倾听同学的回答或是老师的评价,仿佛课堂上发生的这一切都与她无关。百无聊赖的她开始翻书寻求乐趣,翻看到书后有趣的插图时怂恿同桌也一起翻书。最终翻到了第 71 页开始看儿歌。

关键事件二:受到肯定,忽而精神抖擞

转折发生在课堂开始后的第 8 分钟,老师抛出了一个问题"谁能够正确地分辨 ie 和 ei 这两个复韵母",原本或许还在思绪游离的小 Y,在听到这个问题时,眼睛猛得一亮,整个人忽而变得异常专注,高高地举起了自己的手,并紧紧盯着老师。

老师或许是看到了小 Y 此刻积极状态,请她来回答了这个问题。小 Y 也准确无误地分辨出 ie 和 ei 的发音,得到了老师肯定的评价。坐下时,小 Y 同学的坐姿仿佛被一股无形的力量矫正,变得更加端正而挺拔。她的背脊挺得直直的,双脚平放在地面上,双手则轻轻交叠放在课桌上,整个身体透露出一种前所未有的专注。她的双眼紧紧跟随老师的动作,耳朵仔细捕捉着每一个音节,生怕错过任何一个细节。

关键事件三:合作讨论,皆是心不在焉

发言后的积极状态并没有持续很久,在课堂开始后的第 16 分钟,同学与老师持续地对答时,小 Y 同学的疲态愈发明显,挠了挠鼻子伸了个大大的懒腰。

第 22 分钟,老师布置了第二个合作任务"和同桌交流秋游带哪些物品?请你借助黑板上的拼音,拼一拼,圈一圈",这个问题如同一股清新的风,瞬间吹散了小 Y 之前的疲惫与松懈。她与同桌迅速进入了讨论状态,两人你一言我一语,声音此起彼伏,充满活力与热情。然而,尽管讨论得如此热烈,他们的内容却似乎偏离了老师的初衷。小 Y 和同桌并没有严格按照要求,列举并讨论秋游时应该携带的物品,而是开始天马行空地谈论起了自己该带上小松鼠去秋游还是带上自己最喜欢的蜡笔去秋游。乍一看两人热烈地讨论着老师的任务,但实际上却万般皆是心不在焉,并没有达成练习拼读的目标。

第 26 分钟,在经过 4 分钟的讨论后,老师指名学生上台拼一拼、圈一圈自己要带哪些东西去秋游,小 Y 同学高高地举起了自己的手,并被老师点名上台。由于小 Y 在讨论中没有进行拼读,所以在台前迟疑了一会儿,拿着老师的教棒没有立刻做出圈画。后在老师的提示下选择了雨伞、望远镜、跳棋,并说清了选择的理由,这让她获得了同学们的掌声。获得肯定后的小 Y 十分欣喜,她甚至是跑跳着蹦下讲台的,并在落座后还和同桌兴奋地交流了一会儿,无心关注另外上台回答的同学。

三、基于观察的思考

课后,在与小 Y 语文老师的交流中可知小 Y 是一个天资聪颖的孩子,在课堂上往往能迅速理解知识点,对于语文的领悟力尤其出色。然而,小 Y 的学习习惯却成了她发展道路上的一块绊脚石。老师坦言,尽管小 Y 聪明伶俐,但她对待学习的态度却显得较为随意,缺乏系统性和规律性。

在课堂观察中,小 Y 不专注却仍能回答正确问题可见她有一定的拼音学习基础,可能在小学开始之前就系统地学习过拼音。这一点在课后与小 Y 的交流中也得到了印证。小 Y 的情况并非孤例,在新城实验小学所在的嘉定新城核心区域,许多孩子都在小学开启之前有过学习拼音的经历。仿佛在当前的教育环境中,学拼音已经悄然成为幼小衔接过程中一个不可或缺的环节。

许多孩子像小 Y 一样,在提前学习过拼音后,进入小学课堂时往往表现出一种"已经学过"的满足感,进而失去了对拼音进一步学习的兴趣。这种情况下,课堂上的学习就可能变成了一种形式上的、缺乏内在动力的虚假学习。这些孩子可能在课堂上表现出一定的惰性,不再像初次接触拼音时那样充满好奇和热情。他们可能会觉得课堂上的内容过于简单,缺乏挑战性,从而无法全身心地投入到学习中去。这种心理状态不仅会影响他们当前的学习效果,由此养成的不良学习习惯还可能对后续的学习态度产生负面影响,形成一种恶性循环。

以下就从小 Y 的课堂观察出发,来审视本课中的得与失。

(一) 亮点分析

1. 闯关情境——增加倾听频率

在本课中,王老师巧妙地运用了游戏化教学的理念,通过创设"勇闯拼音岛"的游戏闯关形式,成功吸引了小 Y 及班上其他学生的注意力,使课堂变得生动有趣。王老师精心设计的三关任务,每一关都紧扣拼音学习的核心要点,同时融入了趣味性和挑战性。虽然在整堂课持续的过程中大多数时间小 Y 处于一种游离的状态,但挑战任务的学习模式与先前的几次观察相比能够在一定程度上增加小 Y 的倾听频率。

在传统的教学模式下,学生可能会因为缺乏足够的兴趣和动力而处于游离状态,导致学习效果不佳。然而,当教师采用挑战任务的学习模式时,学生会被任务本身的趣味性和挑战性所吸引,从而更加专注于课堂内容。对于小 Y 这样的学生,挑战任务的学习模式可能更能够激发她的学习兴趣和动力。通过参与具有挑战性的任务,她能够感受到自己的进步和成就,从而增强学习的自信心和积极性。

2. 丰富媒体——提升学习体验

在王老师的课堂上,多媒体元素的巧妙运用成为一大亮点。她充分利用 PPT 中的音效及动画效果,为课堂增添了无尽的色彩与活力,使得原本枯燥的学习内容变得生动有趣。

每当发布闯关任务时,王老师都会精心挑选与任务内容相匹配的音效和动画。这些生动的音效和吸引人的动画仿佛为课堂注入了魔法,让小 Y 等学生的注意力迅速被吸引,仿佛瞬间从游离的状态中抽离出来,眼睛紧紧盯着屏幕,那种高度的专注力让人印象深刻。

这种利用多媒体元素提升学习体验的教学方式,不仅让小 Y 等学生感受到了学习的乐趣,还激发了他们的学习热情。在这种积极的学习氛围中,学生们更愿意主动参与课堂活动,积极思考和回答问题。这不仅提高了他们的学习效率,还培养了他们的自主学习能力和创新思维。

因此,可以说,丰富媒体元素的运用对于提升学习体验具有显著的效果。它能够让课堂变得更加生动有趣,激发学生的学习兴趣和热情,从而取得更好的教学效果。

3. 趣味游戏——激发表达欲望

在第四关"读一读,记一记"环节中,王老师巧妙地融入了摘苹果的游戏元素,这一创意不仅极大地激发了小 Y 的参与兴趣和表达欲望,还促进了她与同桌之间的合作与交流。

游戏中,小 Y 和同桌两人紧密配合,按照声母表的顺序轮流说出声母,这种互动方式不仅加深了她对声母顺序的记忆,还让她在轻松愉快的氛围中享受到了学习的乐趣。小 Y 面露笑容,身体前倾,展现出极高的学习热情和投入度,这种积极的学习状态对于提高学习效果具有显著作用。

最终,小 Y 和同桌凭借出色的表现获得了上台展示的机会。在台上,她们自信满满地正确说出了所有声母的顺序,赢得了老师和同学们的掌声与赞赏。走下台时,她们蹦跳着,兴奋之情难以言表,这种成就感和学习带来的快乐将成为她们持续学习的强大动力。

王老师设计的这一游戏环节,不仅让小 Y 等学生在轻松愉快的氛围中掌握了知识,还培养了他们的合作精神和表达能力。这种寓教于乐的教学方式,有助于激发学生的学习兴趣,提高他们的学习效果,同时也为构建和谐的师生关系和课堂氛围奠定了坚实的基础。

（二）改进建议

1. 以评价跟进达成专注倾听的持续

在小学低年级语文教学中，习惯伴随始终：表达习惯、倾听习惯、合作习惯……在课堂观察的过程中我发现她倾听习惯较差，并推测这可能与她事先学过了拼音、认为课程内容没有难度而不愿倾听同学的回答有关。由于小 Y 同学事先学过了拼音，她可能在课堂上觉得内容过于简单，从而失去兴趣和耐心去倾听同学的回答。这种不均衡的知识掌握程度可能导致她在课堂上感到无聊或自负，进而影响她的倾听习惯。

而本课中的王老师在教学过程中并没有对认真倾听的孩子进行表扬的评价，当学生发现认真倾听并没有得到老师的认可和表扬时，他们可能会认为这种行为并不重要，从而失去倾听的积极性。像小 Y 一样获得肯定评价时会瞬间提升专注力的孩子在这样的课堂上更容易分心，无法有效吸收和理解老师的教学内容。

本区域内大部分孩子普遍提前学习过小学内容的现状，孩子可能在课堂上因为已经掌握了部分内容而失去耐心和兴趣，导致他们在课堂上不专心听讲，甚至影响课堂纪律。对此，对于倾听的评价在孩子学习习惯的培养中显得尤为重要，这直接决定了孩子是否能在课堂上养成良好的倾听习惯。一方面，教师可以通过设置明确的倾听要求，如保持安静、不打断他人发言等，来规范学生的倾听行为。另一方面，教师还可以通过表扬、奖励等方式来激发学生的倾听积极性，让他们意识到倾听的重要性，并愿意主动倾听。

有效的评价能够调动学生的积极性和主动性。教师的评价应当诚恳、饱含真情，通过丰富的评价语言，让学生在平等、和谐的课堂氛围中，品尝成功的喜悦，增强学习的信心。注意评价的导向性，以促进学生潜能发展，达成学习习惯的可持续培养。

2. 以具体方法促进合作学习的养成

在本课中，共发生了三次同桌合作的学习活动。第一次，教师让学生相互拼读音节，小 Y 参与的兴趣并不高，也没有和同桌交流。第二次，在驱动型问题"他们在秋游，大家在秋游的时候会带哪些物品呢？"的引导下，小 Y 兴趣高涨，和同桌热烈讨论。但是，小 Y 还没有养成良好的倾听习惯，并没有听清老师的任务要求，因此讨论时内容发生偏差。而第三次合作"和同桌一起按顺序读一读拼音树上的声母"由于合作内容较为简单，两个孩子合作得很好。

在小学语文教学中，通过小组合作学习，教师可以激发学生的兴趣和积极性，培养他们的合作精神和团队意识，同时提高学生的语言表达和交流能力。但是通过观察，我们可以知道并不是每一次小组合作都能达到很好的效果，我们常常会看到由于不知道如何进行合作而茫然的孩子。小组合作涉及合理分组、设计合作任务、有效引导等方面,而这些方面对于一年级的孩子来说确实存在较大的挑战,因为他们通常在幼儿园阶段还没有形成成熟的合作意识和合作技能,这里就出现了一个方法习得的脱节。对此教师应将合作的具体方法在学习过程中教授给孩子,例如:

① 任务分解:将复杂的任务分解成若干个小任务,每个小任务都应有明确的目标和步骤。教师可以提供一份任务清单,列出每个小任务的具体内容和要求。

② 角色分配:在小组内部进行角色分配,如组长、记录员、发言人等。每个角色都应有明确的职责和权力,以确保小组合作的顺利进行。

当下,小 Y 同学的情况并不是个例,当焦虑的家长们将小学的知识让孩子提前在补习班中学过一遍时,当小学一年级的孩子在课堂上面对已学过的内容不再专注听讲、积极参与时,当课堂中这样的"假装在学习"的现象越来越多时,教师的教应该去向何处?对于小学一、二年级幼小衔接阶段的学生来说,习惯培养是至关重要的。这一阶段是孩子们形成良好学习习惯、行为习惯和思维习惯的关键时期,别让好习惯在虚假学习中溜走。

点评:

陈怡隽老师的观察案例非常具有代表性,为一线教师语文老师带来启发。通过对一年级学生小 Y 在拼音复习课上的表现进行细致观察,陈老师生动展现了学生在提前学习拼音后可能出现的学习态度和习惯问题。案例中详细描述了小 Y 从游离课堂到因获得肯定而专注,再到合作学习中偏离目标的过程,揭示了"虚假学习"现象对学生学习习惯的潜在危害。陈老师不仅深入分析了教学中的亮点,如游戏化教学、多媒体运用和趣味游戏激发兴趣,还提出了针对性的改进建议,如加强倾听习惯的评价和合作学习方法的指导。这些分析和建议提醒教师在教学中要关注学生的学习习惯养成,尤其是对于那些提前学习过知识的学生,要通过多样化的教学策略和有效的评价机制,引导他们保持学习兴趣和专注力,避免因"虚假学习"而失去良好的学习习惯。

案例十八

小树苗长高高的秘诀
——以一年级《ie üe er》一课中对焦点学生小 Z 的观察为例

学校:江桥小学	班级:一(2)班	课题:《ie üe er》
焦点学生:小 Z	执教教师:李淑凤	观察教师:王婷

一、课例描述

（一）教学目标和内容分析

《ie üe er》一课为一年级上册汉语拼音第 12 课，是汉语拼音教学中的重要部分，处于复韵母教学的后续阶段，是对前面所学单韵母、声母和部分复韵母知识的进一步巩固与拓展，同时也为后面整体认读音节以及拼读音节的学习奠定基础，在整个汉语拼音体系的构建中起着承上启下的关键作用。

本课的教学目标为：

1. 正确认读复韵母 ie、üe，特殊韵母 er 和整体认读音节 ye、yue 及其四声，读准音，认清形。

2. 正确拼读由 ie、üe 组成的带调音节，知道 j、q、x 和 üe 相拼，ü 上两点要省略的拼写规则。能在四线格中正确书写音节词"xiě zuò yè"。

3. 借助拼音，正确认读"梅花开、雪花飘"等词语，认识"开、雪"等生字。

4. 正确朗读儿歌《月儿弯弯》。

根据一年级学生学情及教学规划，《ie üe er》一课共安排两课时的教学，教师进一步分解了课时目标，本课作为第一课时，具体目标如下：

1. 正确认读复韵母 ie、üe，特殊韵母 er 和整体认读音节 ye、yue 及其四声，读准音，认清形。

2. 正确拼读由 ie、üe 组成的带调音节，知道 j、q、x 和 üe 相拼，ü 上两点要省略的拼写规则。能在四线格中正确书写音节词"xiě zuò yè"。

根据教学目标，本课时主要围绕复韵母 ie、üe、er 以及整体认读音节 ye、yue 展开教学，涵盖了这些拼音的认读、发音方法、声调标注、拼读规则、书写以及在简单词语中的运用。教师在教学过程中设计了"情境创设，复习导入""借助情境图，学习复韵母与整体认读音节""书写音节词""课堂总结与拓展"四个环节。其中环节二是重难点目标达成的关键，对应了多个学习活动：一是通过观察口型、多种方式朗读、编口诀等活动学习复韵母 ie、üe、er 的发音、声调及字形区分；二是在带调拼读练习中发现并掌握 j、q、x 与 üe 相拼时 ü 上两点省略的规则；三是借助魔术表演理解 ie、üe 变为整体认读音节 ye、yue 的过程，并在词语中进行拼读巩固。这些活动循序渐进，让学生在趣味中掌握知识，提升能力，达成教学目标。

（二）教学中的幼小衔接要点分析

一年级学生处于从幼儿园到小学的过渡阶段，具有鲜明特点。他们刚踏入小学，对新环境充满好奇，但规则意识薄弱，课堂上易出现注意力不集中、随意性强等状况。此阶段学生仍以形象思维为主，抽象知识理解困难，需借助直观、有趣的方式学习。在社交方面，他们渴望同伴交往，喜欢在游戏互动中学习，但自我控制和表达能力有限。同时，一年级学生对老师有较强的依赖感，老师的鼓励和认可对其

自信心影响极大,自尊心也较强,需要被尊重和呵护。基于这些特点,结合本课目标确定如下幼小衔接关注点:

1. 规则意识与学习习惯的养成

从幼儿园到小学,对于学生课堂规则与学习习惯的要求逐步提高。教师需要引导学生学会整理学习用品,做好上课准备;通过生动的讲解、多样化的教学方法吸引学生的目光,避免分心;逐步延长学生专注学习的时间,从幼儿园较短的活动时间过渡到小学较长的课时,让学生适应课堂学习的节奏,提高专注力的持久性;培养学生专注于一项学习任务的能力,如认真听老师讲解拼音知识、仔细观察拼音的书写等,减少随意切换学习内容或注意力分散的情况。通过教学中的点滴引导,帮助学生从幼儿园较为自由的学习状态顺利过渡到小学有组织、有纪律的学习模式。

2. 学习兴趣的激发

与幼儿园以游戏为主的学习方式不同,小学学习内容更具系统性和知识性。为了避免学生因学习方式转变而失去兴趣,在幼小衔接阶段,教师应持续运用这些符合一年级学生认知特点的教学方法,将拼音学习融入有趣的情境和活动中,使学生在轻松愉快的氛围中学习知识,保持对学习的兴趣,顺利过渡到小学学习模式。

此外,这个时候的孩子非常在意老师的评价,积极的鼓励和肯定能极大增强他们的自信心,让学生在新的学习环境中感受到自己的价值,从而保持对学习的热情。

二、关键事件描述

刚进教室,我就发现了小Z的"与众不同",他的桌面非常乱,书本侧放,橡皮铅笔毫无规则地躺在课桌上。他本身个子比较高,班主任安排他坐在了最后一排。他的旁边正好有一个空位,可能是有同学请假了,于是我赶紧坐下。见我坐下他很不自然,盯着我看了几眼。我笑了笑,说:"今天我坐在你旁边和你一起学习哦。"他眼神回避了一下,低着头动了动,仿佛是点了点头。整堂课他并没有因为我坐在他旁边而特别认真,课堂参与度并不是很高,仔细回顾可能有两个关键事件是令他有所改变和触动的。

1. 一句口令,让小树苗长高了

小Z整体行规不是很好,刚开始上课时就趴在课桌上打哈欠。学生们在一起读时,他也没有看着黑板,而是自说自话地在完成书上其他课文中的田字格书写。老师并没有过多关注他,可能因为这是他一直以来的学习状态,所以老师已经习以为常了。转折点来到上课第 14 分钟,这时教师为了让学生集中注意力,说了一句小口令:小树苗——长高高。小Z听后马上坐端正,教师随后给予评价:"小Z这棵小树苗长得真高。"评价给予了学生非常大的自信,小Z开始一改"常态",不再趴着了,坐得很端正。

2. 两个大拇指,让学习更专注了

小Z在学习过程中对于老师的问题基本没有反馈,在同学们都积极举手回答问题时，他也无动于衷。老师开了几次小火车，也没能开到他这里，我坐在旁边很是着急。教师在上课第 27 分钟时讲到了整体认读音节，提出问题："谁来说一说复韵母 ie 是怎么变成整体认读音节 ye 的？"我私下轻轻问了问他："你发现它们两个之间的区别了吗？"他面露难色，我又点了点提醒，他试探性地说道："i 变成了 y。"我马上给他竖起了大拇指，然后示意他举手发言。他脸上一下子自信起来，高高举起了手，想要老师看到。只可惜，老师并没有关注到他，但是他却没有特别失落，听课也变得专注起来了，还时不时地看向我，仿佛在让我看到他的改变。我又给他竖了一个大拇指，没想到他向我点了点头，然后看向上课的老师。后面直到整堂课结束，他虽然没有再举过一次手，但是明显更加专注了。

三、基于观察的思考

（一）亮点分析

1. 形象化口令助力规则意识养成

在幼小衔接阶段，幼儿从相对自由宽松的幼儿园环境进入小学，需要快速适应小学课堂的规则要求。教师使用类似"小树苗——长高高"这样的口令来引导学生坐端正，这种形象化的指令方式非常符合一年级新生的认知特点。小 Z 的积极响应表明这种趣味引导方式有效地帮助学生在小学初期建立起课堂规则意识，是幼小衔接过程中规则教育的良好开端。

2. 积极评价延续学习兴趣培养

教师对小 Z 坐端正后的及时评价"小 Z 这棵小树苗长得真高"，不仅强化了小 Z 的正确行为，更重要的是延续了学生对课堂学习的兴趣。在幼儿园，孩子们习惯了老师的鼓励和表扬，这种积极的评价方式在小学课堂的延续，让小 Z 感受到自己的努力得到认可，从而增强了他对小学学习的好感和自信心。这种积极的情感体验有助于顺利过渡幼小衔接阶段，使学生保持对学习的热情，避免因环境变化而产生学习兴趣的减退。

3. 敏锐捕捉个体行为变化

在课堂中，教师虽然前期对小 Z 关注度有所欠缺，但在使用口令后能及时注意到小 Z 的积极改变并给予评价，这显示出教师开始关注到学生个体差异。教师对小 Z 行为变化的敏锐捕捉，为满足不同学生在幼小衔接过程中的特殊需求提供了可能。

（二）改进建议

1. 要提高教师课堂观察与反馈的全面性

（1）加强个体关注的持续性

教师在课堂开始阶段对小 Z 的不良行为习以为常，未能及时进行干预，反映出在课堂观察中对个别学生关注度的不足。建议教师在今后的教学中，从上课伊始就密切关注每一位学生的状态，尤其是那些容易被忽视的学生。可以制定一个简单的课堂观察计划,定期扫视教室的各个角落,确保及时发现学生的问题行为并尽早采取措施加以纠正,避免问题的积累和恶化。

(2)完善反馈机制的及时性与准确性

在提问环节,教师未能注意到小 Z 积极举手的行为,这可能会使小 Z 感到失落,影响他后续参与课堂的积极性。教师应建立更加完善的反馈机制,确保对学生的课堂表现给予及时、准确的回应。例如,可以在提问后有意识地扫视全班,鼓励更多学生参与;当学生举手时,用眼神或微笑给予回应,让学生感受到自己被关注。同时,对于学生的回答,无论正确与否,都要给予具体、有针对性的反馈,帮助学生明确自己的优点和不足,进一步提高学习效果。

2. 教学方法与互动策略的优化

(1)个性化教学策略的实施

小 Z 在课堂上的表现表明他可能在学习进度或方式上与其他同学存在差异。教师应根据学生的个体情况实施个性化教学策略。例如,在教学内容的讲解上,可以采用分层教学的方法,为不同水平的学生提供不同难度层次的问题和练习,满足小 Z 这类学生的学习需求;在教学方法的选择上,结合多种感官教学法,如利用实物、图片、动作等帮助学生理解抽象的知识,提高学习效果。此外,针对小 Z 在课堂上注意力不集中的问题,可以设计一些专门的注意力训练活动,如短暂的专注力游戏,穿插在教学过程中,逐渐提高他的注意力水平。

(2)多样化互动方式的拓展

当前课堂互动主要集中在教师提问、学生举手回答的模式,互动方式较为单一。教师可以拓展多样化的互动方式,增加学生的参与度和学习兴趣。比如,组织小组讨论活动,让学生在小组内交流想法、合作解决问题,小 Z 可以在小组中发挥自己的优势,同时从同伴那里获得更多的支持和启发;开展角色扮演活动,将教学内容融入情境中,让学生在体验中学习知识;利用多媒体技术,在课件中设计几个可以让学生连一连、选一选的内容,增加课上互动环节,让学生在不同的场景下都能积极参与学习,提高学习的自主性和积极性。

点评:

王婷老师的观察案例聚焦于一年级学生小 Z 在拼音课上的表现,深入探讨了积极评价对学生课堂表现的影响,为一线教师提供了宝贵的建议。案例中详细记录了小 Z 从课堂参与度不高到因教师的积极评价而逐渐专注的变化过程,凸显了教师评价对学生学习兴趣和行为习惯的重要作用。王老师敏锐地捕捉到学生个体行为的变化,并通过具体事件分析了教师在幼小衔接阶段如何通过形象化的口令、及时的评价和个性化的关注来促进学生规则意识的养成和学习兴趣的延续。这一案例提醒教师在教学中要更加关注学生的个体差异,及时给予积极反馈,优化教学方法和互动策略,以更好地满足学生在幼小衔接阶段的特殊需求。同时,也强调了教师在课堂观察和反馈机制上的全面性和及时性,建议教师在教学中运用更多元化的教学手段和互动方式,激发学生的内在学习动力,帮助学生顺利过渡到小学阶段的学习。

案例十九
一个"小哪吒"是怎样上语文课的
—— 以二年级《寒号鸟》中对焦点学生小 G 的观察为例

学校:嘉定区星慧小学	班级:二(3)班	课题:《寒号鸟》
焦点学生:小 G	执教教师:范影婵	观察教师:胡炜烨

一、课例描述

(一) 教学目标和内容分析

《寒号鸟》一课是二年级上册第五单元的第二篇课文,讲述了喜鹊勤劳做窝,寒号鸟因为懒惰不愿做窝而被冻死的故事。除了本课外,本单元以"思维方法"为主题,还编排了《坐井观天》《我要的是葫芦》两篇精读课文,"我爱阅读"篇目为《刻舟求剑》。从统编教材的整体安排来看,本单元是学生在小学阶段第一个系统学习寓言故事的单元,从"寓言"的体裁特点和语言表达特点出发,提出了两条需要落实的语文要素:一是"初步体会课文讲述的道理";二是"初步感受课文语言的表达效果"。

基于此,教师将"能联系生活实际,初步体会课文讲述的道理;并能结合课后题,感受和体会语言表达的多样性"作为单元核心目标分解于单课目标中,《寒号鸟》一课的目标具体为:

1. 在语言环境中正确认读"号、堵、缝"等 17 个生字,读准多音字"号、当";在田字格中正确书写"脚、阵"等 10 个汉字,会写"山脚、当作、前面"等 12 个词语;解释"寒冬腊月、劝告、得过且过"等词语的意思。

2. 借助拼音正确、流利地朗读课文,分角色读好寒号鸟和喜鹊之间的对话;借助课后提示,体会语言表达的多样性。

3. 在阅读中了解寒号鸟和喜鹊对待做窝的不同态度和不同结果,解释喜鹊能住在温暖的窝里而寒号鸟却冻死的原因。

4. 联系生活实际,初步讲述课文的道理:美好的生活要靠劳动创造,只顾眼前、不想将来的鼠目寸光的人,以侥幸心理对待生活,在灾难来临时就会付出惨重的代价。

根据二年级学生学情及教学规划,《寒号鸟》一课共安排两课时的精读教学,教师进一步分解了课时目标,本课作为第一课时,具体目标如下:

1. 在语言环境中正确认读"号、堵、缝"等 9 个生字,读准多音字"号、当";在田字格中正确书写"脚、朗"等 4 个汉字。

2. 借助拼音正确、流利地朗读课文,分角色读好寒号鸟和喜鹊之间的第一次对话。

3. 在阅读中了解寒号鸟和喜鹊不同的生活环境以及对待做窝的不同态度。

根据教学目标,教师设计了"回顾寓言,认识主人公""初读课文,整体感知""发现喜鹊和寒号鸟窝的不同""对比喜鹊和寒号鸟的不同表现"和"指导书写,练习写字"五个环节。其中环节三和环节四是重难点目标 3 达成的关键,分别对应了两个学习活动:一是用相关的数量词短语来介绍寒号鸟和喜鹊这一对邻居的生活环境;二是找出喜鹊和寒号鸟对于做窝的不同表现,推测人物的想法及态度。

从教学目标和教学内容来看,教师能够从单元到单课再到课时进行整体性的设计,目标和内容一一对应,并以"初步讲述故事的道理"为主线,通过教学帮助学生形成了"明确故事中的人物——发现人物不同结局——找出人物不同表现——推断人物不同态度——总结提炼故事道理"的寓言故事阅读路径,并在阅读的过程中通过随文识写、朗读指导来达成学生对语言表达多样性的感知。

（二）教学中的幼小衔接要点分析

由于本课的教学安排在二年级第一学期的期中阶段,学生已经有了一年又两个月的小学语文课堂学习经历,幼小衔接的过程基本进入下半程。因此,大部分学生对于倾听规则、识字写字与阅读表达等方面的能力已经基本建立。从本单元和单课的重难点目标及内容出发,来梳理学生从幼儿园、一年级再到二年级在语文学习上的衔接要点,主要有以下几点:

1. 倾听习惯层面:在语文学科学习中,倾听是学生表达与交流的基础,在二年级上半学期,学生应该从幼儿园的"能在集体中安静倾听他人讲话"逐渐向"能认真倾听他人讲话,努力了解讲话的主要内容"过渡。这里"努力了解讲话主要内容"的"倾听"在"能动性、专注性、耐心和理解性"四个层面提出了更高的要求。即学生需要主动倾听、能通过长时间的倾听参与课堂活动并达成理解。

2. 识字写字层面:识字要进一步关注多音节字、词语在语境中的认读,写字要进一步关注结构相似字的一般规律和区别。特别是从识字角度看,幼儿没有具体的识字量要求;一年级上下两册教材的识字量分别为 280 字和 400 字,多音字的出现分别为 4 个和 6 个;二年级上的识字量增加到 450 字,多音字在本册教材中出现了 23 个,比例明显增加。本课中"号、当"两个多音字皆为易读错字,需要重点关注多音字在语境中的意思和读音。同时,像"缝、衔、勤劳"等字词难读且比较抽象,需要教师重点基于学生原有的学习经验、生活经验推进理解和识记。

3. 阅读表达层面：阅读要从简单信息的提取、简单看法的表达过渡至对语言由表及里的理解；表达要从关注简单、零碎地讲述内容过渡至完整、连贯地讲述，注意语言表达的多样和丰富。梳理《上海市幼儿园办园质量评价指南》和《义务教育语文课程标准》，针对学生的阅读能力的要求有这样的描述：

幼儿园/语言与交流领域："前阅读与前书写"维度/水平 5（部分）	小学/课程目标/第一学段"阅读与鉴赏"（部分）
1. 阅读图书及听故事后能发表自己对作品的看法。 2. 能初步感受文学作品中的语言美。	1. 结合上下文和生活实际了解课文中词句的意思，在阅读中积累词语。 2. 阅读浅近的童话、寓言、故事，向往美好的情境，关心自然和生命，对感兴趣的人物和事件有自己的感受和想法，并乐于与他人交流。 3. 诵读儿歌、儿童诗和浅近的古诗，展开想象，获得初步的情感体验。

可见，对于故事类作品的阅读要求从幼儿园至小学是一脉相承的，学生要从幼儿园毕业时的水平 5 发展至第一学段（即二年级结束时）的标准，还需要进一步做好过渡衔接。在一年级阶段，对于"在阅读后发表看法"有两次明显的训练，一是上册第七单元"联系学生的生活实际，理解课文内容"；二是"根据课文信息作简单的推断"，而这些，都是建立在学生能够"联系上下文，结合生活经验理解词句的意思"的基础之上的——读懂词，进而读懂句子的意思是二年级学生阅读能力与幼儿阶段、一年级衔接、进阶的重点。基于此，学生在学习本课《寒号鸟》时指向阅读与表达的关键衔接点有三条：一是能够借助提取到的信息，用自己的语言完整连贯地描述人物生活环境；二是能够找出不同人物角色的不同表现，能初步读懂句子的意思，理解和判断喜鹊是勤劳的、寒号鸟是懒惰的；三是通过分角色朗读来表现人物的特点，获得情感体验。而本单元要求学生能够"初步体会课文讲述的道理"，就需要进一步在第二课时帮助学生从多次表现中推断或归纳人物的态度或观点，并将这种态度或观点与他们的生活环境、结局建立联系，综合起来进行思考与表达，才能达成目标。

二、关键事件描述

关键事件一：吊儿郎当，语文课上初现"小哪吒"

课前两分钟诵读中，学生们都穿着校服，坐得很端正，在小干部的带领下背诵古诗、日积月累名言。小 G 是唯一一位没有穿校服的孩子，他的衣服脱了一半，挂在肩膀上。他的嘴巴一开一合，却没有发出诵读的声音，一会儿自言自语，一会儿脱衣服，一会儿吃手指，显得比较随意。在正式上课师生问候后，情况有所收敛，能够静下心来倾听。

3 分钟后,教师已经完成第一环节,明确了文中的两个主人公,对多音字"号"正音后进入初读感知环节,出示第一个学习要求"1.朗读课文,读准字音,读通句子;2.标记自然段号;3.想一想寒号鸟和喜鹊的结局分别是什么。"可是,在其他同学读学习要求时,小 G 先人一步,直接翻开书本,开始标自然段序号。而在其他同学开始读课文时,小 G 已经标完了序号,拿出荧光笔,开始对照书后词语表画词语。这时,老师发现了小 G 没有张口读书,上前轻轻地叫了一声"小 G",于是小 G 向老师点了点头,放下了手中的笔,手指点书装着开始读课文。

关键事件二:集中发言,"小哪吒"有成功与失败

在课堂开始后的 7—12 分钟这 5 分钟时间,是小 G 在本节课中注意力最为集中的时间,连续主动举手发言,并被老师指名回答了三次。

第一次是老师在学生读完课文后,出示"喜鹊住在(　　　　),寒号鸟却(　　　　)",小 G 很激动地把手举到最高,回答:"喜鹊住在窝里,寒号鸟却在石崖上。"老师追问:"寒号鸟最后怎么样了?"小 G 才反应过来,立刻调整了自己的表达:喜鹊住在窝里,寒号鸟却在石崖上冻死了。

第二次是老师指导正音"当"时,请学生组词,小 G 不仅读准了第四声,还顺利组词"当作",获得了老师的肯定后,小 G 美滋滋地坐下,晃着小腿继续听课。

第三次老师要求"用上数量词短语介绍一下这对邻居",小 G 依然第一个举手,磕磕巴巴说:"山脚下……的一座石崖,寒号鸟……把缝当作窝,喜鹊住在……一棵杨树上。"老师基于他的回答点评并继续推进:"谁能用上这些数量词短语,再来流利地说一说。"没有得到正向的回应,小 G 显得有点丧气。在此后的 10 分钟时间里,小 G 几乎没有认真倾听其他学生的表达,也没有参与集体朗读,一边听课一边继续用荧光笔画词语。

关键事件三:从那以后,"小哪吒"开始看漫画

在课堂教学进行至 22 分钟时,教师请学生完成第二个学习活动,即"用直线和曲线分别画出喜鹊和寒号鸟怎么做窝",小 G 画出了喜鹊的相关句子,却未画出寒号鸟的句子。此时老师一边巡视,一边提示"要画完整的句子,看看两个人物有不同的做法,自己有没有漏画"。小 G 在旁听到提示,立刻在语文书上补画了写寒号鸟的句子,同时在反馈交流中还回答了两个问题。

问题一是在小 G 走神的时候,教师点名提问:"东寻西找就是把?"小 G 回神很快:"每个地方都找了一遍"。小 G 接得很好,老师却没有给出评价,继续推进课文"只为收集他做窝的材料"。

问题二是接着上个问题后,老师继续提问"它为什么要找枯草来做窝",小 G 主动发言:枯草不是绿绿的,有点干。教师肯定他的回答"枯草黄黄的、软软的,用来做窝很合适"，小 G 自己笑笑，很满足，于是拿起笔对着嘴吹了起来。

虽有了成功的经历，但看得出，小 G 的状态已经明显不如刚进入课堂的那 10 分钟，又开始画词语并轻声自言自语起来。在书上画完所有的课后词语后，他可能觉得无事可做了，开始从桌肚里找出漫画书看。在课堂接近尾声，老师要求同桌两人读对话时，他能够配合，但也是在同桌读的时候看漫画书，轮到自己了就应付着读一读。就这样，看漫画书的状态一直持续到打铃。

三、基于观察的思考

据了解，范老师既是这个班的班主任，也是他们的语文老师。课后，我向范老师了解了小 G 的情况。范老师打趣地说："小 G 就是国产漫画《哪吒之魔童转世》里的哪吒，能量巨大的混元珠。不过他现在已经好了很多，你不知道，一年级时就是年级里的捣蛋大王。"从课堂观察以及与老师的交流来看，小 G 在一年级入学前就有一定的识字基础，能够进行自主阅读，且阅读能力比一般孩子强，交流中能够用比较精确的语言表达自己的想法与诉求。但是，受家庭教育的影响，他的学习习惯、自律性较差，缺少规则意识，作业情况和融入集体学习氛围的情况有待改进。因此，就本节《寒号鸟》第一课时的学科教学内容而言，对小 G 的难度不高，他几乎是顺着兴趣，在一种较为放松的状态下参与课堂；但从他的发言情况来看，学习习惯仍是影响了他从"阅读"到"理解"再到"表达"的过程，对本节课的目标达成度是不高的。以下，就从小 G 的课堂表现出发，再来审视本节课在设计与实施中的得与失。

（一）亮点分析

1. 对特殊学生给予极大的关注，建立良好的课堂氛围，促进倾听的能动性、专注度和理解力的发展。能够看得出，从小 G 进入小学的这一年多的时间里，"学习习惯"的衔接是老师对于这个特殊的个体最为关注的地方，衔接点主要聚焦于：能在集体中安静倾听他人讲话并能给出回应——尽可能地在小 G 可接受的情况下提示他认真倾听，做到能跟进学习活动、有理解性的表达。在本节课的 35 分钟内，教师直接点名提醒小 G 1 次，指名发言 5 次，对于一个有着 40 位学生的大集体而言，这样的关注频率不算低。教学刚开始的第一次点名，同学都在大声读课文，在大家不经意的时候教师轻轻点名（关键事件一），点到为止，给予提醒的同时也做到了尊重，这保证了小 G 在此后十多分钟的学习投入。在完成学习活动二时，教师巡视，走过小 G 身边时发现他漏画句子，不刻意地提示也让小杰重新思考，并参与集体阅读活动。而在课堂最后 15 分钟，小 G 明显不在状态的情况下，教师能够通过随机问话尽可能拉回他的专注力——尽管最后仍没能将他从漫画中完全拉回，从小 G 整节课的表现看，他至少有 15 分钟是全情投入课堂的，剩下的时间，他也有一半的注意力在课堂中，始终没有完全脱离课堂，且没有影响其他同学。这是一年里老师持续关注特殊学生的倾听情况、并通过实际行动给予最大的宽容和尊重的结果,值得肯定。

2. 巧用教材插图,增强可视化互动,唤醒学生阅读与表达兴趣。本节课中,小G 投入度最高的时候是第一次学习活动后的交流阶段(关键事件二),一方面是他的回答通过老师的追问、评价得到了认可,获得了成功的体验,另一方面也和教师图文并茂、互动性较强的教学实施相关。在"了解人物生活环境"的环节,老师出示课文的第一幅插图,让学生观察图片中的事物,并试着用量词来描述、在媒体上指出这些事物。学生显示出较大的兴趣,"一只寒号鸟、一堵石崖、一道缝、一条河、一棵树"等在学生踊跃的交流中被提炼出来。这个过程中,小G 也不例外,他和其他同学一样,积极观察,踊跃举手。当下一个问题"用上这些数量词短语串联起来介绍一下这对邻居"接踵而至时,其他同学突然静默,小G 仍是第一时间就举起了手。其实,这是本节课中思维含量比较高的一个语言实践活动,不仅要求学生能把老师正音的"堵、缝、当"等字音说准确,还要求以一定的逻辑顺序串联,使自己的表达更完整流畅。在小G 不太成功的尝试后,反而陆陆续续举手的同学更多了,可以想来,学生一开始的静默,是他们对问题的深度思考,可能在心里默默地尝试了一下;而对于"电量充足"的小G 来说,他乐于挑战,却耐心不足,等不及思考。可见,这样的图文结合、可视互动的活动,尽管具有一定挑战,却是吸引学生参与的,也只有在学生自主表达的过程中再读课文,才能够想象文本画面,真正理解这一对"邻居"的不同住处。

3. 建立识字与生活、文本与生活的关系,达成对词句的理解。比如,第二个学习活动是找找寒号鸟和喜鹊对于做窝的不同做法的句子,学生找句子容易,要真正达成理解,真正体会喜鹊的勤劳和寒号鸟的懒惰却不易。教师把喜鹊"衔回来一些枯草"的画面呈现,让孩子结合生活经验去思考和想象:喜鹊为什么要"东寻西找"地去找枯草? 找到了,怎么把枯草衔回来的? 当这样的问题和学生生活建立关联,也就产生了兴趣的链接和意义理解的链接——小G 在整节课的后半部分也只对这个问题产生了一点交流的兴趣。(关键事件三)在交流中,学生发现,枯草一般都是黄黄的草,没有水分,喜鹊做窝比较柔软干燥;而"衔"的方式说明他每次只能用嘴巴运一两根枯草,虽费时费力,但它仍然"忙着做窝",很勤劳。"勤劳"是抽象的词汇,通过联系生活的想象,既解决了在语境中对"衔""枯"两字意思的理解,也达成了对"喜鹊勤劳"这一形象的具象理解,这是从"联系上下文理解词语"转向理解句子、理解文本的有效衔接。

(二) 改进建议

1. 针对低年级特殊学生的个体评价,应更加关注习惯与集体意识的渗透,以促进他们的自我约束和持续投入。从小G 的几次发言来看,对于他学习习惯养成及语言发展促进最大的，是第一次。老师通过追问，提示他寻找寒号鸟的结局，优化了自己的回答并得到肯定。但后面的几次，教师对于小 G 回答的评价都比较简单，几乎都是围绕他是否回答正确给出的，甚至有的没有给予评价，这可能是小 G 会在课上一心二用的原因之一。对于这样一个倾听的专注力、耐心难以持久的孩子，教师在个体评价时不仅要关注内容的正确性，还要关注习惯态度的正向性引导。比如，第二次表达出现问题时，可以说"你是第一个勇于尝试的同学，真好。如果能像同学一样，静静思考一下，想清楚再说，也许就能更连贯了。听听其他同学怎么说，等会再给你一个机会，好吗？"如果这样评，也许后面的 10 分钟就不会失去自我约束而开始画词语了。

除了对于个体的评价外，还可以关注个体在集体之中的良性自我评价。教师在教学设计时加入学校特色"星慧"评价，根据学生个体的表现来给小组加星，是很好的做法。但是，在实施中却没有用好，整节课四个小组只加了三颗星，并未起到激励和良性竞争的作用。试想，当小 G 回答问题后，在肯定他的同时以他的名义来为小组加星，是否能对他在集体中建立荣誉感，进而推动他持续投入呢？

2. 关注语文实践活动中思维的进阶性，设计具有合作性、探索性、能动口动手的学习活动，以激活学生的阅读与表达。回顾整节课，小 G 不那么专注的近 20 分钟发生在什么时候？几乎都是在个体或集体朗读、教师碎问碎答的时间——而很碰巧的是，只要有一个学习活动的推进，他就会"回个神"，又为什么呢？我想是因为他既动手画句子了、又动脑子思考老师提出的问题了。很明显，他更喜欢有挑战性的任务。

本节课上，除了讲述生活环境、探究衔枯草的环节具有一定的思维力度外，几乎没有看到其他挑战性任务，环节三"发现喜鹊和寒号鸟窝的不同"和环节四"对比喜鹊和寒号鸟的不同表现"的两个学习活动没有建立联系并提升思维含量。教师在引导体会喜鹊和寒号鸟人物特点上花了过多的时间，且几乎都是一个接一个、点对点的简单小问题，没有引导学生围绕主要问题或是人物说话的语言内容、语言特点展开合作和讨论，这段时间，一大部分的学生整体学习效益不高，小 G 只是因看"漫画"行为成为其中外在表现最显性的一个——他也许觉得，这些内容老师不讲也能明白。试想，如果我们以"喜鹊"为中心先进行集体交流探究，再以"寒号鸟"为中心组织学生开展第三次学习活动，即圈画能够说明寒号鸟懒惰的词语，用恰当的语气读相关语句来体现对"懒惰"的理解，建立由学到习的迁移过程，是否就能增加学生参与面，节省出指导写字的时间？

小 G，一个思维活跃却又我行我素的"小哪吒"，他在用"漫画"对课堂的低效发起对抗，提醒我们：低年级的语文课，既需要有逐步提高的思维含量，也需要有动手动脑的合作学习活动，这样才能构筑学生的思维与表达，让他们在"语言实践"中得以发展。

点评：

这个案例生动地展现了小学语文幼小衔接阶段，教师如何关注个体差异，并通过教学设计调整，帮助学生融入课堂并提升学习效果。小 G 的"小哪吒"形象，体现了部分孩子进入小学后，学习习惯、规则意识等方面的不适应，同时也展现出他们思维活跃、富有创造力的特点。范老师对小 G 的关注和引导，体现了教师对特殊学生群体的关爱和支持，通过及时提醒、正向评价和建立集体荣誉感，帮助学生逐步建立良好的学习习惯，并积极参与课堂活动。案例中，教师利用教材插图，增强可视化互动，唤醒学生阅读与表达兴趣，并通过联系生活实际，帮助学生理解抽象词语，体现了幼小衔接阶段，将学习内容与生活经验相结合的重要性。然而，案例也反映出教学设计在思维进阶性方面存在不足，过于简单的碎问碎答难以激发学生的参与热情，导致部分学生注意力分散。建议教师设计更具挑战性、合作性和探索性的学习活动，例如小组讨论、角色扮演等，以激活学生的思维，促进其深度学习。总而言之，这个案例为小学语文幼小衔接提供了宝贵的经验和启示，强调了教师关注个体差异、调整教学策略的重要性，同时也指出了未来改进的方向，值得我们深入学习和借鉴。

案例二十

聚焦课堂"小溜号"

——以一年级《秋天》一课中对焦点学生小 C 的观察为例

学校：封浜小学	班级：一(6)班	课题：《秋天》
焦点学生：小 C	执教教师：杨碧君	观察教师：魏佳

一、课例描述

(一) 教学目标和内容分析

《秋天》一课是一年级上册的第五单元的第一篇课文，本文抓住天气、树叶、天空、大雁等事物的特点，描写了秋高气爽、黄叶飘落、北雁南飞的景象。本单元是第一个阅读单元，围绕"四季之美"这一主题编排了《秋天》《江南》《雪地里的小画家》《四季》四篇课文。这些课文题材丰富，体裁各异，语言简洁明快，亲切自然，唤起学生对四季的感受，激发学生对大自然的喜爱之情。本单元的语文要素是"借助拼音正确朗读课文"，这也是低年段语文教学的重要任务，作为第一个阅读单元，从一开始就要提醒并鼓励学生借助拼音正确朗读，读准字音，通过倾听、模仿、比较，不断提高朗读能力。

基于本单元语文要素，《秋天》一课的教学目标为：

1. 认识"秋、气"等 10 个生字和木字旁、口字旁、人字头 3 个偏旁。认识笔画"横撇"。在田字格内正确书写"了、子、人、大"。

2. 借助拼音正确朗读课文，背诵课文。读准"一"的变调。

3. 初步认识自然段，知道课文一共有三个自然段。

4. 结合插图，初步了解秋天的特征，知道秋天是个美丽的季节，激发学生对大自然的热爱之情。

针对一年级学生的认知特点和教学规划，本课分为两个课时，第一课时的教学目标如下：

1. 认识"秋、气"等 6 个生字和木字旁、口字旁、人字头 3 个偏旁。认识笔画"横撇"。在田字格内正确书写"了"。

2. 借助拼音正确朗读课文；初步认识自然段，在自然段前编上序号；读准"一"的变调；背诵课文第一自然段。

3. 结合插图初步了解秋天的特征，感受秋天是个美丽的季节。

根据教学目标，教师设计了"情境导入，揭示课题""初读课文，整体感知""了解天气和树叶在秋天的变化""游戏巩固，加深印象"和"认识笔画，指导写字""回顾总结，布置作业"六个环节，其中环节二和环节三是重难点目标 2、3 达成的关键，分别对应了两个学习活动：一是通过听录音、自由练读、指名读的方式引导学生正确朗读课文，读准字音；二是通过观察图片、联系生活等方式感受秋天天气和树叶的变化。

从教学目标和教学内容而言，教师可从单元至单课再到课时进行整体规划。目标与内容相互匹配，以"感受秋天的特点"为主线，引导学生构建"认识秋天的景象——发现秋天的变化——找出秋天里动植物的状态——体会秋天独特的氛围"的阅读路径，并且在阅读过程中利用多样的朗读指导和朗读训练，达成本单元"借助拼音正确朗读课文"，并通过甲骨文识字、加一加等方法进行随文识字，落实本单元识字教学目标。

（二）教学中的幼小衔接要点分析

1. 朗读与表达方面：在幼儿园阶段，朗读更多地表现为一种自然的语言表达活动，主要侧重于对语言的初步感知以及兴趣的培养幼儿园孩子的语言表达，较为随意和简单。小学一年级则开始规范语言学习，小学第一学段则非常清晰地明确了朗读的能力要求，即"学习用普通话正确、流利、有感情地朗读课文"。本课的教学目标中"读准'一'的变调。"也对学生的朗读能力提出了更高的要求。

2. 识字写字方面：在幼儿园时期，教师通常不会专门进行识字教学。而在一年级上册的教材中，要求学生会认的字为 280 个。《秋天》一课要求学生识记的生字有 10 个。依据教学目标,在第一课时的教学中,学生需要学习认识 8 个生字和 3 个偏旁。此外,在幼儿园阶段对于书写汉字的要求仅为会正确书写自己的名字,实际教学中也会涉及写 1 至 10 的阿拉伯数字,但并没有规范的笔顺和位置要求,并且,在写画姿势的指导上也不够明确。相比之下,小学阶段的写字教学目标则较为具体。一方面,要关注学生良好书写习惯的培养,确保写字姿势和握笔姿势正确,做到"一尺、一拳、一寸";另一方面,要重视书写能力的提升,例如,在书写"了"字时,笔顺要正确,弯钩需写在竖中线上。

3. 阅读与鉴赏方面:在当前的幼儿园阅读教学中,普遍采用的内容是文字与图片兼具或者仅有图片的绘本,通过丰富多彩的图片来帮助孩子理解文字的内容,吸引孩子的阅读兴趣。而小学阶段,学生要从看图读故事向对书面句子理解转变,并逐渐养成阅读文本,从文本中提炼关键信息的能力。在幼儿园阶段,孩子可能更多是通过直观的感受,如户外活动时感受到天气凉了,来体验季节变化,而在课文阅读中,《秋天》一课描述了秋天的多种特征,如天气变凉、树叶变色、大雁南飞等。孩子可以通过阅读这些描写,初步感知秋天的独特之美,他们可以从文字描述中更深入地领略秋天的美,培养对自然景色的审美能力。

二、关键事件描述

关键事件一:不受重视,"小溜号"也有苦恼

在课堂刚刚开始的时候,小 C 面对这位之前从未接触过的杨老师,显得格外乖巧。他努力做到身坐正、脚放平,一心想要给新老师留下一个良好的印象。在导入环节,杨老师首先请学生拼读生字"秋",小 C 立刻表现出极高的参与热情,第一个将小手高高举起,然而杨老师并没有请他来回答问题。此时的他,就像一个泄了气的皮球,开始抠抠鼻子,玩玩手指,也不再听其他同学的发言了。紧接着,杨老师又提问"谁能想好办法记住'秋'字?",他依旧迅速地举起了自己的小手,可这一次老师还是没有请他来回答问题。从这一刻起,小 C 便沉浸在了自己的小世界里,一会儿摆弄面前的桌子,一会儿又把玩手中的尺子。他的整个身体松松垮垮的,始终无法保持端正的坐姿。

关键事件二:渴望表扬,"小溜号"尝试改正

在课堂教学的第 3 分钟到第 11 分钟,小 C 的状态整体还是比较散漫的,但有两次主动调整了自己的状态,按照老师的要求完成课堂任务并且能够坐端正。

第一次是到了整体感知环节,教师要求学生"自由朗读课文,思考秋天来了,什么有了变化?"并展示出一套清晰明确且极具激励性的评价标准,规定在朗读课文的过程中,若能做到坐姿端正,便能收获一颗星;若手指能够准确地指着书本逐字阅读,能收获一颗星;倘若能够读得通顺流利,可再得一颗星。这一评价标准一经提出,就如同给小 C 注入了一股强大的动力源泉,他瞬间调整了自己的状态,脊背挺直,双脚放平,坐得端端正正,全身心地投入到了自由朗读的环节之中。到了反馈环节,杨老师开始指名学生逐句朗读课文,小 C 又将自己的小手高高地举了起来,杨老师恰好点到了他。回答完问题后,他与之前判若两人,神情专注而认真,当其他同学朗读时,他也全神贯注地倾听着,但坚持不了多久"小溜号"又溜号了。

第二次是在认识了自然段序号后,杨老师请小朋友们自己动手在课文中标注自然段号时,他才不得不中断玩手指的行为。只见他先是慢吞吞地拿起笔,似乎还不太情愿从自己的小世界中脱离出来,然后才开始在课文中标记自然段号。可当他听到杨老师对其他小朋友的表扬,夸赞他们不仅动作迅速地完成了标自然段号的任务,而且还能保持端正的坐姿时,他的态度立刻发生了转变,突然加快速度,迅速地完成了标自然段号的任务,紧接着马上调整好坐姿,腰杆挺得笔直,眼睛亮晶晶地望着老师,眼神里满是期待,渴望着老师也能给予他同样的表扬与认可。

关键事件三：得到肯定,"小溜号"不溜号了

在上课的第 12 分钟至 18 分钟这段时间里,该生起初表现出了极高的参与热情,对每一个问题都积极举手,渴望得到老师的关注与回应。然而,随着老师一次次未点到他回答问题,他的注意力开始逐渐分散。先是摆弄起自己的手指,随后又用手不停地敲打着桌面,紧接着玩起了手中的笔,之后又拿起尺子,在课桌上比画着,甚至还拉扯起自己的衣服,将身边一切能玩的东西都玩了个遍。在大家进行开火车读生字的环节时,他完全沉浸在自己的小世界里,根本没有察觉到已经轮到自己了,导致整个教学流程在此处出现了短暂的卡顿。

直到第 24 分钟,杨老师在讲解数量词"一片片"时,巧妙地借助"跟着松鼠游秋天"的情境展示叶片飘落的动画,请学生帮小松鼠一起数一数,有几片叶子从树上掉下来了?有趣的动画瞬间吸引了他的注意力。紧接着,杨老师提问"生活中,我们还可以说一片什么?"激发了他的思考兴趣,他仿佛被重新点燃了学习的热情之火,再次高高地举起了手,并准确地回答出"一片面包"。这次被点名回答问题的经历,成为了他课堂表现的一个重要转折点。此后,他像是换了一个人似的,开始全神贯注地认真倾听杨老师的讲解,紧紧跟随教学内容的推进。当杨老师要求起立尝试背诵课文时,他迅速起身,表情专注,努力回忆着课文中的词句,流畅地进行背诵。在随后的游戏环节中,他更是表现得极为积极,眼神中透露出强烈的渴望,小手不停地举着,甚至因为没有被及时点名,着急地发出了"嗯嗯嗯"的声音,那副迫不及待的模样让人忍俊不禁。而当终于被点到名字后,他又开心地坐端正,带着满满的成就感参与到游戏当中。

到了最后的写字环节,他依然能够保持良好的学习状态,主动参与其中。只见他自觉地调整好坐姿,腰背挺直,双脚平稳地放在地面上,眼睛专注地盯着作业本。他认真地握住笔,一笔一画地书写着,每一个笔画都写得极为用心,努力按照老师的要求将字写得规范、工整。

三、基于观察的思考

（一）亮点分析

1. 有效评价，助力习惯养成

教师在课堂中建立了一套清晰且具有激励性的评价标准，如针对朗读姿势、指读及朗读流利程度分别设置星级奖励。这一举措极大地激发了学生的学习动力，使原本行为散漫的学生能够迅速调整状态，积极投入到朗读环节，并在后续的课堂活动中持续保持专注。这种以明确目标和奖励为导向的评价方式，有效地引导学生朝着正确流利朗读课文的核心目标前进，不仅规范了学生的课堂行为，还在潜移默化中培养了学生的自主学习意识，让学生明白达到怎样的学习标准能够获得认可与奖励，进而主动去追求更高的学习质量。

此外，教师善于利用学生群体中的榜样力量来促进习惯养成。在自然段标注环节，通过对动作迅速且坐姿端正的学生进行表扬，激发了小 C 的被表扬的欲望，他产生强烈的竞争意识和对表扬的渴望，从而促使他们迅速改变自己的行为，加快任务完成速度并端正坐姿。这种榜样示范的方法符合幼小衔接阶段学生的心理特点，他们对外部认可极为敏感，容易受到同伴表现的影响。教师巧妙地抓住这一特点，以正面榜样激励全体学生，使学生在追求表扬的过程中逐渐养成良好的学习习惯，如专注听讲、积极完成任务等，为今后的学习奠定了坚实的行为基础。

2. 情境创设，引领课堂脉络

整堂课，杨老师创设了跟着松鼠游秋天的情境，以松鼠的口吻来推动教学的开展——走进秋天、认识自然段、发现秋天的变化、感受秋天的美丽。以可爱的松鼠作为引导者，带领学生游秋天，这种情境创设极具趣味性。对于一年级的学生来说，动物形象往往具有很大的吸引力，能让他们迅速投入课堂情境中。学生们仿佛自己也变成了跟着松鼠一起探索秋天的小伙伴，极大地增强了代入感。在这种情境下，他们更愿意积极表达自己的所见所闻和感受。

杨老师借助情境，引导学生分析文本中的细节描写，例如，在引导学生学习"一片片"时，杨老师用语言引导学生"小松鼠来到了一棵大树下，树叶变黄了，瞧，叶子从树上落下来了，数一数有几片叶子"，进而引导学生理解叶子太多，数也数不清，可以用"一片片叶子"来形容。有趣的情境创设再配合精美的课件动画效果，瞬间就吸引了小 C 的注意力，将他的思绪重新拉回课堂。

（二）改进建议

1. 课堂关注的均衡性有待提高

从案例中可以看出，在课堂的中间段，由于教师未能及时点到小 C 回答问题，导致该生注意力分散，出现玩文具、衣物等行为，甚至在开火车读生字环节都未意

识到轮到自己,影响了教学流程的顺畅性。这表明教师在课堂提问环节可能没有充分考虑到每个学生的需求和情绪状态,未能做到均衡地给予学生参与回答问题的机会,使得部分学生的积极性受到打击,进而出现课堂游离现象。教师需要更加注重课堂关注的全面性和均衡性,制定合理的提问策略,确保每个学生都能在课堂上得到适当的关注和参与机会,避免因个别学生被忽视而导致其学习状态下滑,影响整体教学效果。

2. 设计更贴合学生实际生活的教学活动

设计更贴合学生实际生活的教学活动能极大地激发学生的学习兴趣和参与热情。当教学内容与他们的生活紧密相连时,学生更容易产生共鸣,主动投入到学习中。同时,这有助于学生更好地理解课文内容。通过实际生活中的体验和观察,学生可以将抽象的知识具体化,加深对知识的理解和记忆。同时,还能培养学生的观察力、思考力和创造力,提高他们解决实际问题的能力。

在《秋天》的课堂中,小C的转变就是从"联系生活想一想,生活中还可说一片什么"开始的,作为"小吃货"的他好像是来到了自己的舒适区,很快就想到了答案,这一次的回答成了他整堂课的转折点。在课堂开始时,也可以让学生分享自己印象中的秋天,可以是自己看到的秋天的景色,如树叶变黄、果实成熟;也可以是秋天里参加的活动,像秋游、采摘果实等。通过唤起学生自身的生活经验,使他们能够更快地进入课文所描绘的秋天的情境中。学习到"天气凉了"时,"凉"是一种不冷也不热的状态,学生较难准确地理解"凉"的意思,教师可以引导学生联系生活想一想,天气变凉了,我们穿上了怎样的衣服来感受秋天的温度变化。

3. 通过更丰富的课堂活动来提升学生的参与度

小C在课堂中总是溜号的表现,也恰巧说明了教师在课堂中没有给到学生足够的课堂参与空间。一年级语文课堂若想让更多学生积极投身其中并踊跃回答问题,丰富多元的课堂活动无疑是绝佳助力。例如,巧妙融入各种充满趣味的课堂小游戏,便能极大地激发学生的参与热情。在词语认读环节开展双排小火车游戏,相比较开单列小火车,双排小火车有更多学生能参与进来,如此一来,学生们既能在朗读中加深对词语的记忆,其他学生又能在倾听与评判中提升自身的专注力和语言感知能力。或是邀请同学化身小老师带领大家朗读生字,这一举措不仅给予学生展现自我的舞台,增强其自信心与责任感,更能让台下的同学们在认真跟读与倾听的过程中,对生字的读音和字形有更为深刻的印象。而面对那些颇具挑战性的难题时,安排同桌之间展开合作思考,或是引导学生紧密联系自身的生活实际去深入探究问题,都有助于拓展他们的思维深度与广度,联系生活去思考问题对一年级学生而言也更加简单易懂,使得他们更加愿意参与到课堂学习中。

通过这些丰富多样的活动方式,课堂氛围将变得更加生动活泼,学生的注意力被牢牢吸引,良好的学习习惯也在潜移默化中得以养成。他们会逐渐学会专注倾听他人的发言,积极主动地思考问题,进而在认识生字、流利朗读课文以及理解课文内容等重要的课堂教学目标上取得更为显著的成效,为语文素养的全面提升奠定坚实基础。

点评:

魏老师的观察案例聚焦于一年级《秋天》课堂上一个典型的"小溜号"学生小C,为我们生动呈现了幼小衔接阶段学生在课堂上的行为特点及其背后的心理需求。这个案例深刻揭示了幼小衔接学生在课堂上的不稳定性和对关注、认可的强烈渴望,同时也为一线教师提供了极具启发性的教学反思与改进方向。

从教学设计来看,杨老师通过情境创设、游戏互动等方式,试图激发学生的兴趣,但在课堂互动环节,小C因多次未被点名回答问题而逐渐失去兴趣,甚至出现"溜号"现象。这说明教师在课堂关注的均衡性上存在不足。对于幼小衔接的学生来说,他们正处于从幼儿园游戏化学习向小学规范化学习过渡的阶段,对课堂的关注和参与有着更高的期待。教师需要更加敏锐地捕捉每个学生的情绪变化,及时给予关注和鼓励,避免因忽视而导致学生注意力分散。此外,小C在课堂上的行为变化也提醒我们,教学活动的设计应更加贴合学生的生活经验。小C的"溜号"现象反映出课堂活动的单一性可能导致学生注意力难以集中。因此,教师需要设计更多形式多样的课堂活动,以满足学生的好奇心和探索欲。

魏老师的观察案例为我们提供了一个鲜活的视角,让我们深刻认识到幼小衔接阶段学生在课堂上的特殊需求。一线教师应从关注学生个体差异、设计贴合生活实际的教学活动以及丰富课堂互动形式等方面入手,为学生创造一个更加积极、有趣、包容的学习环境,帮助他们顺利过渡到小学阶段的语文学科学习生活中。

案例二十一

从"游离"到"蜕变"

——以二年级《玲玲的画》一课中对焦点学生小汤的观察为例

学校:迎园小学	班级:二(1)班	课题:《玲玲的画》
焦点学生:小汤	执教教师:朱晶琳	观察教师:施云霞

一、课例描述

(一)教学目标和内容分析

《玲玲的画》是人教部编版小学语文二年级上册第三单元第5课的课文,是一篇富有教育意义的故事,讲述了玲玲不小心弄脏画作,在爸爸的启发下,通过思考和创新,巧妙地掩盖了污渍,通过创意将其变成一幅美丽画作的故事,传达了积极面对困难的信息。这个故事不仅展示了儿童在面对困难时的思考和创造力,还传达了生活中只要善于思考,劣势也可能转化为优势的道理。

本单元的主题是"儿童生活"。这一单元以"儿童生活"为主题,通过不同的故事和课文,展现了儿童在生活中的各种经历和情感变化。本课的教学内容旨在通过识字、写字、朗读和讨论,培养学生的语文素养和解决问题的能力。基于此,教师设计了本课的教学目标如下:

1. 会认读"玲、详"等 15 个生字,会写"画、幅"等 10 个字,理解"得意、端详"等词语的意思。

2. 能正确、流利地朗读课文;借助板书,能用上"得意、伤心、满意"这 3 个词语,讲述故事。

3. 能联系生活,说出对"只要肯动脑筋,坏事有时也能变成好事"这句话的感受或想法。

(二) 教学中的幼小衔接要点分析

《玲玲的画》篇幅短小却一波三折,是一篇让人颇受启发的小故事,因此也十分适合幼小衔接阶段儿童去阅读。本课主要在于培养学生的识字写字能力,以及通过阅读和讨论提升学生的语言表达和思维能力,从而提升阅读素养和综合素养。同时能够通过故事内容联系实际生活,发展其批判性思维和创造性思维,引导培养积极的生活态度和解决问题的方法,其幼小衔接要点如下:

1. 识字与阅读技能:《玲玲的画》作为部编版小学语文教材的一部分,旨在帮助孩子们认识和书写新的生字。在幼小衔接阶段,孩子们需要逐渐建立识字和阅读的基础,这有助于他们更好地适应小学的学习要求。

2. 情感认知与表达:故事通过玲玲的情绪变化(得意、伤心、满意)帮助孩子们认识和表达自己的情感。在幼小衔接阶段,孩子们需要学会理解和表达自己的情感,这对于他们的社交能力和情感发展至关重要。

3. 生活态度的培养:《玲玲的画》通过故事情节展示了面对问题时的积极态度。故事中,玲玲的画被弄脏了,但她在爸爸的引导下,通过动脑筋将坏事变成了好事。这教会孩子们在遇到问题时不要轻易放弃,而是要积极寻找解决办法。

4. 思维能力与问题解决:故事鼓励孩子们在遇到问题时动脑筋思考,这是培养孩子们思维能力和解决问题能力的重要途径。通过故事,孩子们可以学习到如何将不利的情况转变为有利的机会。

因此,《玲玲的画》不仅是一个有趣的故事,也是幼小衔接教育中一个很好的教学资源,它帮助孩子们在情感、认知、社交等多方面做好准备,顺利过渡到小学生活。

二、关键事件描述

关键事件一:自由朗读时的"游离"

今天,朱老师带来了一篇新的课文——《玲玲的画》。小汤同学,一个活泼好动的孩子,坐在教室的一角,眼睛里闪烁着好奇的光芒。

自由朗读开始了,小汤同学拿起书本,但很快他的注意力开始游离。他的眼睛虽然盯着书,但心却飞到了九霄云外。他情不自禁地玩起了手中的笔,完全忘记了老师的要求。朱老师注意到了这一点,轻轻地走到他身边,提醒他:"小汤,找到与图画对应的自然段了吗?"小汤一愣,这才回过神来,开始在书上飞速地寻找。

关键事件二:交流表达时的"得意"

阳光透过窗户,洒在了教室的每一个角落,经过朱老师的提醒,小汤同学逐渐可以跟上老师的上课节奏,但是仍有心不在焉的情况。

此时,朱老师提出了关于玲玲心情变化的问题"玲玲的画在不断变化着,她的心情是怎样的呢"。听到这儿,小汤同学的眼睛突然亮了起来,他迅速在课文中找到了"得意"这个词,并勇敢地举起了手,他期待地看着老师。果然,朱老师点名请小汤同学回答,他立即站了起来,大声地回答了"得意"一词。老师表扬了他,并把"得意"写在了黑板上,此时,课堂上响起了一片掌声。小汤的嘴角微微上扬,他感到了前所未有的自信和得意。

关键事件三:思维拓展时的"蜕变"

接下来的课堂学习中,小汤同学都表现得比之前专注、认真。

在讨论到"只要肯动脑筋,坏事有时也能变成好事"这一问题时,小汤同学有一次积极发言。他分享了自己在生活中遇到的类似情况,讲述了自己曾经也是一次不小心打翻颜料,却意外创作出一幅美丽画作的经历。他的话语流畅,表达清晰,展现了他在语言表达和词汇运用方面的能力。他的分享再一次赢得了同学们和老师的掌声,掌声在教室里回荡……

三、基于观察的思考

(一) 亮点分析

幼小衔接是儿童从幼儿园过渡到小学的重要阶段,对于儿童的全面发展具有重要意义。本堂课教师、教学基于学生低年龄段身心特点及二年级的学情开展,有着以下亮点:

1. 发展的教育理念——基础

教师需要从传统的小学化教育观念转变为更加关注儿童身心发展规律的教育观念。这要求教师不仅要关注儿童的知识技能,还要关注儿童的情感、社会适应能力以及学习兴趣的培养。例如:课上朱老师关注到了游离在课堂之外的小汤同学,给予了他提醒,随之对小汤同学的回答做出了很大的肯定,这给了他很大的信心,使得原本游离在外的小汤同学回到了课堂里。因此,在课堂上教师结合低年级学段学生的身心特点应给予学生更多的表扬、肯定和鼓励,这样可以逐步提升学生的学习自信心。

2. 有效的教学指导——赋能

幼小衔接的有效指导需要遵循科学的方法和策略。课堂中,小汤同学表现出了明显的进步,从最初的游离状态到积极参与到自信发言分享自己的观点,在交流表达环节,小汤同学能够准确抓住课文中的关键词语理解课文;在思维拓展环节,小汤同学能够积极思考并巧妙地结合个人经历进行分享等,这些都显示了在教师的有效引导下,其适应能力和学习能力的逐步提升。

(二) 改进建议

1. 开展趣味学习,激发学习兴趣

兴趣是最好的老师,教师应根据儿童身心发展和年龄特点,调整教育内容和教学方法。在小学一二年级阶段,应采取游戏化、生活化、综合化的教学方式,在教学环节中可以设计更多的互动性活动,辅助学生学习,减缓教学进度,以适应有效过渡,提高学生的参与感和兴趣度。

2. 关注个体差异,探索幼小衔接

小学生特别是幼小衔接的低年级段学生在课堂问题行为的表现存在着不同的差异,因此教师应充分了解学生在课堂上的差异,适当调整学习节奏,让更多学生有效参与课堂。同时,教师可以通过多角度调研,了解儿童在过渡期的需求和困惑,并制定相应的教育方案,探索有效的双向衔接。

3. 开展阅读指导,提高阅读素养

对于小学阶段的低年级学生而言,从爱阅读到会阅读,这两者之间还是需要教师给予一定的指导,不同于幼儿园阶段,学生的阅读还是要有一定的思考。教师可结合每单元的单元主题推荐书目开展阅读指导,如:《玲玲的画》所属单元的主题是"儿童生活"就可以向学生推荐相关的课文阅读书目,引导学生通过故事五要素或几个关键的问题去把握阅读方向,在阅读中学会思考,提升阅读理解和想象能力,提高学生的阅读素养。

点评:

施云霞老师的观察案例《从"游离"到"蜕变"》展现了其对幼小衔接阶段学生学习特点的敏锐洞察和有效教学策略的运用。案例聚焦二年级学生小汤同学在《玲玲的画》一课中的学习过程,通过细致观察和描述,展现了小汤同学从注意力不集中到积极参与课堂,再到自信表达观点的蜕变过程。施老师准确把握了幼小衔接阶段学生的身心发展规律,强调了"发展的教育理念"和"有效的教学指导"的重要性。她指出,教师应关注学生的情感、社会适应能力和学习兴趣的培养,并采取游戏化、生活化、综合化的教学方式,激发学生的学习兴趣,关注个体差异,开展阅读指导,从而提高学生的阅读素养和综合能力。施老师的观察案例提醒我们在幼小衔接阶段要关注学生的个体差异,采取有效的教学策略,帮助学生顺利过渡到小学生活。

案例二十二

语文课上遇"悟空"

—— 以一年级《比尾巴》一课中对焦点学生小 T 的观察为例

学校:嘉定区紫荆小学	班级:一(4)班	课题:《比尾巴》
焦点学生:小 T	执教教师:黄奕欣	观察教师:李为陈

一、课例描述

(一) 教学目标和内容分析

《比尾巴》一课是一年级上册第八单元的第二篇课文,本单元以"想象"为主题,编排了富有想象力的诗歌、散文和具有思辨性的寓言故事,属于"文学阅读与创意表达"学习任务群。《比尾巴》一课以三问三答的形式,介绍了六种动物尾巴的特点。全文句式整齐,富有节奏和韵律,读起来朗朗上口,简明易懂,充满了儿童情趣。本单元主要学习内容是"帮助学生初步建立句子的概念,继续加强朗读训练,读好问句、长句子,读出人物角色的语气"。在课文读正确、读流畅的基础上,要着重去感受不同句子的表达效果。

因此,教师以"有趣的句子"作为学习主题,旨在帮助学生建立句子概念,学习用完整的句子来描述生活中的事物。《比尾巴》一课的目标具体为:

1. 在语境中认读"比、尾"等 11 个生字,识记 3 个偏旁"提手旁""斜刀头"和"八字头",能在田字格中正确书写"比""长"等四个汉字和一个笔画"竖提"。

2. 借助汉语拼音正确朗读课文,做到不加字、不漏字、不改字。读出问句的语气,背诵课文。

3. 在问答中感受儿歌的韵律和有趣,了解动物尾巴的特点。

根据一年级学生学情及教学规划,《比尾巴》一课共安排两课时的精读教学,教师进一步分解了课时目标,本课作为第一课时,具体目标如下:

1. 在语境中认读"比、尾"等 9 个生字,识记 2 个偏旁和 1 个笔画,能在田字格中正确书写"比""长"两个汉字。

2. 借助汉语拼音正确朗读课文。认识问号,读出问句的语气,了解猴子、兔子、松鼠尾巴的特点。试着背诵课文第1、2小节。

3. 在问答中感受儿歌的韵律和有趣。

根据教学目标,教师设计了"创设情境,揭示课题""整体感知,交流小动物的名字""了解动物尾巴的特点"和"指导写字,布置作业"四个环节,其中环节二和环节三是重难点目标2达成的关键,分别对应了两个学习活动:一是圈出小动物的名字,并进行姓名卡配对;二是认识问号并读好问句,并了解猴子、兔子、松鼠尾巴的特点。

(二) 教学中的幼小衔接要点分析

由于本课的教学安排在一年级第一学期的期末阶段,大部分学生对于倾听规则、识字写字与阅读表达等方面的能力已经基本建立。从本单元和单课的重难点目标及内容出发,来梳理学生从幼儿园到一年级主要有以下几点:

1. 倾听习惯层面

构建趣味情境激发倾听动力。教师应深度挖掘一年级教学内容中的趣味元素,将知识融入生动情境之中。例如,利用儿歌、童谣等形式把拼音、字词知识串联起来,在节奏明快的吟唱过程中,适时中断,抛出问题引导学生思考后续内容,以此促使学生主动集中注意力倾听,逐步养成适应小学课堂节奏的倾听习惯,提升其课堂专注度与持久度,为后续知识吸收筑牢根基。

2. 识字写字层面

融合生活感知与精准规范教学。在识字教学环节,教师要善于从学生熟悉的生活场景、日常事务入手,依据汉字的象形、会意等造字特点,引导学生建立文字与生活的直观联系,深化对字形、字义的理解与记忆。而写字教学则需严格遵循教育部门制定的书写规范标准,从基础坐姿、握笔姿势矫正开始,借助多媒体演示、教师精细示范等多元手段,向学生清晰呈现笔画的形态变化、在田字格中的精准占位以及笔画间的搭配关系,让学生通过反复书写、临摹等实践操作,扎实掌握书写技能,提升书写规范性与美观度。

3. 阅读表达层面

分层推进阅读素养培育进程:初期阶段,依据学生从直观形象思维向抽象逻辑思维过渡的认知规律,教师精心挑选图文适配的过渡性读物,引导学生通过观察封面、插图进行故事预测,激发阅读兴趣;随后开展师生共读,在朗读过程中逐步引导学生认读文字,感受文字表意功能,完成从绘本阅读向文字阅读的初步过渡。随着学习进程深入,教师组织多样化阅读交流活动,鼓励学生运用结构化的语言框架,如按照故事起因、经过、结果的逻辑顺序进行复述与分享,锻炼其文本概括、语言组织与表达能力,系统提升阅读综合素养,助力学生顺利融入小学阅读学习环境。

梳理《上海市幼儿园办园质量评价指南》和《义务教育语文课程标准》,针对学生的阅读能力的要求有这样的描述:

幼儿园/语言与交流领域: "前阅读与前书写"维度(部分)	小学/课程目标/第一学段 "阅读与鉴赏"(部分)
1. 喜欢聆听并跟读韵律感强的儿歌、童谣。 2. 能听懂简短的儿歌或故事表达的内容。 3. 能较清楚地念儿歌童谣或者讲述短小的故事。 4. 能通过观察图片画面,说出画面表达的内容和事件。 5. 能根据故事的部分情节或图书画面的线索续编、创编故事。	1. 借助读物中的图画阅读。 2. 诵读儿歌、儿童诗和浅近的古诗,展开想象,获得初步的情感体验。

儿歌、童谣是学生开始语文学习的初始阶段,结合《评价指南》以及语文课程标准的要求目标来看,对于儿歌、童谣的学习是从幼儿园就延续到小学的。学生要从幼儿园时的学习水平发展至第一学段结束时,即从听读到朗读、从画面阅读到文字阅读,还需要做好幼小衔接的相关工作。

本单元以"想象"为主题,主要学习内容是"帮助学生初步建立句子的概念",基于此,学生在学习本课《比尾巴》时指向阅读与表达的关键衔接点有以下几个方面:一是听读到朗读的过渡,幼儿园阶段,学生更多是听他人朗读,在小学一年级需要自己朗读课文,在朗读中感受句子的结构和节奏。二是从画面阅读到文字阅读的过渡,幼儿园阶段学生主要通过图画理解故事内容,小学阶段需要逐渐通过文字来获取信息,在本课的教学中,教师不仅需要依靠课文插图帮助学生理解不同动物尾巴的特点,还引导学生通过问句了解课文内容。本节课教学为第一课时,这就需要在教学中:强化朗读训练,引导学生特别关注句子的语调变化掌握朗读技巧;巧妙利用课文插图与文字结合,逐步提升学生文字阅读能力,从而达成教学目标。

二、关键事件描述

关键事件一:语文课上现"悟空"

课前的准备过程中,学生们穿着整齐的校服,在班干部的组织下开心地唱着课前一支歌,但是小 T 同学却显得有些心不在焉,他的眼睛时而看向窗外,时而玩着书本,时而又翻回头和同学说话,完全没有跟上同学们唱歌的节奏。当老师示意他认真坐好时他才慢悠悠拿出语文课本。正式进入上课环节,小 T 同学才开始挺直腰杆。

约 5 分钟后,老师提出了本节课的学习要求:1.朗读课文,读准字音,读通句子,2.一边读一边思考动物的尾巴有什么特点。

课文领读环节,老师指名让他领读课题时,他猛然站起来,模仿"孙悟空"的腔调,故意读得长长的"比……尾巴。"被老师眼神警告后才开始认真读。

到了生字认读环节,轮到小 T 读时,显得有些不耐烦,对于生字卡片的生字只是看一眼,就开始朗读。但小 T 马虎大意,几个生字词都读错了。把"比"读成

"北",把"尾"读成"韦",当同学指出他的错误时,他只是尴尬地边做鬼脸,边笑了笑:"原来我读错了呀。"老师问他:"你不是说你是孙悟空吗?这些简单的小妖小怪,你都不会呀?"小 T 有些不服气:"谁说的?"说着开始认真拼读生字。

关键事件二:"悟空""学"生字

小 T 似乎受到了老师的刺激,在课堂后 10—15 分钟时间里,小 T 表现非常认真,注意力也非常集中,且回答问题也十分积极,被老师点名回答问题 3 次。

第一次是指导朗读生字"比",小 T 很快就读出来了,而且没有拉长音。小 T 还自己给"比"字组了词:比作、比赛。老师给小 T 竖起了大拇指,小 T 十分开心,脸上挂满了笑容。

第二次是交流怎么写"比"字。老师提问:"你们有什么方法记住这个比字吗?"还没等老师提问完,小 T 就自己站了起来说:"它和北字有点像,所以刚才我才读错了。"老师又问他:"比字和北字很像吗?"小 T 很肯定地说:"是啊,比字和北字的右边都是一样的。"在得到了老师的赞许后,小 T 很快坐下来,把腰杆挺得更直了。

第三次老师提出问题:"巴字加一加就可以变成新的字,小朋友想到了哪些字?"小 T 很快就举手,抢着回答说:"额,老师我知道,有扫地那个字,但是我忘记怎么读了。"老师没有理会继续提问:"那哪个聪明的小朋友想到了呢?"老师没有对小 T 的回答给予反馈,他有些不高兴,在此后的时间里他再也没有主动举手回答问题。

关键事件三:专心画画的"悟空"

在本节课进行到一半时间时,老师开启了第二个教学活动:1.自由读一读课文,仔细观察这些动物的尾巴,圈出它们尾巴的特点。2.认识问号,读出问句的语气。小 T 一边指着一边读课文,但没有认真寻找小动物们的尾巴特点,书本上什么都没有画。老师一边巡视课堂,一边提醒孩子们:不同的动物它们的尾巴都是怎么样的?课文哪些词语提到了呢?要检查自己有没有漏圈的。小 T 看了看自己的书本,马上拿出笔在书上又圈又画。同时还回答了老师提出的三个问题。

问题一是小 T 扭头想和后面的同学说话时,老师点名提问:谁的尾巴长?谁的尾巴短?谁的尾巴好像一把伞?小 T 很快就接上:猴子的尾巴长……小 T 进行了完整的回答。但是老师为了赶进度忽视了小 T 的回答。于是小 T 拿着一张纸在纸上开始了"创作"。

问题二是接着上个问题的,老师提问:"谁的尾巴长?谁的尾巴短?谁的尾巴好像一把伞?这些都是什么句?在问的时候应该怎么样?"小 T 听到了老师的提问放下了自己的"创作",认真地说:"这些都是问句。""在问的时候要有礼貌。"老师随后肯定了他的回答。小 T 在得到了老师认可后,很开心,又在纸上画了起来。

问题三是围绕所设计的互动问答,老师让学生模仿课文提出问题并进行回答。

在得到点名后,小 T 提出了自己的问题"这些动物里,谁的尾巴最大?"但过了几十秒都没人回应他,他显得不开心,于是干脆专心致志"画画"。

在画完一幅后,小 T 觉得有些无聊,开始从课桌书包里又拿出画画纸,又开始"画画"。在课堂还有 10 分钟左右,老师让小组成员之间进行角色扮演互问互答,他还算配合,轮到自己时就站起来,没有轮到自己就在一旁画画。一直画到了下课铃声响起。

三、基于观察的思考

黄老师是本班的语文老师兼班主任。于是在课后评课阶段向黄老师了解小 T 这个学生的情况。黄老师把小 T 比作是《西游记》里的孙悟空,活泼好动,聪明伶俐,想法多、点子多。"可是调皮的时候是真的很调皮。"黄老师有些无奈。

从课堂的观察和黄老师的短暂交谈中,我了解到小 T 这名学生在课堂学习表现方面与"孙悟空"有着相似的地方。他思维很活跃,对新鲜的事物充满探究的欲望,他的识字量大,所以课文中的生字新词他很快就能掌握,朗读能力比一般孩子好。他的优点明显,缺点也很明显。受家庭等各种原因影响,他的自觉性、自律性较差,没有遵守课堂纪律规则的意识,喜欢打扰其他正在学习的孩子。《比尾巴》这篇儿歌通俗易懂,内容有趣,符合小 T 的认知学习规律,他学习起来没有什么难度,但从他的课堂表现来看,行为习惯的养成和规则意识的养成对他的语文学习还是产生了影响。以下,就从小 T 的课堂表现出发,分析本节课在设计与实施中的亮点和存在问题。

(一) 亮点分析

1. 关注学习特殊生,课堂展才共成长

从这一节的表现来看,能够发现小 T 进入小学这一个学期以来,良好"学习习惯"养成衔接是老师最为关注的一个方面。《评价指南》在这方面也提出了相关的要求:1.能在集体中安静倾听他人讲话并能给出回应;2.对自己感兴趣的问题主动追问探索。也就是说本节课幼小衔接主要聚焦的方面是:尽可能引领小 T 在他认可、接受的情况下专心倾听、认真倾听他人的表达。

在本节课 35 分钟里,老师通过指名发言、指名提醒等方式进行了多次提醒。老师不仅个性化关注小 T 的个性特征,没有因为他的好动调皮有所偏见,反而多次对他进行点醒,给予他发言表达的机会。

在关键事件一中:老师捕捉到了神游的小 T,用示意提醒的方式,在尊重学生的基础上给予学生提醒;当小 T 模仿"孙悟空"式领读时,以眼神警告,在保护小 T 的同时也起到震慑作用。在关键事件一的最后,老师以幽默的口吻,激励学生的探究欲望和好奇心,引领他认真拼读学习。

在关键事件二中,面对小 T 的错误,老师以幽默的口吻通过提问、引导等方式把小 T 的注意力拉回来。甚至在关键事件三中,面对学生的"创作",也巧妙让他参与活动中,既保护了他的创造能力,又维持了课堂秩序。

另外,从小 T 的整节课来看,他在课堂中至少有 20 分钟是认真听课的。剩下的时间他也有 1/3 在认真听课,他的整节课活动始终围绕目标而进行,并没有完全在调皮,这是老师们一个学期以来努力的成果,值得肯定和表扬。

2. 经验联结巧运用,课堂互动增活力

在比尾巴一课的学习中,小 T 表现最积极最认真的时候是第一次学习活动:掌握生字新词(关键事件二)。一方面是他的回答老师看得到,并得到了老师的肯定、表扬,这符合一年级学生的学习特点,越得到认可,学习积极性越强。另一方面和老师能够引导学生结合自己观察的经验、互动性较强的识字教学有关。老师指导"比"字时,先引领学生认识甲骨文"比",强化学生的生字认知,然后提出问题:"你有什么好的方法认识'比'字?"小 T 很快就联结之前所学的"北"字,踊跃回答问题。第三次老师提出问题:"巴字加一加就可以变成新的字,小朋友想到了哪些字?"小 T 还是第一个举手回答问题,这是本节课生字认识中稍有难度的活动,小 T 想到了"扫把"的"把"字,但是却忘记了怎么写。在小 T 之后很多孩子联想之前所学的字,说出了"爸、吧"等。可见这样联结生活经验和已有所学字的经验活动,学生是乐于参加的,为课堂互动增添了活力。

3. 情境互动创设妙,阅读理解巧提升

在幼小衔接的阅读教学中,学生逐渐从图文阅读过渡到文字阅读,这是一个很重要的转变过程。为了适应这一变化需要教师设计多元化、生动化的策略,强化师生互动。

在关键事件三中老师设计了一系列与课文有关的内容问答,如"谁的尾巴长？谁的尾巴短？谁的尾巴好像一把伞等。"这些问题不仅帮助包括小 T 在内的全部学生巩固所学知识,还有效激发了学生的思考。小 T 面对这些问题参与性非常高,思维敏捷,且能快速回答问题。充分证明他的思维就犹如"孙悟空"一样聪明、机灵,对课文内容"一点就通",体现他对问答形式教学的喜爱。随后老师还设计了模仿课文提出问题并回答的活动环节。小 T 提出:"这些动物里,谁的尾巴最大?"虽未得到同学的回应,但说明小 T 已经融入了课堂的问答互动中,开始主动思考课文内容,并尝试用自己的语言表达。在这样的情境问题互动中,逐渐实现从图文阅读到文字阅读的过渡衔接,促进学生阅读理解能力的提升。

(二) 改进建议

1. 习惯养成方面:明确课堂规则意识,关注特殊学生

制定课堂规则,奖惩并重助成长。从小 T 的课堂表现来看,小 T 是个渴望

老师认可、肯定的孩子。这在事件二中老师的第一次提问小 T 的第一次回答中最为明显。那时候小 T 非常积极,因为他的回答得到了老师的肯定。但是后面的回答老师就没有给予及时回馈,或者评价都比较"敷衍",这就导致了小 T 失去语文学习的兴趣,因此产生了在课堂上画画的想法。对于这样一个高敏感、对语文学习没有耐心的孩子,老师应通过制定课堂规则,以此强化对学生的评价,或者引导学生多思考,往往会有意想不到的效果。比如在看到小 T 又举手回答问题时,可以给予鼓励:"小 T 今天表现真棒,举手很积极!你想到了扫把的把,它怎么写你可以再想想看。我们先听听其他同学提到了什么字好不好?"面对小 T 提出的问题无人回应,也可以这样引导:"看来我们小 T 同学提出了很多同学都想不到的问题。其他同学暂时想不到,可以请你自己来说一说吗?"

2. 活动设计方面:加强活动多元化,提高学生参与度

通过整节课的语文学习活动设计来看,给予学生自主学习、自主尝试的活动少,基本上都是老师讲得多,所以这样的语文课堂比较沉闷,小 T 这样聪明的孩子自然无法长时间保持兴趣性和积极性,所以在课堂的最后十多分时间里,他只能通过"画画"解闷。这就需要我们语文老师加强课堂活动的多元化,提高学生课堂的参与度。譬如在课堂开始前可以设计小组观察活动,引领学生通过生活观察、上网查阅资料等方式,了解更多动物的尾巴,再在课堂的最后设计"小动物神奇的尾巴"展示环节,让学生展示收集的资料,并尝试用句子表达出来。这样的活动不仅能加强学生对课文的理解,又能提高语言表达能力,多元化的任务活动,提高学生参与课堂的积极性、兴趣性。避免学生在课堂上一心二用。

小 T,一个聪明活泼机灵又顽皮的"孙悟空",他用"画画"这一行为告诉我们:小学低年级语文课堂也需要多元化的活动保持学生的学习积极性和兴趣性,提高学生的语文课堂参与性,这样才能激发学生倾听、表达的欲望。

点评:

李老师以一年级《比尾巴》中对学生小 T 的观察为例,深入剖析小学语文学科幼小衔接,极具价值。案例聚焦学生个体,将学生课堂表现与幼小衔接要点紧密结合,清晰呈现出学生在倾听、识字写字、阅读表达方面的特点及问题。亮点分析全面且精准,肯定了教师对特殊学生的关注、经验联结的运用和情境互动的创设;改进建议切实可行,从习惯养成和活动设计着手,对一线教师有很强的指导意义。一线教师可从中汲取经验,关注学生个性差异,强化课堂规则,丰富活动形式,在教学中更好地做好幼小衔接,提升教学效果,助力学生语文素养的培养。

案例二十三

语文课中的"手脑并用"

——以一年级《两件宝》一课中对焦点学生小 X 的观察为例

学校：嘉定区实验小学	班级：一(6)班	课题：《两件宝》
焦点学生：小 X	执教教师：黄芊芊	观察教师：周逸

一、课例描述

(一) 教学目标和内容分析

《两件宝》是部编版小学语文教材一年级上册第七单元的一篇课文,改编自陶行知的《手脑相长歌》,是一首富有童趣,朗朗上口的儿童诗,蕴藏着手脑并用,在"做中学"的深意。本单元是学生入学后学习的第二个阅读单元,除了本课外,教材还编排了《小小的船》《影子》两篇课文和语文园地,从单元角度看,这三篇课文均是儿童诗,依据《新课标》中有关学习任务群的阐述,本单元属于文学阅读与创意表达学习任务群,旨在通过学习富有童趣和想象力的课文,感受多姿多彩的生活,让学生获得初步的文学阅读审美体验,激发学生阅读的乐趣。在单元统整理念下,结合课后习题,《两件宝》侧重于训练学生寻找信息的能力,也通过提取相关信息促进阅读理解,获得思维能力的提升,属于能力运用层面。

基于此,教师将"学习提取文中明显的信息"作为单元核心目标分解于单课目标中。《两件宝》一课的目标具体为:

1. 在语境中认读"件、有"等 10 个生字,能在田字格中正确书写"和、也"等 4 个字;联系语言环境解释"思考、创造"的意思。

2. 借助汉语拼音正确朗读课文,做到不加字、不漏字、不改字。

3. 初步学习提取文中明显的信息,能说清两件宝能做什么以及"用手又用脑"的原因,意识到手脑并用的重要性。

根据一年级学生学情及教学规划,《两件宝》一课共安排两课时的精读教学,教师进一步分解了课时目标,本课作为第二课时,具体目标如下:

1. 在语境中认读"也、办"等 6 个生字,能在田字格中正确书写"也、又"等 3 个字;联系语言环境解释"创造"的意思。

2. 借助汉语拼音正确朗读课文,背诵课文。

3. 提取文中明显的信息,说清"用手用脑"的原因,能联系生活意识到手脑并用的重要性。

根据教学目标,教师设计了"复习导入,启发新知""学习课文,体会道理""借助故事,加深理解""尝试背诵,完成练习""指导书写,布置作业"五个环节,其中环节二和环节三是重难点目标达成的关键,分别对应了两个学习活动:一是联系生活理解儿歌的意思,说清"用手用脑"的原因。二是借助成语故事,加深对"手脑并用"重要性的理解。

从教学目标和教学内容来看,教师能够从单元到单课再到课时进行整体性的设计,目标和内容一一对应,并以"提取文中明显的信息"为主线,通过教学帮助学生形成"找到两件宝是什么以及能做什么——说清用手用脑的原因——联系生活意识到手脑并用的重要性"的儿歌阅读路径,促进阅读理解,获得思维能力的提升,并在阅读的过程中通过随文识写、朗读指导来达成学生对语言表达多样性的感知。

(二)教学中的幼小衔接要点分析

由于本课的教学安排在一年级第一学期的第二个阅读单元,学生虽然已经有了三个月的小学语文课堂学习经历,但仍处在幼小衔接的初始阶段,规则意识还不够,因此,大部分学生在倾听规则、识字写字与阅读表达等方面的能力还较薄弱。从本单元和单课的重难点目标及内容出发,来梳理学生从幼儿园到一年级在语文学习上的衔接要点,主要有以下几点:

1. 识字与写字层面

对于刚从幼儿园升入小学的学生来说,建立对汉字的基本认知至关重要。新课标对第一学段的要求提到:①喜欢学习汉字,有主动识字、写字的愿望。认识常用汉字 1600 个左右,其中 800 个左右会写。②观察字形,体会汉字部件之间的关系。梳理学过的字,感知汉字与生活的联系。因此一年级要巧妙融合多种识字方法,营造活泼生动的学习氛围。本课中的"也",可以通过勾连旧知,通过减一减的识字方法,加深对"也"字字形的记忆,并意识到汉字之间的关联性,同时,结合游戏情境,让同桌之间说一说"我……""我也……"让学生在情境中理解"也"就是表示同样或并列的意思,不仅能学会运用"也"字,同时也能在学习中获得了乐趣。学习"到"字时,可以结合甲骨文,让学生了解字的起源和演变,这种直观的教学方式能极大地提高学生的学习兴趣,也能帮助他们更好地理解汉字的字义。在学习"创造"一词时,教师可以通过生动的实例和图片,让学生明白"创造"就是做出新的或是更好的东西,这种结合生活实际的教学方式,能使得抽象的概念变得具体化,便于学生理解和记忆。

2. 阅读表达层面

幼儿园的孩子只要求能听懂儿歌表达的主要内容,并在众人面前表达自己的想法即可。但第一学段在此基础上对学生有了更高一步的要求,即能理解课文中词句的意思,在阅读中积累词语,并能认真倾听他人的发言,这就需要学生先理解词语的意思,再提取关键信息,联系生活理解词句的意思,并静下心认真倾听别人的发言,在此基础上发表自己的看法,这便是一年级学生阅读与表达能力和幼儿园衔接的重点之处。基于此,学生在学习本课《两件宝》时指向阅读与表达的关键衔接点有三条:一是联系生活解释"创造"的意思;二是提取文中明显信息,说清"用手用脑"的原因;三是联系生活意识到手脑并用的重要性。在第一课时中,学生已经知道了两件宝是什么以及能做什么,第二课时就需要在此基础上联系生活,思考"用手不用脑""用脑不用手"带来的后果,思考"创造"一词和"用手又用脑"的关系,才能意识到"手脑并用"的重要性。

幼儿园/语言与交流领域: "前阅读与前书写"维度/水平 1(部分)	小学/课程目标/第一学段 "阅读与鉴赏"(部分)
能听懂短小的儿歌或故事所表达的主要内容。	1. 喜欢阅读,感受阅读的乐趣。学习用普通话正确、流利、有感情地朗读课文。 2. 结合上下文和生活实际了解课文中词句的意思。在阅读中积累词语。

幼儿园/语言与交流领域: "理解与表达"维度/水平 5(部分)	小学/课程目标/第一学段 "阅读与鉴赏"(部分)
1. 乐于参与讨论问题,能在众人面前表达自己的想法。 2. 讲述时能使用常用的形容词、同义词等,能使用表示因果、假设等相对较复杂关系的句子,语言较生动。	1. 学说普通话,逐步养成说普通话的习惯,有表达交流的自信心。 2. 能认真听他人讲话,努力了解讲话的主要内容。听故事、看影视作品,能复述大意和自己感兴趣的情节。能较完整地讲述小故事,能简要讲述自己感兴趣的见闻。与他人交谈,态度自然大方,有礼貌。积极参加讨论,敢于发表自己的意见。

二、关键事件描述

关键事件一:用手又用脑,积极踊跃入课堂

课前两分钟,随着"手势操"视频的音乐响起,原本趴在桌上的小 X 同学立刻举起了手,模仿起视频里的动作,跃跃欲试起来,当老师请小朋友再来做一遍时,他也兴致勃勃地在座位上模仿着一起做,十分投入其中。相比起其他同学,小 X 明显更沉浸于课堂,这样的表现立刻引起了老师的注意,第一个问题:双手和大脑分别有什么作用,看到他第一个举手,老师便立刻请他发言,果然小 X 准确地说出来了,可见上节课的知识学习得很扎实。但其实在老师提问的过程中,小 X 一直有出现低头玩笔的状态,只是并未严重影响其听课效率,简单的问题促使他不停地举手发言,帮助他中和了注意力的不集中。所以在课堂导入环节中,小 X 勤动脑,多举手,相对来说,比较积极地踊跃投入课堂当中。

关键事件二:手脑不会用,注意分散知识掉[①]

在课堂开始后的 6—30 分钟这 24 分钟时间,是小 X 在本节课中注意力最分散

---

① 释义:不用手和脑,就会分散注意力,知识就会往下掉。

的时间,他的手中始终拿着铅笔和尺子,坐姿也东倒西歪。在视频、图片出现时,小X偶尔会被吸引,并举手发言,但只能回答简单的问题,遇到比较难的问题,表达能力和理解力都偏弱。在倾听别人发现时,更出现严重的注意力分散情况,始终都在做自己的事情,在此期间被老师提醒了四次。

第一次是整体感知环节,老师让同学们打开书本,其他同学都迅速找到了这一页,开始寻找相关信息,可是小X慢悠悠地从书本最后一页开始往前翻,没找到,又从书本第一页往后快速地翻页,看到这一切,老师立刻走了过去,提醒他,翻到第88页,于是在慢了其他同学1分钟后,小X终于开始了自己的学习。

第二次是教学"到"这个生字时。在此之前,小X一直手里拿着铅笔和尺子在玩,抑或是趴在桌子上百无聊赖。当老师出示"到"字的甲骨文时,终于吸引了小X的一丝注意力,他回过神来专注地看着甲骨文的形状,当老师让小朋友们给"到"组词时,他也积极举手回答。可是这些结束后,他再次挥舞起了手里的铅笔,这次幅度过大,引起了老师的注意,老师看到后用眼神提示了他,他最终坐好了。

第三次是在观看关于"创造"的视频时,可能因为此前已经有观看过三个视频了,到这里,小X已经没有了新鲜感,在看的同时,手里不自觉地用铅笔敲打着桌面,发出的声音再次吸引了老师的注意,老师赶紧过来制止,小X停下了手上的动作,但是手里的尺子和铅笔仍然没有放下,始终拿在手里把转。

第四次是老师在教学"能"的生字时,此时课堂已经过去了28分钟了,小X已经明显坐不住了,不是趴在桌子上,就是往后躺。当老师请大家读一读"能"这个字时,其他同学都踊跃举手,可是小X这次没有举手,而是直接嘴里念念有词起来,老师赶紧提醒他先举手后发言,可就在别的小朋友发言时,他再次用橡皮敲打桌子发出了声音,老师赶紧把他的橡皮放在了桌子的一边,并请他开小火车,帮他重新回到课堂当中。

在课堂最关键的24分钟,小X的注意力基本都不在课堂上,举手少,动脑思考的也少,大部分时间都是握着文具在玩,课堂效率比较低。

关键事件三:用脑不用手,写字效率不见效

老师在写字环节创设了一个手脑挑战赛情境,小X一下子有了兴趣,提起了精神。老师先让小朋友们观察字形结构,小X还没思考就立刻举手,最后站起来回答地磕磕碰碰,并没有回答到要点。书空环节,其他小朋友都是坐在位置上书空,可是小X是站起来的。最后在书上写字的环节,小X也是半站着写字,所以他的字笔画有些歪,也没有在正确的位置上。

在此环节,小X的注意力回到了课堂上,但是错误的写字姿势和习惯,导致他的书写并不美观。

三、基于观察的思考

和小X的语文老师沟通后了解到,小X的学习能力比较强,但是习惯较差,平时书写时也比较散漫,只能做到把字写正确,无法把笔画写到正确位置上。表达上,也只能回答简单的问题,较难的问题,回答比较困难,也无法说出比较完整的句子。

结合小 X 在课堂上的表现,确实可以看出他的注意力尚不集中,学习习惯不佳以及倾听能力尚待改进。首先,他坐姿不端正,手中常握文具玩耍,注意力易分散,影响了学习效果。其次,写字姿势不规范,导致书写不美观,需对习惯严加培养。第三,小 X 的倾听能力较差,无法专注于他人发言,需培养倾听习惯,这也和他的专注度有着密切的关系。所以,虽然小 X 在课堂上的发言还比较积极,但其实都处在浅层次的层面,在课上真正习得的知识和收获还是较少。

（一）亮点分析

1. 游戏教学,寓教于乐,吸引兴趣

课前两分钟,黄老师通过播放手势操视频,并邀请学生模仿和点评,极大地激发了学生的学习兴趣。这一设计不仅符合一年级学生活泼好动、喜欢模仿的心理特点,还通过肢体动作与儿歌的结合,帮助学生更快地进入学习状态,加深对儿歌内容的理解和记忆。

游戏化教学的优势在于,它能够将枯燥的学习内容转化为有趣的游戏形式,使学生在轻松愉快的氛围中学习。对于一年级学生来说,他们的注意力往往难以长时间集中,而游戏化教学则能够通过不断的互动和反馈,吸引学生的注意力,提高他们的参与度。

2. 借助故事,加深理解,激发想象

一年级学生的思维方式主要以形象思维为主,他们更善于通过具体的形象和情境来理解抽象的概念和道理,因此,借助故事进行教学是一种非常有效的方法。教学中,黄老师巧妙地借助了两个小故事——"揠苗助长"和"纸上谈兵",来帮助学生理解儿歌中"用手不用脑"和"用脑不用手"的坏处。这一设计不仅丰富了教学内容,还通过形象的故事情节,帮助学生更直观地理解儿歌所蕴含的道理。同时,在听故事的过程中,学生会在脑海中构建出一个个生动的画面和情境,这有助于激发他们的想象力和创造力。此外,通过讨论和分享故事中的情节和人物,学生还能够锻炼自己的语言表达能力和思维能力。

（二）改进建议

1. 关注年龄特点,巧搭背诵支架,增加儿歌趣味

一年级学生正处于从幼儿园到小学的过渡阶段,他们的注意力、记忆力和理解能力都在逐步发展,但尚未达到完全成熟的水平。在这个阶段,学生可能会感到儿歌的后三句绕口且难以掌握。但同时这个年龄段的孩子对于新奇、有趣的活动也充满了好奇心和探索欲。因此,教师在设计板书时,可以采用对比的方式,清晰地列出儿歌中的关键信息和逻辑关系,为学生提供一个背诵的支架。例如,板书上有

双手和大脑两个区域,"用脑"在脑的板贴下面以"√"代替,"不用手"则可以在手的下面以"×"代替;同样的"用手不用脑、用手又用脑"也在对应的双手和大脑下以"√""×"的方式呈现,帮助学生理清儿歌的逻辑结构和主要内容。这样的板书设计,不仅能够使学生在视觉上有一个直观的把握,还能引导他们在背诵时形成清晰的思路,从而减轻背诵的难度。此外,对于一年级学生来说,他们往往更喜欢通过动手实践来学习新知识,因此除了板书辅助外,教师还可以借助手势操和动作表演来帮助学生背诵儿歌,为每一句儿歌设计一个简单的手势或动作,让学生在朗读时配合表演,这样不仅可以增加课堂的趣味性,还能帮助学生更好地记忆儿歌内容。

2. 教具丰富课堂,巧学"不"字变调,趣味认识汉字

教具在一年级的教学中扮演着至关重要的角色,精美的教具不仅能够吸引学生的注意力,还能有效促进学生对知识点的理解和记忆。教师可以制作色彩鲜艳的识字卡片,每张卡片上写有一个包含"不"字的短语,并用不同颜色标注出"不"字在不同词语中的读音变化。这些卡片可以帮助学生直观地对比和发现"不"字的变调规律。例如,在"不用脑"这个句子中,可以用红色标注出"不"字,并说明它在四声前通常变为二声;而在"做不好"这个短语中,由于"不"字后面跟的是三声字,所以它的读音通常不变,这时可以用蓝色标注出"不"字,以示区别。同时为了增加学生的参与度和趣味性,教师可以设计一个大转盘教具。大转盘上分为不同的区域,每个区域都写有一个包含"不"字的短语,并标注出"不"字的正确变调情况。学生可以通过旋转大转盘来随机选择一个句子,尝试朗读出来。通过这样的设计,教师不仅能够帮助一年级学生直观地理解和掌握"不"字的变调规律,还能通过互动和游戏的方式激发他们的学习兴趣和积极性。同时,这种结合色彩和图像等视觉元素的教具设计,也能够更好地适应一年级学生的心理特点,帮助他们更好地记忆和理解所学知识。

点评:

周老师的观察案例生动呈现了一年级学生小 X 在《两件宝》课堂上的表现,小 X 学习能力强但习惯欠佳,课堂上注意力易分散,书写姿势不规范,倾听能力待提升。这些表现反映了幼小衔接学生在学习习惯和专注力上的不稳定性。

案例中,黄老师通过游戏化教学、故事辅助理解等方式,较好地激发了学生的学习兴趣,帮助小 X 在课堂上有所参与。然而,小 X 在课堂上的注意力分散和书写问题,提示教师需要更加关注学生的个体差异和学习习惯的培养。

在幼小衔接阶段,教师不仅要关注学生的知识学习,更要重视学习习惯的养成和专注力的培养。通过多样化的教学方法和个性化的关注,教师可以帮助学生更好地适应小学学习生活,为后续学习打下坚实基础。

案例二十四

语文课上的"隐形人"

——以一年级《小小的船》一课中对焦点学生小 A 的观察为例

学校：嘉定区外冈小学	班级：一(5)班	课题：《小小的船》
焦点学生：小 A	执教教师：陈艺金	观察教师：杨凯舟

一、课例描述

（一）教学目标和内容分析

《小小的船》是小学语文一年级第四单元中的第二篇精读课文。是一首富有童趣，朗朗上口的儿歌。儿歌将弯弯的月儿和小小的船巧妙地联系起来，描绘了一幅有趣的夜景图——月儿是停泊在天空中的小船，"我"坐在"船"上看闪闪的星星和蓝蓝的天。儿歌以合理的比喻为纽带，将遥挂天空的月儿瞬间拉到眼前，把现实和奇妙的幻想不留痕迹地融合在一起。读着儿歌，脑海中便会闪现一幕幕形绝兼具的图景，产生亦真亦幻的奇妙感受。课文插图画了一个小女孩躺在月亮上，伸出手，向着天空中的星星说着什么，两颗星星正对着她微笑。画面充满想象和童趣，十分适于天性活泼、充满好奇的一年级学生学习语言，同时也为教师创造性教学留下了广阔的空间。

本单元以"想象"为主题，还编排了《影子》《两件宝》两篇精读课文，这些课文以儿童的视角，关注儿童生活及自然现象，充满童趣的语言和富有想象的张力。本单元的语文要素是"把课文读正确、读通顺"，要求教师在教学中重视培养学生朗读基本功，及时纠正学生在朗读中的错误现象。

基于此，教师将《小小的船》一课的教学总目标具体确定为：

1. 在语言环境中正确认读"船、弯"等 10 个生字，认识偏旁门字框，在田字格中正确书写"月、儿、头"等 4 个字和横折钩、竖弯钩两个笔画。

2. 借助拼音正确、流利地朗读课文，背诵课文。能借助停顿符号，读好停顿，读出儿歌的节奏感，感受儿歌的韵律美。能仿照例子，用简单的叠词说说"的"字短语，积累"的"字短语。

3. 结合插图，想象诗歌描绘的图景，感受夜空的美丽。

《小小的船》一课共安排两课时的精读教学，教师进一步分解了课时目标，本课作为第一课时，具体目标如下：

1. 在语言环境中正确认读"船、弯"等 6 个生字，认识偏旁门字框，会写"头、月、儿"三个字。

2. 借助拼音正确、流利地朗读课文，背诵课文第一句话。认识叠词，并会仿照例子说叠词"的"字短语。

3. 结合插图,想象诗歌描绘的图景,感受夜空的美丽。

根据教学目标,教师设计了"猜谜激趣,揭示课题""初读课文,整体感知""品读文本,感受夜空之美""指导书写,评价反馈"和"课堂总结,布置作业"五个环节,其中环节三是重难点目标 2 达成的关键,分别对应了两个学习活动:一是找叠词,用叠词,感受叠词的韵律美;二是借助停顿符号读好句子,尝试背诵课文第一句话。

教师的教学目标设计合理,教学环节设计与教学内容的安排对应了目标的落实,能够做到字词教学扎实,随文识字,朗读指导有方法,效果良好。

（二）教学中的幼小衔接要点分析

本课是一年级上册第七单元的一篇课文,学生有了三个月左右的小学语文课堂学习经历,但仍然处于幼小衔接的起始阶段。因此,教师仍然需要重视学生对于倾听、识字、写字与朗读等良好学习习惯的培养。从本单元和单课的重难点目标及内容出发,来梳理学生从幼儿园到一年级的衔接要点,主要有以下几点:

衔接内容	幼儿园阶段(5—6 岁)	小学一年级上册第七单元
倾听方面	1. 在集体中能专注地听老师或其他人讲话。 2. 听不懂或有疑问时能主动提问。 3. 能结合情境理解一些表示因果、假设等相对复杂的句子。	1. 能够在课堂上认真听老师的讲话或同学的发言。能根据要求听课文录音,如:录音读到哪里,手指就指到哪里。 2. 能够听懂、理解上课内容。能听清老师发布的学习任务并完成任务,如:找出《小小的船》中的叠词等。
识字方面	在阅读图书和生活情境中对文字符号感兴趣,知道文字表示一定的意义。	1. 能够在语言环境中认识生字,随文识字。 2. 能够运用多种识字方法进行识字。如:字源识字、做动作识字、编顺口溜识字等。 3. 掌握了一定自主识字的能力。如:学生能够借助拼音认读生字;借助"加一加""减一减""换一换"等方法认识新字。
写字方面	1. 愿意用图画和符号表现事物或故事。 2. 会正确书写自己的名字。 3. 写画时姿势正确。	1. 初步掌握正确的写字姿势,包括坐姿及握笔姿势。 2. 初步学会观察生字在田字格中的位置。 3. 能正确书写本课要求会写的生字,能关注生字的笔顺规则及田字格中的位置。
朗读方面	在《3—6 岁儿童学习与发展指南》中没有明确的朗读要求,幼儿园阶段能够跟着老师、家长朗读书中内容即可,也就是能跟读书中内容。	1. 能借助拼音正确、流利地朗读课文。 2. 能读出儿歌的节奏感和韵律美。如:在《小小的船》这一课中,教师借助停顿符号教会了学生读出儿歌的节奏和韵律。

基于上表,学生在学习本课《小小的船》时指向倾听、识字、写字、朗读的关键衔接点有以下几条:一是能够在课堂上认真听讲,能听清并理解老师发布的学习任务

并完成任务;二是能够运用多种识字方法认识"船、弯"等 6 个生字;三是能够用正确的写字姿势书写"头、月、儿"三个字,学会初步观察生字在田字格中的位置;四是能够借助拼音正确、流利地朗读课文,感受儿歌的节奏感和韵律美。

二、关键事件描述

关键事件一:坐姿端正,配合老师的"隐形人"

从课前两分钟开始,小 A 就坐得很端正,这样的状态维持了大半节课,而且他的眼睛能够一直注视着老师或发言的同学。在老师提出一些比较简单的问题时,他也能举手发言,虽然有的时候不太自信,举手后又默默放下,但是整节课也是有主动参与课堂的。

不过,整节课,小 A 一共举手超过十次,却一次都没有被点名;整节课"开火车"的活动有两次,一次也没有轮到小 A 所在的小组;该教师在巡视学生小组活动开展情况,以及学生书写生字的情况时,没有走到过小 A 的身边给予关注。小 A 仿佛就是一个"隐形人",没有得到老师的关注。

关键事件二:胡乱书空,"隐形人"也有"小脾气"

在课堂开始后第 9 分钟和第 32 分钟时,是本节课的两个写字环节。

第 9 分钟时,老师在教学生书写"头"字,在观察完字形特点和书写时的注意要点后,老师发出指令,跟着老师书空生字"头"。小 A 伸出小手,但是却没有根据老师的要求,按照笔顺书写"头",老师在田字格里范写"头",他却一会画圆,一会儿画波浪线,在空中胡乱书写。

第 32 分钟时,老师在教"月、儿"两个生字的书写,老师在引导学生关注关键笔画的位置后,就在田字格中范写,并要求学生"左手小黑板,右手小粉笔",在手心跟着书空。小 A 虽然眼睛看着老师范写,但是依旧在手心里胡乱写,依旧画着波浪线,仿佛在发小脾气:"反正老师也不关注我,她不会发现我在乱写的。"

关键事件三:同桌 PK,"隐形人"被动参与

在课堂教学进行至 18 分钟时,教师教叠词运用时,让同桌两人 PK,看谁说出来的叠词多,PPT 上呈现的是如下三个填空:(　　　)的西瓜,(　　　)的小草,(　　　)的糖果。任务发布后,小 A 可能因为没有同桌,一开始无动于衷。后来旁边第二组也是自己一个人坐的女生主动离开位置说:"小 A,我们也来说一说吧。"小 A 这才参与了进来。

不过他们两人一开始没有明白老师的要求,每个人只说了一个叠词,而且是一人填一个空。女生说"圆圆的西瓜",小 A 说"绿绿的小草",女生又接着说"甜甜的糖果",三个空填完后,他们以为完成了任务,就坐好了。过了几秒钟,他们俩发现大家还在说叠词,于是女生又叫上小 A 说叠词,这时,女生用上了不同的叠词,她说"绿绿的西瓜",不过小 A 没有说出不一样的叠词来形容小草,女生让他用叠词形容糖果,他也说不出来。后来还是女生主动说"尖尖的小草""酸酸的糖果"。说完没多久,老师就喊停了。这一环节老师巡视的过程中,没有走到过他们俩的身边,而且最后让同桌展示 PK 成果时,他们俩也没举手。

三、基于观察的思考

这节课开始前,我走进教室,一个后脑勺留着一个小辫子的男孩吸引了我的注意力,他就是小 A,坐在第一组最后一个,没有同桌。我一开始以为他是学困生或者行为偏差生,但一节课观察下来,我发现我的想法错了,他整节课还是比较专注的,而且能够根据老师的要求完成任务。不过执教的陈老师居然一整节课都没有点小 A 回答过问题,甚至开火车也没有轮到过,而且教师巡视时也没有关注过这个学生。让我感觉他整节课的存在感很低,好像一个被遗忘的角落。

陈老师是该班的班主任,也是工作第二年的储备教师。课后,我向陈老师了解了小 A 的情况。我这才知道,小 A 一开始是不适应小学课堂的,课堂上表现欠佳,不能专注听讲,学习基础较差,默写总是错很多。小 A 的父母也比较忙,缺少对他的关心,所以导致他学习一直没有很大的改观。不过,经过三个月的小学生活,他现在课堂表现进步明显,不过平时的默写情况还有很大的进步空间。我又向陈老师了解了这节课没有点名小 A 回答问题的原因。她说,因为这是公开课,有些害怕小 A 说的答案不是她想要的答案,自己的临场应变能力不够,所以就没有点名他回答问题。她也表示,在平时的课堂中,对他的关注还是很多的。

就本节《小小的船》第一课时的教学内容而言,对小 A 而言难度适中,他虽然整节课都是端坐认真听讲的状态,但是因为没有被点名发言,同桌 PK 时也是被动参与,表达较少,书空更是敷衍老师,乱写一通,所以,整节课小 A 的目标达成度不高。以下,就从小 A 的课堂表现出发,来分析本节课设计的亮点和改进建议。

(一)亮点分析

1. 重视课堂常规,学生专注且能积极参与课堂

这是一节校级公开课,有宝山区教研员听课指导,整节课观察下来,可以发现陈老师执教的班级课堂常规非常好,包括小 A 在内的所有学生都能够在课堂上认真听讲,专注度很高,同学们能够根据老师的要求完成学习任务,知道举手发言积极,没有插嘴现象。这说明陈老师对该班级学生三个月的学习习惯培养效果明显。孩子们写字前有写字歌,翻书前有翻书口令,孩子们间的互相评价的口令也很有趣,有"小星星送给他,一闪一闪亮晶晶""夸夸他,顶呱呱""小红花,送给他"……这些口令结合小朋友的手部动作,让课堂增添了一些趣味性。

2. 识字方法多样,学生掌握一定的自主识字能力

本节课中,陈老师带领孩子们学习了生字"船、弯、儿、两、头、闪"等生字,每个生字"音、形、义"的学习都各有侧重,有的运用图片识字,有的运用字源识字,有的运用看视频识字……该班学生也掌握了一定的自主识字方法，能够运用"加一加、找朋友、拼一拼"等方法认字。小 A 虽然没有举手发言展现自己的自主识字方法，但是通过观察能看出，小 A 在参与课堂，通过观看识字视频、图片、字源等，他也认识了本课的生字。多种方法识字，能够激发小 A 识字的兴趣，感受汉字之美。

3. 关注叠词表达，学生初步感受到了诗歌的韵律美

短短几行小诗，连续运用了多个叠词，它们的指向都很明确且含义丰富。"弯弯""小小"写月儿的形状，描写月儿的精致与美丽；"闪闪"写的是星星在夜空中的动态之美；"蓝蓝"描绘了晴朗夜空的深邃广阔。陈老师先让学生通过朗读来比较"小的船"与"小小的船"，又对"很小的船"与"小小的船"进行反复朗读，学生回答：虽然意思差不多，但读起来不好听了，怪怪的。这是对学生语感的培养。学生发现用了叠词感觉船儿、月儿更可爱、更惹人喜欢，发现这样的语言包含着作者对月儿的喜爱之情。陈老师还引导学生借助图片用填空的形式说出叠词，就达到了迁移运用的作用，最后让学生用叠词说说生活中的其他事物，实现从课内到课外语言积累的过渡。小 A 在这一环节中，与同桌一起说叠词，虽然没有说出很多叠词，但是他也收获满满，知道了很多叠词，感受到了诗歌的韵律美和节奏感。

(二) 改进建议

1. 关注语文课堂上的"隐形人"

这节课的观课让我觉察到了我们平时的课堂中，的确存在着一些像小 A 这样的"隐形人"，虽然他们不调皮捣蛋，能够坐端正听讲，但是因为老师缺乏对他们的关注，导致他们的学习效果欠佳，容易产生"假学习"的现象，也就是表面很认真在学习，实际并没有在学习，长此以往，这些孩子会丧失对语文学习的兴趣。

那如何关注课堂上的"隐形人"呢？首先，我们可以扩大回答问题的学生数，让每位学生积极参与到课堂中来，有的时候不一定要点举手的，一些不怎么举手的"隐形"学生也应该点一点，要给他们发言的机会，如果课堂只点名会表达的学生发言，那么这样的课堂又有什么意义呢？其次，我们可以设计小组合作性学习，或者设计学习任务单，及时关注学生完成情况，这样的学习活动能够让"隐形"学生动起来，教师巡视一定要每个角落都关注到，不要出现"被遗忘的角落"。最后，可以通过评价激励，小组评价与个人评价相结合，尤其要筛选出平时自己容易忽视的"隐形"学生，每节课给予一定的正向评价，这样能够引导学生向好的行为学习，还能够激发学生的学习兴趣。

2. 重视语文课上的写字环节

近日，教育部印发了《关于进一步加强中小学规范汉字书写教育的通知》，该通知中明确提出了八个方面的任务措施，其中有一条是培养良好的书写习惯，助力预防和矫正学生"脊柱侧弯"和"小眼镜"。因此，我们在语文课上要更加重视写字教

学。在本节课中,教师在田字格中范写,小 A 书空的效果并不好,而且老师给学生留下写字的时间并不多,最后还把评价放到了课后,这样的教学效果肯定是不佳的。

那么如何改进课堂上的写字教学呢? 首先是要保证写字教学的时间,不能够因为阅读教学没有完成而牺牲写字环节的教学时间,至少保证每节课有 6—8 分钟的写字教学时间,尤其是低年段,每个要求会写的生字,课上都应该教扎实,如果因为写字时间短而不进行写字指导,这样只会得不偿失。其次是要保证写字教学的"教—学—评"的完整性。指导学生写字的过程要仔细,让学生学会观察生字在田字格中的位置,教师范写时,可以让学生先看,再在同桌手心里书空,或者看好后直接在书上书写,这样效果会更好。学生写完后,至少要把一位学生的书写作品投影到黑板上让学生进行评价。通过评价,学生能对照发现自己书写的问题,并进行修改。最后,学生在书写过程中,教师一定要巡视,发现学生姿势不对,不仅要口头提醒,还要手把手教,一些书写姿势、握笔姿势不正确的,一定要握着学生手写一遍,只有这样握着手,一遍遍纠正其姿势,他们才有可能改变。写字教学不是一件一蹴而就的事情,要长期坚持。

3. 提升语文课堂的思维力度

古语云:学而不思则罔,思而不学则殆。语文新课标中也把"思维能力"作为四大语文核心素养之一列入其中,提升课堂的思维力度是语文课堂变革的必由之路。或许有人会质疑,低年级课堂只需要识记,不需要高阶思维,其实不然,低年级的课堂依旧可以在教学中提升学生的思维力度。

就以《小小的船》这一课为例,叠词的含义简单,积累和运用也很容易,那么,学习这样的课文是不是就停留在简单的读背上了呢,能不能让学生的思维再向纵深走一些呢? 当然可以。在教学完整首诗后可以问这样的问题:"你觉得弯弯的月儿还像什么?"学生说完"弯弯的月儿像香蕉"之类的答案后,教师再问"为什么作者觉得弯弯的月儿像小船,而不说像其他事物呢? 为什么不说像香蕉呢?"用这样的追问,启发学生不仅要关注本体和喻体表面的相似,更要关注比喻背后的心理动机,将思维引向了更加纵深的地方。学生在品味叠词的同时,体会了诗的乐趣,更提升了自身思维的品质。

上述的例子的文本是诗歌体裁,从思维能力提升角度来说,我们可以依据不同的文本特点,确定思维训练点,然后通过设计核心问题来落实到课堂教学中去。而核心问题的确定可以从课题入手,或者抓住关键词句或段落进行提问,还可以针对文章的矛盾之处提问。总而言之,语文课堂务必重视学生高阶思维的培养,促进其养成良好的思维品质。

第斯多惠曾说:"教学的艺术不在于传授知识,而在于激励、唤醒、鼓舞。"于漪老师曾说："教育的本质就是培养人,是增强人的精神力量。"我相信每个孩子的成长都需要被看见,愿我们的语文课堂上再无"隐形人"。

点评：

　　这篇关于一年级学生小 A 在《小小的船》课堂表现的观察案例,深入剖析了低年级课堂"隐形人"现象,极具价值。小 A 课堂上坐姿端正、认真听讲,却多次举手未被教师点名,小组活动和书写环节也遭忽视,学习效果不佳。这一现象反映出教师对部分学生的忽视,打击学生积极性。同时,课堂设计存在缺陷,未充分考虑学生个体差异,导致小 A 在书写环节随意涂画。针对这些问题,案例提出小组合作、学习任务单和评价激励等改进建议,有助于增强"隐形人"学生的参与感。

　　此案例提醒教师,要改进教学策略,给予每个学生充分关注与支持,让学生在课堂中成长进步。低年级教学既要传授基础知识,也要重视思维能力培养,为学生长远发展筑牢根基。

案例二十五

我能成为更优秀的孩子

——以一年级《秋天》一课中对焦点学生小 D 的观察为例

学校:嘉定区星慧小学	班级:一(1)班	课题:《秋天》
焦点学生:小 D	执教教师:卢意	观察教师:严理

一、课例描述

(一)教学目标和内容分析

　　《秋天》一课是一年级上册第五单元的第一篇课文,除了本课外,该单元还以"自然"为主题编排了《江南》《雪地里的小画家》《四季》三篇精读课文,以及口语交际篇目《交朋友》。从统编教材的整体安排来看,本单元是一年级学生学习的第一个课文单元,它有着承上启下的特殊意义,承接拼音学习,通过课文学习来巩固拼音知识,同时正式开启了阅读学习的篇章,引领学生初步领略语言文字的魅力。从课文朗读的基本功训练及理解课文内容两个维度,提出了本单元需要落实的语文要素:一是"借助拼音正确朗读课文";二是"借助插图,了解大自然的美景,理解课文内容"。

　　基于此,教师将"借助拼音读准字音、不加字不漏字、读出停顿与节奏""借助课文插图,理解课文内容"作为单元核心目标分解于单课目标中,《秋天》一课的目标具体为:

　　1. 通过字理识字、模仿动作、熟字相加等多种方式识记"秋、气"等 10 个生字,通过比较认识禾字旁、木字旁、口字旁 3 个偏旁和横撇 1 个笔画;在田字格中正确书写"了、子、人、大"4 个汉字;借助图片理解"一片片"等词语的意思。

2. 通过比较,初步认识自然段。借助拼音能正确朗读课文,不加字,不漏字,读好"一"的不同读音。背诵课文。

3. 通过借助图片、想象画面多种方法感受秋天的美丽。

根据一年级学生学情及教学规划,《秋天》一课共安排两课时的精读教学,教师进一步分解了课时目标,本课作为第一课时,具体目标如下:

1. 通过字理识字、熟字相加等多种方式识记"秋、气"等 9 个生字,通过比较认识禾字旁、木字旁、口字旁 3 个偏旁和横撇 1 个笔画;在田字格中正确书写"了、子" 2 个汉字。

2. 借助拼音正确朗读课文,不加字,不漏字,读好"一"的不同读音,读好儿化音。背诵第一自然段。

3. 通过比较,初步认识自然段。通过图文结合、想象画面等方法理解第一自然段,初步感受秋天的美丽。

4. 结合生活观察,能仿照课文句子说一说秋天景物的变化。

根据教学目标,教师设计了"情境导入,读题识'秋'""初读课文,发现朗读秘密""品词读文,感受秋天之美"和"巩固字词,归类写字"四个环节,其中环节二和环节三是重难点目标 2、3、4 达成的关键,分别对应了两个学习活动:一是通过课文与儿歌的对比,认识自然段;二是在情境中发挥想象,感受和表达秋之美。

从教学目标和教学内容来看,教师能够从单元到单课再到课时进行整体性的设计,目标和内容一一对应,以"借助拼音正确朗读课文"为主线,以"抓住朗读重点,分步开展练读"为抓手,通过"借助拼音读课文——读准课文——读通课文——读美课文——背诵课文"五个步骤,帮助学生形成朗读基本功的训练途径,逐步提高学生对文本的理解与欣赏能力,在训练中加入随文识写、模仿表达等内容,在语言实践中提升规范表达、多样表达的能力。

(二) 教学中的幼小衔接要点分析

由于本课的教学安排在一年级第一学期的期中阶段,学生步入小学阶段两个多月。因此,大部分学生对于倾听、识字写字与阅读表达等方面的习惯和能力正在培养中。从本单元和单课的重难点目标及内容出发,梳理学生从幼儿园到一年级在语文学习上的衔接要点,主要有以下几点:

1. 倾听习惯层面:在语文学科学习中,倾听是学生表达与交流的基础,在一年级上半学期,学生应该从幼儿园的"在集体中能专注地听老师或其他人讲话"逐渐向"集中注意力听清楚"过渡。这里"集中注意力听清楚"的"倾听"在"能动性、专注性、持久性和理解性"四个层面提出了更高的要求。即学生需要主动倾听,具备主动排除干扰因素的意识,同时能通过较长时间的倾听参与课堂活动并达成简单逻辑关系的初步理解。教师在这一阶段,就要通过设计趣味多样、有挑战性、循序渐进的学习活动,制定激励为主、丰富多元的评价机制激发学生学习兴趣,鼓励积极发言,培养良好的倾听习惯。

2. 识字写字层面:识字要关注词语在语境中的正确认读,可以借用拼音来辅助,增加识字量,为阅读打下基础;写字在关注书写习惯的同时,则要重点落实基本笔画、偏旁的认识与书写,注意简单汉字的笔顺、位置的特点。特别是从识字角度看,幼儿没有具体的识字量要求,但是一年级上册的识字量是 280 个。为平稳衔接,一年级语文上册将 1 单元单列为识字单元,拼音为 3 个单元,拼音单元类型占比近 50%,目的是让学生学习简单的识字方法,更重要的是扎实拼音基础,辅助识字学习。本课中像"一"的不同读音、儿化音,"秋""树""黄"等字形复杂的生字,就需要教师运用拼读、示范和熟字相加等方法认识与区分。

3. 阅读表达层面:阅读要从简单信息的提取、简单看法的表达过渡至对语言由表及里的理解;表达要从关注简单、零碎内容的讲述内容过渡至完整、连贯地讲述,注意语言表达的多样和丰富。梳理《上海市幼儿园办园质量评价指南》和《义务教育语文课程标准》,针对学生的阅读能力的要求有这样的描述:

幼儿园/语言与交流领域: "前阅读与前书写"维度/水平 5(部分)	小学/课程目标/第一学段 "阅读与鉴赏"(部分)
能初步感受文学作品中的语言美。	1. 学习用普通话正确、流利、有感情地朗读课文。 2. 结合上下文和生活实际了解课文中词句的意思,在阅读中积累词语。借助读物中的图画阅读。 3. 诵读儿歌、儿童诗和浅近的古诗,展开想象,获得初步的情感体验,感受语言的优美。

可见,对于阅读要求中的感知语言的优美,从幼儿园至小学是一脉相承的,学生要从幼儿园毕业时的水平 5 发展至第一学段(即二年级结束时)的标准,还需要进一步做好过渡衔接。感知语言的优美,首先要建立在正确流利朗读的基础上,一年级上册前三个单元学生刚学完汉语拼音,已经能初步准确拼读音节,进入课文单元就需要借助已掌握的拼音大量识字、认词、读句、读文。在正确朗读的基础上,继续推进句中关键词句的细致理解,达到文本由表及里,由浅入深的挖掘,让学生领悟到字里行间的情感与意蕴,感受语言之美,再展开想象,模仿表达,从而达到内化与迁移。因此,借助拼音正确流利地朗读课文,是现阶段衔接的重点。基于此,学生在学习本课《秋天》时指向阅读与表达的关键衔接点有四条:一、通过儿歌与课文对比,认识自然段,了解文本特点。二、借助拼音正确朗读课文,重点关注"一"的读音和儿化音。三、图文结合、联系生活、想象画面等多种方式理解关键词句的意思,感受秋天之美。四、情境创设,发挥想象,模仿表达。

二、关键事件描述

关键事件一：寻求关注

课前两分钟的诵读中，大家都坐得很端正，在老师的带领下全班集体背诵儿歌，儿歌诵读的形式多样，有男女生轮流读，有打节拍读，小 D 同学兴致盎然，配合度高。随着音乐的响起，李老师进入到第一环节的教学，美丽的秋景图与明朗轻快的音乐相结合，将学生引入到美妙的情境中。小 D 聚精会神，眼睛紧紧地看着屏幕，背挺得笔直，手指情不自禁地跟着音乐的节奏打起节拍，显示出他对直观生动的教学形式有积极的反应。

揭示课题后，老师进入到生字"秋"的学习，小 D 也自信地举手，当被老师点名回答时，他快速、准确地拼出了"秋"的读音，并且非常自信地坐下来，头高高地昂起。

3 分钟过去，老师开始在黑板上开始示范书写"秋"字，小 D 开始慢慢变得随意起来，小背不再那么笔直，他的眼神也开始四处游移，似乎对书写的过程失去了耐心。

接着，老师出示儿歌《小白兔》和课文《秋天》，发现不同，从而认识自然段。小 D 的注意力被拉回，他的眼神再次闪烁着好奇的光芒。虽然没有起初那样端正的坐姿，但是看得出他在努力地思考，接着，马上举起了小手。老师一连叫了几位同学，但是并没有喊他，小 D 有些失落，一边靠在椅背上，一边开始揉搓语文书的一角。当老师让大家继续找段落、标自然段序号时，他的注意力又开始被拉回，虽然答案正确，但是书写很随意，并不由自主地玩起来了书角。此时，老师提问："现在谁知道，课文一共有几个自然段？"他踊跃地举手，可是李老师又没有叫他，他开始慢慢失去兴趣四处张望。

第 12 分钟全班自由大声朗读时，他的嘴巴只是轻微张开，手指快速划过，腿不停地晃动，不到 10 秒，他就合上课本自顾玩耍起来，接着掏出水杯开始喝水。老师发现后，走过来提醒他，他才端正了坐姿，眼神重新聚焦在书本上。

关键事件二：高光时刻

课堂开始后的第 18 分钟，教学进入了品词读文，随文识字的环节。在此期间，小 D 的注意力呈现出波动的状态。用"树""黄"两个生字组词时，小 D 连续举了 2 次手，一次是回答"你还认识哪些树？"他一口气说了三种树"杨树、柳树、桂花树"；一次是老师问道："我们的祖国流淌着两条河，一条是长江，还有一条是？"在前面接连有 2 位同学回答错误的情况下，小 D 的手举得更高了，身子前倾，嘴里还发出"嗯、嗯……"的声音，恨不得把手伸到老师的眼前，而他也如愿以偿。全班唯有小 D 回答正确"黄河"，此刻，他迎来了第一次高光时刻，瞧，他自豪地扬起了头，一副自信骄傲的神情。对于他精彩的回答，老师也只是口头简单评价"对，没错"或者"很好，请坐"。没过一会儿，他又开始小动作不断，时而摆弄铅笔，时而用手指轻敲桌面。当老师用口令来调整学生注意力时，他才开始再次坐正。

关键事件三：最后的高潮

在课堂教学进行至 29 分钟时,教师播放了一段秋天的视频,接着提问:"秋天到了,树叶黄了。秋天到了,还有什么怎么样呢?"。随着音乐的响起,视频的呈现,玩了近 10 分钟的小 D 注意力再次被拉回,这回他又一次高举小手,没想到,这次的回答在班级掀起了又一次高潮。他流利地说:"秋天到了,果实成熟了,农民伯伯的脸上笑开了花。"此刻,李老师没有吝啬自己的评价,带动全班学生一起鼓掌,此刻,他的脸上泛起一阵红晕。

此刻,距离下课仅剩 5 分钟,在书写环节,小 D 再次变得专注起来,能够完成老师布置的课堂书写任务。书写姿势比较标准,笔画结构基本正确,但是笔画长短、书写位置等细节处没有关注到。

三、基于观察的思考

课后,我与班主任李老师进行了深入地沟通,小 D 在一年级入学前就有一定的识字基础,能够进行自主阅读,且阅读能力比一般孩子强,交流中能够用比较精确且丰富的语言表达自己的想法与诉求。这主要源于父母在学习上一直对他有明确的要求,从小班开始就对他进行学习规划,有计划地识字与阅读,目前识字量过千,一篇 300 字左右的文章第一次就能流利地读下来。但是,他一直与爷爷奶奶生活在一起,老人比较宠溺,自理能力差;学习时需要父母一刻不停地盯着,否则就会出现磨蹭、乱写的行为,所以行为习惯、学习习惯一直无法养成。另外,由于行为上的偏差,常常影响周围同学听课,因此,老师安排他一个人坐在教室后排。就本节《秋天》第一课时的学科教学内容而言,对小 D 而言几乎没有难度,他也在一种较为随性的状态下参与课堂学习,但是课堂中真正集中注意力参与的时间却不到 15 分钟,对于学习目标的达成度是不高的。

以下,就从小 D 的课堂表现出发,再来审视本节课在设计与实施中的得与失。

(一)亮点分析

1. 设计问题导向的学习活动,树立信心,助力倾听习惯的培养

一年级幼小衔接聚焦的重点是"学习习惯"的培养,而倾听习惯最为基础。李老师在"儿歌比较,认识段落"这一环节的设计上,遵循了问题导向,互动探究原则,有效激发学习积极性,助力倾听习惯的培养。从小 D 同学的参与度可以明显体现出这一点。老师先呈现出儿歌《小白兔》和课文《秋天》,通过对比发现,问题引导,试图让学生找出两篇课文形式上的不同,这对于第一次接触课文的孩子具有一定的挑战性。小 D 的注意力也从刚刚较为枯燥的书空中被拉了回来,他的眼神再次闪烁着好奇的光芒。虽然没有起初那样端正的坐姿,但是看得出他在努力地思考,接着,马上举起了手。因为老师没有喊他回答,所以他的积极性略有下降,但是接下来数一数段落,标一标自然段序号的环节,动手又动脑的活动,再次让他的注意

力得以重新聚焦。当老师最后提问:"现在谁知道,课文一共有几个段落?"小 D 热情高涨,踊跃举手。从这个环节的设计看,老师巧妙地运用了问题引导和互动探究的教学策略,循序渐进,步步引导,有效促进了学生的思维训练和课堂参与。通过这样的学习活动,小 D 不仅在一定程度上克服了自己的散漫,也在无形中提高了对课堂活动的关注度。

2. 借用视频等多种手段,丰富画面,激活想象,唤醒理解与表达的兴趣

回顾课堂中小 D 开始和最后的课堂表现,无疑是他学习兴趣最浓厚的时刻。李老师在课文引入环节,创设"寻找四季之美"的大情境后,开启了寻美的第一站——秋天,同时声画同步,引入了一段唯美的秋日视频。随风飘落的树叶与悠扬的背景音乐,让小 D 完全沉浸其中,勾起他无限的遐想。因此,他情不自禁地打起节拍。随着教学内容的深入,在最后环节再次呈现这段秋日视频,玩了近 10 分钟的小 D 注意力再次被拉回,这回他又一次高举小手。没想到,这次精彩的回答赢得全班热烈的鼓掌。而小 D 在这堂课中也迎来了他的高光时刻。从导入环节的专注(关键事件一)到模仿表达时的积极(关键事件三),都表明这种多元化、可视化的教学手段更符合小学低段的学习方法,生动的画面将抽象的文字具象化,激活学生想象力的同时也唤醒了对文本理解和表达的兴趣。

(二) 改进建议

1. 个体评价真实具体,充分体现激励性;有效落实集体评价,助力学习习惯养成

在本课中,小 D 学习热情的点燃与熄灭,可能在一定程度上与老师的评价有关。回看几次小 D 注意力涣散的过程,不难发现他对老师关注度的热烈渴求,从刚开始没有被叫到的些许失落,到再次没被叫到的彻底放飞(关键事件一),老师的一个微笑、一个点头,甚至是一个鼓励的眼神,都可能成为他持续专注的强大动力。当积极踊跃转变为恣意妄为时,小 D 也再次成功赢得了老师的注意,只不过这次老师走过来是提醒他端正坐姿,而小 D 也乖乖听话,眼神重新聚焦在书本上,足以发现他具有强烈表现欲和向师性。在课堂开始后的第 15 分钟,小 D 迎来了新的机遇,用"树""黄"两个生字组词时,他一连答对 2 个问题,尤其是第二个问题:"中国的第二条河流是什么?"全班只有小 D 回答正确,远远超过老师的预期。(关键事件二)小 D 的回答令课堂气氛达到了高潮,也让其他同学对他刮目相看。令人失望的是,此时李老师只是给予了简单、宽泛的口头评价"对,没错""很好,请坐",没有起到任何激励作用,导致后面没多久,他又一次注意力分散,而且持续玩了 10 分钟。如果此时,李老师借此机会,在全班面前给予他真诚而具体的夸奖,比如:"小 D,你的知识很丰富,真了不起!""你的回答让我们学到了知识,太优秀了!"等类似充满激励的评价,小 D 也许就会将这种评价转化为持续思考,积极发言的动力,从而增

加专注的时间,提高听课效率。从关键事件三受到全班的鼓掌后,他能专注书写的表现,可以窥探,有效的个体评价能激发学习的动力。

班级的黑板上也张贴了彰显学校特色的以小组为单位的评价,但是老师在整堂课中却鲜少利用小组评价,这不仅削弱了小组间的竞争力,也失去了通过集体荣誉激发学生责任感和合作精神的机会。若能在教学中充分融入小组评价,比如:对表现优异的小组给予表扬,对需要进步的小组给予鼓励,定能进一步促进孩子们的学习热情和团队意识。如此,课堂氛围将更加活跃,每个孩子都能在集体中找到自己的位置,共同进步。

2. 发挥榜样作用,增强合作学习,激发学习动力

通过观察小 D 的课堂表现,强烈地感受到他强烈的表现欲。课堂中有几次同桌合作环节,他都毫不在乎,自顾玩耍,有一种被集体排除在外的落寞,这不仅影响了他的学习积极性,也会对其交往适应造成一定的影响。建议老师可以安排一个学习能力较弱但自律性强,性格好的小朋友和他成为同桌,充分发挥小 D 学习优势,增加与同桌互动,在合作学习中树立自信,激发学习的动力。

小 D,一个寻求关注又渴望被认可的孩子,虽然家庭教育给他带来了不良习惯,导致行为偏差。但是,基于他爱表现的个性特点,老师在课堂中如何抓住时机,正确引导至关重要。过度的迁就与满足会助长小 D 不切实际的优越感,不经意的忽略更会造成学习态度的散漫。因此,教师更应适时给予小 D 具体的反馈和肯定,同时通过创设合作学习的活动,引导他发现自身价值,树立信心,培养集体荣誉感,逐步改善不良行为习惯,增强自我约束能力。

点评:

严老师的观察案例通过一年级《秋天》一课中对小 D 的细致观察,生动呈现了幼小衔接阶段学生的学习特点和成长需求。小 D 在课堂上表现出了典型的"幼小衔接"特征,卢老师通过问题导向的学习活动和多样化的教学手段,成功地激发了小 D 的学习兴趣,帮助他在课堂上有所收获。然而,小 D 的学习状态也提醒我们,幼小衔接阶段的学生正处于从幼儿园到小学的过渡期,他们的学习习惯和行为规范还在逐步建立中。教师需要更加关注学生的个体差异,通过具体而真实的评价、有效的集体评价机制以及合作学习的方式,帮助学生树立信心,培养良好的学习习惯。

在幼小衔接阶段,教师不仅是知识的传授者,更是学生学习习惯的引导者和心理需求的关怀者。通过创设有趣的学习情境、给予及时的反馈和鼓励,以及培养学生的合作意识,教师可以帮助学生更好地适应小学生活,为他们的未来学习打下坚实的基础。小 D 的故事让我们看到,每个孩子都有成为更优秀自己的潜力,关键在于教师如何发现并激发他们的内在动力。

后　记

　　《小学语文幼小衔接的 25 个观察现场》终于付梓，内心充满欣慰与感激。这本书的诞生，绝非一人之功，而是凝聚了众多教育同仁的智慧与心血。在此，我想以最真挚的文字，向所有为本书贡献力量的伙伴们致以深深的谢意。

　　首先，感谢嘉定区教育学院的领导与同仁，你们的支持让这些散落的课堂片段得以系统呈现。特别感谢小学教研室语文组的张艳、胡炜烨老师在此次研究过程中给予我的无私帮助与鼎力支持。还要感谢嘉定区周雅芳小学语文名师工作室的二十多位成员。你们不仅是我的伙伴，更是志同道合的教育探索者。在过去的几年里，大家扎根课堂，观察儿童，记录细节，共同研讨，为本书提供了大量鲜活的案例和宝贵的建议。每一次集体备课，每一次课例研讨，每一次深夜改稿，都让我深刻感受到团队的力量。正是你们的无私分享与严谨治学，才让这本书有了真实的底色与实践的温度。

　　感谢《小学语文教师》杂志主编杨文华老师和作家陈宁宁老师的指导与鼓励。杨老师曾对我说："好的教育叙事，应该让读者看见儿童，也看见自己。"这一观点深深影响了本书的写作方向；而陈老师从书稿的雏形到目录内容的选择都给了我很多专业建议。两位的指导让我在学术表达与教育叙事之间找到了更好的平衡。

　　此外，还要感谢参与调研的数千位教师、家长和学生。你们坦诚地分享困惑、经验和成长故事，让研究有了真实的依托。尤其是那些可爱的孩子们，你们在课堂上的每一次"灵光闪现"、每一次"磕磕绊绊"，都是本书最动人的素材。教育因你们而有了生命，这本书也因你们而有了灵魂。

　　最后，还要特别感谢上大教育集团，以及上大教育集团嘉定留云小学唐敏校长的鼎力支持。您以开放的态度支持鼓励着本书的出版，未来也将此研究内容作为学校教师培训的重要内容，"教育研究要服务于课堂，而不是束之高阁"这句话始终鞭策着我们，让书中的每一个观察现场都能贴近一线教学的实际需求。

　　教育是一条漫长的路，而幼小衔接只是其中的一段风景。愿这本书能成为一盏微灯，为同行者照亮前行的方向；也愿我们始终怀揣初心，在教育的田野上深耕细作，静待每一株幼苗的苗壮成长。

图书在版编目（CIP）数据

小学语文幼小衔接的 25 个观察现场 / 周雅芳著 .
上海：上海三联书店，2025.5　-- ISBN 978-7-5426
-8905-4

Ⅰ. G623.202

中国国家版本馆 CIP 数据核字第 20254WG675 号

小学语文幼小衔接的 25 个观察现场

著　　者 / 周雅芳

责任编辑 / 方　舟

装帧设计 / 一本好书

监　　制 / 姚　军

责任校对 / 王凌霄

校　　对 / 莲　子

出版发行 / 上海三联书店

　　　　（200041）中国上海市静安区威海路 755 号 30 楼

邮　　箱 / sdxsanlian@sina.com

联系电话 / 编辑部：021-22895517

　　　　　发行部：021-22895559

印　　刷 / 上海颛辉印刷厂有限公司

版　　次 / 2025 年 5 月第 1 版

印　　次 / 2025 年 5 月第 1 次印刷

开　　本 / 710mm×1000mm　1/16

字　　数 / 360 千字

印　　张 / 19.5

书　　号 / ISBN 978-7-5426-8905-4/ G · 1764

定　　价 / 88 .00 元

敬启读者, 如发现本书有印装质量问题, 请与印刷厂联系 021-56152633